영어

그 안과 밖

영어
그 안과 밖

한학성

채륜

한민호 프란치스코에게

머리말

영어에는 왜 불규칙동사라는 게 있을까? 왜 영어에서는 주어가 3인 칭 단수이고 시제가 현재인 경우에만 유독 동사에 '-s'나 '-es' 표시를 하는 것일까? 영어 명사 'ox'의 복수형은 왜 'oxes'가 아니고 'oxen'일까? 'wolf'나 'knife'는 왜 복수형에서 'f'가 'v'로 바뀌는 것일까? 'England' 의 형용사형인 'English'에는 'l'이 들어가는데, 'Scotland'의 형용사형 인 'Scottish'에는 왜 'l'이 들어가지 않는 것일까?

이 책 1부에서 제기하는 이런 질문들은 영어의 유창성을 높이는 일 과는 별로 관계가 없을지도 모른다. 그러나 어떤 사람들에게는 이런 질 문들이야말로 흥미진진할 수 있다. 어떻게 해야 이런 질문들에 답할 수 있을까? 이런 질문들에 답하기 위해서는 영어가 어떤 언어인지, 영어의 역사는 어떠했는지, 그리고 언어는 대체 무엇으로 구성되어 있으며, 또 한 어떤 원리로 작동하는 것인지 등에 대해 생각해보아야만 한다. 이 책은 이런 점들에 대해 궁금해 할 법한 사람들을 위해 쓴 것이다.

이 책에서는 편의상 영어를 안과 밖의 둘로 나누었다. 영어를 안에 서 먼저 본 다음, 뒤이어 밖에서 보기 위함이다. 영어를 안에서 본다는 것은 기본적으로 영어의 안을 들여다본다는 것이다. 영어라는 언어를 해부해본다는 뜻이다. 영어를 해부해 영어를 구성하는 요소, 즉 영어의 소리, 단어, 문장, 의미 등의 내부 구조와 구성 원리를 밝혀낸다는 것을 뜻한다. 2부에서 이 일을 하고자 노력하였다.

밖에서 영어를 본다는 것은 영어가 속한 시대적, 그리고 공간적 좌 표에 서서 영어를 본다는 뜻이다. 시대가 바뀌면서 영어가 어떻게 바뀌 어 왔는지, 지역에 따라, 사회적 계층에 따라 영어가 어떻게 서로 다른 지, 영어라는 언어는 어떻게 습득되는지 등을 살펴본다는 뜻이다. 3부에서 이와 같은 일을 하고자 하였다.

영문법과 영어 사전은 영어를 담는 그릇이라고 할 수 있을 것이다. 4부에서는 지난 몇 세기 동안 사람들이 영문법과 영어 사전이라는 그릇에 영어를 어떻게 담으려고 해 왔는지, 다시 말해 영문법과 관련한 쟁점은 무엇이었는지, 대표적인 영어 사전에는 어떤 것들이 있으며, 그들은 영어를 어떻게 담으려고 했는지 등을 살펴보고자 하였다. 마지막 5부에서는 우리 스스로 영어에 대해 무엇을 해 왔는지를 반성해보고, 영어학과 인문학과의 관계에 대해서도 생각해보고자 하였다.

이 책의 시발은 나의 1992년 저서 『영어란 무엇인가』였다. 주로 영어의 안쪽 모습을 조명했던 20여 년 전의 이 책을 손보고자 하는 마음은 늘 있었지만, 여러 사정으로 실현되지 못하였다. 이제 이전 책에서 부족했던 부분을 보완하고, 거기에 영어의 바깥 모습을 더하고, 또 영어를 담는 그릇이라고 내가 일컬은 영문법과 영어 사전 등에 관한 내용을 보태어 세상에 내놓게 되니, 그 감회가 실로 남다르다. 오랫동안 막혀 있던 물길이 이제야 뚫리는 심정이라고나 할까. 30대 중반 초임 교수 시절의 열정과 정년을 얼마 안 남긴 갈참 교수의 회한이 이 책의 여기저기에서 씨름을 하고 있을지도 모르겠다.

아무쪼록 이 책이 영어, 영어학, 그리고 인문학에 진지한 관심을 갖고 있는 사람들에게 그들이 찾는 길을 밝혀주는 선한 일을 하게 되기를 바란다. 몇몇에게는 길고 진한 여운을 남기는, 그런 행복한 운명을 이 책이 맞이했으면 좋겠다.

2016년 봄
가락골 서재에서 지은이

제6장 영어의 의미: 의미 현상의 종류와 작용

제1부
프롤로그

제1부에서는 영어와 관련된 몇 가지 의문점을 살펴보기로
한다. 그 의문점들에 답하는 과정에서 영어의 소리와 관련
된 이야기도 나올 것이고, 영어의 단어나 문법 등과 관련된
이야기도 나올 것이다. 또한 영어의 소리, 단어, 문법 등과 관
련된 변화가 영어의 역사 속에서 일어났음도 알게 될 것이다.
이와 같이 한 언어를 제대로 알기 위해서는 해당 언어의 소
리 체계를 비롯한 문법 현상 전반에 걸친 이해와 그 언어의
역사 등에 대해서도 어느 정도의 이해가 있어야 하는 것이
다. 영어의 경우에도 이와 같은 이해가 밑받침이 되어야만 본
격적으로 영어의 안과 밖을 둘러볼 수 있는 힘이 생기는 것
이다.

제1장
영어에 관한 몇 가지 질문들

언어는 존재의 집
Language is the house of Being.
— 하이데거Martin Heidegger

언어는 생각의 옷
Language is the dress of thought.
— 새뮤얼 존슨Samuel Johnson

1. 'English'의 'l'은 '-land'의 'l'인가?

벌써 40년도 더 된 일이다. 1972년 3월 내가 고등학교에 갓 입학해 맨 처음 치른 영어 시험에 'Scotland'의 형용사형을 묻는 문제가 나왔던 기억이 난다. 그때 나는 'England'의 형용사형이 'English'이므로 'Scotland'의 형용사형은 당연히 'Scotlish'가 되겠거니 하고 그렇게 답을 썼었다.

그러나 'Scotland'의 실제 형용사형은 'Scottish'(혹은 'Scotch')였다. 이 결과에 나는 적지 않은 당혹감을 느꼈었다. 'England'와 'Scotland' 둘 다 '-land'로 끝나는데, 어떻게 해서 'England'의 형용사형에는 'l'이 들어가야 하고, 'Scotland'의 형용사형에는 'l'이 들어가면 안 되는 것일까?

이 의문은 'Ireland'의 형용사형이 'Irish'이고 'Finland'의 형용사형이 'Finnish'임에서 보듯이, '-land'로 끝나는 국명의 형용사형이 '-ish'의 형태를 취할 때는 대부분 'l'이 포함되지 않는다는 것을 알게 되면서부터는 왜 유독 'England'의 경우에는 'l'이 포함되어야 하는가 하는 의문으로 옮겨갔다.

이 의문에 대한 대답을 나는 그 후 대학에 진학해 '영어사'라는 과목을 접하면서 얻게 되었다.

중고등학교 시절 세계사 과목에서 배우듯이 현재의 영국인들은 게르만족 이동 시 유럽 대륙으로부터 영국섬으로 이주해 간 앵글로(혹은 색슨)족의 후예들이다. 'England'라는 영어 단어는 원래 이들 앵글로족의 나라land of the Angles라는 뜻을 가진 고대 영어Old English 단어인 'Englaland'(즉 'Engla' + 'land')에서 연속되어 나타나는 두 개의 'la' 소리 중 하나가 탈락되어 생긴 단어이다. 따라서 'English'라는 단어의 'l'은 '-land'의 'l'에서 비롯된 것이 아니고, 'Engla + land'에서 앵글로족을 의미하는 'Engla'의 'l'에서 비롯된 것이다. (이는 '영국'을 의미하는 프랑스어 단어가 'Angleterre'임을 보아도 알 수 있다. 즉 'Angleterre'는 '앵글로'를 의미하는 'Angle'와 'land'에 해당하는 프랑스어 'terre'가 결합해 만들어진 표현이다.)

'Englaland'가 'England'로 변한 것처럼 연이어 나타나는 유사한 소리 중 하나가 탈락하는 현상을 언어학적으로는 '중음탈락'이라고 하며, 이를 영어로는 'haplology'라고 한다. 미국인 중에는 'probably'를 인접한 두 개의 'b' 소리 중 하나를 탈락시켜 'probly'처럼 발음하거나, 'library'를 인접한 두 개의 'r' 소리 중 하나를 탈락시켜 'libry'처럼 발음하는 사람들이 있는데, 이런 사람들의 발음이 중음탈락의 예가 될 수 있다. 중음탈락을 의미하는 영어 단어인 'haplology'를 실수로 'haplogy'라고 발음한다면 이 역시 중음탈락의 예가 될 수 있을 것이다.

즉, 내가 고등학교 시절 'England'와 'English'의 관계 및 'Scotland'와 'Scottish'의 관계 사이에서 품었던 의문은 현대 영어Modern English의 'England'라는 단어가 고대 영어의 'Englaland'라는 단어에서 중음탈락haplology의 결과 파생된 단어임을 미처 알지 못했기 때문에 생긴 것이었다.

참고사항
. . . .

스코틀랜드, 킹 제임스 영어 성경, 옥스퍼드 영어 사전:
'England'가 앵글로족의 나라라면, 'Scotland'는 스코트족의 나라인 셈이다. 그런데 앵글로족과 스코트족은 인종이 서로 다르다. 앵글로족은 게르만족에 속하지만, 스코트족은 앵글로족이 영국으로 이주해 오기 전부터 영국에 살던 켈트 원주민이다. 다시 말하자면, 스코트족은 앵글로족에게 정복당한 민족이다. 이런 역사적인 관계 때문에 이 두 인종 간에 지금도 간혹 갈등이 표출되기도 하는 것이다. 'Scotland'가 영어와 관련해서 중요하게 등장하는 경우가 몇 있는데, 그 중 가장 중요한 것으로 두 가지를 들 수 있다. 첫 번째로는 옥스퍼드 영어 사전이 나오게 하는 데 일등공신 역할을 했다고 할 수 있는 제임스 머리James Murray가 스코틀랜드 출신이라는 것이다. 두 번째로는 흠정영역성서, 즉 킹 제임스 영어 성경King James Bible으로 유명한 영국 왕 제임스 1세가 스코틀랜드 왕 출신이라는 것이다 (스코틀랜드 왕일 때는 제임스 6세였음). 영어와 관련해 가장 중요한 두 문건이라고 할 수 있는 킹 제임스 영어 성경과 옥스퍼드 영어 사전이 스코틀랜드와 관련이 있다는 것은 흥미로운 일이 아닐 수 없다. 킹 제임스 영어 성경과 관련해서는 이 책 7장 9절을, 옥스퍼드 영어 사전과 관련해서는 11장 5절을 참조하기 바란다.

2. 영어에서는 왜 3인칭 단수 동사의 경우에만 유독 '-s' 표시를 하는 것일까?

중고등학교 과정의 영어 시험에서뿐 아니라 토플TOEFL, 토익TOEIC[1], 취직 시험 등에서도 자주 등장하는 문제 중 하나가 3인칭 단수 현재 표시의 '-s'에 관한 것이다. 이는 두말할 필요도 없이 주어가 3인칭 단수third person singular이고, 동사의 시제tense가 현재present[2]일 경우 해당 동사에 '-s'(혹은 '-es')를 첨가하는 것을 말한다.

스페인어나 이탈리아어 등의 로망스어Romance languages 계통의 언어를 공부해본 사람들은 이들 언어에서는 주어가 3인칭 단수일 때만이 아니라 1, 2, 3인칭 단수 및 복수의 모든 경우에 이런 종류의 동사 활용이 있다는 사실을 알고 있을 것이다.

다음은 '말하다'라는 뜻을 가진 스페인어 동사 'hablar'가 주어의 인칭과 수에 따라 어떤 어미 변화를 하는지를 보여주는 표이다.

인칭 ＼ 수	단수	복수
1인칭	(yo) hablo	(nosotros) hablamos
2인칭	(tú) hablas	(vosotros) habláis
3인칭	(él) (ella) (usted) } habla	(ellos) (ellas) (ustedes) } hablan

*'usted'와 'ustedes'는 의미적으로는 2인칭이지만 문법적으로는 3인칭임.

이와 같이 동사가 인칭이나 수에 따라 어미 활용을 하는 것을 문법적으로는 굴절을 한다고 말한다. 즉, 현대 스페인어 등의 로망스어들은 이런 굴절[3]이 대단히 발달되어 있는 언어들이다.

그런데 영어의 경우에도 고대 영어 시절에는 현대 로망스어만큼은 아니지만 굴절이 상당히 발달되어 있었다. 다음은 고대 영어 동사인 'drīfan'('to drive'의 의미)이 인칭과 수에 따라 어떻게 굴절했는지를 보여준다.

ic (*I*)	drīf-e
ðū (*thou*)	drīf-st (-est)
hē (*he*)	drīf-ð (-eð)
wē (*we*)	drīf-að
gē (*you*)	drīf-að
hīe (*they*)	drīf-að

*직설법 현재의 경우

즉, 영어는 원래 스페인어 등의 로망스어처럼 동사가 주어의 인칭과 수에 따라 굴절하는 굴절어inflectional language였으며, 3인칭 단수 현재 표시의 '-s'는 바로 그 흔적인 셈이다. 현대 영어에서 3인칭 단수 현재 표시의 '-s'가 고대 영어의 동사 굴절을 보여주는 유일한 흔적으로 존재하는 것은 그 외의 인칭과 수에 따른 동사 굴절이 영어 변천 과정에서 소실되었기 때문이다.[4]

고대 영어의 풍부했던 굴절 체계의 대부분이 소실되게 된 것은 영국 역사상 1066년에 일어난 노르만 정복the Norman Conquest이라는 사건과 관련이 있다. 프랑스어를 사용하던 노르만인들Normans이 1066년에 영국을 정복하고 새로운 영국의 지배 계층으로 등장한 이후, 프랑스어는 새로운 영국 지배 계층의 언어가 되었다. 이에 따라 영어는 교육받지 못한 일반 민중의 언어로 전락되어 지배 계층의 통제에서 벗어나게 되었는데, 이때 교육받지 못한 민초들이 복잡한 고대 영어의 굴절을 단순화시켜 사용하게 된 것이다. 노르만 정복이 영어에 미친 영향에 대해서는 추후 다시 언급할 기회가 있을 것이다.

아마도 많은 사람들이 현대 영어에서 'be' 동사의 경우에는 다른 일반 동사들의 경우와 달리 인칭과 수에 따라 동사 형태가 변화하는 것을 의아하게 생각해본 적이 있을 것이다. 이는 고대 영어에서 발달되었던 동사의 굴절이 영어 동사 중 가장 기본적 동사라고 할 수 있는 'be' 동사의 경우에 예외적으로 계속 남아 있기 때문인데, 참고로 고대 영어 시절 'be' 동사의 굴절을 기술하면 다음과 같다.

ic (*I*)　　　　eom (*am*)

ðū (*thou*)　　eart (*art*)

hē (*he*)　　　is (*is*)

wē (*we*)　　　sindon (*are*)

gē (*you*)　　　sindon (*are*)

hīe (*they*)　　sindon (*are*)[5]

위에서 독자들은 단수의 경우 고대 영어 형태와 현대 영어 형태가 대단히 유사함에 비해, 복수의 경우에는 고대 영어 형태와 현대 영어 형태가 전혀 다름을 발견할 수 있을 것이다. 이는 8세기 중엽부터 11세기 초엽까지 영국에 많은 영향을 주었던 북유럽의 스칸디나비아어, 곧 바이킹족의 언어 때문이다. 즉, 'be' 동사의 복수형은 고대 영어 초기에는 'sindon'(현대 독일어의 'sind'와 유사한 점에 유의)[6]이었으나, 고대 영어 후기에 북유럽어의 영향을 받은 'aron'이 'sindon'을 대체하게 되어 'are'라는 형태로 현대 영어에 남게 된 것이다. 또한 현대 영어의 3인칭 복수 대명사 'they'도 스칸디나비아어로부터 들어온 것으로서 'they are'라는 영어 표현은 순수 토박이 영어가 아니라 스칸디나비아어로부터 차용된 것인 셈이다.[7]

3. 영어에는 왜 규칙동사와 불규칙동사의 구분이 있는 것일까?

누구나 영어 학습 초기에 불규칙 시제 변화를 보이는 영어 동사들을 암기하느라 고생했던 기억을 가지고 있을 것이다. 대부분의 동사들은 동사 원형에 '-ed'를 붙이기만 하면 저절로 과거와 과거분사형을 얻을 수 있는데, 왜 일부 동사들은 골치 아픈 형태의 시제 변화를 보이는 것일까?

우리가 현대 영어에서 불규칙동사irregular verb라고 부르는 동사들도 과거 고대 영어에서는 유형은 다르지만 규칙적인 시제 변화를 보이는 동사들이었다.

고대 영어에는 현대 독일어와 마찬가지로 강변화 동사strong verb와 약변화 동사weak verb의 두 유형의 동사들이 있었다. 강변화 동사란 'sing/sang/sung'이나 'drive/drove/driven'처럼 현대 영어에서 불규칙동사라고 불리는 것들로서, 이들을 강변화 동사라고 부르는 이유는 이 동사들이 어근 모음root vowel의 형태를 바꿈으로써 시제 변화를 표시할 수 있는 힘을 가졌기 때문이다 (이렇게 어근 모음의 형태를 바꿈으로써 시제를 변화시키는 것을 언어학에서는 'ablaut' 혹은 'gradation'이라고 한다).

이와는 대조적으로 동사 원형에 '-ed'를 붙여 시제 변화를 시키는 동사들은 약변화 동사라고 불렀다.

즉, 고대 영어 당시에는 크게 구분하여 두 유형의 동사들, 즉 강변화 동사(이는 다시 여러 개의 하위 유형으로 분류됨)와 약변화 동사의 뚜렷한 구분이 있었으나,[8] 고대 영어가 현대 영어로 이행되는 과정에서 새로 만들어진 영어 동사들이 대부분 약변화형을 취하게 되고 일부 강변화 동사들도 약변화형으로 대체되게 됨으로써,[9] 약변화형에 속하게 된 동사들의 수가 강변화형을 유지하고 있는 동사들의 수보다 압도적으로 많아지게 되었다. 그 결과 과거 강변화 동사에 속했던 동사들이 현대 영어에서는 불규칙적인 것으로 보이게 된 것이다.

즉, 우리가 현대 영어에서 불규칙동사로 취급하는 동사들은 대개가 과거에 강변화를 보이던 동사들인 것이다.

4. 'ox'의 복수형은 왜 'oxes'가 아니고 'oxen'일까?

나는 대학 시절 프랑스어를 배우기 위해 알리앙스 프랑세즈라는 곳을 열심히 다녔다. 대학 3학년 때이던가 어느 날 그곳 지하 카페테리아에서 수업 시간이 되기를 기다리고 있던 중, 평소 안면이 있던 같은 학교 불어교육과의 한 여학생이 들어와 자리를 같이 하게 되었다. 몇 마디 의례적인 인사말 후에 나는 '옥순'이라는 이름을 가진, 몸집이 꽤 큰 그 여학생에게 불쑥 이름을 영어로 어떻게 쓰는지를 물어보았다. 그때 내가 가졌던 생각은 혹시 옥순이라는 이름을 'oxen'이라고 쓰면 그 여학생의 몸집과 잘 어울리지 않을까 하는 장난기 섞인 것이었는데, 지금 생각하면 여간 실례되는 생각이 아니었다.

그런데 왜 'ox'라는 영어 단어의 복수형은 'oxes'가 아니고 'oxen'일까?

앞에서 우리는 고대 영어에서는 현대 영어의 경우와 달리 동사의 굴절이 대단히 발달되어 있었음을 보았다. 그런데 고대 영어에서는 동사뿐 아니라 명사의 경우에도 다양한 어형 변화가 있었다. 독일어를 공부해 본 사람이라면 독일어의 그 복잡한 격변화를 기억할 것이다. 고대 영어는 현대 독일어처럼 명사의 격변화(이를 영어로는 'declension'이라고 부름)가 잘 발달되어서 명사들은 성gender, 수number, 격case에 따라 각기 특정한 격변화를 해야 했다. 즉, 고대 영어에는 현대 독일어처럼 남성masculine, 여성feminine, 중성neuter의 3가지 문법적 성grammatical gender이 있었는데, 명사들은 각 성에 따라 또 다시 강변화strong declension

명사와 약변화weak declension 명사로 나뉘었다.

　다음은 'stān'('stone'의 의미)이라는 남성 강변화 명사와 'hun-ta'('hunter'의 의미)라는 여성 약변화 명사의 격변화 내역을 보인 것이다.

		stān (남성, 강변화)	hunta (여성, 약변화)
단수	N.	stān	hunt-a
	G.	stān-es	hunt-an
	D.	stān-e	hunt-an
	A.	stān	hunt-an
복수	N.	stān-as	hunt-an
	G.	stān-a	hunt-ena
	D.	stān-um	hunt-um
	A.	stān-as	hunt-an

*위의 N, G , D, A는 각각 Nominative(주격), Genitive(속격), Dative(여격), Accusative(대격)를 의미하는데, 속격이란 일반적으로 소유격이라고 부르는 것이며 대격이란 일반적으로 목적격이라고 부르는 것이다.

　이와 같은 명사의 격변화는 노르만 정복 이후 영어가 일반 민중의 언어로 전락하게 됨으로써 동사의 굴절과 마찬가지로 대부분 소실되고, 현대 영어에는 속격(소유격) 표지의 '-s'와 복수 표지의 '-s'만 남게 되었다. 현대 영어에 남아 있는 이런 격변화 흔적은 위의 표에서 알 수 있는 것처럼 남성 강변화 명사의 격변화 형태에서 이전된 것이다.

　그런데 위의 표에서 약변화 명사인 'hunta'의 경우를 보면, 복수 주격형이 'huntan'으로서 '-n'으로 끝남을 알 수 있을 것이다. 앞에서 언급한 'oxen'의 '-en'은 바로 이런 약변화 명사의 복수형 어미가 현대 영어에 남아 있는 희귀한 예인 셈이다.[10]

즉, 'ox'라는 명사가 다른 일반 명사와 달리 '-s'나 '-es' 형태의 복수형을 취하지 않고 'oxen'이라는 복수형을 취하는 것은 바로 이 명사가 고대 영어에서 약변화형에 속했다는 역사적 사실 때문으로서, 다른 약변화 명사들의 경우와 달리 현대 영어에 이르러서도 '-s'나 '-es'의 형태로 바뀌지 않았기 때문이다.

그런데 고대 영어에서 명사가 격변화를 했음을 현대 영어의 대명사를 통해 확인할 수 있다. 즉, 대명사는 현대 영어에서도 여전히 격변화를 하고 있는데, 이는 과거 영어가 명사류 전반에 걸쳐 격변화를 했음을 보여주는 흔적으로 남아 있는 셈이다.

다음은 고대 영어에 있었던 대명사의 격변화 내역이다. 독자들은 아래의 내용을 현대 영어에서의 대명사 격변화와 비교해보기 바란다.

수 및 격 \ 인칭	1인칭	2인칭	3인칭 남성	3인칭 여성	3인칭 중성
단수 N.	ic (*I*)	ðū (*thou*)	hē (*he*)	hēo (*she*)	hit (*it*)
G.	mīn	ðīn	his	hiere	his
D.	mē	ðē	him	hiere	him
A.	mē (mec)	ðē (ðec)	hine	hīe	hit
복수 N.	wē	gē	hīe		
G.	ūser (ūre)	éower	hiera		
D.	ūs	éow	him[11]		
A.	ūs (ūsic)	éow (éowic)	hīe		

5. 'wolf'는 복수형에서 왜 'f'가 'v'로 바뀌는 것일까?

영어 학습 초기 단계에서 영어 명사의 복수형을 공부하며 품게 되는 의문 중의 하나가 위의 제목에서처럼 '[f]' 소리로 끝나는 명사의 복수형이 '-ves'의 형태를 취하는 것일 것이다. 이런 예는 'wolf/wolves' 말고도 'calf/calves', 'elf/elves', 'half/halves', 'knife/knives', 'leaf/leaves', 'life/lives', 'loaf/loaves', 'self/selves', 'sheaf/sheaves', 'shelf/shelves', 'thief/thieves', 'wife/wives' 등 상당히 많이 있다. 독자들은 학교 시절 한번쯤 이런 유의 복수형을 묻는 문제에 접한 적이 있을 것이다.

또한 독자들은 '[θ]' 소리로 끝나는 명사들의 일부가 복수형에서는 '[ð]' 소리를 취하고(예: mouth/mouths), '[s]' 소리로 끝나는 명사들의 일부가 복수형에서는 '[z]' 소리를 취하는 경우(예: house/houses)가 있음을 잘 알고 있을 것이다.

'[f]/[v]', '[θ]/[ð]', '[s]/[z]'의 소리쌍에서 각 소리쌍의 앞소리가 무성음voiceless sound, 뒷소리가 유성음voiced sound임을 제외하면 각 소리쌍의 두 음은 동일하다고 할 수 있다. 무성음이란 성대vocal cords/vocal folds의 진동vibration 없이 발성되는 소리이며, 유성음이란 성대의 진동을 일으키며 발성되는 소리를 일컫는다 (유성음과 무성음의 차이에 대하여는 제2장에서 다시 논의하도록 하겠음). 즉, 우리가 앞에서 든 예들은 모두 무성음으로 끝나는 명사의 복수형이 유성음으로 변한 예들이다.

또한 이 소리들은 모두 마찰음fricative sound이다. 마찰음이란 발음 기관의 일부에 조그만 틈을 내주어 폐lung로부터 올라온 공기가 이 틈을 통해 빠져나가며 나는 소리를 일컫는다. 이런 방법에 의해 발성되는 소리들을 마찰음이라고 부르는 이유는 이들이 조그만 틈을 통해 빠져나가면서 마찰friction을 일으키기 때문이다 (즉, 마찰음이라는 뜻의 영어 단어인 'fricative sound'의 'fricative'는 '마찰'을 의미하는 'friction'에서 온 것임).

그런데 고대 영어 당시에는 이런 마찰음의 경우 유무성의 차이가 현대 영어에서처럼 의미의 차이를 가져오는 음소적 차이phonemic difference가 아니었다. 단지 주변의 음운 환경phonological environment에 따라 유성음 혹은 무성음으로 발음되는 이음적 차이allophonic difference였을 뿐이다.[12]

좀더 구체적으로 말하면 고대 영어에서는 이들 마찰음이 유성음으로 둘러싸여 있으면 (즉 유성음화 환경에 있으면) 그 유성음들의 영향을 받아 해당 마찰음이 유성음으로 소리 나고 (이를 유성음화라고 함), 그렇지 않으면 무성음으로 발음되었던 것이다.

일례로 우리가 이번 장 두 번째 이야기에서 고대 영어 시절의 동사 굴절에 관해 언급하면서 예로 든 'drīfan'이라는 동사에서 'f'가 양옆에 모음으로 둘러싸여 있으므로 유성음인 이들 모음의 영향으로 (영어에서 모음은 모두 유성음임) 유성음인 [v]로 소리 났다는 것이다. 따라서 'drīfan'이라는 고대 영어 단어는 [driːvan]이라고 발음되었던 것인데, 이것이 현대 영어에서 'drive'라는 형태로 남게 된 것이다. 그러나 'drīfan'의 1인칭 과거형인 'drāf'와 같이 'f'가 유성음으로 둘러싸여 있지 않을 경우에는 무성음인 [f]로 발음되었다.[13]

따라서 앞에서 예로 든 'f'와 'v'의 차이를 보이는 복수형들은 과거 고대 영어에서 보이던 음운적 특징이 철자spelling에 반영되어 현대 영어에 이르게 된 때문이므로, 고대 영어에서는 음운규칙의 지배를 받던 아주 자연스러웠던 현상이 현대 영어에서는 그런 규칙이 없어진 관계로 낯설게 보이는 것이다. 또한 '[θ]/[ð]', '[s]/[z]'의 발음 차이를 보이는 복수형들은 철자에 명확히 반영되지는 않았으나 고대 영어의 특징이 발음에 그대로 남아 있는 때문이라고 할 수 있다.

6. 영어, 그 안과 밖

앞에서 우리는 영어와 관련된 몇 가지 의문점을 살펴보았다. 그 의문점들에 답하는 과정에서 우리는 영어의 소리와 관련된 이야기도 하게 되었고, 영어의 단어나 문법 등과 관련된 이야기도 하게 되었으며, 또한 이들과 관련된 변화가 영어의 역사 속에 있었음도 알게 되었다. 이와 같이 한 언어를 제대로 알기 위해서는 해당 언어의 소리 체계를 비롯한 문법 현상 전반에 걸친 이해와 그 언어의 역사에 대해서도 어느 정도의 이해가 요구되는 것이다.

이와 같은 인식을 바탕으로 이제 영어를 안과 밖의 양쪽에서 찬찬히 둘러보고자 한다. 영어를 안에서 본다는 것은 영어의 안을 들여다본다는 말과 마찬가지로서, 기본적으로 영어라는 언어를 해부해 보겠다는 것이다. 영어는 1차적으로 말spoken language이다. 말은 소리로 이루어져 있다. 따라서 영어라는 언어의 속을 들여다보려면 무엇보다도 영어에서 사용되는 소리들에 대한 이해가 필요하다. 그 소리들이 어우러져 단어를 만들어내고, 문장을 만들어내는 것이다. 그리고 그 단어와 문장에 의미가 부여되는 것이다. 그러므로 영어의 속을 들여다볼 수 있으려면 영어의 소리뿐 아니라, 영어의 단어, 문장, 그리고 의미에 대한 이해가 있어야 한다. 이어지는 2부에서 이들을 이해하기 위한 작업을 하고자 한다.

밖에서 영어를 본다는 것은 영어가 속한 시대적, 그리고 공간적 좌표에 서서 영어를 본다는 뜻이다. 시대가 바뀌면서 영어가 어떻게 바뀌어 왔는지, 지역에 따라, 사회적 계층에 따라 영어가 어떻게 서로 다른지 등을 살펴본다는 뜻이다. 영어가 서로 다르다는 것은 기본적으로 발음이나 단어, 문법이 다르다는 것이다. 따라서 시대나 지역, 계층 간 영어의 차이를 들여다보기 위해서는 일단 영어의 안을 들여다볼 줄 알아야 한다. 영어의 안을 해부하는 2부에서의 작업을 발판 삼아, 3부에서는 시대와 지역, 그리고 사회적 계층 간 영어의 차이를 살펴보고, 아울러 언어습득 과정에 대해서도 살펴보기로 한다.

마지막으로 4부에서는 영어를 담는 그릇이라고 할 수 있는 영문법과 영어 사전에 대해 살펴보고, 5부에서는 영어학과 인문학과의 관계에 대해서도 생각해보고자 한다.

참고사항
· · · · · · · · ·

언어, 소리, 의미, 그리고 자의성:

영어를 안다는 것은 영어에서 사용되는 어떤 소리를 들었을 때 그것이 무슨 뜻인지를 안다는 것이다. 다른 언어에서도 마찬가지이다. 다시 말해 어떤 언어를 안다는 것은 그 언어의 어떤 소리가 무슨 의미인지를 안다는 것을 뜻한다. 이 점에 주목해, 언어는 기본적으로 소리sound와 의미meaning의 두 부문으로 이루어진다고 말한다. 그런데 어떤 소리가 어떤 의미를 나타내는지는 언어마다 다르다. 예를 들어 '집'이라는 뜻을 나타내기 위해 언어마다 다음과 같이 서로 다른 소리를 낸다.

한국어:	집
영어:	하우스house
프랑스어:	메종maison
스페인어:	까사casa
러시아어:	돔

몽골어:	어렁
일본어:	이에
인도네시아어:	루마

이는 특정 소리가 특정 의미를 갖는 것이 아님을, 즉 소리와 의미 간의 관계가 자의적arbitrary이며, 사회적 약정에 불과한 것임을 보여준다. 소리와 의미 간의 관계가 자의적이라는 것은 인간 언어의 대표적 특징 중 하나가 된다.

의성어:

그런데 혹자는 특정 소리가 특정 의미를 상징하는sound symbol-ism 경우도 있다고 생각할지 모르겠다. 예를 들어 의성어onomat-opoeic word의 경우에는 소리와 의미가 밀접한 관련이 있지 않느냐 하는 것이다. 그러나 의성어의 경우에도 나라말에 따라 그 소리가 상당히 다르다. 예를 들어 닭 우는 소리를 나라말에 따라 다음과 같이 다르게 표기한다.

한국어:	꼬끼오
영어:	카커두들두cock-a-doodle-do
프랑스어:	코코리코cocorico
독일어:	키케리키kikeriki
알바니아어:	키키리키키kikirikiki

위의 소리들이 그래도 상당히 비슷하지 않느냐고 생각하는 사

람들은 다음 언어들의 경우를 보기 바란다 (한글로 표기하기 어려워 발음기호를 사용함).

베트남어: ò-ó-o-o
터키어: üü-ürü-üüü
타이어: eh-ee-eh-eh

위의 예들을 통해 의성어의 경우에도 역시 소리와 의미 간에는 자의성이 존재한다고 할 수 있다.

한국어는 가장 우수한 언어인가?:

언어를 이야기할 때 어떤 언어가 다른 언어보다 더 우수하다거나, 열등하다는 식으로 말하는 사람도 있다. 몇 백 년 전의 영국인들은 영어가 라틴어보다 열등하다고 생각하기도 했으며, 내가 어렸을 때인 1960년대만 해도 한국어가 유럽어에 비해 열등한 언어라고 말하는 사람들도 있었다. 그러나 지금 영어를 사용하는 미국이 세계 문명을 이끌고 있으며, 한국어를 사용하는 우리나라도 세계에서 손꼽히는 국가 중의 하나이다. 그러므로 문명의 발달 정도와 언어의 우열을 동일시하는 것은 잘못이다. 아프리카 원시 부족의 언어라고 해서 원시적인 언어가 아니라는 것이다. 인간 언어 자체에는 우열이 없으며, 언어들은 서로 다를 뿐이다. 무엇보다도 어느 것이 우수한 언어인지를 가를 객관적 근거가 없다. 인간 언어는 그 어느 것이나 저마다 독특하고 풍부하며, 문명의 발달 정도에 따라 얼마든지 어휘를 확장시킬 수 있다. 그런 점에서 우리가 우리 언어인 한국어를 세상에서 가장 우수한 언어라고 말한다면, 그것은 잘못이라고 해야 할 것이다. 한국어는 다른 언어들과 마찬가지로 독특하고 풍부하다. 그렇다고 해서 다른 언어보다 우수한 것은 아니다. 그러나 우리의 문자인 한글이 다른 언어의 문자 체계보다 우수하다고 말할 수는 있다. 문자는 문명의 일부이기 때문이다. 따라서 우리는 우리의 글자인 한글이 세계에서 가장 우수한 문자라고 말해야 할 것을, 한국어가 세계에서 가장 우수한 언어라고 말해서는 안 될 것이다. 우리나라 사람 중에는 한국어와 한글을 구분하지 않고 사용하는 사람도 있는데, 이 역시 주의해야 한다. 우리말은 한글이 아니다. 우리말은 한국어이고, 우리글이 한글이다. 이 점을 혼동해 '한국어'라고 말해야 할 때, '한글'이라고 말하는 사람이 없기를 바란다.

제2부

영어: 그 안

이제 영어의 안을 들여다보기로 하자. 영어의 안을 들여다보기 위해서는 먼저 영어의 소리를 해부해 보아야 한다. 그 소리들이 어우러져 영어 단어를 만들어내고, 영어 문장을 만들어내는 것이다. 따라서 영어에 어떤 소리들이 사용되는지, 그 소리들은 서로 어떻게 다른지, 그 소리들이 결합하는 데는 어떤 규칙이나 제약이 있는지 등을 먼저 알아볼 필요가 있다. 그러고 나서, 단어와 문장을 들여다볼 것이다. 즉 영어 단어는 어떤 방식으로 만들어지며, 그 내부 구조는 어떤지, 그 단어들이 모여 만들어내는 문장에는 어떤 오묘함이 숨겨져 있는지 등을 살펴볼 것이다. 아울러 영어 단어와 영어 문장들이 만들어내는 다양한 의미 현상에 대해서도 알아볼 것이다.

제2장
영어의 소리 I: 낱내소리

그에게 "'쉬뽈렛' 하고 말해 봐." 하였다. 그 사람이
제대로 발음하지 못하여 '시뽈렛'이라고 하면, 그를
붙들어 그 요르단 건널목에서 죽였다. 이렇게 하여
그때에 에프라임에서 사만 이천 명이 죽었다.

— 판관기 12:6 가톨릭 새번역

[T]hey said, "All right, say 'Shibboleth.'" If he
said, "Sibboleth," because he could not pronounce
the word correctly, they seized him and killed him
at the fords of the Jordan. Forty-two thousand
Ephraimites were killed at that time.

— Judges 12:6 NIV

여기에서는 영어에 어떤 소리들이 사용되는지, 그리고 각 소리들은 서로 어떻게 다르거나 유사한지를 알아보기로 하겠다. 기본적으로 영어 소리를 분류하는 기준, 즉 자음과 모음을 가르는 기준, 유성음과 무성음을 가르는 기준, 그리고 구두음(입소리)과 비음(콧소리)을 가르는 기준을 알아본 뒤, 영어 자음과 모음이 각각 어떤 기준에 의해 어떻게 분류되는지 등을 알아보기로 하겠다. 그 과정에서 한국어 소리와 영어 소리 간에 존재하는 핵심적 차이도 알아보고, 그러한 차이를 어떻게 표현할지에 대해서도 생각해보기로 하겠다.

1. 그 사람 이름은 'Gang'

나는 대학을 졸업하고 미국 유학을 떠나기 전까지 3년 남짓을 국내 어느 대기업의 수출 부서에서 근무하였다. 당시 나는 업무상 많은 사람을 만나게 되었는데, 하루는 같은 회사의 여수 공장에 근무하는 '강'모라는 사람이 찾아와서 인사를 하게 되었다. 그런데 그가 건네주는 명함 뒷면에 새겨진 그의 영문 이름을 보고 나는 크게 놀라지 않을 수 없었다. 그가 자기 성인 '강'을 영문으로 'Gang'이라고 표기했기 때문이다. 자신을 깡패쯤으로 알아달라는 뜻이었을까?

그런데 '강'이라는 우리말 성을 영문으로 표기할 때 'Gang'이라고 쓰는 것이 적절할까, 아니면 'Kang'이라고 쓰는 것이 적절할까? 이는 비단 '강'씨뿐만이 아니라 '김씨/도씨/박씨' 등이나 '군산/대구/부산' 등, 우리말의 'ㄱ/ㄷ/ㅂ' 계열의 음으로 시작하는 모든 인명이나 지명에 마찬가지로 적용되는 의문이다. 즉 이런 이름들을 영문으로 표기할 때 이들 이름의 첫소리인 'ㄱ/ㄷ/ㅂ'을 각각 'g/d/b'로 쓰는 것이 합당한가, 아니면 'k/t/p'로 쓰는 것이 합당한가?

이 의문에 답하기 위해 우선 영어의 'p/t/k' 소리와 'b/d/g' 소리 간에 어떤 차이가 있는지부터 알아보기로 하자. (우리말의 자모음 순서로는 'ㄱ/ㄷ/ㅂ'이 옳고 이에 대응시키기 위해서는 'k/t/p'의 순서로 적어야 하지만, 영어 음성학에서는 전통적으로 'p/t/k'의 순서로 말하는 것이 일반적이므로 나도 국어의 자모음 순서에 대응시켜 말하는 경우가 아니면 일반적인 관행을 따라 'p/t/k'라고 말하기로 하겠다.)

영어에서 'p/t/k' 소리는 모두 무성음voiceless sound이며, 'b/d/g' 소리는 이와는 반대로 유성음voiced sound이다. 무성음과 유성음의 구분은 1장에서도 언급한 것처럼 성대의 울림 여부에 따라 결정되는 것으로, 폐lung에서부터 밀려 올라오는 공기의 흐름(기류, airstream)이 후두larynx를 통과할 때 일어난다.

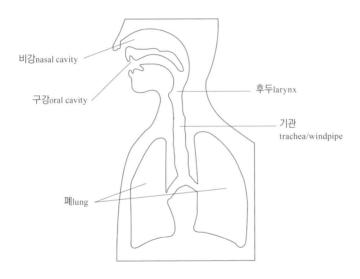

후두larynx는 앞의 그림에서 보는 바와 마찬가지로 기관trachea/windpipe의 꼭대기 부분에 해당하는 부위로서 둥근 관tube 모양을 하

고 있는데, 이 안에는 성대('vocal cords' 혹은 'vocal folds'라고 함)라고 불리는 두 가닥의 근육 조직이 자리하고 있다.

이 두 가닥의 근육 조직, 즉 성대가 붙어 있을 경우에는 폐에서 올라오는 공기가 이 부위를 통과하기 위해 성대 사이를 밀쳐 올라가게 된다. 이렇게 공기가 성대 사이를 밀쳐 올라갈 때 성대는 진동vibration을 하게 되는데, 이와 같이 성대를 울리며 발성되는 소리를 유성음(voiced sound, 성대울림소리)이라고 부른다.

그런데 만일 성대가 서로 떨어져 있으면 폐로부터 올라오는 공기는 성대를 진동시키지 않고서도 쉽사리 이 지점을 통과할 수 있게 되는데, 이와 같이 성대의 울림 없이 발성되는 소리를 무성음(voiceless sound, 성대안울림소리)이라고 부른다.

참고사항
· · · · · · · · ·

성대는 앞부분은 서로 붙어 있고 뒷부분은 떨어져 있어 뒷부분만이 움직일 수 있게 되어 있는데, 이 부분이 서로 붙게 되면 성문glottis이 닫혀져 유성음이 발성된다. 그리고 그 부분이 떨어져 있으면 성문이 마치 삼각형 모양으로 열리게 되는데, 이때는 무성음이 발성된다.

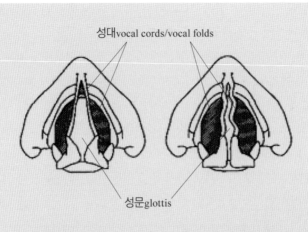

성대vocal cords/vocal folds

성문glottis

성대가 떨어져 있는 경우, 무성음이 발성된다.

성대가 가까이 있는 경우, 그 사이의 좁은 틈으로 공기가 통과하기 위해 마찰을 일으키므로 성대가 울리게 되어 유성음이 발성된다.

성대의 울림 여부에 의한 유무성 간의 차이는 실제로 발음하면서 확인해볼 수 있다. 먼저 해당 자음을 발음하면서 손가락을 후두가 들어 있는 갑상연골(Adam's apple, 남자들의 경우 목 중간에 조금 튀어나온 부분) 부위에 대어 보는 방법이 있다. 'b/d/g' 등의 유성음을 발음하는 경우에는 손가락 끝에 진동vibration, 즉 울림이 느껴질 것이다. 그러나 'p/t/k' 등의 무성음을 발음하는 경우에는 진동이 느껴지지 않을 것이다. 다시 말해 울림이 느껴지지 않을 것이다.

또한 해당 자음을 발음하면서 양쪽 귀를 손바닥으로 막아보는 방법도 있다. 이때 'b/d/g' 등의 유성음을 발음하는 경우에는 머릿속이나 손바닥에 '웅' 하는 울림이 느껴질 것이나, 'p/t/k' 등의 무성음을 발음하는 경우에는 그런 울림이 느껴지지 않을 것이다.

간혹 독자들 중에 'b/d/g' 등의 유성음을 발음하면서 이런 실험을 하는데도 아무 울림이 느껴지지 않는다는 사람이 있을 수 있는데, 이는 실험 방법이 잘못되었기 때문이 아니라 그 사람이 해당 영어 소리를 잘못 발음하기 때문이니 그런 사람들은 정확한 영어 발음을 위해 적절한 연습을 해야 할 것이다.

그러면 우리말의 'ㅂ/ㄷ/ㄱ'은 영어의 'p/t/k'(즉 무성음)에 더 가까운 소리일까, 아니면 'b/d/g'(즉 유성음)에 더 가까운 소리일까? 우리말의 'ㅂ/ㄷ/ㄱ'은 양옆에 유성음이 둘러싸는 경우가 아니면, 특히 단어의 첫머리 즉 어두에서는 성대의 진동을 수반하지 않는 무성음으로 발성된다. 즉, 우리말 어두 위치의 'ㅂ/ㄷ/ㄱ'은 음성학적으로는 영어의 'b/d/g' 소리보다 'p/t/k' 소리에 더 가깝다고 할 수 있다.

따라서 우리가 음성학적인 측면을 중시한다면 앞에서 언급한 '강'이라는 성의 'ㄱ' 소리는 'g'보다는 'k'로 표기하는 것이 더 타당할 것이다. 또한 '도'씨, '박'씨 등의 첫소리인 'ㄷ'이나 'ㅂ'도 'd'나 'b'보다는 't'나 'p'로 쓰는 것이 더 타당할 것이다.

그러나 우리가 우리말을 영문[1]으로 표기할 때 오로지 음성학적인 측면만을 중시해야 할 것인지에 대해서는 이론의 여지가 있다. 사실 이 문제에 대한 역대 정부의 입장도 불분명한 것이었기 때문에 일반인의 사용도 그만큼 혼란되어 있는 것이라고 생각한다.

우리말 'ㅂ/ㄷ/ㄱ'의 로마자 표기는 과거 수십 년 동안 'b/d/g'와 'p/t/k' 사이에서 오락가락해 왔다. 일견 사소해 보일지도 모르는 이 차이는 유무성의 차이에 민감한 외국어를 사용하는 사람들에게는 매우 큰 차이이다. 즉 영어를 모국어로 사용하는 사람들에게 'big'와 'pig', 혹은 'bull'과 'pull'이 각각 다른 의미를 가진 단어로 인식되는 것과 마찬가지로, 그들에게 'Busan'과 'Pusan'은 전혀 다른 지명으로 인식될 수밖에 없다. 이는 '부산'의 경우만이 아니라 'ㄱ/ㄷ/ㅂ'으로 시작되는 지명의 경우에 모두 적용된다. 우리말 이름을 영문으로 표기하는 것이 우리나라 사람의 편의를 위한 것이라기보다는 외국인의 편의를 위한 것임을 생각할 때, 로마자 표기법의 빈번한 변경은 바람직스럽지 못한 일임에 틀림없다.

1960년대부터 1980년대 중반까지 사용된 소위 '문교부 안'에서는 'ㅂ/ㄷ/ㄱ'을 'b/d/g'로 표기하였다. 따라서 당시에는 '부산/대구/군산' 등이 'Busan/Daegu/Gunsan' 등으로 표기되었다. 그런데 이런 표기법은 앞에서 설명한 대로 음성학적으로는 약간 문제가 있는 표기법이었다.

주로 이런 음성학적인 이유 때문에 1986년의 아시안게임과 1988년의 올림픽 개최를 앞둔 1984년, 당시의 제5공화국 정부는 상당 기간 사용되어 오던 문교부 안을 폐기하고 음성학적 측면을 보다 중시한 새로운 표기법을 채택하게 되었다. 이때 과거 'b/d/g'로 표기되던 우리말의 'ㅂ/ㄷ/ㄱ' 소리의 상당수가 'p/t/k'로 바뀌어 표기되게 되었다.[2] 이에 따라 '부산/대구/군산' 등이 'Busan/Daegu/Gunsan' 등에서 'Pusan/Taegu/Kunsan' 등으로 표기가 바뀌게 된 것이다.

그러나 이런 표기법은 우리나라 지명의 표기법을 너무 영어 화자들의 관점에서 결정했다는 비판을 받아야 한다. 영어 화자에게는 유성음과 무성음의 구분이 중요하지만, 한국인에게는 유성음 'b'와 무성음 'ㅂ' 간의 구분보다는 'p'와 'ㅂ' 간의 구분이 훨씬 중요하다. 대부분의 한국인은 영어의 'p/t/k' 소리를 한국어의 'ㅍ/ㅌ/ㅋ' 소리로 인식하며, 'b/d/g' 소리는 'ㅂ/ㄷ/ㄱ' 소리로 인식한다. 이런 한국인의 입장을 중시한다면, 'ㅂ/ㄷ/ㄱ'을 'b/d/g'로 표기하는 것이 더 합리적일 것이다. 이런 이유 등으로 2000년에 재차 변경된 표기법에서는 '부산/대구/군산'이 다시 'Busan/Daegu/Gunsan'으로 되돌아가게 되었다. 우리는 이 문제에 있어 너무나도 갈팡질팡해 온 것이다.[3]

참고사항
· · · · · · · · · ·

부산국제영화제는 PIFF인가 BIFF인가?:

'부산국제영화제'에서 '부산'을 'Pusan'으로 쓸지 'Busan'으로 쓸지에 따라 이 행사의 약자가 'PIFF'가 되기도 하고 'BIFF'가 되기도 한다. 다음은 이 행사가 처음 열린 1990년부터 상당 기간 동안 'PIFF'라는 이름으로 개최되었으나 지금은 'BIFF'가 되었음을 보여준다. (참고로 연월일을 영어로 적을 때, "October 26, 2015"에서처럼 연도 앞에 숫자가 나올 때만, 즉 숫자 두 개가 겹쳐 나올 때만 그 사이에 쉼표를 사용한다. 따라서 아래에서처럼 달 이름을 영어로 적을 때는 연도 앞에 쉼표를 사용하지 않는 것이 일반적이다.)

참고사항
· · · · · · · · ·

독립문이 Dog Rib Mun?:

다음은 1982년 12월 23일 동아일보 독자 투고란에 실린 글이다.
'독립문'이 당시의 표기법에 따라 'Dog Rib Mun'으로 되어 있어,
의미상 좋지 않은 느낌을 준다는 점을 지적한 글이다 (도로 표지
판에는 'Dog Rib Mun', 영문 안내판에는 'Tok Rip Mun'이라는 식
으로 일관성 없게 표기되어 있었음도 알 수 있다).

獨立門표기 「DOG RIB MUN」
外國人에 「개갈비문」오해우려

친구집으로 가고있을때의 일입니다. 서
울서대문 로터리를 지나 독립문앞 정류
장에서 내려 독립문 앞을 지나게 되었을
때 요즘 한참인 독립기념관건립을 위한
성금모으기 운동이 생각이나 독립문을
자세히 살피게 되었읍니다.

원래의 위치에서 그 자리로 옮겨진 점
이나 그 근처위로 지나는 고가도로가 S
자로 휘어진 점을 차치하고라도 독립
문의 위치를 알리는 교통안내 표지판의
영자표기만은 정말로 고쳐야 되겠다고
느꼈읍니다. 독립문앞에 세워져 있는 안
내문의 영자표기에는 「TOK RIP MUN」이
라고 되어있어서 영어식으로 발음하기가
힘들다고 생각하고 웃어 버렸지만 네거
리 교통(길)안내 표지판의 영자표기에는
「DOG RIB MUN」으로 되어 있지 않겠읍
니까.

처음의 「DOG」의 단어때문에 엉터리 충
견기사 생각이나 다음단어 「RIB」은 사전
에서 찾아보니 「rib─독갈 갈비」 라고 풀
이가 되어 있더군요. 그렇다면 그 말은
「개갈비」「개늑골」이란 뜻이 되는 셈인데
이런것도 망신이 아닐는지요. 길안내판의
영자표기는 누구에게 알리기위한 것입니
까. 外國人을 위해서 써놓은 것일터인데
그들이 보고 무어라고 생각할 것입니까.
독립문의 「독립」이라는 의미를 다른말로
바꾸어서 써 넣었다면 「개갈비문」이라는
뜻으로는 풀리지 않을 것입니다. 제대로
의 정정을 바랍니다.
이 진 용<서울江南구三成동 성보APT
B동701호>

나는 여기서 위에서 언급한 표기법 중 어느 것이 더 우월한 것인지에 대해서는 논의하지 않기로 하겠다.⁴ 다만 어느 체계이든지 일단 채택된 체계는 공공부문에서만은 철저하게 일관성 있게 사용되어 최소한 외국인들에게 혼란을 야기하는 경우만은 막아야 한다는 점만을 강조하도록 하겠다.

인명을 로마자화할 때는 개인에 따라 선호도를 반영할 수 있으므로 공공성을 띤 지명의 경우와 달리 통일된 체계를 반드시 따를 필요는 없을 것이다. 즉 '강'이라는 성을 음성학적인 측면을 중시해 'Kang'이라고 쓰든가, 아니면 상대방의 기억을 쉽게 하기 위해 'Gang'이라고 쓰든가 하는 것은 개인의 의사에 따라 달리 선택할 수 있기 때문이다.

참고로 '박'씨 성은 1959년에 제정된 문교부 안에 따르면 'Bag'이라고 표기되었다. 사람을 '가방'으로 만드는 셈이었다. 2013년도 1학기에 내 수업을 들은 어느 학생은 실제로 여권에 이렇게 표기가 되어 있었다. 아마도 1980년대 초반 그의 아버지가 여권을 만들면서 당시의 공식 표기법을 성실히 따랐기 때문일 것이다. 1960년대까지만 해도 '박'씨 성은 'Bak', 'Pak', 'Bahk' 등으로 다양하게 표기되었다. '박'을 오늘날과 같이 'Park'로 표기하는 것은 박정희 대통령 때부터인 것으로 보인다. 그도 초기에는 'Pak'라는 표기를 사용했으나, 어느 시점부터는 'Park'라는 표기를 공식적으로 사용하게 되었다. 이후 한국의 거의 모든 박씨 성 가진 사람들이 이 표기를 따르게 된 것이다. 그런데 이 표기는 사람 이름을 '공원' 이름으로 오해할 소지를 만든다. 개인인지 기관인지에 따라 금액에 차등을 두어 부과하는 경우에는 박씨 성을 가진 개인을 기관으로 혼동해 높은 금액을 부과하는 경우도 있을 수 있다. '박혜나'라는 이름을 'Hyena Park'라고 쓰면 '하이에나 공원'이라는 전혀 예기치 않았던 의미를 갖게 되기도 한다. 최근 외국 방송에서는 '박인비'라는 골프 선수의 이름을 'I Park'라고 적기도 하는데, 어느 아파트 단지 이름처럼 보이기도 한다.

성을 로마자화함에 있어 일어나는 재미있는 이야기 한 가지는 '곽'씨 성을 가진 사람이 미국에서 의사로 일할 때의 이야기이다. '곽'씨를 영어로 'Kwak'이라고 표기하는 경우 이는 영어의 'quack'과 동일한 발음이 될 수 있는데, 'quack'은 '오리가 꽥꽥 운다'라는 뜻 외에 '돌팔이 의사'라는 뜻이 있기 때문이다. 따라서 곽씨 성을 가진 의사가 자신을 'Dr. Kwak'이라고 소개할 경우 이는 마치 자신이 돌팔이 의사라는 것을 나타내는 것처럼 되어 대단히 우스꽝스러운 일이 될 수도 있다. 이런 어감을 피하기 위하여 어떤 사람들은 '곽'을 'Kwark', 'Kak' 또는 'Kok'으로 쓰는 일이 있다는 것을 들은 적이 있는 것 같다. 이때도 물론 자신 있는 의사라면 오히려 인상적인 효과를 위해 'Kwak'이라는 표기를 고집할 수도 있는 일이다.

희성이기는 하지만 '피'씨도 혹시 'Pee'라고 쓰면 '오줌누다'라는 뜻이 되며, '육'씨도 'Yuk'이라고 쓰면 영어의 'yuk' 혹은 'yuck'(역겨울 때 내는 소리)의 의미와 중첩되어 예기치 않은 결과를 야기하기도 한다. '범'씨의 경우나 이름에 '범'이 들어가는 경우에도 'Bum'이라고 쓰면 '건달', '놈팡이' 등의 뜻이 되기도 하며, '우'를 'Woo'로 표기하면 '구애하다'라는 뜻이 된다. '오'씨의 경우에 'Oh'나 'O'라고 쓰면 감탄사의 의미를 띄게 되는데, 이런 어감을 피하기 위해 드물기는 하지만 'Augh'라고 표기를 하는 사람도 있다.

2. 브이

"승리의 '브이'자를 그린다"라는 말이 있다. 1980년대에는 '브이'V라는 미국 드라마가 인기를 끈 적도 있었다. 이렇게 우리는 영어의 'V'자를 '브이'라고 읽는다. 이 발음이 과연 옳은 것일까?

영어를 모국어로 사용하는 사람들은 아무도 'V'를 '브이'라고 읽지 않는다. 그들은 'V'를 [vi]'라고 읽을 뿐이다. 그런데 한국 사람은 'victory'의 'vi'는 '비'로 읽으면서 'V'를 가리키는 [vi]'는 대부분 '브이'로 읽는다. 왜일까?

우선 'victory'의 'vi'를 '비'로 읽는 것부터가 정확한 영어 발음이 아니다. 영어의 [v] 소리는 소위 마찰음fricative sound으로서, 이는 발음기관의 일부에 조그만 틈을 내어 그 사이로 공기가 빠져나가면서 발성되는 소리이다. 독자들이 영어 선생님들로부터 [v] 소리를 발음할 때 윗입술을 아랫입술에 살며시 대고 발음하라는 지도를 받았다면 이는 바로 이런 마찰음을 내기 위한 방편이었다. 즉 윗입술을 아랫입술에 꽉 대는 것이 아니라 살짝 올려놓음으로써 입 안의 공기가 그 사이의 조그만 틈을 통해 빠져나가게 발음하라는 뜻이다. 이런 소리를 마찰음이라고 부르는 이유가 공기가 이 틈을 지나가면서 마찰friction을 일으키기 때문임은 앞에서 이미 설명한 바 있다.

그런데 한국어에는 이런 마찰음이 거의 없어 한국 사람들은 한국어에 없는 영어의 마찰음을 발음할 때 자주 실수를 저지른다.[5] 'victory'의 'vi'를 한국어의 '비'처럼 발음하는 것은 바로 이런 실수 중 하나이다. 즉 한국 사람들은 [v] 소리가 한국어에 없기 때문에 이 소리를 발음할 때 그 소리와 가장 유사한 한국어 소리인 'ㅂ' 소리로 발음하는 경향이 있는 것이다.

이렇게 자국어에 없는 외국어 소리를 발음할 때 그것과 가장 유사한 자국어 소리로 '대체'substitute해 발음하는 것은 흔히 있는 일로서 우리나라 사람들에게만 국한된 것은 아니며, 이런 이유로 발생되는 실수를 흔히 '대체 오류'substitution error라고 부른다. 한국 사람들이 'victory'의 'vi'를 '비'로 발음하는 것은 바로 이런 대체 오류의 하나인 것이다.

그런데 한국 사람들은 단어 속의 '[vi]' 소리는 '비'로 발음하면서도 왜 'V'자를 가리키는 [vi] 소리는 '브이'라고 발음하는 것일까?

이는 'V'자를 '비'라고 발음하면 또 다른 영어 철자인 'B'와 구별이 곤란하게 되기 때문으로 보인다. 즉 영어에서는 'B'를 가리키는 '[bi]' 소리와 'V'를 가리키는 '[vi]' 소리를 '[b]'와 '[v]' 소리의 차이(즉 자음의 조음방법의 차이)로서 구별하지만, 그런 구분이 불가능한 한국어에서는 궁여지책으로 추가 모음의 존재 여부로 그들을 구별하여 'B'는 '비'로 'V'는 '브이'로 발음하는 것이다.

한국사람들은 'V[viː]'를 '브이'라고 발음하면서 'victory'는 왜 '브익토리' 라고 발음하지 않는 것일까?

출처: 『한국인을 위한 영어발음 교과서』
(한학성 지음, 2001년 테스트뱅크 발행), p. 40

이와 유사한 것으로 영어의 마지막 철자인 'Z'자의 발음도 들 수 있는데, 'Z'를 영국에서는 주로 '[zed]'로 읽지만 미국에서는 주로 '[zi]'라고 읽는다. 우리말에서는 이 'Z'를 주로 '젯'[6]으로 읽는데, 이는 물론 영국식 읽는 법을 따른 것이다.

그런데 한국에 미국식 영어가 들어온 지도 꽤 되었지만, 'Z'를 '[zi]'로 읽는 사람은 상대적으로 드물다고 할 수 있다. 물론 이에는 전통적인 이유가 있겠지만 한국어에 '[z]' 소리가 없는 것도 한 이유가 될 것이다. 즉 '[z]' 소리가 한국어에 없기 때문에 '[zi]'를 읽는 한국 사람은 이를 대개 '지'라고 발음하게 되는데, 이는 또 다른 영어 철자인 'G'와 혼동이 되므로 이를 피하기 위해 'Z'의 다른 이름인 '[zed]'를 주로 사용하는 것 같다는 것이다. 만일 영어의 'Z'를 '[zed]'라고 발음하는 방법이 없었다면 우리는 아마도 이 글자를 '브이'에서 본 것처럼 '즈이'라고 발음하고 있을지도 모를 일이다.

참고사항
· · · · · · · · ·

훈민정음 창제 당시의 'ㅿ' 글자와 '[z]' 소리:
훈민정음 창제 당시에는 영어의 '[z]' 소리를 표기하는 수단이 있었다. 즉 삼각형 형태의 기호 'ㅿ'가 그것인데, 다음은 18세기말에 간행된 일본어 어휘집 『왜어유해』 상권의 첫 면이다. 사역원의 일본어 교재로 사용된 이 책에는 한자 'ㅂ'의 일본어 발음이 표기되어 있는데, 그 첫 번째 소리가 바로 이 글자로 표기되어 있다.

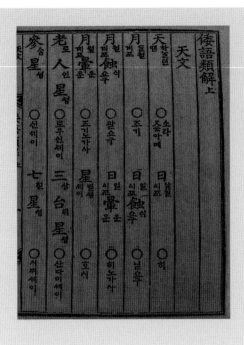

참고사항

대체 오류와 음악가 'Bach'의 영어식 발음:

앞에서 자국어에 없는 외국어 소리를 발음할 때 그것과 가장 유사한 자국어 소리로 '대체'substitute해 발음하는 것은 흔히 있는 일로서 우리나라 사람들에게만 국한된 것은 아니라고 했다. 미국 사람들은 음악가 'Bach'를 발음할 때 독일어의 'ch' 발음인 '[x]'(이는 마찰음의 하나로서 우리말의 'ㅎ' 소리와 유사함) 소리가 영어에 없으므로 대부분 이 소리와 유사한 영어 소리인 '[k]' 소리로 대체해 발음한다. 따라서 많은 미국인이 음악가 'Bach'를 마치 한국 이름 '박'씨처럼 발음하는 것이다. 프랑스 사람들은 프랑스어에 없는 '[θ]' 소리를 가진 영어 단어를 발음할 때 이를 '[s]' 소리로 대체해 발음하는데, 이런 것들이 모두 대체 오류에 해당한다.

3. '쉬고울'에 갔습니다

1970년대 중반의 어느 날, 나는 서울의 한 외국인 교회에서 미국인 선교사와 서툰 영어로 이야기하고 있었다. 그런데 그 미국인 선교사가 '쉬고울'이라는 단어를 특별히 힘주어 발음하는 순간 나는 멈칫할 수밖에 없었다. 그의 말을 알아들을 수 없었기 때문이었다. 그가 '쉬고울'이 한국어 단어이며, 'countryside'를 의미한다고 설명을 해주고 나서야 비로소 그가 '시골'이라는 발음을 하고자 했음을 알 수 있었다. 누군가 '시골'을 영어로 'shigol'이라고 써 준 모양이었다. 'shigol'을 그가 영어식으로 '[ʃigoul]'이라고 발음한 것이었다.

영어의 'sh'에 해당하는 '[ʃ]' 발음은 '[s]' 발음과 다르다. '[s]' 발음이 혀를 치아 바로 뒤쪽에 대고 내는 소리임에 비해, '[ʃ]' 발음은 혀를 더 뒤로 해서 내는 소리이다. 엄밀한 의미에서 한국어에는 영어의 '[ʃ]' 소리에 해당하는 개별 자음은 존재하지 않는다. 그리고 한국어의 '시'는 영어의 '[si]' 소리와도 다르고, '[ʃi]' 소리와도 다르다. 한국어와 영어 간

의 이 미묘한 차이가 그 미국인 선교사의 '쉬고울'이라는 발음으로 나타
난 것이었다.

'[ʃ]' 소리와 '[s]' 소리의 구분이 구약 시대처럼 먼 옛날에도 중요할
때가 있었다. 다음은 판관기[7] 12장 5절-6절의 내용이다.

> 그리고 길앗인들은 에프라임으로 가는 요르단 건널목들을 점
> 령하였다. 도망가는 에프라임인들이 "강을 건너게 해 주시오."
> 하면, 길앗 사람들은 그에게 "너는 에프라임인이냐?" 하고 물었
> 다. 그가 "아니요." 하고 대답하면, 그에게 "'쉬뽈렛' 하고 말해
> 봐." 하였다. 그 사람이 제대로 발음하지 못하여 '시뽈렛'이라고
> 하면, 그를 붙들어 그 요르단 건널목에서 죽였다. 이렇게 하여
> 그때에 에프라임에서 사만 이천 명이 죽었다.[8]

'쉬뽈렛'과 '시뽈렛'의 차이는 'Shibboleth'과 'Sibboleth'의 차이를
의미하는 것으로 결국 '[ʃ]' 소리와 '[s]' 소리 간의 차이를 말한다. 이 미
묘한 발음 차이가 수천 년 전 어느 종족인지를 구분해주고, 죽고 사는
문제를 결정했다는 것이다.

한 가지 덧붙인다면, 우리나라 사람 중에는 'C'나 'see', 'sea' 등을
우리말의 '씨'나 '시'처럼 발음하는 사람이 꽤 있는데, 영어의 '[si]' 소리
는 한국어의 '씨'나 '시' 소리와는 차이가 있는 소리이다.

영어의 경우에는 '[si]'에서처럼 '[s]'가 고모음high vowel인 '[i]' 앞에
있더라도 '[s]'의 소리 나는 위치(즉 조음위치)는 여전히 치경alveolar ridge
부위이나, 한국어에서는 'ㅅ'이나 'ㅆ'이 'ㅣ'와 결합할 때는 이들 소리 나
는 위치가 치경 부위에서 약간 뒤쪽으로 이동된다. 이 구분이 어려운
사람들은 우리말의 '사'와 '시' 발음을 하면서 혀의 움직임을 주의 깊게
관찰해보기 바란다. '시'의 경우에는 '사'의 경우보다 혀가 뒤쪽으로 움

직이는 것을 느낄 수 있을 것이다. 즉 영어의 '[si]' 소리와 한국어의 '씨', '시' 소리는 발음되는 위치가 약간 다르니 만큼, 서로 다른 소리라는 것이다.

따라서 독자들 중에서 영어의 'see', 'sea', 'C' 등을 한국어의 '시'나 '씨'처럼 발음하거나 'seem', 'seen', 'seek', 'seat' 등에서의 '[si-]' 발음을 역시 한국어의 '시'나 '씨'처럼 발음하는 사람들은 정확한 영어 소리를 충분히 듣고 반복 연습해서 잘못된 발음을 고치도록 해야 할 것이다. 그러지 않으면, 'Sit down'을 'Shit down'처럼 들리게 발음하는 실수를 저지를 수도 있는 것이다.

4. 아임 더티

영어의 'th' 소리도 한국인에게 어려운 발음이다. 영어의 'th' 소리는 대개 '[θ]' 또는 '[ð]'로 발음되는데, '[θ]'는 성대의 울림이 없이 발음되는 무성음이며, '[ð]'는 성대를 울리며 발음되는 유성음이다.

또한 이 두 소리는 '[v]'와 마찬가지로 마찰음에 속한다. 독자들 상당수가 영어를 처음 배우면서 이 'th' 발음을 어려워한 적이 있을 것이다. '[θ]'와 '[ð]' 소리는 혀끝을 윗니와 아랫니 사이에 살며시 넣고 발음하는 소리인데, 이렇게 양니와 혀끝 사이에 생긴 조그만 틈새로 공기가 빠져나가면서 발음된다는 의미에서 이들이 마찰음에 속한다.

그런데 한국어에는 이들 소리가 없기 때문에 어떤 한국 사람들은 '[θ]' 소리는 'ㅆ' 혹은 'ㅅ'으로, '[ð]' 소리는 'ㄸ' 혹은 'ㄷ'으로 대체해 발음하기도 한다. 이는 물론 정확한 영어 발음이 아니다. 경우에 따라 '[θ]' 소리를 'ㄷ'이나 'ㄸ' 소리로 대체하기도 하는데, 'thank you'를 '댕큐'나 '땡큐'로 표기하는 등이 이에 속한다. 이와 관련해 내가 어렸을 때

'thrill'을 '드릴'로, 'nothing'을 '나딩' 등으로 표기한 것을 어디에선가 본 기억이 난다.

이 'th' 발음과 관련해 언젠가 어떤 사람이 외국 사람에게 자기 나이가 '삼십(30)'이라는 뜻으로 "I'm thirty" 할 것을 'thirty'의 'th' 발음을 우리말의 'ㄷ'으로 대체해 마치 "I'm dirty"처럼 들리게 하고, 뒤이어 자기 아내도 동갑이라는 뜻으로 "마이 와이프 이즈 더티 투"My wife is dirty, too라고 했다는 우스운 이야기를 어디선가 읽은 적이 있는 것 같다.

이렇게 자국어에 없는 외국어 소리를 발음할 때 해당 외국어 소리를 그것과 가장 유사한 자국어 소리로 대체해 발음하려는 경향은 매우 보편적인 현상으로서 이런 실수를 막는 길은 처음부터 외국어 소리는 토박이 외국어 소리를 통해 배우는 길뿐이다.

우리나라 학생들이 처음 영어를 배우게 되는 시기가 대개 초등학교 입학 전후의 시기이므로 이 시기는 외국어 소리를 습득하는 데 별 지장이 없는 시기이다. 따라서 이 시기의 학생들에게 정확한 영어 소리를 들

출처: 『한국인을 위한 영어발음 교과서』(한학성 지음, 2001년 테스트뱅크 발행), p. 62

려주면 대부분의 학생들은 별 무리 없이 해당 외국어 소리를 정확하게 습득할 수 있는 것이다.

그러나 상당수 학교에서 아직도 부정확한 발음을 가진 영어 교사가 한국식 발음을 통해 영어를 가르치는 관계로 이런 점이 잘 시정되지 않고 있다. 교사로부터 '바담 풍'이라고 들은 학생은 '바담 풍'이라고 할 수밖에 없는 것이다. 따라서 '바담 풍'이라고 발음하는 교사가 학생들에게 '바람 풍'을 가르치기 위해서는 어떤 식으로든지 정확한 '바람 풍' 소리를 학생들에게 들려주어야 한다. 이와 같은 이유로 나는 최소한 영어를 처음 배우는 몇 해 동안만이라도 모든 단어나 문장은 그것이 어떤 형태가 되었건 영어를 모어로 구사하는 사람의 소리를 주된 도구로 사용해 영어 수업이 진행되어야 한다고 믿고 있다. 나아가 중고등학교 영어 수업에서도 교재의 내용을 반드시 영어 원어민의 발음을 통해 접하도록 해야 한다고 믿는다. 이렇게 해야 중고등학교 영어교육이 실질적으로 말을 사용하는 영어교육에 조금이라도 가깝게 가게 될 것이다.

5. 영어 소리의 분류에 들어가기에 앞서

앞의 이야기들에서 우리는 영어에는 마찰음 등이 있다는 말을 하게 되었다. 마찰음이란 영어의 자음 종류 중 하나로서 영어에 대해 더 깊은 이야기를 하자면 마찰음뿐 아니라 영어 소리의 전반적 체계에 대한 이해가 필요하게 된다. 따라서 영어의 소리들이 어떤 체계로 이루어져 있는가를 구체적으로 살펴보아야 할 필요가 대두된다.

이야기를 진행시키기에 앞서 우리가 말을 할 때 내는 소리라는 것이 어떤 작용에 의해 생성되는 것인지를 알아보기로 하자.

모든 소리는 공기의 흐름(기류, airstream)에 의해 생성된다. 인간이 말을 할 때 내는 소리도 이런 공기의 흐름에 의해 생성되는 것이다. 그렇다면 인간은 구체적으로 어떤 공기의 흐름에 의해 소리를 발성해 내는 것일까? 인간이 숨을 들이마시거나 숨을 내쉰다고 하는 것은 결국 공기의 흐름을 만든다는 것이다. 즉 인간은 호흡하는 과정을 통해 말소리의 연원이 되는 공기의 흐름을 생성하는 것이다. 이를 다시 말하면 호흡할 수 있는 능력이 정지된 사람(즉 죽은 사람)은 말을 할 수 있는 능력도 정지된다는 것이다. 이에 근거해 인간에게 있어 말은 호흡만큼이나(즉 생명만큼이나) 중요한 것이라는 표현을 해볼 수도 있을 것이다.

인간이 말을 할 때 내는 소리는 다음 그림에서 보는 바와 같이 주로 폐lung에 있던 공기가 입mouth이나 코nose를 통해 밀려나감으로써 생성된다.

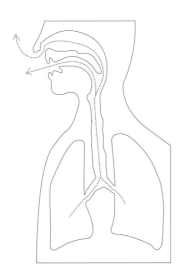

이렇게 발성되는 소리들은 폐로부터의 공기의 흐름에 의한 소리라는 의미에서 '폐장음'(허파소리, pulmonic sounds)[9]이라고 불리며, 공기

가 밖으로 밀려나가면서 발성되는 소리라는 의미에서 '배기음'(날소리, egressive sounds)[10]이라고 불린다. 인간 언어에서 사용되는 소리들의 대부분이 '폐장배기음'(허파날소리, pulmonic egressive sounds)인데, 영어에는 폐장배기음만이 사용된다. 따라서 영어의 모든 소리들은 'pulmonic egressive airstream mechanism'에 의해 생성된다고 할 수도 있다.

이를 바탕으로 영어의 소리들이 어떻게 분류되는지를 살펴보기로 하자.

6. 자음과 모음의 구분(공기의 흐름에 대한 방해 유무로 구분)

앞에서 우리는 인간이 내는 모든 소리는 인체 내부에서의 공기의 흐름으로 인해 생성된다고 하였다. 인간의 말소리에 대한 가장 기본적 구분인 자음과 모음 간의 구분은 이 공기의 흐름에 '방해'obstruction가 있는지 여부에 따라 결정된다. 즉 공기의 흐름이 발성기관을 거치면서 어떤 방해를 받게 되면 자음consonant이 발성되고, 아무 방해도 없이 자유롭게 흘러나오면 모음vowel이 발성된다.[11] 영어의 경우에는 모든 소리들이 '폐로부터 밀려나오는 공기의 흐름', 즉 '폐장배기음'에 의한 것이므로 자모음 간의 구분은 폐로부터 올라오는 공기lung air가 입 또는 코를 거치면서 어떤 방해를 받게 되는지 여부에 따라 이루어진다. 즉 해당 공기가 방해를 받아 흘러나오게 되면 자음이 발성되고, 방해를 받지 않고 흘러나오면 모음이 발성된다.

이렇게 구분된 자음·모음 중, 자음은 다시 공기의 흐름이 방해를 받는 위치와 그 정도 등에 따라 세분되며, 모음의 경우에는 혀의 높이tongue height나 입술의 오므림lip rounding 여부 등에 따라 다시 세분되는데, 이에 대한 자세한 설명은 다음 몇 가지 기본적 구분에 대한 설명을 한 후에 하도록 하겠다.

7. 유성음과 무성음의 구분(성대의 울림 여부로 구분)

유성음과 무성음의 구분은 이미 설명한 바 있으므로 되풀이하지는 않겠다. 다만 이 구분은 영어에서는 대단히 중요한 구분이나 우리말에서는 영어처럼 중요하지는 않아서 우리나라 사람들이 영어로 말을 할 때 실수하는 경우가 종종 있으므로 주의를 요한다는 점만 다시 강조하기로 하겠다.

참고로 영어의 경우 모음은 모두 성대의 울림을 수반하며 발성되는 유성음이며, 자음은 다음에서 보는 바와 같이 일부는 유성음이고 일부는 무성음이다.

유성 자음: b/d/g/v/ð/z/ʒ/dʒ/m/n/ŋ/l/r/w/j

무성 자음: p/t/k/f/θ/s/ʃ/ʧ

8. 비음과 구두음의 구분(연구개의 위치로 구분)

영어의 '[m]/[n]/[ŋ]' 소리는 흔히 콧소리, 즉 비음nasal sound이라고 불린다. 비음은 그렇지 않은 음과 어떤 차이가 있는 것일까? 비음이란 코를 통해 발성되는 소리라는 뜻이다. 따라서 '[m]/[n]/[ŋ]'은 우리가 모든 영어 소리의 연원이 된다고 한 '폐로부터 올라오는 공기의 흐름'pulmonic airstream이 어떤 경로를 통해 코로 흘러나감으로써 생성되는 소리라는 뜻이 된다. 그렇다면 폐로부터 밀려 올라오던 공기가 어떻게 해서 '[m]/

[n]/[ŋ]'의 경우에는 다른 소리들의 경우와 달리 코를 통과하게 되는 것일까? 이와 관련하여 다음 그림을 보도록 하자.

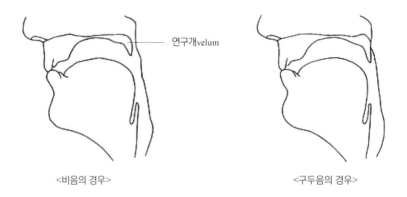

<비음의 경우>   <구두음의 경우>

위의 두 그림을 보면, 비음의 경우에는 연구개velum가 내려와 있어 코로 통하는 길passage이 열려 있고, 구두음의 경우에는 연구개가 올라가 인강pharynx 벽에 붙어 코로 통하는 길을 차단하고 있다. 왼쪽 그림처럼 연구개가 내려와 있는 경우에는 폐로부터 올라오는 공기가 코를 통해 빠져나갈 수 있고, 오른쪽 그림처럼 연구개가 올라와 있는 경우에는 그런 가능성이 봉쇄된다. 즉 '[m]/[n]/[ŋ]'과 같은 비음은 연구개가 내려와 있어 폐로부터의 공기가 비강nasal cavity을 통해 빠져나가면서 발성되는 소리이며, 그 외의 소리들은 폐로부터의 공기가 비강을 통해 빠져나갈 수 있는 가능성이 봉쇄되어 오로지 입(구강, oral cavity)을 통해 빠져나가면서 발성되는 것인데, 이들을 비음과 구별하기 위해 구두음 oral sound이라고 부른다.

9. 영어 자음의 분류

우리는 앞에서 자음이란 폐로부터 밀려나오는 공기lung air가 구강, 즉 입 안을 통과하면서 어떤 방해obstruction를 받아 발성되는 소리라고 하였다. 자음은 방해를 받는 위치place와 그 방해의 정도degree에 따라 다시 세분된다. 폐로부터 올라오는 공기의 흐름이 어느 위치에서 방해를 받느냐에 따른 구분을 조음위치place of articulation에 따른 구분이라고 부르며, 공기의 흐름에 대한 방해의 정도에 따른 구분을 조음방법 manner of articulation에 따른 구분이라고 부른다. 자음은 이 두 가지 분류 기준 외에도 우리가 앞에서 논의한 유성음, 무성음 여부에 따라서도 세분되는데, 따라서 독자들은 어떤 자음이 이 세 가지 자음 분류 기준에 따를 때 어떤 특성을 갖게 되는지에 대해 충분히 익숙해질 수 있도록 노력해야 할 것이다. 즉 자음은 다음의 세 가지 분류 기준에 따라 세분된다.

> **자음 분류의 기준**
> (1) 성대vocal cords의 울림 여부 (즉 유성음 무성음 구분)
> (2) 조음위치place of articulation
> (3) 조음방법manner of articulation

10. 조음위치에 따른 영어 자음의 분류

조음위치에 따른 구분이란 위에서 설명한 대로 폐로부터 밀려 올라오는 공기의 흐름이 어느 지점에서 방해를 받게 되느냐에 따른 구분이다. 이는 즉 폐로부터 성도vocal tract로 들어온 공기가 입술이나 혀 등의 어느 부위에 의해 어느 지점에서 방해를 받느냐(이를 언어학에서는 조음된다고 함)에 따른 구분이다. 이는 피리에 있는 여러 구멍 중 어느 구멍을 손가락으로 막느냐에 따라 다른 음이 나는 것과 마찬가지 이치라고 하겠는데, 이때 피리를 불기 위해 입으로 내쉬는 숨은 우리가 소리를 낼 때 만드는 '폐장기류'pulmonic airstream에 비유할 수 있고, 피리의 어느 구멍을 막느냐 하는 것은 곧 어느 조음위치에서 조음되느냐 하는 것에 비유할 수 있다.

영어에서 사용되는 조음위치에는 다음과 같은 것들이 있다.

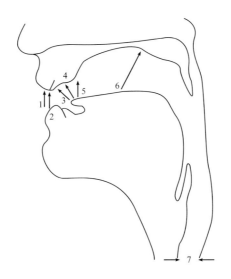

(1) 양순음Bilabials

(2) 순치음Labiodentals

(3) 치간음Interdentals

(4) 치경음Alveolars

(5) 경구개음Palatals

(6) 연구개음Velars

(7) 성문음Glottals

1) 양순음(두입술소리, Bilabials)

이는 그 이름이 시사하는 것처럼 두 입술로 내는 소리이다 ('bi'는 'two'를 의미하며 'labial'은 'lip'과 같은 어원에서 온 것임). 영어의 '[p]/[b]/[m]'가 이에 속하는데, 이 중 '[p]'는 무성음이고, '[b]/[m]'는 유성음이다. 또한 '[m]'는 비음, 나머지는 구두음이다.

2) 순치음(입술니소리, Labiodentals)

이는 그 이름이 시사하는 것처럼 입술('labio'는 앞의 'labial'과 마찬가지로 'lip'과 같은 어원)과 치아('dental'의 'dent'는 'teeth'의 의미. cf. 'dentist')에 의해 나는 소리이다. 보다 구체적으로는 아랫입술lower lip을 윗니에 대어 내는 소리인데, 영어의 '[f]/[v]'가 이에 속한다. 이 중 '[f]'는 무성음, '[v]'는 유성음이다. 이런 순치음은 한국어에 없기 때문에 한국인들이 영어의 이 소리들을 발음할 때 실수를 범하는 경우가 많다.

3) 치간음(잇사이소리, Interdentals)

치간음을 의미하는 영어 단어인 'interdental'은 'between the teeth'를 의미하는 것으로, 이는 즉 혀끝tongue tip을 윗니와 아랫니 사이에 넣어 내는 소리이다. 이에는 영어의 'th' 소리, 즉 '[θ]'와 '[ð]'가 속하는데, 이 중 '[θ]'는 무성음이며 '[ð]'는 유성음이다. 이 소리들도 한국어에는 없는 소리들이므로 앞에서 이야기한 것처럼 한국인들이 이 소리들을 정확하게 발음하지 못하는 경우가 많다. 치간음을 치음(즉 잇소리)이라고 하기도 한다.

4) 치경음Alveolars

위쪽 치아의 바로 뒤는 치경alveolar ridge이라고 부르는 부위인데, 치경음alveolar sound은 혀끝tongue tip이나 혓날tongue blade이 바로 이 치경alveolar ridge 부위에 닿아 나는 소리이다. 이에는 '[t]/[d]/[s]/[z]/[n]/[l]/[r]'가 속하는데, 이 중 '[t]/[s]'는 무성음이고 나머지는 모두 유성음이다. 또한 이 중 '[n]'만 비음이고 나머지는 구두음이다.

5) 경구개음Palatals

이는 혓날을 치경alveolar ridge 뒤와 경구개hard palate 사이에 대고 내는 소리인데, 이 소리가 이 두 부위의 중간 위치에서 난다는 의미에서 치경구개음, 영어로는 'alveo-palatal sound' 혹은 'palato-alveolar sound'라고 하기도 하며, 경구개hard palate 근처에서 소리가 난다는 점을 더 중시해 경구개음palatal sound이라고 하기도 한다. 이 책에서는 주로 경구개음이라는 용어를 사용할 것이다. 영어의 '[ʃ]/[ʒ]/[ʧ]/[ʤ]' 소리들이 이에 속하는데, 이 중 '[ʃ]/[ʧ]'는 무성음, '[ʒ]/[ʤ]'는 유성음이다.

6) 연구개음Velars

위에서 언급한 치경alveolar ridge 뒤의 딱딱한 경구개hard palate 뒤쪽에는 부드러운 부위가 있는데, 이를 부드러울 '연'軟자를 사용해 연구개(영어로는 'soft palate' 혹은 'velum'이라고 함)라고 부른다. 연구개음velar sound은 바로 이 연구개에 혀(보다 구체적으로는 'back of tongue')가 닿아 나는 소리로서 영어의 '[k]/[g]/[ŋ]'이 이에 속한다. 이 중 '[k]'는 무성음, 나머지는 유성음이다. 또한 이 중 '[ŋ]'만 비음이고 나머지는 구두음이다.

7) 성문음Glottals

앞에서 유무성음 간의 차이를 설명할 때 언급한 것처럼 성대vocal cords 사이의 틈opening을 성문glottis이라고 하는데, 이곳에서 나는 소리를 성문음glottal sound이라고 한다. 영어의 '[h]' 소리와 '[ʔ]' 소리가 이에 속하는데, 후자의 '[ʔ]' 소리에 대해서는 생소한 독자들이 많으리라고 생각된다. 물음표에서 아래의 점을 생략한 형상의 이 기호는 뒤에서 설명하는 것처럼 성문 폐쇄음glottal stop이라고 부르는 소리인데, 이는 기침을 시작할 때 최초에 나는 소리 같은 것으로서 미국 영어의 경우 'Latin'이나 'button'의 't'를 이 소리로 내는 경향이 많으며, 'uh-oh'를 발음할 때 두 모음 사이에서 나는 소리이기도 하다. 영국 영어의 경우 특히 코크니Cockney 방언에서 이 '[ʔ]' 소리를 사용하기도 한다.

앞에서 설명한 조음위치들 중 일부를 그림으로 나타내어 보이면 다음과 같다.

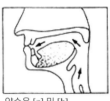

양순음 [p] 및 [b]

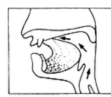

치경음 [t] 및 [d]

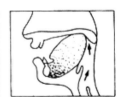

연구개음 [k] 및 [g]

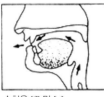

순치음 [f] 및 [v]

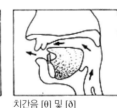

치간음 [θ] 및 [ð]

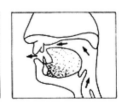

치경음 [s] 및 [z]

이제까지 조음위치에 대해 설명했는데, 조음위치가 같은 소리들을 일컬어 동위음(같은자리소리, homorganic sounds)이라고 한다.[12] 즉 '[p]/[b]/[m]'는 모두 두 입술에 의해 나는 양순음bilabial이므로 이들은 조음위치가 같은 동위음이다. 그런데 우리가 말을 할 때 각 소리들을 하나씩 따로 발음하는 것이 아니라 연속적으로 발음하는 것이므로, 실제 발음에 있어서 어떤 소리들은 주변 소리의 영향을 받아 위에서 설명한 조음위치를 철저하게 준수하지 못하는 경우가 생기게 된다. 예를 들어 '[a]'라는 모음은 비음은 아니지만, '[ma]' 즉 그 앞에 '[m]'와 같은 비음이 있는 경우 이의 영향으로 '[a]'도 비음의 성격을 갖게 된다. 이는 '[m]'와 '[a]'를 동시에 발음하기 때문에 '[m]'를 발음하기 위해 내려간 연구개 상태에서 '[a]' 소리가 함께 나기 때문인데, 이와 같이 두 소리가 동일한 조음위치에서 발음될 경우 이를 공조음(함께소리내기, coarticulation)이라고 한다.

II. 조음방법에 따른 영어 자음의 분류

앞 절에서 조음위치에 따른 자음의 구분이란 폐로부터의 공기의 흐름, 즉 폐장기류pulmonic airstream가 조음기관 내의 어느 위치에서 방해를 받느냐에 따른 구분임을 보았다. 이에 비해 조음방법에 따른 자음의 구분이란 방해를 받는 '위치'와는 별도로 그 방해의 '정도'가 어느 정도이냐에 따른 구분이다. 방해의 정도는 다음에서 보는 바와 같이 완벽한 폐쇄total closure의 경우에서부터 그 정도가 아주 미미해 모음과 거의 유사한 경우까지 여러 단계가 있다. 이를 피리 부는 경우에 대입시켜 말하자면, 피리 구멍을 막을 때 완전히 막는 경우와 반쯤만 막는 경우 등의 구분과 유사하다고 하겠다.

1) 폐쇄음Stops

이는 공기의 흐름이 잠시 완전히 폐쇄stop되었다가 그 폐쇄된 공기가 갑자기 파열되며 나는 소리이다. 이는 공기의 흐름이 완벽히 폐쇄된다는 의미에서 폐쇄음stop sound이라고 하며, 폐쇄되었던 공기가 갑자기 파열되며 발성된다는 의미에서 파열음plosive sound이라고도 한다. 폐쇄음에는 구두음뿐 아니라 비음도 있는데, 논의의 편의상 여기에서는 구두음의 경우만을 다루고 비음의 경우는 별도로 항목을 설정해 다루기로 하겠다. 영어의 폐쇄음, 보다 엄밀하게 말하자면 영어의 구두 폐쇄음oral stops에는 '[p]/[t]/[k]'와 '[b]/[d]/[g]' 및 '[ʔ]'가 있는데, 이들을 우리가 앞서 설명한 자음 분류의 두 가지 기준(즉 유성음 여부와 조음위치)을 추가해 기술한다면 다음과 같게 된다.

자음 기술 방법: ① 유성음 여부 → ② 조음 위치 → ③ 조음 방법

[p]: 무성 양순 폐쇄음voiceless bilabial stop

[b]: 유성 양순 폐쇄음voiced bilabial stop

[t]: 무성 치경 폐쇄음voiceless alveolar stop

[d]: 유성 치경 폐쇄음voiced alveolar stop

[k]: 무성 연구개 폐쇄음voiceless velar stop

[g]: 유성 연구개 폐쇄음voiced velar stop

[ʔ]: 무성 성문 폐쇄음voiceless glottal stop

2) 마찰음Fricatives

폐쇄음stop sounds이 공기의 흐름을 완전히 폐쇄시켰다가 파열시키며 나는 소리임에 비해, 마찰음fricative sounds은 폐쇄음의 조음방법에 조그만 틈을 열어주어 밀폐되었던 공기가 그 틈으로 빠져 나가면서 나

는 소리이다. 이렇게 공기가 조그만 틈을 통과할 때 'friction'(마찰)을 일으킨다고 해서 이런 조음방법으로 발성되는 소리를 영어로 'fricative sound'라고 한다는 것은 이미 몇 차례 설명한 바 있다. 이는 마치 타이어에 조그만 구멍이 나 그 구멍으로 바람이 새어나올 때의 소리와 마찬가지 이치로 발성되는 소리로서 상처나 유리창에 '호' 또는 '후' 하고 입김을 불 때의 소리인 'ㅎ'(즉 '[h]') 소리가 이에 속한다. 이런 'fricative' 소리들은 때때로 'spirant'라고도 불리는데. 이는 'to blow'를 의미하는 라틴어 단어인 'spirare'에서 유래된 것이다 (이를 '호' 또는 '후' 하고 '분다'는 의미와 관련지을 수 있을 것이다).

이에 속하는 영어 소리에는 다음과 같은 것들이 있다.

[f]/[v]/[θ]/ð]/[s]/[z]/[ʃ]/[ʒ]/[h]

앞에서 폐쇄음을 살펴볼 때 한 것처럼, 상기 영어의 마찰음들을 다음 순서에 따라 기술해보기 바란다.

유성음 여부 → 조음위치 → 조음방법

이들에 대한 기술은 다음과 같이 되어야 한다.

[f]: 무성 순치 마찰음voiceless labiodental fricative

[v]: 유성 순치 마찰음voiced labiodental fricative

[θ]: 무성 치간 마찰음voiceless interdental fricative

[ð]: 유성 치간 마찰음voiced interdental fricative

[s]: 무성 치경 마찰음voiceless alveolar fricative

[z]: 유성 치경 마찰음voiced alveolar fricative

[ʃ]: 무성 경구개 마찰음voiceless palatal fricative

[ʒ]: 유성 경구개 마찰음voiced palatal fricative

[h]: 무성 성문 마찰음voiceless glottal fricative

3) 폐찰음Affricates

폐찰음affricate sound이란 처음에는 폐쇄음stop sound의 경우에서처럼 잠시 공기를 완전히 폐쇄시켰다가 그 폐쇄된 공기를 마찰음fricative sound의 경우에서처럼 조그만 틈으로 내보냄으로써 나는 소리를 말한다. 이런 의미에서 폐찰음affricate sound은 폐쇄음과 마찰음의 결합이라고 할 수 있다.[13] 영어에서 사용되는 폐찰음에는 'church' 등에서 나타나는 '[ʧ]' 소리와 'judge' 등에서 나타나는 [ʤ] 소리 두 가지가 있는데, 이 두 소리의 음성기호가 상징하듯이 '[ʧ]' 소리는 음성학적으로 폐쇄음인 '[t]' 소리와 마찰음인 '[ʃ]' 소리가 합쳐진 소리이며, '[ʤ]' 소리는 폐쇄음인 '[d]' 소리와 마찰음인 '[ʒ]' 소리가 합쳐진 소리이다. '[t]'와 '[d]' 그리고 '[ʃ]'와 '[ʒ]'는 유무성음 차이만 제외하면 서로 동일한 조음위치 및 조음방법을 보이는 소리들로서, '[ʧ]'와 '[ʤ]'도 '[ʧ]'가 무성음 '[ʤ]'가 유성음임을 제외하면 이 둘의 조음위치는 경구개이고 조음방법도 둘 다 폐찰음이다. 즉 이 둘은 다음과 같은 음성학적 속성을 갖게된다.[14]

[ʧ]: 무성 경구개 폐찰음voiceless palatal affricate

[ʤ]: 유성 경구개 폐찰음voiced palatal affricate

4) 비음Nasals

비음은 앞에서 설명한 것처럼 연구개velum가 하강해 코로 통하는 통로passage를 열어주어, 그 결과 폐로부터 올라오는 공기가 이 통로를 통해 코로 빠져나가면서 나는 소리이다. 이때 구강oral cavity은 완전히 폐쇄되는데, 이는 (1)에서 설명한 폐쇄음stop sound과 동일한 조음방법이다. 따라서 비음은 폐쇄음이기도 하다. 영어의 비음에는 '[m]/[n]/[ŋ]'이 있는데, 조음위치로 보면 '[m]'는 양순음bilabial, '[n]'는 치경음alveolar, '[ŋ]'은 연구개음velar에 속하며 이들은 모두 유성음이다. 따라서 '[m]/[n]/[ŋ]'은 다음과 같이 기술된다.

> [m]: 유성 양순 비음(voiced bilabial nasal (stop))
> [n]: 유성 치경 비음(voiced alveolar nasal (stop))
> [ŋ]: 유성 연구개 비음(voiced velar nasal (stop))

5) 유음Liquids

유음은 공기의 흐름이 방해를 받는다는 의미에서 자음이기는 하지만 그 방해의 정도가 폐쇄음이나 마찰음의 경우보다 훨씬 약한 상태에서 나는 소리이다. 이에는 영어의 '[l]'와 '[r]'가 속하는데, '[l]'는 혀가 치경alveolar ridge에 닿기는 하지만 공기가 혀의 양 측면으로 빠져나가면서 나는 소리로서 이를 설측음lateral이라고 한다. 영어의 '[r]'도 일반적으로 치경에서 발성되기는 하나 혀끝이 'curl back'되어 나는 소리로서, 이를 반전음retroflex이라고 한다. 따라서 영어의 '[l]'와 '[r]' 소리는 다음과 같이 기술된다.

> [l]: 유성 치경 설측 유음voiced alveolar lateral liquid
> [r]: 유성 치경 반전 유음voiced alveolar retroflex liquid

미국 영어의 경우 'writer'의 't'와 같이 't'가 모음으로 둘러싸이고 그 앞의 모음에 강세stress가 있는 경우에는 'ten'이나 'bit'의 't'와는 달리 마치 'r'이나 매우 빨리 발음하는 'd'처럼 발음되는 경향이 있는데, 이런 종류의 유음을 흔히 'flap'(설탄음)이라고 칭하며 음성기호로는 흔히 '[ɾ]'로 표시한다. 이런 이유로 대부분의 미국 사람들은 'writer'를 'rider'와 동일하게, 또한 'latter'를 'ladder'와 동일하게 발음한다.

6) 활음Glides

활음은 공기의 흐름에 대한 방해의 정도가 극히 미미할 때 나는 소리이다. 따라서 그 미미한 정도의 방해만을 제외하면 이는 거의 모음에 가까운 소리로서 이 때문에 활음을 반모음semi-vowel, 또는 반자음semi-consonant이라고도 한다. 영어의 경우 '[j]'와 '[w]' 소리가 이에 속하는데, '[j]'는 조음위치상 경구개이며, '[w]'는 입술을 오므리며 발음한다는 의미에서는 양순음이나 혀가 연구개velum 쪽으로 다가간다는 의미에서는 연구개음이다. 따라서 '[w]'를 어떤 학자들은 양순음으로 분류하고, 어떤 학자들은 연구개음으로 분류한다. 활음인 '[j]'와 '[w]'는 유성음이다.[15] 따라서 [j]와 [w]는 다음과 같은 음성학적 속성을 갖는다 (여기서는 [w]를 양순음으로 보기로 한다).

> [j]: 유성 경구개 활음voiced palatal glide
> [w]: 유성 양순 활음voiced bilabial glide

이제까지 유무성 여부, 조음위치, 조음방법에 따른 영어 자음의 분류에 관해 살펴보았는데, 이를 도표로 나타내면 다음과 같이 된다.

조음방법 \ 조음위치	유무성여부	양순음	순치음	치간음	치경음	경구개음	연구개음	성문음
폐쇄음	무성음	p			t		k	ʔ
폐쇄음	유성음	b			d		g	
마찰음	무성음		f	θ	s	ʃ		h
마찰음	유성음		v	ð	z	ʒ		
폐찰음	무성음					ʧ		
폐찰음	유성음					ʤ		
비음	유성음	m			n		ŋ	
유음 설측음	유성음				l			
유음 반전음	유성음				r			
활음	유성음	w				j		

12. 영어 모음의 분류

우리는 앞에서 모음이란 폐로부터 올라오는 공기lung air가 아무 방해를 받지 않고 자유롭게 흘러나오면서 나는 소리라고 규정하였다. 이런 모음은 자음에 비해 훨씬 더 청각적audible이기 때문에 자음의 청각성audibility은 둘레의 모음에 의존하게 된다. 또한 모음은 음절syllable의 핵nucleus을 구성하며, 강세stress나 음조pitch 등을 받는 역할을 하기도 한다. 이런 모음은 조음위치와 조음방법에 따라 구분되는 자음과는 달리 다음의 네 가지 기준에 따라 분류된다.

모음 분류의 기준

(1) 혀의 높이tongue height

(2) 혀의 앞뒤 위치tongue advancement

(3) 입술의 둥글기lip rounding

(4) 긴장성tenseness

1) 혀의 높이tongue height

실험적으로 혀를 아래로 내리려고 하면 입이 점점 더 벌어지는 것을 느낄 것이다. 즉 혀의 높이에 관한 한, 입을 크게 벌리면 벌릴수록 혀는 더 낮은 위치로 내려간다. 이렇게 입을 크게 벌리며 내는, 따라서 혀를 낮게 하여 발음하는 영어의 모음(즉 저모음, 낮은홀소리, low vowel) 중 대표적인 것이 '[a]'이다. 병원에서 의사들이 환자의 입을 벌리게 하기 위해 '아' 하게 하는 것은 바로 이 모음을 발음할 때 입을 가장 크게 벌리게 되어 환자의 입 안을 가장 잘 들여다 볼 수 있기 때문이다. 이와는 대조적으로 영어의 '[i]'나 '[u]'는 대표적으로 입을 작게 벌리고 내는, 따라서 혀를 올려 발음하는 모음(곧 고모음, 높은홀소리, high vowel)이다. '[e]'와 '[o]'는 '[i]'나 '[u]'보다는 혀가 내려와 있는 상태에서 발음되지만, '[a]'보다는 혀가 더 올라가 있는 상태에서 발음되는 중간 모음(즉 중모음, 가운데홀소리, mid vowel)이다. 각 영어 모음의 혀의 높이에 대해서는 뒤에서 그림을 통해 자세히 나타내 보일 것이다.

2) 혀의 앞뒤 위치tongue advancement

앞에서 이야기한 혀의 높낮이와는 별도로 혀의 앞뒤 위치에 의해서도 모음을 분류할 수 있다. 혀를 앞쪽으로 내어서 발음하는 전설모음(앞홀소리, front vowel)에는 영어의 '[i]/[e]' 등이 속하고, 혀를 뒤쪽으로 해 발음하는 후설모음(뒤홀소리, back vowel)에는 영어의 '[a]/[o]/[u]' 등이 속한다.

3) 입술의 둥글기lip-rounding

영어의 '[i]/[e]/[a]/[o]/[u]'를 소리 내어 발음해보면, '[i]/[e]/[a]'를 발음하는 경우에는 그렇지 않지만 '[o]/[u]'를 발음하는 경우에는 입술이 동그랗게 오므려지는 것을 느낄 수 있을 것이다 (한국어의 'ㅗ'나 'ㅜ' 소리는 이런 입술의 둥글림이 영어의 '[o]/[u]' 소리만큼 분명하지가 않다. 이런 한국어의 영향으로 영어의 '[o]'나 '[u]'를 발음할 때 입술을 충분히 둥글리지 않고 발음하는 한국인이 상당수 있는데, 이는 정확한 영어 발음이 아니니 시정하도록 해야 할 것이다). '[o]/[u]'처럼 입술을 동그랗게 오므려 발음하는 모음을 원순모음(둥근홀소리, rounded vowel)이라고 하며, '[i]/[e]/[a]'처럼 입술을 동그랗게 하지 않고 발음하는 모음을 비원순모음(안둥근홀소리, unrounded vowel)이라고 한다.

이제까지 설명한 모음 분류의 기준에 따라 영어의 '[i]/[e]/[a]/[o]/[u]' 다섯 모음을 그림으로 나타내면 대략 다음과 같은 모습(이를 모음도 vowel chart라고 함)이 될 것이다.

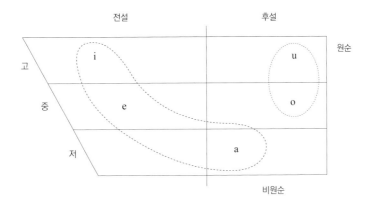

독자들은 영어의 모든 모음을 포함하는 모음도를 익히려 하기 전에 일단 위의 다섯 모음을 기본으로 한 모음도에 먼저 익숙해지기 바란다. 이는 영어의 모든 모음을 망라한 모음도를 한꺼번에 익히려 할 경우 유사한 모음이 서로 혼돈을 일으켜 소기의 성과를 이루기 어렵기 때문이기도 하지만, 일단 위의 기본 모음도를 확실히 익히고 나면 영어의 다른 모음들의 위치는 상대적으로 유추해내기가 수월해지기 때문이다. 이는 또한 위의 다섯 기본 모음만을 사용하는 언어가 상당수 있는 사실에서 알 수 있는 것처럼 (예: 스페인어, 일본어, 체코어, 폴란드어, 현대 그리스어, 하와이어 등), 위의 다섯 모음 간의 차이가 다른 모음들과의 차이보다 상대적으로 훨씬 더 분명하기 때문에 그만큼 더 기본이 되어서이기도 하다.

4) 긴장성tenseness

이제 다음 단어들에서의 모음을 비교해보기로 하자.

beat [i]	bit [ɪ]
bait [e]	bet [ɛ]
boot [u]	put [ʊ]
boat [o]	bought [ɔ]

독자들은 왼편의 모음들을 발음할 때가 오른편의 모음들을 발음할 때보다 조금 더 힘을 주게 되는 것을 느낄 수 있을 것이다. 왼편의 모음들처럼 발음할 때 발성기관에 힘을 주어(즉 근육을 긴장시켜) 발음하는 모음을 긴장모음(힘준홀소리, tense vowel)이라고 하며, 오른편의 모음들과 같이 발음할 때 발성기관의 근육에 추가적인 긴장 없이 발음하는 모음을 이완모음(힘안준홀소리, lax vowel)이라고 부른다. 영어의 경우

우리가 앞에서 기본 모음으로 간주한 '[i]/[e]/[a]/[o]/[u]'가 긴장모음tense vowel이고, 나머지 영어 모음들은 모두 이완모음lax vowel이다. 이완모음은 해당 긴장모음보다 약간 낮은 위치에서 발음된다. 따라서 우리가 앞에서 소개한 기본 모음도에 위의 '[ɪ]/[ɛ]/[ʊ]/[ɔ]'의 네 개의 모음을 추가로 나타내면 다음과 같다.[16]

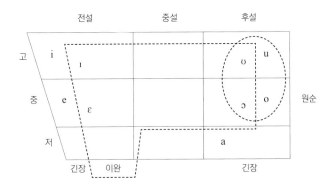

위의 아홉 모음 외에 영어에서 사용되는 모음은 '[æ]/[ə]/[ʌ]' 등이 있는데, '[æ]'는 '[a]'와 같은 혀의 높이(즉 저모음, 낮은홀소리, low vowel)에서 '[a]'보다 앞쪽에서 나는 전설모음(앞홀소리, front vowel)이고, 'schwa'라고 불리는 '[ə]'는 혀의 높낮이나 앞뒤 위치 면에서 모두 중간의 위치를 차지하는, 영어에서 가장 약한 모음이라고 할 수 있으며, '[ʌ]'는 '[ə]'보다 약간 낮은 위치에서 나는 모음이다. 이 세 모음을 포함시키면 다음과 같이 완성된 영어의 모음도가 나타난다.

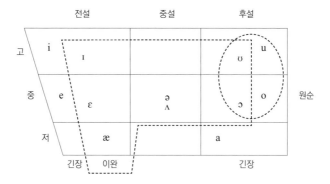

13. 단모음과 이중모음

이제까지 논의한 모음들은 모두 단모음으로서 이를 영어로는 'monophthong'이라고 한다. 그런데 영어에는 'bite'의 '[aj]'나 'bout'의 '[aw]', 'boy'의 '[ɔj]'처럼 '모음 + 활음'(즉 vowel + glide)의 연결체로 발음되는 소리들이 있는데, 이들을 단모음(홑홀소리, monophthong)과 구분해 이중모음(겹홀소리, diphthong)이라고 부른다.[17] 사람들에 따라서는 이들을 '모음 + 활음' 대신 두 개의 모음으로 보기도 한다.

14. 자연음군natural class

우리가 이제까지 논의한 영어의 자모음 분류 체계에 의거할 경우 다음의 소리들은 어떻게 기술될 수 있을까?:

[b, d, g]

독자들은 위의 세 소리들이 모두 유성음이며 또한 이들이 모두 조음방법상 폐쇄음에 속한다는 것을 알 수 있을 것이다. 즉 [b, d, g]의 세 음은 모두 유성 폐쇄음voiced stop이라는 공통점을 갖는 소리들이다. 그런데 영어에 이들 세 소리 이외의 유성 폐쇄음이 있는가? 없다. 즉 [b, d, g]는 영어에서 사용되는 유성 폐쇄음(보다 엄밀하게는 유성 구두 폐쇄음)의 총집합인 셈이 된다. 이와 같이 어떤 음성학적 자질을 공유하는 소리를 모두 모아 놓았을 때 이들을 자연음군natural class을 이루는 소리들이라고 말한다. 즉 [b, d, g]는 영어의 유성 폐쇄음의 자연음군을 이루는 소리들이다.

그렇다면 다음의 소리들은 자연음군을 이루는 소리들인가? 만일 그렇다면 그 소리들이 공유하는 음성학적 자질은 무엇인가?

[k, g, ŋ]
[b, r, j]

[k, g, ŋ]은 모두 구개음velar sound이다. 그리고 이 외에 영어에서 사용되는 구개음은 없다. 따라서 [k, g, ŋ]은 영어 구개음의 자연음군을 이룬다고 말할 수 있다.

그렇다면 [b, r, j]의 경우는 어떤가? [b, r, j]의 경우 이 소리들은 모두 영어에서 사용되는 자음들이다. 또한 이들은 모두 유성음들이다. 그렇다면 [b, r, j]도 [k, g, ŋ]처럼 자연음군을 이루는 소리들이라고 말할 수 있는 것인가? [b, r, j]가 영어의 자연음군이 되기 위해서는 [b, r, j]가 영어의 모든 유성 자음을 망라해야, 즉 [b, r, j] 외에는 영어의 유성 자음이 전혀 없어야 한다. 즉 [b, r, j]가 자연음군을 이루느냐 이루지 못하느냐 하는 문제는 바로 이 세 소리 외에 영어의 유성 자음이 추가로 존재하느냐 존재하지 않느냐 하는 문제로 귀결된다고 하겠다. 그런데 영어에는 이들 세 소리 외에도 유성 자음이 많이 있다 (예: [d, g, m, n, ŋ, v, z 등). 따라서 [b, r, j]는 그 소리들이 모두 유성 자음이라는 음성학적 자질을 공유하고 있기는 하지만 그들 외에도 그런 자질을 가진 소리가 존재한다는 의미에서 영어의 자연음군은 되지 못한다. [b, r, j]는 즉 유성 자음이라는 영어의 자연음군의 부분 집합subset에 지나지 않는다고 할 수 있다.

자연음군 개념은 우리가 다음 장에서 주로 다루게 될 영어의 음운 현상을 일반화generalize시켜 말할 수 있게 해 준다. 예를 들어 [p, b, m, f, v]는 영어의 입술소리labial 계열의 자연음군인데 영어에서는 이들 다음에 [w] 소리가 나올 수 없다. 따라서 pwick, bwill, mwen, fwind, vwery 등은 현재 영어에 존재하지 않을 뿐만이 아니라, 영어 음운 체계에 근원적 변화가 일어나지 않는 한, 앞으로도 영어 단어로서 존재할 가능성이 없는 소리들이다. 영어의 이런 특징을 표현하기 위해 만일 영어에서는 [p]나 [b]나 [m]나 [f]나 [v] 다음에는 [w]가 나타날 수 없다는 식의 기술 방법을 택한다면, 이는 이들 소리 간의 공통점을 전혀 포착하지 못하는 매우 서툰 기술이 될 것이다. 그러나 자연음군 개념을 사용해 영어에서는 입술labial 소리 다음에는 입술소리 계열의 활음인 [w]가 나타날 수 없다고 기술하면, 이들 소리 간의 공통점을 잘 포착하게 되어 이와 관련된 음운현상을 하나의 규칙으로 일반화시켜 기술할 수 있게 된다.

이제 자연음군 개념을 이용한 일반화의 다른 예를 보기 위해 다음 소리들을 살펴보도록 하자.

[s, z, ʃ, ʒ, ʧ, ʤ]

위의 소리들은 유무성, 조음위치, 조음방법 등과 관련해서는 공통점을 갖고 있지 않으나 이들은 모두 high pitched hissing sound라는 점에서 동일한 청각적 특성auditory property을 공유한다. 이 때문에 이들을 영어의 치찰음sibilant consonant이라고 부른다. 영어에서는 이 소리들로 끝나는 명사의 복수형이 [əz]로 발음되는 현상이 있다. 이 현상을 기술하기 위해 [s, z, ʃ, ʒ, ʧ, ʤ]와 같은 소리로 끝나는 명사의 복수형이 [əz]로 발음된다는 식의 일반성 없는 표현보다는 영어의 치찰음sibilant으로 끝나는 명사의 복수형은 [əz]로 발음된다는 일반화된 표현을 함으로써 보다 더 우아한elegant 기술을 할 수 있게 된다.

참고사항

앞서 자모음을 분류하는 기준을 설명하면서 도입한 음성 자질들을 모두 자연음군 기술에 사용할 수 있다. 그 외에 도입되는 자질들에 관해서는 다음 장에서 변별적 자질distinctive feature을 설명하면서 추가로 설명하도록 하고 여기서는 단지 다음의 구분만을 추가하도록 하겠다.

저해음과 공명음obstruent vs. sonorant:
자음 중 저해음obstruent과 공명음sonorant의 구분은 공기의 흐름에 대한 방해obstruction의 정도가 상대적으로 큰지 작은지에 따라 결정된다. 저해음은 자음 중에서도 방해의 정도가 커 자음적 특성이 상대적으로 강한 소리이며, 공명음은 자음적 특성이 상대적으로 약한 (그에 따라 상대적으로 모음에 가까운) 자음을 일컫는다. 영어의 저해음에는 폐쇄음stops, 마찰음fricatives,

폐찰음affricates이 속하며 비음nasals, 유음liquids, 활음glides은 공명음에 속한다. 영어의 경우 저해음에 속하는 소리들은 유성음 무성음의 구분이 있으며, 공명음에 속하는 소리들은 모두 유성음인 특징이 있다.

15. 발음 표기에는 다양한 방식이 있다

앞에서 우리는 영어발음을 표시하는 방식에 차이가 있을 수 있음을 보았다. 이 문제는 모음의 경우에 특히 심한데, 이와 관련해 다음 표를 보도록 하자.

	Jones	Kenyon & Knott	Trager & Smith	Prator & Robinett	Webster's
beat	iː	i	iy	iy	ē
bit	i	ɪ	i	ɪ	i
bait	ei	e	ey	ey	ā
bet	e	ε	e	ε	e
bat	æ	æ	æ	æ	a
father	ɑ	ɑ	a	a	ä
bother	ɔ	ɑ	a	a	ä
bought	ɔː	ɔ	ɔh	ɔ	ȯ

	Jones	Kenyon & Knott	Trager & Smith	Prator & Robinett	Webster's
boat	ou	o	ow	ow	ō
put	u	ʊ	u	ʊ	u̇
boot	u:	u	uw	uw	ü
butt	ə	ʌ	ə	ə	ə
bite	ai	aɪ	ay	ay	ī
bout	au	aʊ	aw	aw	au̇
boy	ɔi	ɔɪ	ɔy	ɔy	ȯi
bird	ə:	ɝ	ər	ər	ər

　　영국영어와 미국영어 등 방언에 따라 발음 자체에 일부 차이가 있음을 감안하더라도, 위의 표는 동일한 모음이 다양한 방식으로 표기되고 있음을 잘 보여준다. 우리나라 사람들에게는 'Jones'라는 이름 아래에 소개된 표기 방식이 가장 눈에 익을 것이다. 'Jones'는 영국의 음성학자 다니엘 존스Daniel Jones를 지칭하는 것으로서, 우리나라에서 통용되는 발음기호는 상당 부분 이 사람의 발음표기 체계이며, 한국에서 발행되는 영어 사전은 대부분 이 사람의 체계를 상당 부분 반영하고 있다. 이에 비해 영어 사전의 대표격으로 간주되기도 하는 웹스터 사전에서 사용되는 발음표기 체계는 한국인에게는 매우 생소하게 느껴질 것이다.

다니엘 존스(Daniel Jones, 1881-1967)

참고사항
· · · · · · · · ·

다음은 미국에서 발행되는 *The American Heritage Diction-ary of the English Language*라는 사전에서 사용하는 모음 및 일부 자음 표시표이다. 이 역시 우리나라 사람에게는 생소하게 여겨질 수도 있을 것이다. 이와 같이 사전에 따라서는 저마다 다른 발음 표시 방법을 택하기도 하므로, 독자들은 각 사전이나 책에서 어떤 발음 표시 방법을 사용하는지에 대해 유념할 필요가 있다.

```
ă pat          oi boy
ā pay          ou out
âr care        o͝o took
ä father       o͞o boot
ĕ pet          ŭ cut
ē be           ûr urge
ĭ pit          th thin
ī pie          th this
îr pier        hw which
ŏ pot          zh vision
ō toe          ə about, item
ô paw
```

미국인 음성학자들은 자음의 경우 다음과 같은 독특한 기호를 사용하기도 한다.

š (→ ʃ)

ž (→ ʒ)

č (→ ʧ)

ǰ (→ ʤ)

이는 과거 타자기로 문서를 작성하던 시절, 자판에 'ʃ/ʒ/ʧ/ʤ' 등의 기호가 없어 대신 's/z/c/j'를 찍고 그 위에 체크 표시, 즉 'ᵛ'를 하던 관행에서 비롯한 것으로, 문서 작성에 더 이상 타자기를 사용하지 않는 오늘날에도 학자들 사이에서 계속 사용되고 있다.

그런데 이런 기호들은 일반인들에게는 아무래도 생소할 수밖에 없다. 따라서 미국에서 발행되는 신문이나 백과사전, 초중고교용 교과서 등에서는 일반 철자를 사용해 어려운 단어나 생소한 고유명사 혹은 외국어 어휘의 발음을 표시하기도 하는데, 이와 같은 예를 일부 보이면 다음과 같다.

corona	→	kuh-ROH-nuh
parallax	→	PAR-uh-lax
quasars	→	KWAY-zahrz
evaporation	→	ih-vap-uh-RAY-shuhn
intrusive	→	ihn-TROO-sihv
Procrustes	→	proh-KRUS-teez
Karankawa	→	kah ran KAH wa
La Junta	→	lah HOON tah

위의 예에서 보듯이 특수 기호는 사용하지 않고, 음절 단위로 표시하되, 강세를 받는 음절은 대문자로 표시한다. 음절 간의 경계에 덧금(하이픈)을 쓰거나 대신 띄어쓰기를 하기도 한다.

문장 속에서 사용된 예를 들면 다음과 같다.

Along the coast between what are now Galveston and Corpus Christi lived the Karankawa (kah ran KAH wa) people.

In the 1500s and 1600s, a group of Native American people lived where the Rio Grande meets the Conchos River. The Spanish called this area La Junta (lah HOON tah) del Rios, which means "where two rivers meet."

첫 번째 예에서는 'Karankawa'라는 고유명사의 발음을 괄호 안에 넣어 보여주며, 두 번째 예에서는 'La Junta'라는 스페인어 표현의 발음을 괄호 안에서 보여주고 있다.

이제까지의 논의로 독자들은 영어 발음을 표시하는 데에 다양한 방식이 있음을 알 수 있었을 것이다. 특히 미국에서 발행되는 사전이나 언어학 관련 서적에서는 우리에게 익숙하지 않은 발음 기호를 사용하는 경우가 대부분이므로, 각별한 주의가 필요하다고 하겠다.

제3장
영어의 소리 II: 소리의 어우러짐

빈 그릇이 제일 시끄러운 법이다.
The empty vessel makes the loudest sound.

— 셰익스피어Shakespeare

앞 장에서는 영어에서 사용되는 각각의 소리들이 어떻게 분류되며, 어떤 특징이 있는지를 살펴보았다. 여기에서는 이 소리들이 서로 어우러질 때 어떤 특징적 변화를 보이는지 알아보도록 하겠다. 다시 말해 영어에 어떤 음운규칙, 즉 발음규칙이 있는지를 중점적으로 살펴보게 될 것이다. 그 과정에서 한국인에게 특별히 어려움을 주는 영어 발음에 대해서도 알아보게 될 것이다. 아울러 개별 영어 소리 외에 영어 발음에 중요한 역할을 하는 강세와 인토네이션 등 초분절자질에 대해서도 알아보고, 변별적 자질 개념과 영어의 철자법 문제에 대해서도 알아볼 것이다.

1. 'pin'의 'p' 소리와 'spin'의 'p' 소리
(밝은 'p/t/k' 소리와 된 'p/t/k' 소리)

독자들 중에는 'spin'에서처럼 's' 다음에 나오는 'p'는 마치 우리말의 'ㅃ'처럼 소리 난다는 말을 들어본 사람이 있을 것이다. 이는 'spin'의 'p'뿐 아니라 'steam'이나 'skin'에서처럼 's' 다음에 나오는 't'나 'k'에도 적용된다. 즉 'spin', 'steam', 'skin'에서처럼 's' 다음에 나오는 'p', 't', 'k'는 마치 우리말의 'ㅃ', 'ㄸ'이나 'ㄲ'처럼 발음된다는 것이다.

독자들은 이 현상이 왜 'p/t/k'의 경우에만 일어나는지 그 이유가 궁금할 수도 있을 것이다. 'p/t/k'는 앞 장에서 본 바와 같이 음성학적으로 유사한 소리들이다. 이들은 모두 무성음voiceless sound이며, 조음방식manner of articulation상 폐쇄음stop sound에 속한다.[1] 따라서 'p/t/k'는 그들 소리 간의 유사성 때문에 앞서 언급한 현상이 함께 일어나는 것이다.

영어 자음들 간의 유사성 혹은 차이점을 알지 못할 때는 단지 우연히 'p/t/k'의 경우에 이런 현상이 일어난다고 말할 수밖에 없으나, 2장에서 살펴본 영어 소리의 분류 기준을 이해하고 나면 이들이 각각 별개의 현상이 아니라 동일한 현상의 3형태라는 것을 알게 된다. 이렇게 영어 소리의 체계를 이해함으로써 우리는 개별적인 현상들처럼 보이는 것들을 하나의 현상으로 일반화generalize할 수 있는 힘을 얻게 되는 것이다.

그런데 'spin'의 'p'가 우리말의 'ㅃ'처럼 발음되고 'pin'의 'p'가 우리말의 'ㅍ'처럼 발음된다면, 이 둘은 분명히 다른 소리들이다. 우리말의 '뿔'은 '풀'과는 분명히 다른 소리이며 의미도 또한 다르다.

그렇다면 영어를 모어native language로 사용하는 사람들은 'pin'의 'p' 소리와 'spin'의 'p' 소리를 서로 다른 소리로 인식하는 것일까? 그렇지 않다. 영어를 모어로 사용하는 사람들은 'pin'의 'p' 소리와 'spin'의 'p' 소리가 음성학적으로phonetically 다른 소리임에도 불구하고 그들을 동일한 소리로 인식한다. 이는 마치 한국어의 'ㅂ'이 '부산'에서처럼 초성에서 사용되면 무성음으로 발음되다 '나비'에서처럼 모음 사이에서 사용되면 유성음으로 발음됨에도 불구하고, 우리가 이 두 'ㅂ' 소리를 동일한 소리로 인식하는 것이나 마찬가지이다. 즉 유성음 'ㅂ'과 무성음 'ㅂ'의 차이가 음성학적으로 중요한 차이임에 틀림없지만, 한국인들은 이런 차이에도 불구하고 이 두 소리를 동일한 소리로 인식하는 것이다.

그러면 'pin'의 'p' 소리와 'spin'의 'p' 소리 간의 음성학적 차이란 구체적으로 무엇일까? 'pin'의 'p' 소리는 발음을 할 때 다량의 공기를 터뜨리면서 나는 소리이다. 이런 특징을 언어학 용어를 사용해 표현하면, 이때의 'p' 소리는 '유기음'aspirated sound으로 발음된다고 말한다. 'p'의 유기음적 성격은 'spin'에서처럼 'p' 앞에 's'가 나타나면 사라지게 된다. 즉 'spin'의 'p' 소리는 무기음unaspirated sound이고 'pin'의 'p' 소리는 유기음으로서 이들 간에는 'aspiration' 유무의 차이가 있는 것이다.[2] 그런데 영어에서는 유기음/무기음의 구분이 우리말에서처럼 중요하지 않기 때문에 이 차이만을 보이는 소리들을 다른 소리로 인식하지 않는 것이다.

이렇게 유기음으로 발음되는 'p' 소리aspirated 'p' sound와 무기음으로 발음되는 'p' 소리unaspirated 'p' sound 간의 차이를 실제로 확인해볼 수 있다. 얇은 종이 한 장을 입 앞에 놓고 'pin'을 발음해보라. 이때 입 앞의 종이가 펄럭이는 것을 볼 수 있을 것이다.[3] 이에 비해 'spin'을 발음할 때는 종이의 펄럭거림이 나타나지 않는다. 'pin'을 발음할 때 종이가 움직이는 것은 바로 'p' 발음을 할 때 터져 나오는 공기a puff of air 때문으로서, 이를 'aspiration'이라고 부르는 것이다.

보다 극적인 효과를 원하는 사람들은 종이 대신에 성냥불을 사용할 수도 있을 것이다. 불 켜진 성냥을 입 앞에 놓고 'pin'을 발음하면 'p'를 발음할 때 터져 나오는 공기 때문에 성냥불이 꺼질 것이다. 그러나 'spin'을 발음하는 경우에는 성냥불이 계속 타게 될 것이다. 불타오르는 성냥불을 꺼지게 하는 힘, 그것은 바로 'pin'을 발음할 때 일어나는 'aspiration' 때문인 것이다.

독자들의 편의를 위해 유기음의 'p/t/k' 소리를 밝은 'p/t/k' 소리, 그리고 무기음의 'p/t/k' 소리를 된 'p/t/k' 소리로도 칭하기로 하자. 흔히 무기음의 'p/t/k' 소리, 즉 된 'p/t/k' 소리가 's' 다음에서만 가능한 것으로 생각하는 사람들이 있는데 그렇지 않다. 물론 된소리적인 특성이 가장 강한 경우는 'p/t/k'가 's' 다음에 나올 때이지만, 그 외에도 'p/t/k'가 강세를 받는 음절의 첫 번째 소리가 아닐 때는 된소리로 발음된다. 따라서 'apple', 'happy' 등의 'p'나 'pickle' 등의 'k'도 된소리로 발음되어 마치 우리말의 'ㅃ'이나 'ㄲ'처럼 들린다.

또한 다음에서 보는 바와 같이 단어와 단어 간의 경계에서도 'p'나 't'의 된소리적 특성이 나타날 수 있다.

Stop it!
Look out!

즉 'stop'의 't'는 's' 다음에 나오므로 이 't'가 무기음, 즉 된소리로 발음되어 우리말의 'ㄸ'처럼 들리는 것은 당연하다. 이에 비해 'stop'의 'p' 소리는 'pin'의 'p'처럼 유기음, 즉 밝은 'p' 소리로 발음되지 않는 것은 분명하지만, 그렇다고 'stop' 단독으로 발음될 때 이 'p'가 우리말의 'ㅃ'처럼 들리는 것은 아니다. 그런데 'stop' 바로 다음에 'it'처럼 모음으로 시작하는 단어가 나올 경우, 앞 단어의 마지막 자음인 'p'가 뒷 단어의 첫 소리인 모음 'i'에 실려 발음되게 되는데(이를 흔히 연음법칙이라고 부르며, 'stop it'의 경우 연음법칙이 적용되면 [stá-pit]처럼 발음함. 연음법칙에 대해서는 뒤에서 다룰 예정임), 이때 'p'가 된소리로 발음되어 우리말의 'ㅃ' 발음처럼 들리게 된다. 'rip-off'에서도 마찬가지 현상이 나타난다.

이는 "Look out!"의 경우에도 마찬가지인데, 'look'의 'k'는 그 다음 단어의 첫 소리인 모음 '[au]'에 실려 된소리로 발음되어 마치 우리말의 'ㄲ'처럼 발음된다. 단어와 단어 간의 경계에서 이런 된소리적 특성이 일어나는 예에 't'의 경우를 포함시키지 않은 것은, 유사한 환경에서 't'는 이 장 5절에서 이야기하는 여린 't' 소리flap로 발음되는 경향이 있기 때문이다.

물론 밝은 (즉 유기음의) 'p/t/k' 소리와 된 (즉 무기음의) 'p/t/k' 소리를 한글의 'ㅍ/ㅌ/ㅋ'과 'ㅃ/ㄸ/ㄲ'과 비교해 설명한 것은 편의상 그렇게 한 것이며, 독자들은 당연히 영어 원음을 통해 이런 소리 구분을 익히도록 해야 할 것이다. 즉, 영어의 된소리(무기음)를 우리말의 된소리(경음)와 똑같이 발음해야 한다는 것이 아니라, 영어의 된소리는 영어의 된소리적 특성에 맞게, 다시 말해 공기의 터뜨림을 수반하지 않고 발음한다는 것이 중요한 것이다.

밝은 'p/t/k' 소리와 된 'p/t/k' 소리를 구분하기 위해 흔히 밝은 소리의 경우에는 공기의 터뜨림이 수반된다는 점을 표시하기 위해 '[ʰ]'라는 특수 기호diacritic를 사용한다. 즉 'pin'의 'p'가 밝은 소리로 발음됨을 표시하기 위해 '[pʰin]'이라고 표시하고, 'spin'의 'p'는 된소리로 발음되므로 '[ᵖ]' 표시 없이 그냥 '[spin]'이라고 표시한다.

어린이들이 좋아하는 만화의 주인공인 '뽀빠이'의 영어 이름 'Popeye'에는 두 개의 'p' 소리가 나오는데 첫 번째 'p'는 밝은 소리로 발음되고, 두 번째 'p'는 된소리로 발음되어 '[pʰá:pai]'로 소리 난다. 이는 마치 우리말의 '파빠이'처럼 들리는데 이를 우리나라에서는 일본어의 영향 등으로 '뽀빠이'라고 부르고 있는 것이다.

참고사항
· · · · · · · · ·

국내에서는 영어의 'p'를 한국어의 'ㅍ'과 일치시키려는 경향이 너무 강해, 밝은 소리의 경우보다는 된소리의 경우를 강조해 표시하는 일이 더 필요하다고 생각되는데, 유감스럽게도 영어 음성학에서는 된소리(즉 무기음)의 경우에는 별다른 표시를 하지 않고, 밝은 소리(즉 유기음)의 경우에만 특별한 표시를 하고 있다. 한국인에게 좀더 강조되어야 할 필요가 있는 된소리의 'p/t/k'를 표시하기 위해 나는 2001년 출간된 『한국인을 위한 영어발음 교과서』에서 '[ᵖ]' 표시를 사용한 바 있다. 이에 따르면 'Popeye'는 '[pʰá:pᵖai]'로 표시된다.

출처: 『한국인을 위한 영어발음 교과서』(한학성 지음, 2001년, 테스트뱅크 발행), p. 112

2. 음소phoneme와 이음allophone

우리는 앞 절에서 영어를 모어로 사용하는 사람들은 'spin'의 'p'와 'pin'의 'p'를 음성학적으로 다르게 발음하면서도 이 두 소리를 동일한 소리로 인식한다고 하였다. 이렇게 음성학적으로 차이가 있는 소리들임에도 불구하고 추상적인 층위level에서 동일하게 인식되는 소리들을 언어학에서는 동일한 음소phoneme의 이음allophone이라고 말한다. (이렇게 보면, 영어의 표기 체계는 엄밀한 의미에서 음성적phonetic이라기보다는 음소적phonemic이라고 말하는 편이 더 적절하다고 할 수 있다.)

이를 앞에서의 논의와 연계시켜 말하자면, 'spin'의 'p'와 'pin'의 'p'는 추상적인 층위(이를 'mental dictionary'라고 표현하기도 함)에서는 동일한 음소인 'p' 소리(이런 음소적 의미의 'p' 소리를 표시하기 위해 'p' 양 옆에 사선을 그어 '/p/'라고 표시함)이지만, 어떤 환경에서는 유기음의 'p'로 발음되고 어떤 환경에서는 무기음의 'p'로 발음된다는 것이다. 이때 유기음의 'p'와 무기음의 'p'를 모두 동일한 음소 '/p/'의 두 이음allophone이라고 말하며, 유기음의 'p'는 [pʰ]로, 무기음의 'p'는 [p]로 표시한다. 즉 동일한 음소 '/p/'가 환경에 따라 '[pʰ]'와 '[p]'의 두 소리, 다시 말해 두 이음으로 소리난다는 것이다. 이를 달리 표현하자면 영어에서 유기음 'p'와 무기음 'p'의 차이는 이음적 차이allophonic difference일 뿐 음소적 차이phonemic difference는 아니라고 말할 수도 있다.

그런데 어떤 소리들이 음소적 차이를 보이는 소리들인지, 이음적 차이를 보이는 소리들인지 어떻게 구별할 수 있는 것일까?

일례로 영어의 'p'와 'b'는 음소적 차이를 보이는 소리들일까, 아니면 이음적 차이를 보이는 소리들일까? 'p'와 'b'의 차이는 물론 앞에서 여러 차례 설명한 대로 유성음과 무성음의 차이이다. 영어에서 이런 'p'와 'b'의 차이는 다음에서 보는 것처럼 의미의 차이를 가져올 수 있다.

pig/big

위에서 'pig'와 'big' 두 단어는 모두 3개의 소리마디, 즉 분절segment로 이루어진 것들로서, 그들을 비교하면 다음과 같다.

첫 번째 분절	두 번째 분절	세 번째 분절
p	i	g
b	i	g

위에서 알 수 있는 것처럼 이들은 두 번째 분절과 세 번째 분절이 모두 동일한 소리로 이루어져 있고, 첫 번째 분절만이 'p'와 'b'로 서로 다르다. 그런데 이 첫 소리마디만이 다른 'pig'와 'big'는 의미가 다른 별개의 단어이다. 따라서 영어에서는 'p'와 'b'의 차이가 의미의 차이를 가져오는 중요한 차이가 된다고 말할 수 있게 되는데, 이렇게 의미의 차이를 가져오는 소리를 '음소'phoneme라고 말한다. 따라서 영어에서 'p'와 'b'는 음소적 차이를 보이는 소리들이 된다.

그리고 'pig/big'과 같이 어느 한 위치의 소리만이 다르고 나머지 위치의 소리들은 모두 같은 두 단어를 '최소 대립쌍'minimal pair이라고 부른다. 즉 어떤 소리들이 의미의 차이를 가져오는 소리들인지의 여부, 다시 말해 그들이 음소적 차이를 보이는 소리들인지의 여부는 그 소리들로 이루어진 최소 대립쌍이 존재하는지의 여부로 판단할 수 있는 것이다. 즉, 그런 최소 대립쌍이 존재한다면 그것은 그 소리들이 해당 언어에서 의미의 차이를 가져오는 음소로서 기능한다는 것을 말해주는 것이다.

다음의 최소 대립쌍들은 각각 해당 소리들이 영어의 음소라는 것을 말해 준다.[4]

최소 대립쌍	음소
sink/zink	/s/와 /z/
zoo/Jew	/z/와 /dʒ/
bark/dark	/b/와 /d/
sin/sing	/n/와 /ŋ/
but/bat	/ʌ/와 /æ/

위에 적은 음소적 차이 외에 영어에 존재하는 다양한 음소적 차이를 규명하기 위해 필요한 최소 대립쌍들은 독자들 스스로 찾아보기 바란다.

음소적 차이를 보이는 소리들과는 달리, 이음적 차이를 보이는 소리들은 최소 대립쌍을 발견할 수가 없다. 예를 들어 '유기음 p'(즉 [pʰ])와 '무기음 p'(즉 [p])로 이루어진 최소 대립쌍은 영어에서는 발견할 수가 없다. 이런 이유로 유기음 'p'와 무기음 'p'는 영어에서 별개의 음소로 기능하는 소리들이 아닌 것이다.

한 가지 특기할 사실은 영어의 경우 '[pʰ]'가 나타나는 환경에서는 절대로 '[p]'가 나타나지 않고, 또 '[p]'가 나타나는 환경에서는 절대로 [pʰ]가 나타나지 않는다는 것이다. 이와 같이 두 소리가 상호 배타적인 mutually exclusive 환경에서 보완 관계를 이룰 때 이들은 서로 상보적인 분포complementary distribution를 보인다고 말하는데, 이음들은 이렇게 상보적 관계에 있게 되는 특징을 갖는다.

이와 같이 이음들은 서로 상보적인 관계에 있기 때문에 동일한 환경에서는 이들이 함께 나타날 수 없으며 이런 이유로 이음의 경우에는 최소 대립쌍이 존재할 수 없는 것이다. 이와 같은 이음들의 상보적 분포 관계 때문에 어떤 이음이 어떤 환경에서 나타나는지를 예측predict할 수 있게 된다. 이는 이음들의 발화 환경에 규칙이 적용되기 때문인데, 이를 음운규칙phonological rule이라고 한다.

즉, 음소의 경우와는 달리 이음들은 다음과 같은 특징을 갖는다.

이음의 특징
(1) 최소 대립쌍 발견 불가
(2) 상보적 분포
(3) 예측 가능, 즉 규칙화 가능

즉 이음적 차이를 보이는 소리들 간에는 어떤 규칙이 개입한다. 그러면 이제까지 우리가 주된 예로 삼아 왔던 유기음의 'p'와 무기음의 'p' 사이에는 어떤 음운규칙이 개입하는지를 살펴보기로 하자. 우선 영어에서 이들 소리들 간의 분포를 살펴보면, 유기음의 'p'는 강세stress를 받는 음절syllable의 최초 소리마디first segment 위치에서만 나타나며 그 외의 위치에서는 무기음의 'p'가 나타난다. 이런 현상은 '/p/'의 경우만이 아니라 '/t/', '/k/'의 경우에도 모두 적용되는데, 이를 일반화시켜 영어의 유기음화aspiration 규칙을 개략적으로 기술하면 다음과 같이 될 것이다.

영어의 유기음화 규칙

영어의 무성 폐쇄음voiceless stop은 강세를 받는 음절의 최초 소리마디(즉 분절) 위치에 나타날 경우 유기음화된다.

A voiceless stop becomes aspirated when it is the first sound in a stressed syllable.

참고사항
· · · · · · · · ·

① 다음 단어들 속의 'p/t/k'가 유기음으로 발음되는지, 무기음으로 발음되는지를 스스로 생각해보라.

tipping, pick-up, spare tire, back up, apple-pie, picket, aspirin, scandal, puppy, story, Scotch, picnic, opera

② **음소적 표시**phonemic representation**와 음성적 표시**phonetic representation:

영어 단어의 발음을 음사transcribe할 때, 음소적 표시phonemic representation와 음성적 표시phonetic representation를 구분할 수 있다. 음소적 표시는 음운규칙이 적용되기 이전의 소리를 나타내며, 음성적 표시는 음운규칙이 적용된 이후의 미묘한 소리 변화까지를 포함한다. 화자들이 머리 속에 담고 있는 소리를 음소적 표시, 실제로 입으로 발음하는 소리를 음성적 표시라고 할 수도 있다. 음소적 표시에는 사선, 즉 '/ /'를 사용하며, 음성적 표시에는 대괄호, 즉 '[ ]'를 사용한다. 'pin'이라는 단어의 음소적 표시와 음성적 표시를 소개하면 다음과 같다.

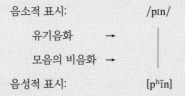

음소적 표시: /pɪn/
   유기음화　→
   모음의 비음화 →
음성적 표시: [pʰĩn]

③ Voice Onset Time Delay:

유기음 'p'와 무기음 'p'의 차이는 다음 표에서도 확인할 수 있다.

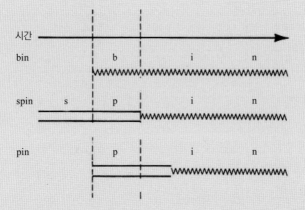

위의 표에서 물결모양 선은 유성음을 표시하고, 직선은 무성음을 표시한다. [b]는 유성음, [p]는 무성음이다. 그리고 영어의 모음은 전부 유성음이다. 그런데 'spin'의 'p', 즉 무기음의 'p'는 모음 시작과 동시에 물결모양으로 표시되어 있지만, 'pin'의 'p', 즉 유기음의 'p'는 모음이 시작한 뒤 일정 시간이 지난 후에야 물결모양이 시작된다. 즉 유기음의 경우에는 뒤이어 나오는 모음이 즉각 유성음으로 발음되지 않고, 일정 기간 유성음 발음이 지연된다는 것인데, 이것이 바로 'aspiration' 때문인 것이다. 다시 말해 'pin'의 경우 'i' 중 직선으로 표시된 부분이 바로 공기가 튀어 나오는 'aspiration'에 해당하는 것이다. 이와 같이 유기음의 경우 뒤이어 나오는 모음의 유성음 발성이 지연되는 현상을 영어로는 'voice onset time delay'라고 한다.

3. 'Inkel'은 '잉켈'?

나이가 든 사람들은 과거 1980년대 TV에서 'Inkel'(인켈)이라는 상표의 전축을 광고할 때 '잉켈'이라고 발음하던 것을 기억할 것이다. 이런 현상은 '한강'을 '항강'으로 발음한다든지 '안경'을 '앙경', '현기증'을 '형기증'이라고 발음하는 등에서도 찾아볼 수 있다. 또 사람에 따라서는 '산보'를 '삼뽀'라고 발음하기도 하는데, 이런 현상은 왜 일어나는 것일까?

이 현상을 정리하면, '인켈'이나 '한강'에서처럼 'ㄴ' 즉 '[n]' 소리가 'ㄱ'이나 'ㅋ' 소리 앞에 나타날 때에는 '[ŋ]' 소리로 변화하고, '산보'에서처럼 '[n]' 소리가 'ㅂ' 소리 앞에 나타날 때에는 '[m]' 소리로 변화한다는 것이다. '[n]' 소리나 '[m]', '[ŋ]' 소리는 모두 비음nasal sound이다. 그렇다면 '[n]' 소리는 'ㄱ' 계열의 소리 앞에서 다른 비음 '[m]'도 있는데, 왜 유독 '[ŋ]' 소리로 바뀌어 발음되는 것일까? 그리고 'ㅂ' 계열의 소리 앞에서는 왜 '[ŋ]'이 아니라 '[m]' 소리로 발음되는 것일까?

'[m]/[n]/[ŋ]' 소리들 간에 차이가 있다면, '[n]'[5]는 조음위치상 치아 바로 뒤쪽의 치경alveolar ridge에서 발음되는 치경음alveolar sound임에 비해, '[m]'는 양 입술에 의해 소리 나는 양순음bilabial sound이며, '[ŋ]'은 조음위치상 연구개soft palatal/velum 쪽에서 소리 나는 연구개음velar sound이다. 그런데 치경음인 '[n]'가 양순음인 '[m]'로 변할 때라고 하는 것이 '[n]' 다음에 또 다른 양순음인 'ㅂ' 계열의 음(즉 '[p]'나 '[b]')이 나타날 때이며, '[n]'가 연구개음인 '[ŋ]'으로 변할 때라고 하는 것은 '[n]' 다음에 또 다른 연구개음인 'ㄱ' 계열의 음(즉 '[k]'나 '[g]')이 나타날 때이다. 즉 비음 '[n]'는 그 다음에 나오는 폐쇄음stop sound과 동일한 조음위치, 즉 동위homorganic의 비음으로 변화하는 것이다.

이를 언어학 용어를 사용해 말한다면, 폐쇄음 앞의 비음은 해당 폐쇄음의 조음위치에 '동화'assimilate된다고 하며, 이를 비음이 그 다음 자음의 조음위치와 동일하게 된다는 점을 강조해 영어로는 'homor-ganic nasal assimilation'이라고 한다. 이 현상은 비음을 발음하는 중에 다음에 나오는 자음의 조음위치를 미리 만들기 때문에 생기는 현상으로서, 이와 같이 어떤 음운을 조음하면서 다음에 나올 음운의 조음을 고려해 두 음운을 함께 조음하는 것을 'anticipatory coarticulation'이라고 한다. 'anticipatory coarticulation'은 조음을 보다 용이하게 하기 위해서 일어나는 현상으로서, 이에 따라 동화 현상은 발음을 보다 수월하게 하기 위해서 일어난다고 할 수 있다.

이와 같은 'homorganic nasal assimilation' 현상은 대단히 보편적인 현상으로서 우리말뿐 아니라 영어에서도 발견된다. 다음에서 보는 것처럼, 일상 회화에서 빨리 발음하는 경우 영어의 '[n]' 소리는 양순 폐쇄음 앞에서는 양순 비음인 '[m]'로 변화하고, 연구개 폐쇄음 앞에서는 연구개 비음인 '[ŋ]'으로 변화하는 경향이 있다.

'can do': /kæn du/   →   [kæ̃n du]

'can be': /kæn bi/   →   [kæ̃m bi]

'can go': /kæn go/   →   [kæ̃ŋ go]

물론 이와 같은 현상은 빨리 말할 때에 무의식적으로 나타날 수 있다는 것이며, 일부러 이렇게 과장해 발음해야 한다는 뜻은 아니다. 이는 우리말에서 '산보'나 '한강'을 일상 회화에서 '삼뽀'나 '항강'으로 발음하는 현상이 있다고 해서 반드시 그런 소리 변화를 과장해 발음해야 한다는 것이 아님과 마찬가지이다.

그런데 영어의 이와 같은 'homorganic nasal assimilation'이 철자에 반영되는 수가 있다. 즉 'intolerable'이나 'indecisive'에서처럼 'not'의 뜻

을 갖는 접두사 'in'이 'possible'이나 'potent'처럼 양순음으로 시작하는 단어와 결합할 때 'impossible', 'impotent'에서처럼 'im'으로 변화하는 것은 바로 이 현상이 철자에 반영되어 그리 된 것이다. 그러나 'balance'의 경우 'imbalance'와 'unbalance'의 두 개의 반의어가 있음에서 보듯이, 이와 같은 소리 현상이 반드시 철자에 반영되는 것은 아니다.

참고사항
. . . .

'not'를 의미하는 접두사 'in'뿐 아니라, '안으로'라는 뜻을 가진 접두사 'in'의 경우에도 다음에서처럼 'p'나 'b' 앞에서 'im'으로 변하는 예들이 있다.

im 'not'	im 'in'
impartial	import
imperfect	impress
impatient	implant
impassable	imparadise
impalpable	imbibe

'input'의 경우에서 보듯이 이 현상이 항상 철자에 반영되는 것은 아니라고 할 수 있다. 'en', 'con', 'syn' 등의 접두사들도 마찬가지인데, 'embody', 'empathy', 'companion', 'compassion', 'sympathy', 'symposium' 등이 그 예이다. '&'를 지칭하는 'ampersand'라는 단어도 원래의 'and per se and'라는 표현에서 'and'의

'd'가 생략되고, 'n'이 바로 뒤의 자음 'p'에 동화되어 'm'으로 변화한 것을 철자에 반영해 만든 것이다.

일본어의 경우에는 우리말이나 영어에서와는 달리 비음을 표시하는 문자가 'ん' 하나밖에 없는데, 이 소리가 그 다음에 나오는 폐쇄음의 조음위치에 따라 각각 '[m]', '[n]', '[ŋ]'으로 소리 나는 것도 바로 이런 'homorganic nasal assimilation' 때문이다. 즉 '연필'을 의미하는 'えんぴつ'의 'ん'을 '엠삐츠'처럼 '[m]'로 발음한다든지, '은행'을 의미하는 'ぎんこう'의 'ん'을 '깅코'처럼 '[ŋ]'으로 발음한다든지 하는 것이 바로 비음이 그 다음에 연이어 나오는 폐쇄음의 조음위치에 동화되는 'homorganic nasal assimilation' 현상 때문인 것이다.

참고사항
. . . .

① 동화현상에는 역행동화, 순행동화, 상호동화의 3가지가 있다:

역행동화regressive assimilation: 이는 앞의 소리가 뒤의 소리를 닮는 현상이다. 뒷소리가 앞소리에 영향을 준다고 해서 역행동화라고 부른다. 본문에서 이야기한 'homorganic nasal assimilation'이 역행동화의 예에 속한다.

순행동화progressive assimilation: 이는 뒤의 소리가 앞의 소리를 닮는 현상이다. 앞소리가 뒷소리에 영향을 준다고 해서 순행동화라고 부른다. 영어 명사의 복수형 어미 '-s'는 해당 명사의 마지막 소리가 유성음이면 '[z]', 무성음이면 '[s]'로 발음되는데, 이것이 순행동화의 예가 된다.

상호동화reciprocal assimilation: 이는 두 소리가 서로에게 영향을 주어 서로 상대 소리를 닮는 현상이다. 한국어의 자음접변 중 '갑론을박'이 '감논을박', '박리다매'가 '방니다매' 등으로 소리 나는 것이 상호동화의 예가 된다.

② **이화현상**dissimilation:

동화현상에 반대되는 현상으로 두 소리 간의 유사성이 사라지는 현상이다. 영어에서 마찰음이 연이어 나타날 때 뒤에 나오는 마찰음이 폐쇄음으로 소리 나는 경우가 있는데, 이것이 이화현상의 예가 될 수 있다. 예를 들어 'fifth'에서 '[f]'와 '[θ]'가 연이어 나올 때 뒤의 마찰음인 '[θ]'를 '[t]'로 발음한다면 이것이 이화현상이 된다.

4. Chomsky

내가 미국에서 대학원 공부를 할 때 같은 과의 어떤 미국 학생이 다음과 같은 말을 해 준 것이 생각난다. 그의 말인즉, 자신이 학부under-graduate 학생들의 교실에서 촘스키Chomsky에 대해 이야기한 적이 있는데, 학생들 중 일부가 그의 말을 듣고 'Chomsky'를 'Chompsky'라고 표기했다는 것이다.

그 학생들은 왜 'Chomsky'의 'm'과 's' 사이에 'p'라는 음을 첨가insert한 것일까?

이는 영어에 그와 같은 음운 현상이 있기 때문이다. 즉 영어에는 '[m]' 등의 비음 다음에 '[s]'나 '[ʃ]' 혹은 '[θ]' 등의 마찰음이 나올 때, 발음의 편의를 도모하기 위해 두 소리 사이에 폐쇄음을 삽입하는 현상이 있다. 다음은 그와 같은 삽입 현상을 보여주는 예이다.

'something': /sʌmθiŋ/ → [sʌ̃mpθĩŋ] ('[m]'와 '[θ]' 사이에 '[p]'를 삽입)
'sense': /sɛns/ → [sɛ̃nts] ('[n]'와 '[s]' 사이에 '[t]'를 삽입)
'strength': /strɛŋθ/ → [strɛ̃ŋkθ] ('[ŋ]'과 '[θ]' 사이에 '[k]'를 삽입)

위의 예들로부터 무성 마찰음voiceless fricative '[s]'나 '[θ]' 바로 앞에 나타나는 비음이 양순음인 '[m]'이면 그 '[m]'와 조음위치가 동일한 무성 폐쇄음voiceless stop '[p]'가 삽입되며, 그 비음이 치경음인 '[n]'이면 삽입되는 음도 역시 치경음인 '[t]'이고, 만일 그 비음이 연구개음인 '[ŋ]'이면 삽입되는 음도 역시 연구개음인 '[k]'임을 알 수 있다.

이와 같은 현상은 발음상 비음(이 비음도 영어에서는 모두 폐쇄음임)을 발음했다가 곧바로 마찰음을 발음하는 것이 용이하지 않으므로, 일단 발음 위치를 폐쇄음 위치에 그대로 두고 비음에서 구두음oral sound으로 이동한 뒤, 이어서 마찰음으로 진행하는 것이 훨씬 용이하기 때문인 것으로 판단된다.[6]

'Chomsky'의 'm'과 's' 사이에 'p'를 삽입한 학생들은 바로 영어의 이런 현상 때문에 그렇게 한 것이며, 이 때문에 미국 사람들이 'sense'와 'cents', 'mince'와 'mints'를 동일하게 발음하는 경향이 있는 것이다.[7]

또한 'assume', 'consume', 'redeem'의 명사형인 'assumption', 'consumption', 'redemption'에 보이는 'p'는 바로 이런 현상이 영어 철자에 반영된 예인 것이다.

노암 촘스키 (Noam Chomsky, 1928-)

노암 촘스키는 현대 지성사의 대표적 거인이다. 그는 언어학의 혁명을 이룩했을 뿐 아니라, 철학, 심리학, 인지과학 등 여러 분야에 걸쳐 학문적 성취를 이루었으며, 특히 기득권층의 이익을 대변해주는 사회 엘리트들의 거짓말에 맞서 진실을 말하기를 주저하지 않아온 행동하는 지성의 대표이다. 로버트 바스키(Robert Barsky)는 『노암 촘스키, 어느 반골의 일생』(Noam Chomsky, *A Life of Dissent*, 1997년 MIT Press 발행)에서 촘스키를 갈릴레오나 데카르트, 뉴턴 등에 견주고 있으며, 그를 생존하는 인물 중 가장 많이 인용되는 인물로 지칭하고 있다. 또한 역사적 인물들까지를 망라하면 마르크스, 셰익스피어, 성경, 플라톤 등에 이어 여덟 번째로 가장 많이 인용되는 인물이라고 평하고 있다. 1928년 12월 7일 미국 펜실바니아주의 필라델피아에서 태어난 촘스키는 구조주의 언어학자이며 사회참여형 학자인 젤리그 해리스 교수의 지도로 1955년 펜실바니아대학교에서 박사학위를 받았으며, 이후 MIT의 교수가 되어 오늘날까지도 왕성하게 활동하고 있다.

참고사항
· · · · · · · ·

삽입현상:

이와 같은 삽입현상을 영어로는 'insertion', 'addition' 혹은 'epenthesis'라고 한다. 특정 소리마디, 즉 자음, 모음 등의 분절 segment이 삽입되는 경우도 있고, 특정 자질feature이 삽입되는 경우도 있다. 모음이 비음화nasalize되는 경우는 비음 자질이 삽입되는 경우로 볼 수 있으며, 유기음화aspiration의 경우도 유기음 자질이 삽입되는 경우로 볼 수 있다. 영어 방언에 따라서는 다음과 같이 'schwa'로 끝나는 단어 다음에 모음으로 시작하는 단어가 나올 때 'r'이 첨가되는 수도 있다.

> The idea-r-is good. ('r' 첨가 있음)
> The idea came. ('r' 첨가 없음)

탈락현상:

삽입에 반대되는 현상이 탈락현상deletion, elision이다. 영어의 경우 "I will"이 "I'll"로, "does not"이 "doesn't" 등으로 축약contraction되는 현상이 있는데, 이 축약현상이 탈락현상의 한 예가 될 수 있다. 영어의 다양한 탈락현상에 대해서는 이 장 11-13절에서 논의하기로 하겠다.

5. 'water'의 발음(여린 't' 소리)

내가 고등학교에 다니던 1970년대 초에는 'Simon과 Gafunkel'이라는 듀엣이 굉장한 인기를 끌고 있었다. 당시 그들이 유행시킨 여러 노래 중에 "Bridge over Troubled Water"라는 노래가 있었는데, 이 노래는 당시 폭발적인 인기를 누려 그들뿐 아니라 당시 인기 있던 우리나라의 소위 통기타 가수들도 자주 이 노래를 불렀던 것으로 기억된다.

그런데 어느 날 나는 라디오를 듣다가 그 당시 꽤 이름이 있던 김모라는 가수가 이 노래를 부르면서 'water'를 '워러'라고 발음하는 것을 상당히 어색하게 느꼈던 적이 있었다. 이는 그 사람의 영어 발음이 나빴기 때문이라기보다 어쩐지 'Simon과 Gafunkel'이 이 소리를 낼 때와는 무언가 다른 느낌을 받았기 때문인데, 지금 와서 생각하면 그 가수가 'water'의 발음을 놓고 고민한 흔적이 느껴져서 그런 것이 아닌가 하는 생각이 들기도 한다.

그 후 상당한 시간이 지난 1984년 여름, 내가 미국 유학을 떠나기 직전 친구들이 마련해준 환송회장에서 친구 아내들 중의 한 사람이 이 노래를 부르는 것을 듣게 되었는데, 이때도 그녀가 'water'의 발음을 하면서 얼굴이 조금 빨개지는 것을 본 적이 있었다.

그 후 내가 미국 유학에서 돌아와 대학에서 학생들을 가르치기 시작한 1980년대 말에 느낀 것 중의 하나도 학생들이 'water'의 발음을 하면서 무언가 부자연스러워하는 것이 있는 것 같다는 점이었다.

이는 분명 'water'의 't' 발음 때문인 것 같은데, 그 이유를 나는 우리나라 사람들이 대부분 'water'의 't'가 미국식 발음에서는 우리말의 'ㄹ'에 가깝게 소리 난다는 것을 알면서도 그런 미국식 발음을 선뜻 하기에는 그 외의 다른 영어 발음이 서툴다고 생각하기 때문이 아닐까 하고 생각해본 적이 있다. 즉 다른 발음이 정확하지 못한 상태에서 굳이

'water'의 't' 발음만 미국식 발음을 흉내 내는 것이 어쩐지 계면쩍다 하는 생각 때문이 아닐까 하는 것이다.

그 이유야 어떻든 앞에서 이야기한 대로 'water'의 't' 발음을 우리말의 'ㄹ'처럼 발음하는 것은 미국식 영어이다. 영국 영어에서는 'water'의 't'를 우리말의 'ㅌ'처럼 발음한다. 물론 미국식 영어니 영국식 영어니 하는 것은 대체적인 추세를 의미하는 것이며 반드시 그렇다는 것은 아니다. 예를 들어 전통적으로 영국식 영어의 영향을 많이 받은 매사추세츠 등의 미국 북동부 지역은 영국식 영어와 별 차이 없는 발음을 보이기도 한다.

나는 한 노년의 미국 사람으로부터 그가 영국 여행 중 산골에서 길을 잃어 방황했던 이야기를 들은 적이 있는데, 그의 이야기에 따르면, 기진맥진한 상태에서 겨우 발견한 어느 민가에서 한 노인이 나타나서 그를 향해 물water을 달라고 사정을 했는데도 이 영국 노인은 자기 말을 못 알아듣더라는 것이다. 아무리 'water'(이때의 발음은 물론 미국식)라고 외쳐 보아도 의사가 통하지 않자 이 미국인은 할 수 없이 'w-a-t-e-r' 하고 'water'의 철자spelling를 하나하나 말했더니 그때서야 이 영국 노인이 "Oh, water!"(이때의 발음은 물론 영국식) 하고 반응을 보이더라는 것이다. 과장된 점이 있기는 하지만 아무튼 'water'의 't' 발음과 관련한 미국 영어와 영국 영어의 차이점을 잘 보여주는 일화라고 할 수 있겠다.

미국 영어에 있는 이 현상은 흔히 'flapping'(설탄음화)이라고 부르며, 이때의 't' 소리를 설탄음이라고 부른다. 설탄음이라는 용어에 대해 매우 생소하다는 느낌을 가질 독자들이 많을 것으로 예상되므로, 본서에서는 이때의 't'가 우리말의 'ㄹ'처럼 여리게 소리 난다는 점에 착안해이 소리를 여린 't' 소리로 부르기로 하겠다. 그런데 여린 't' 발음은 우리말의 'ㄹ'처럼 들릴 때도 있지만 경우에 따라서는 'ㄷ'처럼(보다 엄밀하게 말한다면 영어의 [d] 발음처럼) 들릴 때도 있는데, 영어의 여린 't' 소리를 한글의 어느 특정 글자와 동일시하기보다는 영어 원음을 듣고 이에 준한 발음을 습득하도록 해야 할 것이다. 영어 음성학에서는 이 소리를 흔히 '[ɾ]'로 표시한다.

이 'flapping' 현상, 즉 여린 't' 소리 현상은 't'가 강세stress를 받는 모음vowel과 강세를 받지 않는 모음 사이에 나타날 때 흔히 일어난다. 'water'의 경우를 예로 들면, 'water'의 't' 양 옆이 모음으로 둘러싸여 있으며 't' 앞의 모음에 강세가 오기 때문에 'flapping' 규칙이 적용되어 '/t/' 소리가 '[ɾ]' 소리로 발음되는 것이다. 'water' 외에도 'atom', 'item', 'committee', 'pattern', 'lettuce', 'society', 'coyote', 'catechism', 'Minnesota' 등과 같은 단어들에서 'flapping' 현상이 나타난다.

한국 사람들 중에는 모음과 모음 사이에 나오는 't'는 모두 여린 't' 소리로 발음되는 것으로 오해하는 사람들이 있는데, 그렇지 않다. 예를 들어 'atom'과 'atomic' 두 단어 모두 't'가 모음 사이에 나오지만, 'atom' 의 't'는 여린 't' 소리로 발음될 수 있으나, 'atomic'의 't'는 여린 't' 소리로 발음될 수 없고 반드시 유기음의 't', 즉 우리가 밝은 't' 소리라고 부르는 '[tʰ]' 소리로 발음되어야 한다.

이는 'Italy'와 'Italian' 그리고 'catalyst'와 'catalysis'의 경우에도 마찬가지인데, 이런 차이는 무엇 때문일까? 이에 대한 단서를 얻기 위해 이 두 경우를 다음과 같이 비교해보기로 하자.

여린 't'로 발음되는 경우	여린 't'로 발음되지 않는 경우
átom	atómic
Ítaly	Itálian
cátalyst	catálysis

위에서 알 수 있듯이 't' 앞의 모음에 강세가 있을 때는 여린 't' 소

리 규칙이 적용될 수 있으나, 't' 뒤의 모음에 강세가 있는 경우에는 여린 't' 소리 규칙이 적용될 수 없다. 따라서 여린 't' 소리 규칙은 강세가 있는 모음과 강세가 없는 모음 사이에 't'가 나올 때 적용된다는 원칙을 잠정적으로 세울 수 있게 된다.

출처: 『한국인을 위한 영어발음 교과서』(한학성 지음, 2001년 테스트뱅크 발행), p.105

참고사항

't' 다음 모음에 강세가 없을 때 여린 't' 소리가 난다:

'visiting', 'visitor'의 't' 및 'activity', 'ability'의 'y' 앞의 't' 등과 같이 't' 앞의 모음에 강세가 없는 경우에도 여린 't' 소리가 가능하므로, 보다 엄밀히 말한다면 't'가 모음과 모음 사이에 나오되 뒤의 모음에 강세가 없으면 여린 't' 소리로 발음될 수 있는 것으로 보아야 한다. 또한 'party', 'thirty', 'penalty', 'specialty'의 경우처럼 't'가 모음과 모음 사이에 나오지 않더라도, 't'가 'r' 혹은 'l'과 모음 사이에 나타나면 역시 여린 't' 소리로 발음될 수 있는데, 이때도 't' 뒤의 모음에 강세가 없어야 한다. 종합하면, 가장 중요한 조건은 't' 다음 모음에 강세가 없어야 한다는 것이다.

여린 't' 소리는 단어 내에서뿐 아니라 다음에서 보는 바와 같이 단어와 단어 간의 경계에서도 나타날 수 있다.

> I'll tell you all <u>about</u> it.
>
> Come in and check <u>it</u> out.

위의 예문에서 'about'의 't'와 'it'의 't'는 각각 여린 't' 소리로 발음될 수 있다. 그런데 여기서도 't'가 강세가 있는 모음과 강세가 없는 모음 사이에 나타나는지를 점검해 보기로 하자.

> abóut <u>it</u>.
> 　모음　모음
>
> check <u>it</u> óut.
> 　　모음　모음

두 경우 모두 't'가 모음과 모음 사이에 나타나는 것은 동일하나, 'about it'의 경우와 달리 'check it out'의 경우에는 't'가 오히려 강세가 없는 모음과 강세가 있는 모음 사이에 나타나고 있음을 알 수 있다.

결론적으로 단어 내에서 여린 't' 소리 규칙이 적용되기 위해서는 일반적으로 't'가 강세가 있는 모음과 강세가 없는 모음 사이에서 나타나야 한다는 점에서 강세의 유무가 중요하다고 할 수 있으나, 단어와 단어 간의 경계에서는 앞 단어의 끝이 't'인 경우에는 이 't'가 모음과 모음 사이에 나타나야 한다는 조건만 충족되면 강세 여부와 관계없이 여린 't' 소리로 발음될 수 있다는 점에서 강세의 유무가 무관해짐을 알 수 있다.

우리가 영어를 발음할 때 반드시 미국식 영어를 따라야 할 것인가에 대해서는 다른 의견이 있을 수 있겠으나, 여린 't' 소리 규칙을 적절히 활용하면 상당히 미국식 영어에 근접한 발음을 할 수 있는 것만은 틀림없다.

참고사항
. . . .

'writer'의 't'가 여린 't' 소리로 발음되면 이는 'rider'의 'd'와 동일하게 소리 난다. 이때 't'와 'd'의 차이가 없어지는 결과가 되는 셈인데, 이와 같이 존재하던 음성적 차이가 없어지는 현상을 중화neutralization라고 부른다. 뒤에서 이야기하는 'schwa'의 경우도 중화현상의 예가 된다.

6. 'Latin'의 발음(막힌 't' 소리)

나는 대학 1학년 때인 1970년대 중반 무렵, 영어 회화를 가르치시던 선생님의 소개로 한남동 쪽의 한 외국인 교회에 다닌 적이 있었다. 이때부터 나의 영어로 말하기 체험이 본격적으로 시작되었는데, 나는 이때 처음으로 경험한 바 있는 '미국인과의 의사소통이 성공할 때의 감격'을 아직도 기억하고 있다.

당시 내가 활용할 수 있는 짧은 영어 몇 마디를 가지고 미국 사람과 대화를 시도하던 중, 나는 미국 사람들이 '라틴어'라는 뜻의 영어 단어인 'Latin'의 't' 소리를 특이하게 발음한다는 것을 알게 되었다. 이 't' 소리는 일반적인 't' 소리와는 달랐으며 앞에서 이야기한 여린 't' 소리와도 전혀 다른 소리였다. 이 소리는 마치 'Lat'과 'in'을 따로 떼어 '랩'하고 발음한 후 'ㅌ' 소리를 터뜨리지 않은 채로 '은' 하고 발음하는 것 같은데, 'Latin'의 발음을 여기서 한글로 정확히 표시하기는 불가능한 일이므로 독자들은 가급적 미국 사람들이 실제로 이 단어를 어떻게 발음하는지를 주의 깊게 살펴보는 것이 좋을 것이다.

이와 같은 'Latin'의 't' 소리를 영어학에서는 'glottal stop'(성문 폐쇄음)이라고 하며 음성기호로는 물음표, 즉 '?'에서 아래의 점을 생략한 '[ʔ]'라는 기호를 사용한다. 이 소리를 여기서는 막힌 't' 소리라고 부르기로 하겠다. 'glottal stop', 즉 막힌 't' 소리가 나타나는 환경은 지역에 따라 차이가 있으나 일반적으로 't' 앞의 모음에 강세가 오고 't' 다음에는 비음(특히 [n])이 독립된 음절처럼 사용될 때 일어난다. 'button' 등을 '[bʌʔn]'(우리말로 '밭' 하고 끊었다가 'ㅌ'를 터뜨리지 않은 채로 '은'을 발음)으로 발음하는 것이 이런 예가 되며, 방언dialect에 따라서는 'bottom'의 't'도 여린 't' 소리로 발음하지 않고 막힌 't' 소리로 발음하는 경우도 있다. 'cotton', 'mountain', 'sentence', 'eaten', 'forgotten', 'Manhattan' 등의 't'도 막힌 't' 소리로 발음될 수 있는 예들이다.[8]

이 소리는 굳이 한국인들이 따라하지 않아도 의사소통에 장애를 가져오는 것은 아니지만, 미국인들이 이 소리로 발음할 때 최소한 알아들을 수는 있어야 하므로 이 소리에 대한 관심이 요구된다고 할 수 있다.

7. 'try'의 발음(밀린 't' 소리)

'try', 'tree', 'travel', 'traffic', 'transform', 'country' 등에서처럼 't' 다음에 자음 'r'이 나오는 경우에는 't'가 우리말의 'ㅊ' 소리에 가깝게 발음된다. 이는 아마도 't'와 'r' 소리가 모두 조음위치상 치경음으로서, 동일 위치의 두 자음을 연달아 발음하기가 어려우므로, 't'를 발음할 때 혀의 위치를 치경alveolar ridge 부위보다 약간 뒤로 해서 발음하기 때문에 일어나는 현상으로 보인다. 이를 음성학에서는 't'의 폐찰음화affrication라고 부르기도 하나, 여기서는 't'가 원래 't'의 위치보다 뒤로 밀려 나는 소리라는 뜻에서 밀린 't' 소리라고 부르기로 하자.

8. 't' 소리의 종류

이제까지의 논의를 통해 미국 영어에서는 't'가 여러 가지로, 즉 여러 이음allophone으로 발음될 수 있음을 보았다. 이를 정리하면 다음과 같다.

> **'t' 소리의 종류**
> 밝은 't' 소리 (예: team, Tom, tool 등)
> 된 't' 소리 (예: steam, stone, stick, stop, stay 등)
> 여린 't' 소리 (예: water, better, writer, sweater, battery 등)
> 막힌 't' 소리 (예: Latin, cotton, button, sentence, eaten 등)

밀린 't' 소리 (예: tree, try, travel, traffic, country 등)

't'의 여러 소리들을 환경에 맞게 제대로 구사할 수 있는 사람은 일단 상당히 좋은 영어 발음을 터득해 가고 있다고 보아도 무방할 것이다.

9. 'film'의 발음(흐린 'l' 소리)

미국 사람의 입을 통해 영어 소리를 들을 때 겪게 되는 또 다른 당혹감 중의 하나가 'film'의 'l' 발음이다. 미국 사람들은 'film'의 'l'을 마치 우리말의 '으'처럼 발음하는데, 이 역시 우리나라 사람들에게 익숙하지 않은 소리로 보인다.

'l'이 'love'나 'lobby'에서처럼 단어의 첫머리에 나올 때는 분명하게 발음되지만, 'film'에서처럼 다른 자음 앞에 나올 때는 발음이 흐려진다. 이 두 소리를 구별하기 위해 전자의 'l' 소리는 맑은 'l' 소리light l, 후자의 'l' 소리는 흐린 'l' 소리dark l로 칭하기로 하자.

한국인 중에는 흐린 'l' 소리가 익숙하지 않아 'film'의 'l'을 우리말 받침의 'ㄹ'처럼 발음하는 사람이 많다. 이런 흐린 'l' 소리는 'l'이 'm'이나 'n', 즉 비음 앞에 나올 때 특히 두드러지는데, 'realm'이나 'overwhelm', 'kiln' 등이 이런 예에 속한다. 또한 'pool'이나 'hole'에서처럼 'l'이 단어나 음절의 마지막 소리이며 'l' 앞의 모음이 후설모음(뒤홀소리, back vowel)일 때에도, 흐린 'l' 소리가 나타나는 경향이 있다. 언어학에서는 이 흐린 'l' 소리를 'velarized l'이라고 칭하며, 기호로는 '[ɫ]'를 사용한다.

영어 발음과 관련한 대부분의 문헌에서는 'bill'이나 'meal'처럼 'l'이 단어나 음절의 끝소리이면서 'i'와 같은 전설모음(앞홀소리, front vowel) 앞에 나오거나, 'milk'처럼 'l'이 'm'이나 'n' 이외의 자음 앞에 나오는 경우에도 흐린 'l' 소리의 범주에 포함시키고 있는데, 이들이 모두 동일한 경우로 느껴지지는 않는다.

예를 들어 'film'의 경우는 'l' 소리가 마치 우리말의 '으'처럼 소리 나고 'l' 소리는 거의 느껴지지 않는데 비해, 'milk'의 경우는 'mi'와 'k' 사이에 우리말의 '으'와 같은 모음이 삽입되면서 동시에 'l' 소리가 비록 약하기는 하지만 'film'의 경우보다는 분명하게 느껴진다. 'l' 소리가 'lobby'의 경우만큼 강하지는 않기 때문에 흐린 'l' 소리의 범주에 포함시키기는 하나, 'film'의 'l' 경우보다는 흐린 정도가 약하다는 점에 유의해야 한다.

'boldface'나 'golf' 등에서처럼 'l'이 다른 자음 앞에 나오되, 그 앞의 모음이 후설모음일 때는, 전설모음일 때에 비해, 'l'의 흐린 정도가 상대적으로 커지는 것으로, 즉 'film'의 'l'에 가깝게 소리 나는 것으로 보이기는 한다. 이런 미묘한 소리 구분을 글로는 완벽히 설명하기 곤란하므로, 독자들은 이런 단어들을 미국인들이 어떻게 발음하는지에 각별한 관심을 가져야 할 것이다.

10. schwa(정 중앙의 모음)

영어에서는 다음에서 보는 바와 같이 원래 뚜렷한 음가가 있던 모음이라도 강세를 받지 않게 되면 아주 약한 모음인 '[ə]'로 발음되는 경향이 있다 (발음 기호는 2장에서 소개한 것을 사용하지 않고, 우리나라에서 일반적으로 통용되는 기호를 사용함).

	A	B
/iː/	compete [iː]	competition [ə]
/i/	medicinal [i]	medicine [ə]
/ei/	maintain [ei]	maintenance [ə]
/e/	telegraph [e]	telegraphy [ə]
/æ/	analysis [æ]	analytic [ə]
/a/	solid [a]	solidity [ə]
/ou/	phone [ou]	phonetic [ə]

A에서처럼 강세를 받는 경우에는 제각기 다른 음가로 발음되던 모음들이 B에서처럼 강세를 받지 않게 되면 모두 [ə] 소리로 발음되는데, 이 [ə] 소리를 'schwa'라고 한다.

그런데 A에서처럼 원래 각기 구분되던 모음의 음가가 B에서처럼 그 구분이 상실되는 경우에 이를 언어학적으로는 모음 간의 변별성 distinctiveness이 중화neutralize된다고 한다. 모음 간의 변별성이 중화된 'schwa'는 영어 모음 중 그 높낮이나 앞뒤 위치 면에서 가장 중앙에 있는 모음이라고 할 수 있는데, 아마도 세종대왕께서 모음의 가장 기본이라고 할 수 있는 아래 아, 즉 'ㆍ'를 창안하실 때 염두에 두었던 소리가 바로 이 'schwa' 소리가 아닐까 하는 생각이 든다.

II. 'should have'를 왜 'should of'처럼 발음하나요?

미국인들은 일상 회화에서는 다음 문장의 두 번째와 세 번째 단어를 합쳐서 '[ʃudəv]'로 읽는다. 이는 한국어식 영어 발음에 익숙한 사람들에게는 무척 생소하게 느껴질 수 있다. 미국에서도 어린아이들 중에는 이 발음을 'should of'로 적는 아이들도 있다.

> She should have gone.

영어에서는 이처럼 '[h]' 소리가 강세를 수반하지 않을 때는 흔히 탈락되는 현상이 있다. 이를 h-탈락 현상이라고 부르는데, 'h'로 시작하는 대명사의 경우에 이 현상이 특징적으로 일어난다.

다음은 이와 같은 h-탈락 현상을 보여주는 예이다.

> What did (h)e say?
> Did you ask (h)im?
> Tell (h)er to shut up!

위에서 'he', 'him', 'her' 등의 대명사는 그 위치에서는 강세를 수반하지 않으므로 일상 대화에서 '[h]' 소리가 탈락되는 경향이 있다.

이 현상은 다음에서 보는 바와 같이 '[h]'에 강세가 수반되는 단어일 경우에는 일어나지 않는다.

> She works hard. (*(h)ard)
> Is she here? (*(h)ere)

또한 대명사라 하더라도 문장의 첫머리에 나오거나 대조contrast 등의 이유로 강세가 부여될 때는 h-탈락이 일어나지 않는다.

> He was very nice. (*(h)e)
> Her ideas are brilliant. (*(h)er)

His project is excellent. (*(h)is)

She's good but he's better. ('he'를 'she'와 대조적으로 사용할 때
는 'he'에 강세를 주어 발음하므로 h-탈
락 불가)

I want hér. ('her'를 강조할 때는 h-탈락 불가)

이와 같은 h-탈락 현상이 조동사 'have'의 경우에도 일어날 수 있으
므로, 위에서 이야기한 것과 같은 현상이 일어나는 것이다. 'should' 외
에 'would', 'could', 'might', 'must' 등 다른 조동사가 나와도 마찬가지
이다.

$$She \begin{Bmatrix} should \\ would \\ could \\ might \\ must \end{Bmatrix} (h)ave\ gone.$$

h-탈락 현상이 앞에서 이야기한 밝은 소리/된 소리의 구분과 상호
연관을 일으키는 수도 있다. 예를 들어 "We've got to stop him"이라는
문장을 미국 사람들은 일상 대화에서 흔히 'h'를 탈락시켜 다음과 같
이 발음한다.

We've got to stop (h)im.

그런데 위의 문장 중 'stop'의 'p'는 소위 된소리로 발음되는 환경에
있고 그 다음 단어인 'him' 중 'h'가 탈락하면 'stop'의 'p' 소리는 모음

'i' (실제 발음은 schwa인 [ə]임)에 실려 우리말의 된소리인 'ㅃ'과 유사하게 발음된다 (즉 'stop (h)im'이 마치 우리말의 '스따 쁨'처럼 들림).

12. 'exactly'에서 't' 탈락

미국인들이 'exactly'를 발음하는 것을 들어보면 대부분 자음 't'를 생략하고 발음한다. 굳이 한글로 표기하자면, '이그잭틀리'라고 발음하기보다는 '이그잭끌리'처럼 발음하는 경향이 더 높다는 것이다. 'perfectly', 'directly'의 경우에도 마찬가지이다.

exactly → exac(t)ly

perfectly → perfec(t)ly

directly → direc(t)ly

이런 현상은 왜 일어나는 것일까? 영어에는 자음이 여럿 연이어 나타날 때는 그 중 하나가 탈락되는 경향이 있기 때문이다. 예를 들어 'acts'와 'sounds' 등은 실제 발음될 때 't'나 'd'가 생략되는 것이 보통이다.

acts → ac(t)s

sounds → soun(d)s

위의 예에서 연이어 나타나는 'k-t-s'와 'n-d-z' 중 't'와 'd'가 생략되었다. 이와 같이 영어에서는 몇 개의 자음이 연이어 나타날 때 그 중 한 소리가, 그 중에서도 특히 't'나 'd'가 탈락하는 현상이 있다.

이런 탈락 현상은 단어 내에서뿐 아니라 다음에서 보는 바와 같이 단어와 단어 간의 경계에서도 일어난다.

next night → nex(t) night

이를 일반화해서 이야기하자면, '[t]'나 '[d]'는 자음으로 둘러싸일 경우 흔히 탈락되는 현상이 있다고 말할 수 있다.

'and'가 일상 회화에서 'd'가 탈락되어 발음되는 현상도 이와 유사한 현상으로 볼 수 있다. 'and'의 경우 'd'뿐 아니라 'n' 앞의 모음도 생략되는 경우가 있는데, 다음은 그런 현상이 철자에 반영되는 경우도 있음을 보여주는 예이다.

stop and go → stop 'n go
rock and roll → rock 'n roll

아울러 'center', 'twenty', 'a kind of' 등의 경우처럼 'n' 뒤에 't'나 'd'가 나오는 경우에는 그 다음에 자음이 나오지 않더라도 't'나 'd'의 발음이 생략되기도 한다.

참고사항
· · · · · · · · ·

"stop 'n go"에서 어포스트로피는 그 자리에 원래 있던 요소가 생략되었음을 표시해주는 역할을 한다. "I'll", "can't", "don't", "won't" 등 축약의 경우에도 마찬가지이다. "class of '75"도 "class of 1975"에서 '75' 앞의 숫자가 생략되었음을 표시하는 것이다. (나는 2012년에 태학사에서 발간된 내 저서 『영어 구두점의 문법』에서 어포스트로피를 우리말로 '올린쉼표'라고 칭하고 이를 올린 쉼표의 생략 표시 기능이라고 부른 바 있다.)

13. 기타 탈락 현상

이 외에도 영어에는 동일한 소리가 연이어 나타날 때, 그 중 하나가 생략되는 현상이 있다. 예를 들어 'bus stop'이라는 표현에서 'bus'의 마지막 소리와 'stop'의 첫 번째 소리가 모두 '[s]'로서 동일한 소리가 연이어 나타난다. 이때 동일한 '[s]' 발음을 각각 두 번 하는 대신에 한 번만 하여 결국 두 개의 '[s]' 소리 중 하나가 탈락하는 효과를 보이게 된다.

> bus stop → bu(s) stop
> talked to → talk(ed) to

이런 현상은 두 단어 간의 경계에 있는 소리가 100% 동일하지 않더라도 다음의 예에서 보는 바와 같이 두 소리가 유사하기만 하면 일어날 수 있다.

> played the piano → play(ed) the piano

즉 위에서 'played'의 마지막 소리인 '[d]'와 'the'의 첫소리인 '[ð]'가 발음 위치상 100% 동일한 것은 아니지만 그래도 상당히 유사한 소리이므로 '[d]'가 탈락할 수 있다.

또한 일상회화에서 'them'의 'th'가 다음에서 보는 바와 같이 생략되기도 한다.

read them → read 'em
stop them → stop 'em
pick them up → pick 'em up

'th'가 탈락하는 "stop 'em"과 "pick 'em"의 경우에도 'stop'의 'p'와 'pick'의 'k'가 "em"의 모음에 연음되어 마치 우리말의 'ㅃ'이나 'ㄲ'처럼 발음되기도 한다.

'schwa'라고 부르는 약한 모음은 다음에서 보는 바와 같이 유음 'l'이나 비음 'm', 'n' 앞에서는 흔히 생략된다.

bubble: [bʌbəl] → [bʌbl̩]
bottom: [bɑ:təm] → [bɑ:ɾm̩]
sudden: [sʌdən] → [sʌdn̩]

[l], [m], [n] 아래의 '̩' 표시는 이들이 'schwa'가 탈락되는 환경에서는 자음이면서도 모음처럼 음절을 구성하는 단위로 기능한다는 표시를 하기 위한 것이다.

또한 빨리 발음하는 경우에는 간혹 'r' 앞의 schwa도 탈락될 수 있다.

perhaps → p(e)rhaps

parade → p(a)rade

different → diff(e)rent

14. 명사 복수형 어미 '-s'와 동사 과거형 어미 '-ed'의 발음

독자들은 영어 학습 초기에 복수형 어미 '-s' 앞의 소리가 무엇이냐에 따라 어떤 때는 '[s]'로 발음되고 어떤 때는 '[z]'로 발음된다는 것을 공부한 적이 있을 것이다. 이와 반드시 일치하는 것은 아니지만, 동사의 과거형 어미 '-ed'도 그 앞에 나오는 소리에 따라 어떤 때는 '[t]'로 발음되고 어떤 때는 '[d]'로 발음된다.

'[s]/[z]'의 차이와 '[t]/[d]'의 차이는 이제 대부분의 독자들이 익숙해진 것처럼 무성음과 유성음의 차이이다. 즉 독자들이 과거 명사의 복수형 어미 '-s'의 발음과 동사의 과거형 어미 '-ed'의 발음과 관련해 공부한 사항이라는 것이 결국 이들이 언제 무성음으로 발음되고 또 언제 유성음으로 발음되느냐 하는 문제였다.

문제의 핵심을 이야기하기 전에 우선 다음과 같은 자료들을 살펴보기로 하자.

'cups' [kʌps]   'cubs' [kʌbz]

'pats' [pæts]   'pads' [pædz]

'backed' [bækt]   'bagged' [bægd]

'raced' [reist]   'raised' [reizd]

눈치 빠른 독자들은 이미 파악했으리라 믿지만, 위의 자료가 말해 주는 것은 복수형 어미 '-s'가 '[p]'나 '[t]'처럼 무성음 다음에 나타날 때는 무성음인 '[s]'로, '[b]'나 '[d]'처럼 유성음 다음에 나타날 때는 유성음인 '[z]'로 발음된다는 점과 과거형 어미 '-ed'가 '[k]'나 '[s]'와 같은 무성음 다음에 나타날 때는 무성음 '[t]'로, '[g]'나 '[z]'와 같은 유성음 다음에 나타날 때는 유성음 '[d]'로 발음된다는 점이다.[9]

이를 그간 우리가 소개한 술어를 사용해 표현하자면, 영어의 복수형 어미 '-s'와 과거형 어미 '-ed'는 바로 앞 소리의 유무성 자질에 일치 agree, 혹은 동화assimilate된다고 할 수 있다.

참고사항
·········

음위전환, 융합, 분리:

영어의 음운현상 중에 음위전환metathesis/permutation이라는 것이 있다. 음위전환은 두 음운이 서로 자리바꿈을 하는 것으로, 음위전환의 예를 영어의 역사에서 찾아볼 수 있다. 현대 영어의 'ask'는 고대 영어의 'aksian'에서 온 것인데 이 두 단어에서는 's'와 'k'의 위치가 서로 뒤바뀌어 있다. 즉 현대 영어의 'ask'는 고대 영어의 'aksian'으로부터 음위전환을 겪어 생겨난 것이라는 설명이 가능하다. 또한 현대 영어의 'bird'나 'horse'도 각각 고대 영어의 'brid'와 'hros'에서 온 것인 바 이들도 역시 역사적인 음위전환의 예들이 된다.

또한 융합 현상이라는 것도 있는데, 이를 영어로는 'coalescence' 또는 'merger'라고 한다. 이는 두 음운이 하나의 음운으로 합쳐지는 현상인데, 이러한 예로는 고대 영어의 'swete'가 현대 영어에서 'sweet'로 변하고 고대 영어의 'clæne'가 현대 영어에서 'clean'으로 변한 것에서 알 수 있는 것처럼, 고대 영어의 /eː/와 /æː/ 중 일부가 현대 영어에서 /iː/로 합쳐진 것을 들 수 있다.

융합coalescence과 반대되는 현상으로 분리split가 있는데, 이의 예로는 고대 영어에서는 이음적 차이allophonic difference에 불과하던 마찰음fricative의 유무성 자질이 현대 영어에서는 음소적 차이phonemic difference로 변화한 것 등을 들 수 있다.

15. 개인 넘버

나는 1988년 1월, 3년여의 미국 유학 생활을 마감하고 그리던 귀국 길에 올랐다. 이때 우리 부부는 당시 하와이대학에 유학 중이던 선배님의 후의로 하와이를 둘러볼 기회를 가졌었다. 2박 3일간의 하와이 관광을 마치고 다음 목적지인 일본 도쿄로 가는 비행기를 타기 위해 수속을 하던 중, 나는 우리를 도와주던 담당 한국인 여직원이 "개인 넘버는 00번입니다"라고 하는 말을 듣고 한동안 그 말을 이해하지 못해 어리둥절해 한 적이 있었다. 비행기를 타는데 탑승객마다 개인 넘버를 받도록 제도가 변했다는 말인지, 그게 아니라면 도대체 좌석 번호 말고 개인마다 무슨 번호를 또 받는다는 말인가?

그 직원이 개인 넘버라고 말한 것은 사실은 'gate number'였다. 'gate'란 출국 수속을 마친 여행객들이 목적지로 가는 비행기에 탑승하기 위해 잠시 기다리는 장소를 일컫는 말이다. 여행객들은 이 지정된 번호의 'gate' 주변에서 기다리다가 탑승 안내 방송을 듣고 비행기에 탑승하는 것이다.

그런데 이 'gate number'를 그 직원은 왜 '개인 넘버'라고 말했을까?

우리말의 소리법칙 때문이다. 우리말에는 소위 자음접변이라는 현상이 있어서 밑받침의 자음 바로 다음에 다른 자음이 연이어 나타날 때 음운 변화가 일어나는 경우가 있는데, 우리의 논의와 관련된 현상은 구체적으로 다음과 같은 예에서 나타난다.

> 국민 → 궁민 ('ㄱ'이 'ㅁ'과 맞닿아 'ㅇ'으로 변함)
> 낱말 → 난말 ('ㅌ'이 'ㅁ'과 맞닿아 'ㄴ'으로 변함)
> 잡문 → 잠문 ('ㅂ'이 'ㅁ'과 맞닿아 'ㅁ'으로 변함)
> 저녁놀 → 저녕놀('ㄱ'이 'ㄴ'과 맞닿아 'ㅇ'으로 변함)

이 현상을 좀 더 일반화하기 위해 변화의 대상이 되는 소리들과 변화를 일으키는 환경 및 소리 변화의 내용들을 정리하면 다음과 같다.

> 변화의 대상이 되는 소리들: ㄱ, ㅌ, ㅂ 등 (즉 폐쇄음)
> 변화가 일어나는 환경: 'ㅁ', 'ㄴ' 등 앞에서 (즉 비음 앞에서)
> 소리 변화의 내용: 'ㄱ'은 'ㅇ' 즉 [ŋ]으로
> 　　　　　　　　　'ㅌ'은 'ㄴ' 즉 [n]로
> 　　　　　　　　　'ㅂ'은 'ㅁ' 즉 [m]로

위에서 언급된 'ㄱ'과 '[ŋ]', 'ㅌ'과 '[n]', 'ㅂ'과 '[m]'는 모두 각각 동일한 조음위치의 소리(즉 같은자리소리, 동위음, homorganic sounds)이다. 즉 우리말에서는 폐쇄음 다음에 비음이 나올 경우 그 폐쇄음은 같은 자리homorganic의 비음으로 변화하는 현상이 있는 것이다. 이런 유형의 자음접변을 우리는 '폐쇄음의 비음화' 정도로 이름 붙일 수 있을 것이다.

이런 '폐쇄음의 비음화' 현상은 우리말에서 대단히 두드러진 현상으로 그 적용 대상에 예외가 없어 다음에서 보는 것처럼 우리말에 들어온 외래어도 이 규칙의 적용을 받는다.

팝 뮤직 → 팜 뮤직 (즉 'ㅁ' 앞의 'ㅍ'을 'ㅁ'으로 발음)
닉네임 → 닝네임 (즉 'ㄴ' 앞의 'ㄱ'을 'ㅇ'으로 발음)

앞에서 그 항공사 여직원이 'gate number'를 '개인 넘버'라고 발음한 것은 바로 이 폐쇄음의 비음화 현상 때문이다. 즉 비음인 '[n]' 앞의 폐쇄음 '[t]'를 동위의 비음인 '[n]' 소리로 변화시켜 발음한 때문이다.

그러나 이런 형태의 비음화 규칙은 영어에는 없다. 따라서 'pop music'을 '팜 뮤직'이라고 발음한다든지 'nickname'을 '닝네임'으로 발음하는 것은 한국식 억양[10]의 영어로서 정확한 영어 발음은 아니다. 그런데 상당수 한국인들이 한국어에 들어온 외래어를 발음할 때만이 아니라 실제로 영어를 읽거나 말을 할 때도 이런 한국어식 자음접변을 적용하고 있다. 예를 들어 다음과 같은 환경에서 상당수의 한국 사람들은 한국어식 비음화를 적용시켜 발음한다.

stop nagging . . . ('n' 앞의 'p'를 우리말의 'ㅁ'처럼 발음)
equipment ('m' 앞의 'p'를 우리말의 'ㅁ'처럼 발음)
not now ('n' 앞의 't'를 우리말의 'ㄴ'처럼 발음)
it means . . . ('m' 앞의 't'를 우리말의 'ㄴ'처럼 발음)
good movie ('m' 앞의 'd'를 우리말의 'ㄴ'처럼 발음)
black market ('m' 앞의 'k'를 우리말의 'ㅇ'처럼 발음)

McNamara ('n' 앞의 'c'를 우리말의 'ㅇ'처럼 발음)

big mouth ('m' 앞의 'g'를 우리말의 'ㅇ'처럼 발음)

이런 식의 오류는 너무나도 빈번해서 나는 학생들에게 영어를 읽힐 때면 거의 매번 이런 오류를 발견하곤 한다. 외국어를 발음할 때 이와 같이 모어의 음운법칙이 개입되는 현상을 '제1언어 이전'L₁ transfer[11] 혹은 제1언어 간섭L₁ interference이라고 하며, 그런 이전이 한국어의 자음접변 현상처럼 해당 외국어 발음에 부정적으로negatively 영향을 미칠 때, 그런 이전을 특히 부정적 이전negative transfer이라고 부른다. 우리나라 사람들은 영어를 발음할 때 우리말 자음접변의 부정적 이전을 잘 인식하지 못하고 있기 때문에 해당 환경의 영어 발음을 부정확하게 할 때가 많다. 따라서 영어를 발음할 때 한국어식 자음접변의 부정적 영향을 최소화하기 위해 각별히 노력해야 할 것이다.

16. 기타 부정적 이전negative transfer의 예

앞에서 이야기한 예 외에도 한국인들은 다음과 같은 다양한 한국어식 영어 발음의 폐해에서 벗어나기 위해 유의해야 한다.

'l'과 'r' 앞의 'p/t/k' 등 폐쇄음의 비음화

한국인 중에는 'not really'에서 'not'의 't'를 한국어의 'ㄴ'처럼 발음하는 사람이 의외로 많다. 'not'의 't'를 'ㄴ'으로 발음하면 'not'가 'none' 처럼 들려, 의도한 바와는 전혀 다른 의미를 전달하게 된다. 이런 오류의 원인은 다음에서 보는 것처럼 한국어에서는 'ㄱ', 'ㄷ', 'ㅂ' 등의 소리가 'ㄹ' 앞에 나올 때는 각각 'ㅇ', 'ㄴ', 'ㅁ' 등으로 비음화되는 경향이 있기 때문이다.

박리다매 → 방니다매 ('박'의 'ㄱ'이 'ㄹ' 앞에서 'ㅇ'으로 변화)
법률 → 범뉼 ('법'의 'ㅂ'이 'ㄹ' 앞에서 'ㅁ'으로 변화)
콩팥류 → 콩판뉴 ('팥'의 'ㅌ'이 'ㄹ' 앞에서 'ㄴ'으로 변화)

즉 한국어에서는 'ㅁ', 'ㄴ' 등의 비음 앞에서뿐 아니라 'ㄹ' 앞에서도 받침으로 사용되는 'ㄱ', 'ㄷ', 'ㅂ' 등 폐쇄음이 비음화되는 소리법칙이 있는데, 영어에는 이런 소리법칙이 없기 때문에 한국어식으로 발음하는 경우 잘못된 영어 발음이 되는 것이다. 'not really'의 경우에 한국어식 소리법칙을 엄격히 적용하면 'not'의 't'뿐만 아니라 'really'의 'r'도 'ㄴ'으로 비음화시키게 되나 'not really'를 발음하면서 'r'까지 'ㄴ'으로 발음하는 한국 사람은 많지 않다는 것이 특기할 만하다.

과거 국내의 어느 우유 회사가 자사의 상표명인 'Step Royal'을 광고하면서 '스텀 로얄'(즉 'Step'의 'p'를 'ㅁ'으로 발음)이라고 발음하던 것이 바로 이런 한국어식 소리법칙에 기인한 것이었다. 따라서 독자들은 'jobless', 'uprising', 'outlook', 'outrageous', 'blacklist' 등의 영어 단어를 발음할 때 이런 한국어식 소리법칙을 적용하지 않도록 유의해야 할 것이다.

'[j]' 앞의 'p/t/k' 등 폐쇄음의 비음화

한국인들은 'not yet'이나 'Good Year' 등에서와 같이 'p/t/k' 등의 폐쇄음이 [j] 소리 앞에 나올 때도 비음화시켜 발음하는 경향이 있다. 즉 상당수 한국인들이 'not yet'과 'Good Year'에서 'not'의 't'와 'Good'의 'd'를 우리말의 'ㄴ'처럼 발음한다. 이 또한 '구속영장'을 '구송영장'처럼 발음하는 한국어식 소리법칙 때문인데 영어에는 이런 소리법칙이 없으므로 조심해야 할 것이다.

비음의 유음화로 인한 문제점('only'는 'olly'가 아니다)

한국어에는 '신라'나 '한라산'이 '실라'나 '할라산'으로 발음되듯이 'ㄹ' 앞의 'ㄴ'이 'ㄹ'로 변화하는 소리규칙이 있다. 이 규칙 때문에 한국인 중에는 'only'나 'Henry' 등을 발음할 때도 'l'이나 'r'(즉 유음) 앞의 'n'을 'l'로 (즉 'only'를 'olly'로, 'Henry'를 'Helly'로) 발음하는 사람이 상당수 있는데 이는 잘못된 발음이다. 영어에는 'at least'처럼 'l' 앞의 't'가 탈락되어 마치 't'가 'l'로 변한 것처럼 여겨지는 경우는 있지만 (이 때도 't'를 분명히 발음하기도 하며 일부 한국인들처럼 't'를 'n'으로 변화시키지는 않음), 'only'에서처럼 'l' 앞의 'n'이 탈락하거나 'l'로 변화하는 경우는 없다. 따라서 한국인들은 이에 각별한 주의를 기울여야 할 것이다.

> only ≠ olly
>
> Henry ≠ Helly

이와 유사한 경우로 'all night'처럼 'l' 다음에 'n'이 나오는 경우를 들 수 있는데, 한국인 중에는 이때도 'n'을 'l'로 변화시켜 (즉 'all night'를 'all light'로) 발음하는 사람이 많이 있는데 이것도 잘못이므로 주의해야 할 것이다.

> all night ≠ all light

유음의 비음화로 인한 문제점('home run'은 'home nun'이 아니다)

한국어에서는 '홈런'을 '홈넌'으로 발음한다. 이는 '삼라만상'에서 '삼라'의 'ㄹ'을 'ㄴ'으로 (즉 '삼나'로) 발음하는 한국어 소리법칙에 의한 것으로, 이런 소리법칙은 영어에는 없다. 따라서 영어의 'home run'을 발음할 때 'run'의 'r' 발음을 정확히 해야 한다. 마찬가지로 [m]', '[ŋ]' 등의 비음 다음에 'r'이나 'l'이 나오는 영어 단어를 발음할 때, 이 'r'이나 'l'을 비음화시켜 발음하지 않도록 각별히 유의해야 한다.

'l' 다음의 'r'을 'l'로 발음하는 실수('already'는 'alleady'가 아니다)

단어 첫머리에 나오는 'l' 발음을 잘못 발음하는 한국인이라 하더라도 'already'나 'all right'의 'r'처럼 'l' 다음에 나오는 'r'은 오히려 'l'로 발음하는 경우가 많다. 이 역시 한국어 소리법칙의 간섭 때문으로 영어 발음으로서는 잘못된 것이다. 따라서 이와 같은 환경에 있는 영어 표현들을 발음할 때 'r'을 'l'로 발음하는 잘못을 피하도록 각별히 유의해야 할 것이다.

17. 도락구

지금에야 거의 없지만 1970년대까지만 해도 '트럭'을 '도락구'라고 하는 사람이 꽤 있었다. '도락구'는 영어 단어 'truck'의 일본어식 발음으로서 당시에는 이 외에도 'salad'를 '사라다', 'dial'을 '다이아루', 'tile'을 '타이루', 'fan'을 '후앙', 'milk'를 '미루쿠', 'taxi'를 '다쿠시'라고 하는 등 일본어식 영어 발음의 잔재가 상당히 많이 남아 있었다. 그간의 우리 사회의 노력으로 이런 일본어식 영어 발음이 상당히 퇴치되었다고는 할 수 있으나, 그럼에도 불구하고 일부는 여전히 사용되고 있는 등, 아직도 우리의 갈 길이 남아 있다고 해야 할 것이다.[12]

그런데 일본 사람들은 왜 'truck'이라는 영어 단어의 발음을 우리처럼 '트럭'이라고 하지 못하고 '도락구'라고 할 수밖에 없는 것일까? 여기에서는 그 이유를 알아보도록 하자.

영어를 모어로 사용하는 사람들은 '[ŋis]'나 '[knap]'이라는 소리가 영어의 소리가 아니라는 것을 안다. 이 소리들 각각을 보면, 이들이 모두 영어에서 사용되는 소리들임에도 불구하고, 이들을 배합한 '[ŋis]'나 '[knap]'이 영어의 소리가 아닌 이유는 무엇일까?

이는 언어마다 그 언어에서 사용되는 소리들이 나타날 수 있는 환경이나 결합할 수 있는 가능성에 일정한 제약이 있기 때문이다. 즉 영어에는 '[ŋ]'이 어두에(보다 엄밀하게는 음절머리에) 나타날 수 없다는 제약[13]과 음절머리에 '[k]'와 '[n]'의 자음군consonant cluster이 나올 수 없다는 제약[14]이 있기 때문이다.

소리들의 결합 가능성에 관한 이런 제약을 흔히 '음배열상의 제약'phonotactic constraint이라고 부른다. 영어를 모어로 사용하는 사람들은 이와 같은 제약을 무의식적으로 체득하고 있기 때문에, 어떤 소리 배합이 영어에서 사용될 수 있는지 여부를 직관적으로 알 수 있다. 이런 음배열상의 제약과 관련하여 우선 영어에서는 다음에서 보는 바와 같이 음절머리나 음절말미에 3개의 자음군까지 나올 수 있음을 보고 나서 구체적인 제약을 언급하도록 하자.

V 'oh'	CV 'me'	CCV 'flee'	CCCV 'spree'
VC 'of'	CVC 'man'	CCVC 'flute'	CCCVC 'spread'
VCC 'ask'	CVCC 'camp'	CCVCC 'flutes'	CCCVCC 'strength'
VCCC 'asks'	CVCCC 'camps'	CCVCCC 'crafts'	CCCVCCC 'strengths'[15]

이와 같은 영어의 자음군들이 가능하다고 해서 아무 자음군이나 가능한 것은 아니다. 영어에서 대부분의 자음이 혼자 어두에 나타날 수 있지만, '[ŋ]'이나 '[ʒ]'는 어두에 나타날 수 없으며, 두 개의 자음이 어두

에 나오는 것이 가능하기는 하지만 '[ʧ]'나 '[ʤ]'의 경우에는 자음군을 이룰 수 없고 이들 소리 다음에는 항상 모음이 나와야만 한다.

두 개의 자음으로 이루어진 자음군이 어두에 나타나는 경우에는 다음에서 보는 것처럼 대부분이 첫 번째 소리는 자음적 성격이 상대적으로 강한 폐쇄음stop sound이나 마찰음fricative sound이고, 두 번째 소리는 자음적 성격이 상대적으로 약한 유음liquid이나 활음glide이다.

[br] 'bring' [gl] 'glue' [pj] 'puberty' [tw] 'twin'

[θr] 'three' [fl] 'fly' [hj] 'humor' [sw] 'sweet'

이들 외에 어두에서 두 개의 자음으로 이루어진 자음군이 가능한 경우는 '[s]' 다음에 무성 폐쇄음이나 비음이 뒤이어 나올 때(예: stay, small)나 비음 다음에 '[j]' 소리가 뒤이어 나올 때(예: music, news) 정도 이다.

영어에서는 최대한 3개의 자음으로 이루어진 자음군이 어두에 나타날 수 있으나, 다음과 같은 유형의 결합만이 가능하다.

/s/ + /p,t,k/ + /l,r,w,j/

즉 3개의 자음으로 이루어진 자음군이 어두에 나타나기 위해서는 최초 분절이 '/s/'여야 하고, 두 번째 분절은 자음적 성격이 가장 강한 자음인 무성 폐쇄음voiceless stop, 세 번째 분절은 자음적 성격이 가장 약한 자음인 활음 즉 반모음semi-vowel이나 유음이어야 한다는 것이다. 이 중에서 '/stl/'은 불가능한 결합 형태이다.

이와 같은 제약을 준수하지 않는 유형의 결합은 영어에서는 사용이 불가능한 소리들이 되며, 따라서 새로운 상품이나 회사의 이름을 영어로 붙힐 때는 반드시 영어의 음배열 규칙, 곧 'phonotactic constraint'를 준수하는 범위 내에서 새로운 단어를 구안해내어야 한다.

그런데 이와 같은 음배열상의 제약은 언어에 따라 다를 수 있다. 영어의 경우에는 추가 제약이 있기는 하지만 3개까지의 자음이 한 음절 내에 나타날 수 있는 반면, 일본어, 하와이어, 인도네시아어 등에서는 다음에서 보는 것처럼 한 음절 안에 자음군이 전혀 나올 수 없다.

일본어	하와이어	인도네시아어
V	V	V
CV	CV	VC
CVN (N=비음)[16]		CV
		CVC

이와 같은 언어 간의 음배열 규칙 차이 때문에 자국어에서 허용되지 않은 유형의 결합을 보이는 외국어 단어를 발음하는 경우, 해당 단어를 자국어가 허용하는 유형의 결합으로 재구성하려는 경향이 생기게 되는데, 이는 마치 자국어에서 사용되지 않는 음소를 발음할 때 그 음소와 가장 가까운 자국어의 음소로 대체substitute해 발음하는 경향과 유사한 것이라고 하겠다.

예를 들어 영어에는 'pt'나 'gn'의 자음군이 불가능하므로 'Ptole-my'나 'gnostic'을 영어 화자들이 발음할 때는 'p'와 'g'를 각각 생략해 '[táləmi]', '[nástik]' 등과 같이 영어에서 허용되는 유형의 결합으로 만들어 발음하게 된다.

또한 일본어에서는 초성에서는 자음 하나까지만 가능하고 자음군은 불가능하며, 종성에서는 비음만이 가능하다. 이와 같은 일본어의 음절 구조 때문에 어두에 자음군이 나타나거나 단어 끝에 비음 외의 자음이 나오는 외국어 단어를 일본인이 발음하는 경우, 이 단어들을 일본어의 단순한 음절 구조로 변환시켜 발음하는 관계로 일본인 특유의 억양accent을 보이게 된다. 예를 들어 앞에서 언급한 영어의 'truck'([trʌk])을 일본인이 발음하는 경우 이 단어는 어두에 'tr'의 자음군이 나오나 일본어에서는 자음군 자체가 불가능하므로 이를 일본어 체계에 맞추기 위해 't'와 'r' 사이에 'o'를 삽입하며, 단어 끝의 'k'는 일본어에서는 불가능하므로 이를 일본어 체계에 맞게 'u'를 삽입해 발음하게 된다. 이런 일본어식 영어 발음이 일제강점기에 우리말에 소개되어 일제강점기를 지내오신 분 중에 'truck'을 '도락구'라고 발음하는 경우가 있었던 것이다.

참고사항
· · · · · · · · ·

음절 구조:

영어의 'strength'는 1음절 단어이다. 그 발음 [strɛŋθ]에서 모음은 그 음절의 핵nucleus이라고 부르며, 그 앞의 자음들은 음절머리 자음군syllable-initial consonant cluster, 그 뒤의 자음들은 음절말미 자음군syllable-final consonant cluster이라고 부른다. 또한 핵 앞의 자음은 'onset', 핵 뒤의 자음은 'coda'라고 부르며, 핵과 그 뒤의 자음은 함께 'rhyme'을 이룬다. 이와 같은 음절 구조를 그림으로 나타내 보이면 다음과 같다.

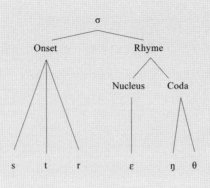

참고사항

. . . .

'orange'의 영어 발음?:

2008년 초 이명박 정부가 출범하기 전 당시 이경숙 대통령직 인수위원회 위원장이 'orange'의 영어 발음을 놓고 구설수에 휘말린 적이 있었다. 이 분은 자신이 미국 유학생이던 시절 한국어식으로 '오렌지' 하고 발음했더니 미국 사람이 못 알아듣더라며, 영어 발음의 중요성을 과장해 강조하였다. 그러면서 다시 발음했더니 그제서야 알아듣더라고 했는데, 그 분이 고쳐 발음한 것도 정확한 영어 발음과는 상당한 거리가 있었다. 그러면서도 이 분은 자신의 영어 발음이나 구사력을 과신하는 듯한 태도를 보였다. 이 외에도 당시 이 분이 지적한 내용 중에는 상당한 문제가 내포되어 있었으나, 한국어에 들어온 영어 어휘의 정확한 발음에 관심을 두어야 한다는 점은 나름대로 일리가 있다고 할 수 있다. 왜 냐하면 상당수 외래어의 한국어식 발음과 영어식 발음에 차이 가 있기 때문이다. 한국인들이 '아메바'라고 알고 있는 'amoeba' 의 실제 영어 발음이 [əmíːbə]라든지, 흔히 '오보에'라고 알고 있 는 'oboe'의 실제 영어 발음이 [óubou], '세레나데'로 알고 있는 'serenade'의 영어 발음이 [sèrinéid]라든지 하는 예가 이에 속한 다. 외래어의 영어 발음 문제와 관련해서는 2001년에 나온 내 책 『한국인을 위한 영어발음 교과서』를 참조하기 바란다.

18. 강세와 인토네이션, 그리고 초분절자질suprasegmental features

다음 단어를 보도록 하자.

permit [pərmit]

위의 단어는 다음에서 보는 바와 같이 강세stress를 어디에 두느냐 에 따라 품사와 뜻이 달라진다 (강세가 있는 음절을 대문자로 씀).

PERmit: 명사, 허가증 (예: a parking permit, a work permit, a
travel permit)
perMIT: 동사, 허용하다 (예: Smoking is not permitted in the

building.)

위의 두 예는 "big/pig" 등의 최소 대립쌍minimal pair처럼 강세도 의미의 차이를 가져오는 요소임을, 즉 영어에서는 강세가 변별적distinctive으로 사용됨을 보여주는 것이다. 이와 같이 자모음 즉 분절segment 층위에서는 발음이 동일하나, 강세의 위치에 따라 품사가 달라지는, 그에 따라 의미도 달라지는 영어 단어의 예는 매우 많은데, 그 중 일부를 들면 다음과 같다.

insult

comfort

contrast

conflict

convict

import

export

finance

increase

decrease

discharge

mandate

refund

refill

survey

protest

object

subject

suspect

perfect

complex

위의 예들에서 보듯 두 음절로 이루어진 단어의 경우에는 앞음절에 강세가 있으면 명사, 뒤음절에 강세가 있으면 동사인 경우가 대부분이다. 또한 'perfect'나 'suspect'처럼 형용사일 경우에는 앞음절, 동사일 경우에는 뒤음절에 강세가 오는 경우도 있으며, 'complex'처럼 명사일 경우에는 앞음절에, 형용사일 경우에는 뒤음절에 강세가 오는 경우도 있다. 'suspect'의 경우에는 앞음절에 강세를 두어 명사로도 쓰인다는 점이 특이하다고 할 수 있다.

그런데 영어에서는 단어 층위에서뿐 아니라 구phrase 층위에서도 강세가 의미의 차이를 가져올 수 있다. 즉 'hot'와 'dog'의 두 단어를 합친 표현에서 강세를 어느 단어에 두어 발음하느냐에 따라 다음과 같이 의미가 달라질 수 있다 (강세가 있는 단어를 대문자로 씀).

a hot DOG ('dog'이 'hot'하다는 의미, 'hot'와 'dog'를 띄어 씀)

a HOTdog (음식 '핫도그'의 의미, 'hotdog'를 붙여 씀)

'white'와 'house'의 두 단어를 합친 표현에서도 마찬가지이다.

the white HOUSE (그 집이 하얗다는 의미, "the white house"로 씀)

the WHITE house (미국의 백악관, "the White House"로 씀)

위의 예들은 영어에서는 단어 층위의 강세word stress뿐 아니라, 구

층위의 강세phrase stress도 의미의 차이를 가져올 수 있는, 다시 말해 변별적distinctive으로 사용됨을 보여준다고 할 수 있다.

영아에서는 강세뿐 아니라 인토네이션intonation도 의미의 차이를 가져올 수 있다. 다음의 의미를 생각해 보자.

Agreed

그 자체로는 의미가 불분명하다. 위의 표현을 끝을 내리는 인토네이션(↘, falling intonation)으로 발음하면 평서문이 되고(cf. Agreed.), 끝을 올리는 인토네이션(↗, rising intonation)으로 발음하면 의문문이 된다(cf. Agreed?). 마침표나 물음표와 같은 구두점은 바로 이와 같은 인토네이션의 차이를 나타내주기 위한 것이다.

다음과 같은 예에서도 인토네이션의 차이에 따라 의미가 달라진다.

So you did it

위의 표현을 끝을 내리는 인토네이션으로 발음하면 동의를 표하는 의미가 되고, 끝을 올리는 인토네이션으로 발음하면 질문의 의미가 된다.

이는 부가의문문에서도 마찬가지이다.

Bill works at a bank, doesn't he?

"doesn't he"라는 부가의문문을 끝을 내리는 인토네이션으로 발음하면 화자가 앞에 말한 내용에 대해 거의 확신을 갖고 하는 말임을 나타내며, 끝을 올리는 인토네이션으로 발음하면 그렇게 생각은 하지만 확신까지는 하지 못함을 나타낸다. 이 역시 영어에서 인토네이션이 의미의 차이를 가져오는, 다시 말해 변별적으로 사용됨을 보여주는 것이다.

이제까지 영어에서는 강세나 인토네이션이 의미의 차이를 가져올 수 있는 자질로 사용됨을 보았다. 그런데 강세나 인토네이션은 해당 단어나 구, 혹은 문장의 자모음 소리와는 다른 층위의 자질들이다. 예를 들어 'permit'의 경우 강세는 해당 자모음 자체가 아니라 그 위에 표시해야 하는 자질이다.

permit: pə́rmit   vs   pərmít

인토네이션의 경우도 마찬가지이다.

Agreed: Agreed.   vs   Agreed?

이들이 자모음 소리, 즉 분절segment 층위 위에 표시되는 자질이라는 뜻에서 이들을 영어로는 "suprasegmental features", 즉 초분절자질이라고 부르며, "prosodic features"라고 부르기도 한다.

19. 변별적 자질distinctive features

우리는 앞에서 영어의 '[p]'나 '[b]'는 의미의 차이를 가져오는 별개의 음소임을 보았다. 그런데 '[p]'와 '[b]'는 '[p]'가 무성음voiceless이고 '[b]'가 유성음voiced인 점만을 제외하면 조음위치나 조음방법상 아무 차이가 없는 소리들이다.[17] 이는 곧 영어에서는 유무성의 차이가 의미의 차이를 가져오는 자질feature임을 의미하는 것으로 이와 같이 의미의 차이를 가져오는 음성적 자질을 변별적 자질distinctive feature

이라고 한다. 즉 영어에서는 'voiced'와 'voiceless'와 같은 자질이 변별적 자질이 된다.

그런데 유무성의 자질을 표현하기 위해 유성voiced과 무성voiceless의 두 자질을 함께 설정할 필요는 없다. '[voiced]'라는 하나의 자질을 설정하고 유성의 자질은 [+voiced]로, 무성의 자질은 [-voiced]로 표시하면 되는데, 이와 같이 어떤 자질이 '+/-'의 두 가지 값value을 가지는 경우 이를 이분적 자질binary feature이라고 칭한다.[18] 이러한 이분적 자질은 해당 언어의 모든 소리들을 두 그룹으로 양분하게 되는데 이러한 자질들을 활용할 경우 음성학적으로 유사한 소리들과 그렇지 않은 소리들을 구분하기가 용이해진다. 음성학적으로 유사한 소리들이란 2장에서 설명한 자연음군natural class에 속하는 소리들로서 결국 변별적 자질이란 자연음군을 표현해주는 자질이라고도 할 수 있다.

그러면 영어에는 '[±voiced]'라는 자질 외에 어떤 변별적 자질들이 있는 것일까? 이제부터의 논의는 바로 이에 대한 해답을 제시하기 위한 것이다.

consonantal:

우선 소리 구분의 가장 기본이 되는 자모음의 구분을 어떤 자질로 표현할 수 있는지 살펴보도록 하자. 유무성을 구분할 때 했던 것처럼 자모음의 구분도 '[consonantal]'이라는 자질을 설정하고 자음의 경우는 '[+consonantal]'로, 모음의 경우는 '[-consonantal]'로 표시할 수 있을 것이다. 그런데 '[j]'와 '[w]'와 같이 자음의 성격이 대단히 약해 반모음semi-vowel이라고 불리는 활음glide은 다른 자음들과 달리 '[-consonantal]'의 자질을 갖는 것으로 간주한다. 따라서 '[consonantal]'이라는 자질은 영어의 소리를 활음을 제외한 자음과 활음 및

모음의 두 그룹으로 양분하므로 2장에서 구분한 자음/모음 간의 구분과는 약간의 차이가 있는 것이다.[19]

sonorant:

그러면 이제 '[+consonantal]'의 자질을 갖는 영어 소리들을 어떤 변별적 자질을 사용해 세분할 수 있을까? '[+consonantal]'의 자질을 갖는 소리란 조음방법상 활음을 제외한 자음들이므로 이에는 폐쇄음, 마찰음, 폐찰음, 비음, 유음 등이 속한다. 이렇게 조음방법이 서로 다른 다섯 그룹의 소리를 하나의 변별적 자질로 표현할 수 없음은 자명한 일이다. 따라서 '+/-'의 값을 갖는 몇 개의 자질을 사용해 이들 소리 간의 차이를 표현해내는 방안을 모색해야 할 것이다. 2장에서 저해음obstruent과 공명음sonorant의 구분을 설명하면서 자음적 성질이 강한 소리, 즉 폐쇄음, 마찰음, 폐찰음이 저해음에 속하고 그 외의 소리들이 공명음에 속한다고 했는데, 이 구분을 활용하면 일단 '[+consonantal]'의 자질을 갖는 소리들을 양분하는 방법을 마련할 수 있게 된다. 즉 저해음과 공명음의 구분을 위해 '[sonorant]'라는 자질을 도입하고, 공명음의 경우에는 '[+sonorant]'의 값을 갖는 것으로, 또 저해음의 경우에는 '[-sonorant]'의 값을 갖는 것으로 간주할 수 있다.[20] 이에 따라 '[+consonantal]'의 자질을 갖는 소리 중 폐쇄음, 마찰음, 폐찰음이 '[-sonorant]'의 자질을 갖게 되고, 비음, 유음이 '[+sonorant]'의 자질을 갖게 되는데, 활음glides이나 모음은 '[+sonorant]'의 자질을 갖는 것으로 취급된다.

그렇다면 이제 [+consonantal] 소리들 중에서 [-sonorant]의 자질을 갖는 소리들인 폐쇄음, 마찰음, 폐찰음 간의 구분과 [+ sonorant]의 자질을 갖는 소리들인 비음과 유음 간의 구분을 할 수 있는 변별적 자질을 찾아내어야 할 것이다.

nasal:

우선 '[+sonorant]'의 자질을 갖는 비음과 유음 간의 구분은 비음 nasals과 구두음orals의 구분으로 가능해진다. 이를 위해 '[nasal]'이라는 자질을 도입하고 비음은 '[+nasal]'의 값을 갖는 것으로, 또 유음은 '[-nasal]'의 값을 갖는 것으로 간주하면 된다.[21]

continuant:

그러면 '[-sonorant]'인 폐쇄음, 마찰음, 폐찰음의 구분은 어떻게 할 것인가? 폐쇄음과 폐찰음은 일단 공기를 폐쇄시켰다가 나는 소리이고, 마찰음은 그러한 공기의 폐쇄 없이 공기가 지속적으로continuously 빠져나가며 나는 소리이다. 이 점에 착안해 '[continuant]'라는 자질을 소개할 수 있다. 이 경우 마찰음은 '[+continuant]'의 값을 갖게 되고, 폐쇄음과 폐찰음은 '[-continuant]'의 값을 갖게 된다.[22]

delayed release:

이제 마지막으로 '[-continuant]'에 속하는 두 그룹의 소리인 폐쇄음과 폐찰음의 구분을 해 보자. 이 두 그룹의 소리는 공기의 완벽한 폐쇄 total occlusion가 이루어진다는 점에서는 동일하나, 폐쇄된 공기를 내보내는 방법에는 차이가 있다. 즉 폐쇄음은 폐쇄된 공기가 즉각적으로 내보내어지는 반면, 폐찰음은 그러한 공기의 내보내어짐이 조금 연기된다. 이 점에 착안해 '[delayed release]'라는 자질을 도입하고 폐쇄음은 '[-delayed release]', 폐찰음은 '[+delayed release]'의 자질을 갖는 것으로 표시하면 이 둘을 구분할 수 있다.

이제까지 논의한 내용을 요약해 도표로 나타내면 다음과 같은 모습이 될 것이다.

	폐쇄음	마찰음	폐찰음	비음	유음	활음
consonantal	+	+	+	+	+	-
sonorant	-	-	-	+	+	+
nasal	-	-	-	+	-	-
continuant	-	+	-	-	+	+
delayed release	-	-	+	-	-	-
voiced	+/-	+/-	+/-	+	+	+

그렇다면, 같은 조음방법에 속하는 소리들을 조음위치에 따라 세분하기 위해서는 어떤 변별적 자질들이 필요하게 되는 것일까? 조음위치 자체는 대개 다음의 4부분으로 나눈다.

labial, alveolar, palatal, velar

그리고 이 4개의 구분을 위해 2개의 변별적 자질이 도입된다. 우선 혀의 앞쪽 위치에서 조음되는 'labial'과 'alveolar'를 다른 소리들과 구분하기 위해 [anterior]라는 자질을 도입하고 'labial'과 'alveolar'는 '[+anterior]'로, 'palatal'과 'velar'는 '[-anterior]'로 표시한다. 또한 혀의 날blade of the tongue을 사용해 조음하는 'alveolar'와 'palatal'을 다른 소리들과 구분하기 위해 [coronal]이라는 자질을 도입하고 혓날에 의해 조음되는 'alveolar'와 'palatal'은 '[+coronal]', 그렇지 않은 'labial'과 'velar'는 '[-coronal]'로 표시한다. 이를 알기 쉽게 도표로 나타내면 다음과 같다.

	labial	alveolar	palatal	velar
anterior	+	+	–	–
coronal	–	+	+	–

　이제까지 유무성 구분과 조음방법 및 조음위치에 따른 자음의 분류를 변별적 자질을 사용한 분류로 대신하는 방안에 대해 논의했는데, 이러한 논의를 확장하면 모든 분절segment을 변별적 자질에 의해 기술할 수 있게 된다.

　예를 들어 영어의 'p/t/k' 소리를 우리는 2장에서 'voiceless bilabial stop', 'voiceless alveolar stop', 'voiceless velar stop'이라고 각각 기술했었는데, 이를 이제까지 논의한 변별적 자질을 사용해 기술하면 다음과 같게 된다. 우선 이들 소리들은 모두 폐쇄음이므로 우리가 이미 살펴본 대로 조음방법에 관한 한 다음과 같은 자질들을 공유하게 된다.

	p/t/k
consonantal	+
sonorant	–
nasal	–
continuant	–
delayed release	–

　또한 이들은 모두 무성음이므로 '[-voiced]'의 자질을 갖게 되어 이들은 '[voiced]' 및 조음방법 관련 자질들에 관한 한 아무런 차이도 보이지 않는다. 이는 2장에서 언급한 대로 이들 소리들이 조음위치를 제

외한 다른 부면에서는 아무 차이가 없는 소리들이라는 것을 보여주는 것이기도 하다.

그런데 이들의 조음위치 관련 자질들을 나타내보면 다음과 같게 된다.

	p	t	k
anterior	+	+	-
coronal	-	+	-

'p/t/k'의 조음위치 관련 자질들을 앞에서 보인 조음방법 관련 자질과 '[voiced]' 자질을 모두 묶어 표시하면 다음과 같게 된다.

	p	t	k
consonantal	+	+	+
sonorant	-	-	-
nasal	-	-	-
continuant	-	-	-
delayed release	-	-	-
voiced	-	-	-
anterior	+	+	-
coronal	-	+	-

이와 같은 표시 방법을 받아들이게 되면, 이는 음운 분석의 단위가 되는 분절segment을 변별적 자질의 행렬matrix로 보는 셈이 되며, '[p]'라는 자음은 'p'라는 음성기호로 존재하는 것이 아니라 위에 적은 것과

같은 변별적 자질의 행렬로 존재하게 되는 셈이다.

'[p/t/k]' 이외의 다른 영어 자음들도 자질의 행렬feature matrix로 표시해볼 수 있는데, 이에 대해서는 본서의 목적을 초과하기도 하고, 또 세세한 내용에 대해서는 학자들 간에 이견도 있으므로 더 이상 다루지 않기로 하겠다. 이에 관심 있는 독자들은 각자 관련 문헌들을 찾아보기를 권한다.

이제까지는 자음과 관련된 변별적 자질을 살펴보았는데, 이제부터는 모음과 관련된 변별적 자질을 살펴보기로 하자.

모음은 2장에서 설명한 대로 다음의 4가지 분류 기준에 따라 분류된다.

모음 분류의 기준

(1) 혀의 높이tongue height

(2) 혀의 앞뒤 위치tongue advancement

(3) 입술의 둥글기lip rounding

(4) 긴장성tenseness

영어의 경우 혀의 높이tongue height를 제외한 나머지 세 가지 기준은 모두 두 가지 값밖에 가질 수 없으므로 이들을 변별적 자질의 형태로 만드는 데에 아무 문제도 없다. 즉 혀의 앞뒤 위치tongue advancement는 'front'와 'back' 둘 중 하나의 값을 가지므로 이를 표현하기 위해 [back]이라는 자질을 도입하고, 'front vowel'은 [-back]으로 'back vowel'은 [+back]으로 표현하면 될 것이다. 또 입술의 둥글기lip rounding는 'rounded'와 'unrounded' 둘 중 하나의 값을 가지므로 이를 표현하기 위해 [rounded]라는 자질을 도입하고, 'rounded vowel'은 [+rounded]로 'unrounded vowel'은 [-rounded]로 표현하면 될 것이다. 또한 긴장성tenseness도 'tense'와 'lax' 둘 중 하나의 값을 갖는 것이므로 이를 표현하기 위해 'tense vowel'은 [+tense]로 'lax vowel'은 [-tense]로 표현하면 될 것이다. 그런데 혀의 높이tongue height는 2장에서 살펴본 대로 'high/mid/low'의 세 가지 값이 가능하므로 이를 단 하나의 자질로 표현하기는 불가능하다. 그렇다고 해서 세 가지 자질을 모두 도입할 필요도 없다. 다음과 같이 [high]와 [low]의 두 자질을 도입하고, 'mid vowel'은 [high]와 [low]의 두 자질과 관련해 모두 '-'의 값을 갖게 하면, 'high/mid/low'의 세 가지 가능성을 모두 표현할 수 있게 되기 때문이다.

	high	mid	low
high	+	-	-
low	-	-	+

이제까지 논의한 모음 관련 변별적 자질을 도입해 '[i/e/a/o/u]' 5개의 기본 모음을 표시해보면 다음과 같게 된다.

	i	e	a	o	u
high	+	-	-	-	+
low	-	-	+	-	-
back	-	-	+	+	+
rounded	-	-	-	+	+
tense	+	+	+	+	+

그런데 이들 영어의 모음들은 앞에서 자음의 변별적 자질을 논의하면서 설명한 것처럼 모두 [-consonantal]이며 [+sonorant]이다. 이들은 또한 모두 [+voiced]이다. 즉 이들은 위에 적은 모음 관련 자질을 갖기 이전에 다음과 같은 자질을 갖게 된다.

	모음
consonantal	-
sonorant	+
voiced	+

그러면 위와 같은 자질만으로 영어의 모음을 영어의 자음과 완벽히 구분할 수 있는 것일까? 이를 확인하기 위해서는 영어의 자음 중 위와 같은 자질들을 갖는 자음이 있을 수 있는지를 살펴보아야 한다. 앞에서의 도표를 살펴보면 영어의 활음 중 반모음인 '[j]'와 '[w]'가 위와 동일한 값을 갖는다는 것을 알게 된다. 따라서 모음과 반모음 '[j]/[w]'를 구분해줄 수 있는 변별적 자질이 필요하게 된다. 그렇다면 일반모음과 반모음을 구분해줄 수 있는 자질은 무엇이 있을 수 있을까? 일반모음과 반모음의 차이점은 일반모음은 음절syllable의 핵nucleus으로 기능할 수 있으나 반모음은 그러지 못한다는 것이다. 이와 같은 차이를 나타내기 위해 흔히 [syllabic]이라는 자질을 도입한다. 이를 '+/-'로 나누어 일반모음은 [+syllabic], 반모음은 [-syllabic]의 자질을 갖는 것으로 표시한다.[23] 즉 일반모음과 반모음은 다음과 같은 차이를 보인다.

	모음	j/w
consonantal	–	–
syllabic	+	–
sonorant	+	+
voiced	+	+

이와 같은 모음의 자질을 감안하면 위에 적은 모음 '[i/e/a/o/u]'의 변별적 자질의 행렬은 다음과 같이 되어야 할 것이다:

	i	e	a	o	u
consonantal	–	–	–	–	–
syllabic	+	+	+	+	+
sonorant	+	+	+	+	+
voiced	+	+	+	+	+
high	+	–	–	–	+
low	–	–	+	–	–
back	–	–	+	+	+
rounded	–	–	–	+	+
tense	+	+	+	+	+

이제 독자들은 'i/e/a/o/u'를 포함한 영어의 모든 모음의 변별적 자질의 값을 다음 표에 나타내보기 바란다. (편의상 자음과의 구분을 위한 자질들은 생략하기로 하겠다.):

	i	ɪ	e	ɛ	æ	ɜ	u	ʊ	o	ɔ	ɑ	ə
	ɛ	ʌ	ɔ			ɔ				ə		
high												
low												
back												
rounded												
tense												

20. ghoti, 그리고 영어 철자법의 문제

영어 철자의 문제점은 영어를 공부해본 사람이면 누구나 실감하는 문제이다. 1970년대까지만 해도 우리나라 영어 시험에서 정확한 철자를 묻는 문제가 일정 부분 나왔던 것도 바로 영어 철자와 관련한 문제점 때문이었다.

그러나 이는 한국인만이 겪는 문제는 아니다. 미국인 중에는 정확한 철자를 아느냐 정도가 아니라 아예 글을 못 읽는 문맹자가 상당수 있으며, 이는 실제로 심각한 사회 문제의 하나가 되어 있다. 나는 미국에서 공부하는 동안 문맹illiteracy 퇴치를 위해 시민의 참여를 권유하는 TV 광고를 자주 보았으며, 내가 재학하던 대학에서는 학교 안의 간단한 사무 보조를 해줄 사람을 뽑을 때 반드시 철자 시험spelling test을 부과하는 관행이 있음을 보았다. 이 철자 시험에서 대부분의 한국 유학생들은 거의 만점에 가까운 성적을 낼 수 있으나, 미국 학생들의 경우 90점을 넘으면 우수한 성적이라고 했던 것이 생각난다.

영어 철자의 문제는 기본적으로 영어 철자법의 불규칙성irregularity 때문에 일어나는 것인데, 버나드 쇼(Bernard Shaw, 1856-1950)는 영어

철자의 불규칙성을 꼬집어 영어에서는 'fish'라는 단어를 다음과 같은
이유에서 'ghoti'로도 적을 수 있다고 비꼬았다.

gh: 'cough'에서 'gh'가 '[f]' 소리를 표시

o: 'women'에서 'o'가 '[i]' 소리를 표시

ti: 'nation'에서 'ti'가 '[ʃ]' 소리를 표시

∴ ghoti = fish

또한 듀이G. Dewey 같은 사람은 다음과 같은 이유에서 'taken'을
'phtheighchound'로 쓸 수도 있음을 지적했다 (cf. Dewey 1971 *English
Spelling: Roadblock to Reading*. New York: Columbia University Press).

phth: 'phthisic'[24]에서 'phth'가 '[t]' 소리를 표시

eigh: 'weigh'에서 'eigh'가 '[ei]' 소리를 표시

ch: 'school'에서 'ch'가 '[k]' 소리를 표시

ou: 'glamour'에서 'ou'가 '[ə]' 소리를 표시

nd: 'handsome'에서 'nd'가 '[n]' 소리를 표시

∴ phtheighchound = taken

물론 이런 예들은 극단적인 경우를 지적한 것이지만 영어 철자의
불규칙성은 누구나 공감하는 문제로서 이 문제를 해결하기 위한 철자
법 개혁spelling reform의 필요성이 꾸준히 제기되곤 하였다.

영어 철자는 왜 이렇게 불규칙적인 것일까? 여기서는 데이비드 크리
스탈David Crystal이 그의 1987년 저서인 *The Cambridge Encyclopedia*

of Language (Cambridge University Press 출판, p. 214)에서 요약하고 있는 내용을 개략적으로 옮겨보기로 하겠다.

가장 기본적으로는 앵글로색슨Anglo-Saxon 시대에 27개의 기호(23개의 라틴어 알파벳 + 4개의 기타 기호)로 40여개의 소리(즉 음소)를 표기해야 했던 역사적 사실 때문이다. 이 문제를 타개하는 방안으로 'i'와 'j' 그리고 'u'와 'v'가 각각 구별되어 사용되게 되고 'w'가 추가되기는 했지만, 여전히 소리와 기호 간에 1대1 대응이 불가능하므로 초과되는 소리들을 기존의 기호를 결합해 표기해야 했던 것이 문제의 중요한 원인이 된다.

노르만 정복the Norman Conquest 이후 프랑스어식 철자가 도입되었다. 예를 들어 'cw'를 'qu'로 표기한다든지 (예: queen), 'h'를 'gh'로 표기하거나 (예: night), 'e'나 'i' 앞에서 'c'가 '[s]' 소리를 나타내게 하는 것 (예: circle, cell) 등이다.

인쇄술의 도입으로 철자가 상당히 고정되게 되어 그 이후 일어난 소리 변화가 제대로 반영되지 못하게 된 것도 중요한 이유가 된다. 예를 들면 15세기에 영어에서는 모음대추이the Great Vowel Shift라고 불리는 장모음 체계의 대변혁이 일어났으나, 철자는 이런 소리 변화 이전에 대개 고정되어 오늘날에는 모음 철자와 실제 소리 간의 불일치를 보이게 되었다. 또한 'know', 'knight' 등의 'k'나 'stone', 'love' 등의 'e'도 과거에는 음가가 있었던 것이나 철자가 고정된 후 음가를 상실해 오늘날에는 불규칙적인 것처럼 보이게 되었다.

16세기에는 영어 철자에 라틴어나 그리스어의 본디 어원ety-mology을 반영시키고자 하는 시도가 유행이었다. 예를 들어 'perfect'의 'c'는 라틴어 'perfectus'의 'c'를, 'debt'의 'b'는 라틴어 'debitum'의 'b'를 반영하기 위해 삽입된 것이다.[25]

16세기 후반에서 17세기 전반 경에 프랑스어, 라틴어, 그리스어, 스페인어, 이탈리아어, 포르투갈어 등으로부터 상당수의 차용어loan words가 영어로 밀려들어왔다. 외래 차용어의 특이한 철자 형태가 영어의 철자법을 더욱 불규칙적인 것으로 보이게 하는 데 일조를 했다. 예를 들어 다음의 차용어에서 보이는 'que'라든지, '-zz-', '-ll-' 등의 철자가 그런 것들이다.

armadillo, bizarre, brusque, canoe, chaos, epitome, excrescence, galleon, gazette, grotesque, grotto, intrigue, moustache, pizza, pneumonia, vogue . . .

결과적으로 영어의 철자 체계는 앵글로색슨어, 프랑스어, 라틴어적인 철자 체계 등 여러 체계의 뒤범벅이 되어 오늘날과 같은 불규칙적인 모습을 보이게 된 것이다.

영어 철자의 문제를 시정하기 위한 노력의 일환으로서 1844년 아이작 피트만(Isaac Pitman, 1813-1897)이라는 사람은 'Phonotypy'라고 불리는 로마자 표기 체계를 제안했으며, 미국에서는 1876년 'Spelling Reform Association'이 설립되었고(이는 1906년 'Simplified Spelling Board'로 개칭됨), 영국에서는 1908년 'Simplified Spelling Society'가 발족했다.

그동안 제안된 새로운 철자법은 대개 3가지 유형으로 나눌 수 있는데, 첫 번째 유형은 별도의 문자를 추가하지 않고 기존의 문자를 표준화해 사용하려는 유형이며, 두 번째 유형은 별도의 문자를 추가해 기존의 문자 체계를 보완하려는 유형, 그리고 세 번째 유형은 완전히 새로운 문자 체계로 기존 문자 체계를 대체하려는 유형이다.

첫 번째 유형의 제안으로는 아래에 보인 것과 같은 'New Spelling'을 들 수 있으며, 두 번째 유형의 제안으로는 1959년 제임스 피트만(James Pitman, 1901-1985)이 고안한 'Initial Teaching Alphabet'을 들 수 있고, 세 번째 유형의 제안으로는 버나드 쇼(Bernard Shaw, 1856-1950)의 유지로 완성된 'Proposed British Alphabet'('Shaw alphabet' 혹은 'Shavian alphabet'이라고도 함)을 들 수 있다.

New Spelling

Forskor and seven yeerz agoe our faadherz braut forth on dhis kontinent a nue naeshon, konseevd in liberti, and dedikaeted to dhe propozishon dhat aul men ar kreeaeted eekwal, Nou we ar en.gaejd in a graet sivil wor, testing whedher dhat naeshon, or eni naeshon soe konseevd and soe dedikaeted, kan long enduer. We ar met on a graet batlfeeld ov dhat wor.

The Initial Teaching Alphabet

1959년 제임스 피트만(James Pitman, 1901-1985)에 의해 고안된 'Initial Teaching Alphabet'은 44개의 기호를 사용하며 영어의 각 음소phoneme와 기호 간에 1대1 대응을 실현하는 체계이다. 이는 그 이름이 시사하는 것처럼 영구적 철자 개혁을 위한 것이라기보다는 어린이들의 초기 읽기 교육에 도움을 주기 위한 목적으로 고안된 것이다.

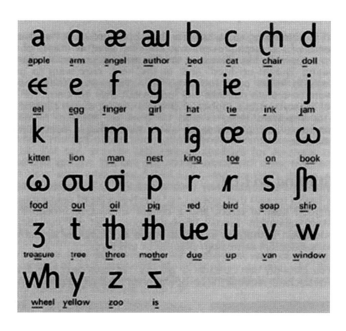

The Shaw Alphabet (= Proposed British Alphabet)

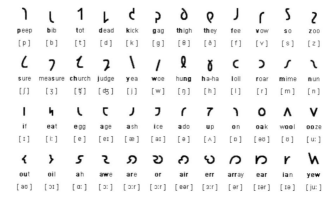

버나드 쇼 (George Bernard Shaw, 1856-1950)

영어 철자법 개혁은 어린이나 외국인이 영어 철자를 배울 때의 수고를 덜어준다는 등의 장점이 있기는 하나, 과거의 철자법으로부터 새로운 철자법으로 이행하는 데 따르는 문제점(이미 기존 철자법을 배운 사람들이 새로운 철자법을 배우는 데 따른 수고, 기존의 철자 체계에 따라 인쇄된 문헌을 새로운 철자법으로 다시 간행하는 데 따른 비용 문제, 제안된 여러 철자법 중 어느 철자법을 선정할 것인가에 대한 합의 문제 등)이 그 장점보다도 훨씬 커 그 실현 가능성은 대단히 희박한 것으로 판단된다.

그러나 제한된 범위 안에서는 철자법의 수정이 일부 이루어진 예도 있기는 한데, 이에는 다음에서 보는 바와 같은 노아 웹스터(Noah Webster, 1758-1843)에 의한 미국식 철자법을 들 수 있다 (노아 웹스터 사전과 철자법 개혁에 대해서는 11장 4절을 참조할 것).

our → or

　예: colour → color

　　　honour → honor

　　　favour → favor

re → er

　예: centre → center

　　　theatre → theater

ll → l

　예: traveller → traveler

ae → e

　예: encyclopaedia → encyclopedia

ck → c

　예: musick → music

　　　publick → public

　　　logick → logic

　　　analytick → analytic

기타

　예: plough → plow

　　　defence → defense

　　　gaol → jail

제4장
영어의 단어: 그 구조와 형성

한처음에 말씀이 계셨다. 말씀은 하느님과 함께 계
셨는데 말씀은 하느님이셨다.
— 요한복음 1:1 가톨릭 새번역

In the beginning was the Word, and the Word was
with God, and the Word was God.
— John 1:1 NIV

앞의 두 장에서는 영어에서 사용되는 소리와 그 소리들이 어우러져 일으키는 특징에 대해 알아보았다. 이 장에서는 영어 단어들이 어떻게 구성되고 또 만들어지는지를 알아보기로 한다. 이를 위해 의미의 최소 단위인 형태소라는 개념을 소개하고, 이 개념을 기반으로 영어 단어들이 어떤 내부 구조를 가지며, 어떻게 분류될 수 있는지를 보이기로 하겠다. 아울러 영어의 특징적 단어 생성법과 함께 영어에 들어와 있는 다양한 외래 차용어에 대해서도 알아보기로 하겠다.

1. 의미의 최소 단위

2장과 3장에서는 영어의 소리 및 그 소리들이 만들어내는 법칙에 관해 알아보았다. 이들에 관해 이야기하는 동안 영어의 각 소리들이 의미하는 바에 대해서는 아무 언급도 하지 않았다. 이는 2장, 3장에서 관심 대상으로 삼은 소리의 단위, 즉 분절(소리마디, segment)이 각자로는 아무 의미도 수반하지 않는 것이었기 때문이다. 이런 이유로 2장, 3장에서는 의미에 대한 아무 고려 없이 소리 자체에 대한 이야기만을 했던 것이다.

그러나 언어라고 하는 것은 1장 말미에서 언급했다시피 소리sound뿐 아니라 의미meaning 또한 중요한 줄기를 이룬다. 사실 의미 없는 소리라고 하는 것은 언어의 범주에 포함시킬 수도 없는 것이다. 그럼 의미라고 하는 것은 대체 어디에서 오는 것일까?

문장sentence에는 물론 의미가 있다. 그러나 문장은 대개 여러 단어 word로 구성되어 있다. 그렇다면 의미는 단어로부터 시작되는 것일까? 다시 말해 단어가 의미의 최소 단위the minimal unit of meaning가 되는 것일까?

이 질문에 대한 대답을 하기 위해 우선 'unfair'라는 영어 단어를 생각해보기로 하자. 'unfair'는 분명히 한 단어word이다. 그러나 이 단어는 '공정한'이라는 뜻을 가진 단어인 'fair' 앞에 'not'라는 뜻을 가진 접두사prefix 'un'이 합해 이루어진 것이다. 즉 'unfair'라는 단어의 의미는 'fair'뿐 아니라 'un'이라는 접두사에서도 오는 셈이다. 'unfair'라는 단어의 의미가 이 두 요소의 의미로부터 유래하는 것이라면, 이는 '단어' 그 자체가 항상 '의미의 최소 단위'가 되는 것은 아님을 뜻한다. 즉 경우에 따라서는 하나의 단어가 몇 개의 의미 있는 요소로 분해될 수도 있다는 것이다. 이와 같이 한 단어가 몇 개의 의미 있는 요소로 분해될 수 있을 때, 이렇게 분해된 각각의 요소들이 의미의 최소 단위가 된다고 해야 할 것이며, 이렇게 의미의 최소 단위를 이루는 요소들을 지칭하기 위한 용어를 고안해내야 할 필요가 있을 것이다.

언어학에서는 이와 같이 의미의 최소 단위를 이루는 요소를 '형태소'morpheme[1]라고 부른다. 형태소가 홀로 혹은 둘 이상 결합해 '단어'word를 이루는 것이다. 앞에서 예로 든 'unfair'의 경우는 'un'과 'fair'의 두 형태소로 이루어진 단어가 된다. 물론 'fair'처럼 하나의 형태소가 하나의 단어를 이룰 수도 있으며, 다음에서 보는 바와 같이 한 단어에 다섯 개 이상의 형태소가 결합되어 나타날 수도 있다.

> 1개의 형태소로 이루어진 단어: man, love 등
> 2개의 형태소로 이루어진 단어: man+[2]ly, love+able 등
> 3개의 형태소로 이루어진 단어: man+li+ness, un+love+able 등
> 4개의 형태소로 이루어진 단어: gentle+man+li+ness,
> un+ love+able+ity 등
> 5개 이상의 형태소로 이루어진 단어: un+gentle+man+li +ness,
> anti+dis+establish+ment+ari
> +an+ism 등

2. 자립형태소와 의존형태소

그런데 앞에서 예로 든 'unfair'의 경우 'fair'는 "He is fair"에서처럼 문장 안에서 독립된 단어로 사용될 수 있는 형태소이지만, 'fair'에 부착되어 있는 'un'은 그 자체만으로는 문장 안에서 독립된 단어로 사용될 수 없는 형태소이다. 'un'처럼 독립적으로는 사용될 수 없고 다른 형태소에 부착되어야만 그 기능을 수행할 수 있는 형태소를 문법적으로는 '의존형태소'bound morpheme라고 부르며, 'fair'와 같이 혼자서 독립된 단어로 기능할 수 있는 형태소를 '자립형태소'free morpheme라고 부른다. 의존형태소에는 'un'처럼 다른 형태소 앞에 부착되는 접두사pre-fix뿐 아니라 'exactly'의 'ly'처럼 다른 형태소의 뒤에 부착되는 접미사suffix도 포함된다.

3. 영어 단어의 파생

앞에서 예로 든 'unfair'의 'un-'과 'exactly'의 '-ly'는 각각 'fair'와 'exact'에 부착되어 새로운 영어 단어를 파생해낸다. 이와 같이 어떤 형태소 혹은 단어에 부착되어 새로운 단어를 파생해내는 형태소를 '파생형태소'derivational morpheme라고 부른다.

그런데 'unfair'라는 단어를 파생하는 접두사 'un-'의 기능과 'exactly'라는 단어를 파생하는 접미사 '-ly'의 기능에는 차이가 있다. 즉, 'fair'와 'unfair' 간의 차이가 '의미'의 차이임에서 알 수 있듯이 접두사 'un-'은 새로운 '의미'를 가진 단어를 파생하는 기능을 한다. 이에 비해, 'exact'와 'exactly' 간의 차이는 '품사'part of speech의 차이로서 접미사 '-ly'는 새로운 '품사'의 단어를 파생하는 기능을 한다. 영어에서는 대체적으로 접두사prefix는 의미의 차이를 보이는 새로운 단어를 파생하는 기능을 하고, 접미사suffix는 품사의 차이를 보이는 새로운 단어를 파생하는 기능을 한다.[3]

이와 같이 영어의 파생형태소derivational morpheme는 다른 형태소 혹은 단어와 결합해 새로운 의미의 단어 또는 새로운 품사의 단어를 파생해내는 기능을 한다.

참고사항
· · · · · · · · ·

파생형태소와 굴절형태소:

"He speaks English well"과 같은 문장에서 'speaks'라는 동사에 부착된 '-s'라는 형태소의 기능은 앞에서 이야기한 파생형태소의 기능과는 다른 점을 발견할 수 있다. 즉 3인칭 단수 현재 표시의 '-s'는 동사에 부착되어 어떤 의미나 품사의 차이를 가져오는 것이 아니라, 단지 그 동사의 주어가 3인칭 단수라는 사실을 알려주는 기능을 할 뿐이다. 이와 같이 형태소의 부착 여부가 단어 내적인 이유에 의해서가 아니라 문장 층위level의 문법적 이유에서 결정되는 형태소를 파생형태소와 구별해 '굴절형태소'in-flectional morpheme라고 한다. 우리가 1장 2절에서 3인칭 단수 현재 표시의 '-s'와 같은 기능을 하는 요소를 굴절inflection 요소라고 한 점을 상기하면 이와 같은 용어는 쉽게 이해될 수 있을 것이다. 영어의 굴절형태소로는 동사의 과거 시제 표시 어미인 '-ed'와 명사의 복수형 어미인 '-s' 등이 있으며, 영어에서는 굴절형태소가 파생형태소보다 뒤에 나오는 특징이 있다.

4. 내용어와 기능어

이야기를 더 진행하기에 앞서 영어 단어 중 내용어content words와 기능어function words의 구분을 소개하도록 하겠다. 문장 속에는 의미를 주로 전달하는 단어들과 각 단어들 간의 문법적 관계를 주로 표시하는 단어들이 섞여 있게 되는데, 전자를 내용어, 후자를 기능어라고 부른다. 내용어에는 명사, 동사, 형용사, 부사 등이 속하며, 기능어에는 관사, 전치사, 접속사, 대명사, 조동사 등이 속한다.

내용어에 속하는 명사나 동사 등은 새로운 어휘를 추가하기가 용이함에 비해, 기능어에 속하는 관사나 대명사 등은 새로운 어휘를 추가하기가 실질적으로 불가능하다. 이런 의미에서 내용어를 새로운 어휘의 추가 가능성이 열린 'open class words', 기능어를 새로운 어휘의 추가 가능성이 닫힌 'closed class words'라고 부른다.

영어로 말을 할 때 내용어는 흔히 강세를 두어 발음하지만, 기능어의 경우는 특별히 대조나 강조를 하지 않는 한, 강세를 두지 않고 발음한다. 그 때문에 일상 회화에서 기능어를 잘 알아듣지 못하는 경우가 생기게 된다.

기능어는 그 수가 한정되어 있기 때문에 혹자는 기능어가 쉽다고 생각할지도 모르나, 실제로는 관사, 전치사 등의 기능어를 습득하기가 훨씬 더 어렵다. 따라서 영어 구사력을 적정 수준으로 높이기 위해서는 명사, 동사 등의 내용어 어휘 수준을 적정 수준으로 높여야 할 뿐 아니라, 관사, 전치사, 조동사 등의 기능어에 대한 이해도 함께 높여야 한다.

5. 영어 단어의 내부 구조

앞에서 형태소 하나가 하나의 단어를 이루기도 하고, 여러 형태소가 결합되어 하나의 단어를 이루기도 한다는 것을 보았다. 그렇지만 영어의 형태소를 아무렇게나 결합한다고 해서 무조건 영어 단어가 되는 것은 아니다. 이는 영어의 음소phoneme를 아무렇게나 결합한다고 해서 무조건 제대로 된 영어 소리가 되는 것이 아님과 마찬가지 이치이다. 영어에서 사용될 수 있는 소리가 되기 위해서는 영어에 존재하는 일정한 음배열상의 제약phonotactic constraint을 준수해야 하는 것처럼, 영어의 단어가 되기 위해서는 영어 형태소가 결합되는 데 있어서의 일정한 제약을 따라야만 한다.

예를 들어 '-able'이라는 영어의 파생형태소는 반드시 동사하고만 결합될 수 있다. 아울러 반드시 동사 뒤에 나와야 한다. 즉 영어의 '-able'이라는 파생형태소는 동사 뒤에 부착되어 새로운 형용사를 파생시키는 형태소이다. 따라서 이 형태소가 동사가 아닌 요소에 부착되거나, 동사와 결합하더라도 동사의 앞에 부착되면 다음에서 보는 것처럼 올바른 영어 단어를 파생해낼 수 없게 된다.

'-able'이 동사 뒤에 결합되는 경우 (올바른 단어를 파생해냄)

adjust + able =	adjustable
break	breakable
debate	debatable
lock	lockable
read	readable
use	usable

'–able'이 동사 앞에 결합되는 경우 (올바른 단어를 파생해내지 못함)

able + adjust   *ableadjust[4]

break   *ablebreak

'–able'이 형용사나 명사에 결합되는 경우(뒤에 부착되어도 올바른 단어를 파생해내지 못함)

asleep + able = *asleepable

lovely   *loveliable

strong   *strongable

morning   *morningable

success   *successable

영어 형태소 간의 결합 가능성과 관련한 제약의 예를 하나 더 들어보자. 영어의 접두사 're-'는 동사의 앞에 부착되어 새로운 의미를 가진 동사를 파생해내는 파생형태소로서, 다음에서 보는 바와 같이 형용사나 명사와는 결합되지 못한다.

're–'가 동사와 결합되는 경우 (올바른 단어를 파생해냄)

re + adjust =   readjust

appear   reappear

consider   reconsider

construct   reconstruct

use   reuse

're–'가 형용사나 명사와 결합되는 경우 (올바른 단어를 파생해내지 못함)

re + happy = *rehappy
strong   *restrong
friend   *refriend
success   *resuccess

이제까지의 논의를 토대로 이제 3개의 형태소로 이루어진 'reusable' 이라는 단어를 살펴보기로 하자. 이 단어는 'use'라는 어간stem에 접두 사인 're-'와 접미사인 '-able'이 결합되어 파생된 단어이다. 이 단어 내 의 3개의 형태소는 어떤 식으로 결합되어 있는 것일까? 앞에서 이미 're-'라는 접두사와 '-able'이라는 접미사가 항상 동사에게만 결합될 수 있는 파생형태소임을 보았다. 따라서 이들 3형태소가 결합되는 방식이 반드시 're-'와 '-able'의 형태적morphological 조건을 충족시켜야만 할 것 이다.

이제 이들 3요소가 어떻게 결합되어 있는 것인지를 알아보기 위해 이들 3형태소가 결합될 수 있는 가능성을 먼저 생각해보자. 이들 간의 결합 가능성이란 다음에서 보는 바와 같이 're-'와 'use'가 먼저 결합되 고 그 다음에 '-able'이 결합되든지, 아니면 'use'와 '-able'이 먼저 결합 되고 그 다음에 're-'가 결합되는 두 가지뿐이다.

가능성 1: [[re + use] + able]
가능성 2: [re + [use + able]]

가능성 1의 경우 're-'가 동사인 'use'와 결합되어 새로운 동사를 파 생해내고, 그 다음에 이렇게 파생된 동사 'reuse'에 '-able'이 결합된 것 이므로, 're-' 및 '-able'이 모두 동사에 부착된다는 조건을 충족시킨다. 그러나 가능성 2의 경우 '-able'은 동사인 'use'와 결합되어 문제를 일으키지 않으나, 이렇게 파생된 'usable'이 형용사로서 're-'와는 결합할 수 없는 품사이므로, 가능성 2는 영어에서 허용되지 않는다. 따라서 're-usable'이라는 단어는 가능성 1에 의한 파생만이 가능하며, 가능성 2에 의한 파생은 불가능하다.

이는 3개 이상의 형태소가 합쳐 하나의 단어를 이룰 경우, 각 형태소가 단순히 선형으로linearly 결합하는 것이 아니라, 계층적으로hierar-chically 결합하는 것임을 보여주는 것이다. 이는 가능성 1에 의한 결합 구조를 다음과 같은 나무그림tree-diagram[5]으로 나타내면 더욱 쉽게 알아볼 수 있다.

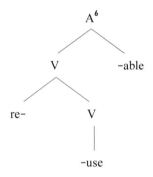

즉, 여러 개의 형태소로 이루어진 영어 단어는 그 내부 구조가 위에서 보는 것처럼 계층적hierarchical인 것이며, 선형linear 내지는 평면적flat이지 않다는 것이다.

6. 'unlockable'

영어의 'unlockable'이라는 단어는 뜻이 두 가지이다. 어떤 단어가 뜻이 2개 있는 경우 그 단어가 중의적ambiguous[7]이라고 하거나 혹은 그 단어에 중의성ambiguity이 있다고 한다. 즉 'unlockable'이라는 영어 단어에는 중의성이 있다.

그런데 'unlockable'이라는 단어의 뜻은 구체적으로 무엇인가? 이 단어는 우선 'not lockable' 즉 '잠글 수 없는'이라는 뜻을 가지며, 아울러 'unlock할 수 있는' 즉 '열 수 있는'이라는 뜻도 갖는다. 'unlockable'의 이런 중의성은 어디에서 기인하는 것일까?

이런 중의성은 영어의 접두사 'un-'에 두 가지 종류가 있음에 기인한다.

우선 'un-'은 앞에서도 이야기한 것처럼 '부정'negation의 뜻을 가진 새로운 단어를 파생해내는 기능을 한다. 이런 기능의 'un-'(이를 편의상 'un$_1$-'이라고 칭함)은 다음에서 보는 것처럼 형용사에 부착되어 새로운 형용사를 파생해낸다.

형용사에 부착	새로운 형용사를 파생
un$_1$ + aware =	unaware 'not aware'
happy	unhappy 'not happy'
intelligent	unintelligent 'not intelligent'
lucky	unlucky 'not lucky'

'unlockable'에 사용된 'un-'이 이런 'un$_1$-'이라면 이때의 'unlockable'의 내부 구조는 다음과 같을 것이다.

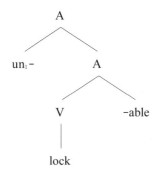

즉, 'lock'라는 동사가 '-able'이라는 접미사에 부착되어 새로운 형용사인 'lockable'이 파생된 후, 이 형용사에 'not'의 의미를 가진 접두사 'un₁-'이 부착되어 'not lockable' 즉 'not able to be locked'의 의미를 갖게 되는 것이다.

그런데 영어에서는 다음에서 보는 바와 같이 'un-'이 동사에 부착되어 '역의 동작을 행함'to do the reverse of을 의미하는 새로운 동사를 파생해낼 수도 있다 (이때의 'un-'은 편의상 'un₂-'로 표시함).

동사에 부착   새로운 동사를 파생

un₂ + do   =   undo (to do the reverse of doing, 즉 원상태로 돌리다)

dress   undress (to do the reverse of dressing, 즉 입은 옷
             을 벗기다)

load   unload (to do the reverse of loading, 즉 실은 것을
             내리다)

lock   unlock (to do the reverse of locking, 즉 잠근 것을
             열다)

tie   untie (to do the reverse of tying, 즉 묶은 것을 풀다)

'unlockable'의 'un-'이 이런 'un₂-'라면 이때의 'unlockable'의 내부 구조는 다음과 같이 될 것이다.

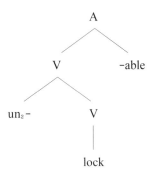

이때는 'lock'라는 동사에 접두사 'un₂-'가 부착되어 새로운 동사인 'unlock'가 파생되고, '잠근 것을 연다'는 의미의 동사인 이 'unlock'에 '-able'이 결합되어, '잠근 것을 여는 것이 가능한' 즉 'able to be unlocked'라는 의미를 가진 단어가 파생되는 것이다.

즉, 'unlockable'이라는 단어의 중의성ambiguity은 두 종류의 'un-'이 있기 때문에 일어나는 것으로, 이는 한 단어 안에 여러 형태소가 결합될 경우 그 결합이 평면적으로 이루어지는 것이 아니라 계층적으로 hierarchically 이루어지는 것임을 다시 한 번 잘 보여준다.

이제까지 영어에서 하나의 자립형태소free morpheme에 접두사, 접미사 등의 의존형태소bound morpheme가 부착되어 새로운 단어를 만들어내는 파생법derivation에 대해 알아보았다. 그러면 새로운 영어 단어를 생성해내는 방법은 파생법뿐일까? 아니다. 앞으로의 이야기를 통해 영어의 특징적 단어 생성법에 대해 알아보기로 하자.

7. 'sunrise'와 복합어

앞에서 본 파생법은 하나의 자립형태소에 의존형태소인 접두사 prefix나 접미사suffix 등의 접사affix가 부착되어 새로운 단어를 만들어 내는 것이었다. 그런데 영어에서는 자립형태소끼리 결합해 새로운 단어를 만들어내기도 한다. 제목에서 든 'sunrise'라는 단어는 'sun'과 'rise' 둘 다 독립된 단어로 사용될 수 있는 자립형태소들로서 이렇게 자립형 태소들이 결합해 만들어진 단어들은 복합어compound라고 부른다.

'sun'은 'rise'뿐 아니라 다음에서 보는 바와 같이 다른 단어들과도 복합어를 이룬다.

> sunrise
> sunworship
> sunflower
> sunburnt

위의 예에서 'sunrise'와 'sunworship'은 둘 다 '명사 + 동사'로 이 루어진 복합어compound라는 점에서 외관상 유사하게 보이지만, 명사 'sun'의 역할과 관련해서는 차이를 보인다. 즉 'sunrise'에서는 'sun'이 'rise'하는 주체가 되어 '주어 + 동사'의 구조를 갖지만, 'sunworship'에 서는 'sun'이 'worship'의 대상이 되어 '목적어 + 동사'의 구조를 갖는다.

'sunflower'에서는 'sun'과 'flower'의 관계가 앞의 두 경우와 또 다르 다. 즉 'sunflower'는 'sun'처럼 생긴 'flower'라는 뜻으로 'sun'이 주어나 목적어 역할을 하는 것이 아니라 'flower'를 수식하는 역할을 한다. 또 한 'sunburnt'는 'burnt by the sun'이라는 의미를 가지므로 'sun'이 마치 수동태의 행동주agent와 같은 역할을 한다.

이와 같이 복합어는 결합된 두 자립형태소 간의 관계가 매우 다양하며, 또한 결합되는 두 자립형태소의 품사도 다양하다. 예를 들어 'sunrise'는 '명사 + 동사'의 결합으로 '주어 + 동사'의 관계를 나타내지만, 'playboy'는 '동사 + 명사'의 결합으로 '동사 + 주어'의 관계를 나타낸다. 이와 유사하게 'sunworship'은 '명사 + 동사'의 결합으로 '목적어 + 동사'의 관계를 나타내지만, 'call-girl'은 '동사 + 명사'의 결합으로 '동사 + 목적어'의 관계를 나타낸다.

영어의 복합어는 다음에서 보는 바와 같이 다양한 품사 내지는 역할 간의 결합이 가능하다.

〈다양한 품사 간의 결합〉

명사 + 명사: ashtray, windmill, bloodstream, snowman, minefield

명사 + 형용사: homesick, duty-free, watertight, smoke-free, world-famous

형용사 + 명사: darkroom, blackboard, sweetheart, last-minute

형용사 + 형용사: bittersweet, dark-blue

명사 + 동사: carwash, breast-feed

동사 + 명사: runway, breakwater

동사 + 동사: sleepwalk, freeze-dry

형용사 + 동사: safe-guard, highlight

부사 + 동사: backfire, overcharge

동사 + 부사: diehard, comeback

명사 + 전치사: wavelike, passer-by, runner-up

전치사 + 명사: online, inmate

동사 + 전치사: breakthrough, breakaway, turnoff, takeoff, takeout, makeup

전치사 + 동사: upset, intake, undercut

전치사 + 전치사: onto, in-between

형용사 + 동사(과거분사형): clear-cut

명사 + 동사(과거분사형): hand-written, sun-dried, wind-powered

형용사 + 동사(현재분사형): good-looking

명사 + 동사(현재분사형): record-breaking, mouth-watering, time-consuming

부사 + 동사(과거분사형): far-fetched, near-sighted, well-known, densely-populated

동사(과거분사형) + 전치사: built-in

〈다양한 역할 간의 결합〉

주어 + 동사: raindrop, busstop, daybreak, earthquake, headache

목적어 + 동사: haircut, firefight(er), handshake, bodyguard

동사 + 주어: pushman, watchman, searchlight

동사 + 목적어: killjoy, pickpocket, stopgap, breakfast, break-water, ceasefire, scarecrow, cut-throat

---

참고사항
· · · · · · · ·

3단어 이상으로 이루어진 복합어:

영어의 복합어 중에는 두 단어로 이루어진 복합어가 가장 흔하지만, 세 단어 이상이 결합해 이루어진 복합어들도 있다. 다음은 그 예이다.

forget-me-not, touch-me-not, editor-in-chief, daughter-in-law, merry-go-round, over-the-counter, up-to-date, jack-in-the-box

그런데 위에서 든 예들은 모두 복합어임을 대번에 알 수 있는 것들이지만, 영어에는 'lord', 'hussy', 'woman', 'sheriff' 등과 같이 외양상 하나의 형태소로 이루어진 단어(즉 monomorphemic)처럼 보이지만 역사적으로는 원래 복합어인 것들도 있다.

> lord: 이 단어는 고대 영어의 'hlaford'에서 온 것인데, 이는 어원상 'loaf'를 뜻하는 'hlaf'와 'keeper'를 뜻하는 'weard'가 합해 이루어진 복합어 'hlafweard'가 변한 형태이다. 이것이 어두의 'h' 소리가 소실되고 중간의 자음(철자는 'f'이나 소리는 [v]였음)이 탈락된 후, 이 중간 자음 양쪽의 모음이 하나로 합쳐져 오늘날과 같은 단음절의 단어가 된 것이다.
>
> hussy: 이 단어는 원래 복합어인 'housewife'에서 음이 축약되어 생긴 단어이다.
>
> woman: 이 단어는 원래 'wife + man'의 복합어형인 고대 영어 단어 'wifman'에서 온 것으로, 현대 영어에서 'woman'의 복수형인 'women'의 'o'를 [i]로 발음하는 것은 바로 'wif'의 'i' 때문이라고 할 수 있다.
>
> sheriff: 이는 'shire'를 뜻하는 고대 영어 'scir'와 'reeve'를 뜻하는 고대 영어 'gerefa'가 합해 이루어진 복합어 'scirgerefa'

에서 온 것으로 'schir(r)eve', 'schir(r)ef', 'shirrif'를 거쳐 현대 영어형인 'sheriff'가 된 것이다.

참고사항

· · · · · · · ·

바후브리히 복합어bahuvrihi compound:
일부의 성질로서 전체를 지칭하는 복합어를 바후브리히 복합어라고 부른다. 예를 들어 'hunchback'은 곱사등이를 의미하는 말로 엄격히 말하면 '등' 자체만을 지칭하지만, 실제로는 그런 등을 가진 사람을 지칭한다. 'potbelly', 'big mouth' 등의 복합어도 그런 'belly'나 그런 'mouth'를 지칭하는 것이 아니라 그런 'belly'나 그런 'mouth'를 가진 사람을 지칭하므로, 바후브리히 복합어에 속한다. 이와 같은 예에는 'bluestocking', 'redhead', 'skin-head', 'red-cap', 'flat-foot', 'hatchback', 'paperback' 등이 있다. '대머리', '가죽 잠바' 같은 우리말 표현도 바후브리히 복합어로 사용될 수 있다. '바후브리히'라는 말 자체는 산스크리트어로서 어원상으로는 'much rice'를 의미하지만, '부자'를 뜻하는 말로 사용된다.

---

8. 'ad'와 절단어

나는 대학 1학년 때부터 영어회화 능력을 높이기 위해 가급적 외국인과 대화할 수 있는 기회를 많이 가지려고 노력하였다. 그때 나는 생각을 같이 하는 몇 친구들과 의논해 당시 안면이 있던 한 미국인에게 우리를 도와줄 수 있는 사람이 없겠는지 하고 문의한 적이 있었다. 그때 그는 우리에게 자신이 다니는 교회에 그런 내용의 'ad'를 내겠다고 말했는데, 나는 그때 그가 의미한 바를 정확히는 알지 못했었다. 지금에야 '광고'를 의미하는 'ad'라는 말이 흔한 말이 되어 있지만, 1970년대인 당시만 해도 이 말이 그렇게 보편화되지는 않았기 때문이었다.

'ad'는 영어의 'advertisement'의 줄임말이다. 영어에는 이처럼 긴 단어의 일부를 잘라내고 짧게 줄여 말하는 경우가 많이 있는데, 이를 언어학에서는 'clipping'이라고 하며 이렇게 해서 만들어진 단어를 '절단어'clipped word라고 한다. 즉 'ad'는 'advertisement'에서 앞머리의 'ad'를 제외한 나머지 부분이 절단, 즉, 'clip'되어 만들어진 절단어인데, 영어에는 'ad'처럼 뒷부분이 떨어져나가는 경우만 있는 것이 아니고, 'phone'처럼 앞부분이 떨어져나가는 경우도 있고 (cf. telephone), 'flu'처럼 앞뒤 양쪽의 요소가 떨어져나가는 경우도 있다 (cf. influenza).

영어의 절단어를 뒷절단back-clipping, 앞절단fore-clipping, 양쪽절단fore-and-aft clipping으로 나누어 각각의 경우를 예시하면 다음과 같다.

뒷절단back-clipping

auto < automobile

bike < bicycle

demo < demonstration

disco < discotheque

doc < doctor

dorm < dormitory

exam < examination

fax < facsimile

French fries < French fried potatoes

gas < gasoline

gent < gentleman

gym < gymnasium

Jap < Japanese

lab < laboratory

math < mathematics

memo < memorandom

mike < microphone

nark < narcotics agent

photo < photograph ('photography'의 약어로는 사용 안 됨)

piano < pianoforte

pop < popular

prep < preparation

prof < professor

pub < public house

rhino < rhinoceros

stereo < stereophonic (cf. mono < monophonic)

taxi < taxicab (< taximeter cabriolet)

앞절단fore-clipping

burger < hamburger

bus < omnibus

cab < taxicab (< taximeter cabriolet)

net < internet

phone < telephone

plane < airplane

roach < cockroach

van < caravan

varsity < university

wig < periwig

양쪽절단fore-and-aft clipping

flu < influenza

fridge < refrigerator

tec < detective

참고사항
· · · · · · · · ·

사람 이름 애칭:

사람 이름의 애칭도 절단 표현인 점에서 유사하다.

뒷절단: Don (< Donald)

앞절단: Bert (< Albert)

양쪽절단: Liz (< Elizabeth)

blog:

'blog'라는 표현은 원래 'weblog'라는 표현에서 왔으므로 일견
절단어처럼 보이기도 한다. 이 표현은 원래 'weblog'라는 표현

을 'we + blog'로 재구성하여 마치 '주어 + 동사'의 구조인 것처럼 재해석한 후, 이 중 'we'를 덜어내고 'blog'만을 취한 것이므로, 뒤에서 이야기하는 'morphological reanalysis'에 의한 것으로 볼 수도 있다.

참고사항
· · · · · · · · ·

가라오케:

요즈음에는 그다지 쓰이지 않는 것으로 보이지만, 예전에는 '가라오케'라는 말이 자주 사용되었다. '가라오케'라는 말은 '가라'空라는 일본말에 '오케스트라'라는 영어 단어를 절단clipping한 '오케'를 붙여 만든 특유의 일본식 어휘이다. '가라'라는 말은 우리나라에서도 가끔 쓰이는 것처럼 '가짜'라는 뜻으로 '가라오케'라는 말은 진짜 오케스트라가 아닌 가짜 오케스트라의 반주에 맞춰 노래 부르는 곳이라는 뜻이다.

기타 일본식 절단어:

'오케스트라'를 '오케'로 줄여 말하는 것은 'ad'나 'exam'과 같은 절단clipping의 경우라고 할 수 있으나, 일본 사람들은 영어권 사람들이 절단해 사용하지 않는 단어도 임의로 절단해 사용하는 경우가 많다. 예를 들어 'television'을 '테레비'라고 한다던가,

'inflation'을 '인프레', 'diamond'를 '다이아', 'infrastructure'를 '인프라'라고 하는 따위는 모두 영어에는 없는 일본식 'clipping' 이다. 미국 사람들은 'television'을 'TV'라고는 해도 'televi'라 고는 하지 않으며, 'air-conditioner'를 'A/C'라고 줄여 말하기는 해도 'air-con'이라고 말하지는 않는다. 또한 영어에서는 자동차 를 뜻하는 'automobile'을 'auto'라고 줄여 말하기는 해도, '자동' 을 뜻하는 'automatic'을 'auto'라고 줄여 말하지 않는 것이 일반 적이다 (카메라의 자동 초점 기능을 'auto focus'라고 하기는 한다). 일본 사람들이 1984년의 'Los Angeles Olympic Games'를 '로 스 오림픽'이라고 했던 것도 마찬가지의 일본식 조어이다. 미국 사람들은 'Los Angeles'를 'L.A.'라고 줄여 말하기는 해도 'Los' 라고 줄여 말하는 법은 없다.

9. 'brunch'와 혼성어

내가 어렸을 때만 해도 하루 중의 가장 중요한 식사는 아침이었다. 명절이나 생일 등 집안의 중요한 날이면 어머니께서는 으레 아침상을 잘 차리셨던 기억이 아직도 난다. 그런데 언제부터인가 우리의 식생활 문화가 서구처럼 변해 이제는 아침을 가볍게 먹거나 아예 거르는 경우 도 흔하게 되어 버렸다. 결혼을 앞둔 한 쌍의 남녀 앞에서 친구 중 누군 가가 신부가 될 여자에게 앞으로 신랑 아침밥 해주느라고 고생이 많겠 다고 걱정을 하자 옆에 있던 예비 신랑이 "미련하게 아침은 왜 먹습니까?” 하고 말했다는 이야기가 1980년대에 이미 있었을 정도이니, 아침을 정성스레 차려 먹던 우리의 전통적 습속은 이제 거의 사라졌다고 해야 할 것이다.

아침 겸 점심을 먹으면서 이를 ‘아점’이라고 칭하기도 하는데, ‘아점’이라는 말은 ‘breakfast’(아침)와 ‘lunch’(점심)를 합쳐 만든 영어 단어인 ‘brunch’를 흉내 내어 만들어진 것으로 짐작된다.

그런데 영어의 ‘brunch’라는 말은 ‘breakfast’의 앞부분인 ‘br’와 ‘lunch’의 뒷부분인 ‘unch’를 합쳐 만든 단어로서 이런 방식의 단어 조어법을 혼성법(영어로는 ‘blending’)이라고 하며 이런 방법에 의해 만들어진 단어를 혼성어blend라고 한다.[8] 영어의 혼성어에는 다음과 같은 것들이 있다.

affluenza < affluence + influenza

Amerindian < American + Indian

bionic < biological + electronic

bit < binary + digit

breathalyzer < breath + analyzer

broasted < broiled + roasted

Californication < California + fornication

camcorder < camera + recorder

electrocute < electro + execute

Eurovision < European + television

flunk < flinch + funk

genom(e) < gene + chromosome

heliport < helicopter + airport

imagineer < imagination + engineer

Japanimation < Japan + animation

liger < lion + tiger

motel < motor + hotel

multiversity < multiple + university

newscast < news + broadcast

paratroops < parachute + troops

podcat < pod + broadcast (cf. pod < iPod)

popera < pop + opera

simulcast < simultaneous + broadcast

smog < smoke + fog

spork < spoon + fork

stagflation < stagnation + inflation

telecast < television + broadcast

transistor < transfer + resistor

travelogue < travel + catalogue

urinalysis < urine + analysis

webinar < web + seminar

webliography < web + bibliography

참고사항
· · · · · · · · ·

한국어에서도 이와 같은 방식의 혼성어가 사용되기도 한다. 다음
은 그 예이다.

샐러던트 〈 샐러리맨 + 스튜던트

탤런서 〈 탤런트 + 아나운서

회토랑 〈 회 + 레스토랑

눈팅 〈 눈 + 채팅

폴리페서 〈 폴리틱스 + 프로페서

그 외에 '오피스텔', '고시텔', '원룸텔', '휴게텔' 등도 유사한 예
로 볼 수 있다.

10. 'TESOL'과 머리글자어

영어교육과 관련해 종종 'ESL'이니 'EFL'이니 하는 말을 할 때가 있
다. 또한 'TESL'이니 'TEFL'이니 하는 말을 할 때도 있다. 국내의 몇 대
학에는 'TESOL' 대학원이라는 과정이 설치되어 있기도 하다.

'ESL', 'EFL'이라는 말은 'English as a Second Language'와 'English
as a Foreign Language'라는 말에서 중요한 단어의 첫 글자를 따 만든
것이다. 'English as a Second Language', 즉 '제2언어로서의 영어'라는
말은 외국어인 영어를 영어가 사용되는 환경에서 배울 때 사용한다. 예
를 들어 한국 사람이 미국이나 영국에서 영어를 배운다면 그는 영어를
'제2언어로서의 영어' 환경에서 배우는 셈이다. 이에 비해 'English as a
Foreign Language', 즉 '외국어로서의 영어'라는 말은 영어가 사용되지
않는 환경에서 영어를 배울 때 사용한다. 한국에서 영어를 배우는 사

람은 '외국어로서의 영어' 환경에서 영어를 배운다고 할 수 있다. 'ESL'
과 'EFL'에 'T'를 붙인 'TESL'과 'TEFL'은 각각 'Teaching English as a
Second Language'와 'Teaching English as a Foreign Language'를 의미
한다. 다시 말해 '제2언어로서의 영어' 환경에서 영어를 가르치는 법은
'TESL'이라고 할 수 있고, '외국어로서의 영어 환경'에서 영어를 가르치
는 방법은 'TEFL'이라고 할 수 있다. 'TESOL'이라는 말은 원래 'Teach-
ers of English to Speakers of Other Languages'를 의미했으나, 요즈음
에는 'Teaching English to Speakers of Other Languages'라는 의미로
더 잘 사용되는 것으로 보인다.

이들처럼 각 단어의 첫 글자를 모아 만든 단어를 머리글자어acro-
nym[9]라고 부른다. 그런데 이런 머리글자어를 읽는 방법에는 두 가지
가 있다. 우선 'ESL'이나 'EFL'처럼 해당 머리글자어의 철자를 하나
씩 읽는 방법과 'TESL', 'TEFL', 'TESOL'처럼 해당 머리글자어를 하
나의 단어처럼 읽는 방법이다. 전자와 같은 읽기 방법을 영어로는 'al-
phabetism' 혹은 'initialism'이라고 부른다. 여기서는 철자를 하나씩 읽
는 방법은 '철자읽기', 단어처럼 읽는 방법은 '단어읽기'라고 부르기로
하겠다.[10] 어떤 머리글자어를 철자 하나씩 읽을지 혹은 단어처럼 읽을
지에 대한 명확한 규칙은 없다. 경우에 따라서는 유사한 성격의 머리
글자어 사이에도 차이를 보이기도 한다. 예를 들어 'Acquired Immune
Deficiency Syndrome'를 의미하는 'AIDS'는 단어읽기를 하는데 비해,
이 병을 유발시키는 바이러스인 'HIV', 즉 'Human Immunodeficiency
Virus'는 철자읽기를 한다. 'LED', 즉 'light-emitting diode'는 철자읽기
를 함에 비해, 그 앞에 'O'를 붙인 'OLED', 즉 'organic light-emitting
diode'는 단어읽기를 한다. 'ESL'과 'EFL'은 철자읽기를 하다 'TESL'과
'TEFL'은 단어읽기를 하는 것도 마찬가지라고 할 수 있다.

이러한 머리글자어에는 다음과 같은 것들이 있다.[11]

AAA: American Automobile Association[12]/

Amateur Athletic Association[13]

ASL: American Sign Language

ATM: Automatic Teller Machine

CEO: Chief Executive Officer

COD: Cash On Delivery/Chemical Oxygen Demand

CIA: Central Intelligence Agency

DJ: Disk Jockey[14]

DMB: Digital Multimedia Broadcasting

DOS: Disc Operating System

FAQ: Frequently Asked Questions

FBI: Federal Bureau of Investigation

GI: Government Issue

GMO: Genetically Modified Organism

GPS: Global Positioning System

IQ: Intelligence Quotient

JPEG: Joint Photographic Experts Group

LA: Los Angeles

LCD: Liquid Crystal Display

LPGA: Ladies Professional Golf Association

MC: Master of Ceremonies[15]

MERS: Middle East Respiratory Syndrome

MOOC: Massive Open Online Course

MRI: Magnetic Resonance Imagery

MVP: Most Valuable Player

MIT: Massachusetts Institute of Technology

NAACP[16]: National Association for the Advancement of
Colored People

NATO: North Atlantic Treaty Organization

NCAA[17]: National Collegiate Athletic Association

OEM: Original Equipment Manufacturer

OTC: Over The Counter

PI: Private Investigator

PDP: Personal Digital Assistant

PGA: Professional Golfers' Association of America

PIN: Personal Identification Number

PMP: Portable Multimedia Player

SARS: Severe Acute Respiratory Syndrome

SNS: Social Network Service/Social Networking Site

SMS: Short Message Service

SOFA: Status Of Forces Agreement

SRM: Specified Risk Material

SUV: Sport Utility Vehicle

TOEFL: Test Of English as a Foreign Language

TOEIC: Test Of English for International Communication

UFO: Unidentified Flying Object

UNESCO: United Nations Educational, Scientific and Cultur-
al Organization

UGC: User-Generated Content[18]

USB: Universal Serial Bus

VIP: Very Important Person

WASP: White Angle-Saxon Protestant

참고사항
· · · · · · · · · ·

영어의 머리글자어와 마침표:

과거에는 머리글자어의 각 철자 사이에 마침표를 사용하기도 했
으나, 최근에는 대문자만을 사용하는 머리글자어의 경우에는 마
침표를 생략하는 것이 일반적이 되었다. 다음은 구글의 엔그램
뷰어를 통해 'U.S.A.'나 'U.N.'처럼 마침표를 사용하는 경우와
'USA'나 'UN'처럼 마침표를 사용하지 않는 경우의 빈도를 비교
조사한 표이다.

<'U.S.A.' 대 'USA'>

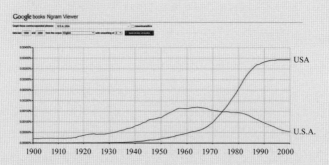

<'U.N.' 대 'UN'>

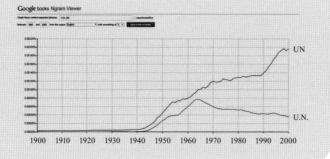

두 그래프에서 보듯이 1970년대로 들어오면서 마침표를 사용하지 않는 경향이 크게 두드러지기 시작하면서 현재는 마침표를 사용하지 않는 것이 거의 일반화되었다고 할 수 있다. 그러나 뒤에서 소개하는 'e.g.' 등의 경우에는 마침표를 사용하는 것이 여전히 압도적으로 더 많으며, 'Ph.D.'의 경우는 1990년대 이후 마침표 사용이 급속히 줄어들면서 최근에는 마침표를 사용하는 경우와 사용하지 않는 경우가 거의 비슷한 수준을 보인다.

참고사항
· · · · · · · · ·

INRI:

예수께서 십자가 처형을 당하실 때 빌라도가 십자가 위에 달게 한 명패의 'INRI'라는 표시도 머리글자어이다. 이는 라틴어 'Iesvs Nazarenvs Rex Ivdaeorvm'의 머리글자어로서 'Jesus of Nazareth, King of the Jews'라는 의미를 갖는다.

영어의 머리글자어는 대개 대문자로 쓰지만, 다음에서 보는 바와 같이 소문자로 쓰는 경우도 있다.

> pdf: portable document format
> c/o: (in) care of (편지 봉투 등에 사용)
> e.g.: exampli gratia ('for example'에 해당하는 라틴어)
> i.e.: id est ('that is'에 해당하는 라틴어)

영어에는 이런 머리글자어가 여기에 다 소개할 수 없을 정도로 많으며, 영어 머리글자어 사전도 여럿 나와 있다. 영어 머리글자어에 각별한 관심이 있는 사람들은 이 사전들을 참고하기 바란다 (인터넷에서도 이용할 수 있음).

그런데 위에 든 예들은 모두 머리글자어임을 확실히 알 수 있는 것들이지만, 다음에서 보는 것처럼 일반 보통명사처럼 소문자로 써서 머리글자어임을 잘 알 수 없는 것들도 있다.

> radar = radio detecting and ranging
> laser = light amplification by stimulated emission of radiation
> scuba = self-contained underwater breathing apparatus
> snafu = situation normal all fouled up
> yuppie = young urban professional의 머리글자어인 'yup'을 애칭화해 만든 단어

머리글자어 표현은 대개 이름 등 명사적 성격을 갖지만, 경우에 따라서는 다음에서 보는 바와 같이 문장이나 동사 혹은 부사적 성격을 갖기도 한다.

TGIF: Thank God, it's Friday.

MYOB: Mind your own business.

BYOB: Bring your own bottle/beer/booze/beverage.

WYSIWYG: What you see is what you get.

TBA: to be announced

KIA: killed in action

NIMBY: not in my backyard

PIMFY: please in my front yard

a.k.a.: also known as

ASAP: as soon as possible

BTW: by the way

FYI: for your information

또한 다음에서와 같이 형태소 단위의 머리글자로 이루어지거나, 혹은 그와 유사한 형태로 이루어지는 경우도 있다.

TV: television

GHQ: General Headquarters

TB: tuberculosis

경우에 따라서는 단어의 첫글자가 아니라 몇 개의 글자를 함께 사용하기도 한다.

ID: identification (card)

sci-fi: science-fiction (= SF)

Ph.D.: Doctor of Philosophy

ASEM: Asia-Europe Meeting

cyborg: cybernetic organism[19]

pixel: picture element (pix = picture, pictures, cf. pic + s = pix)

sitcom: situation comedy

Ameslan: American Sign Language

참고사항
. . . .

한국 정치인들과 회사들의 영문 머리글자어 사랑:

한국 정치인들 중에는 자기 이름 대신에 영어식 머리글자어를 즐겨 사용하는 경우도 있다 (예: '김영삼'의 'YS', '김대중'의 'DJ', '김종필'의 'JP', '이명박'의 'MB' 등). 요즈음에는 한국 회사들도 영어식 머리글자어를 자주 사용한다 (예: LG, SK, KT&G 등). 또 특정 지역을 TK, PK 등처럼 영문 이니셜을 사용해 부르기도 한다.

한국어에서의 머리글자어 현상:

한국어에서도 긴 이름을 첫글자만 따서 부르는 현상이 흔해지고 있다. 예를 들어 방송 프로그램이나 드라마의 이름을 이런 식으로 줄여 부르는데, '개콘'(개그콘서트). '웃찾사'(웃음을 찾는 사람들), '해품달'(해를 품은 달) 등이 그런 예이다. '미국 드라마'를 의미하는 '미드'라는 말도 마찬가지 예에 속한다. 경우에 따라서는 '밀당'(밀고당기기)처럼 새로운 표현을 만들기도 하며, '멘붕'(멘탈붕괴)처럼 외국어와 한국어를 억지로 결합한 표현을 이런 식으로 줄여 부르기도 한다.

11. 'hamburger'와 민간 어원

내가 미국 유학을 떠나던 1980년대 중반만 해도 우리나라에 맥도날드나 버거킹 등의 햄버거 가게는 없었던 것으로 기억된다. 물론 당시에도 햄버거라는 말이야 있었지만[20] 오늘날처럼 햄버거 가게가 흔하지는 않았다. 오늘날에는 'hamburger'뿐 아니라 'cheeseburger'라는 것도 있는데, 그렇다면 이들은 다음과 같은 형태 구조를 갖는 것일까?

hamburger = ham + burger ?

cheeseburger = cheese + burger ?

만일 그렇다면 이 두 단어에 공통적으로 나타나는 'burger'라는 말의 의미는 무엇일까? 또 'hamburger'와 'ham'은 과연 무슨 관련이 있는 것일까? 'hamburger'에는 'ham'이 들어가지 않는다. 즉 'hamburger'는 'ham'으로 만든 'burger'라는 뜻은 분명 아니다.

'hamburger'라는 말은 원래 'hamburger sandwich' 혹은 'hamburger steak sandwich'라는 말에서 'hamburger' 뒤의 말들이 생략되어 만들어진 것이며, 'hamburger'의 'hamburg'는 독일의 '함부루크'Hamburg를 가리키는 지명이다. 따라서 'hamburger'라는 말에서 'ham'과 'burger' 사이에는 원래 아무 형태소 간의 경계morphological boundary도 없는 것이었다.

이런 역사적 사실에도 불구하고 그 후에 만들어진 'cheeseburger'라는 말은 마치 'hamburger'가 'ham + burger'로 분석되는 단어인 양 간주해 생겨난 것이다. 'hamburger'를 어원상etymologically 'ham + burger'로 분석해 'cheeseburger' 같은 새로운 단어를 만들어낼 때 이를 '잘못된 어원'false etymology 혹은 '민간 어원'folk etymology에 의한 조어라고 칭한다. 이런 일들은 '형태 분석의 오류'morphological misanalysis에 의한 것으로서 이런 유의 잘못이 무지ignorance에 의한 것인지 아니면 창의력 있는 기지wit에 의한 것인지는 확인하기 어렵다.

최근에는 'onion burger', 'garlic burger', 'egg burger', 'taco burger', 'chili burger' 등처럼 'burger'를 하나의 독립된 단어처럼 취급해 새로운 표현을 만들어내고 있으며, 한국에서도 '김치버거', '라이스버거', '불고기버거' 등처럼 새로운 표현이 생겨나고 있다.

참고사항
· · · · · · · · ·

Ollie Burger:

1987년 미국에서는 당시 레이건 대통령이 연루되었다는 의심을 받던 소위 'Iran-Contra Scandal'과 관련해 이 사건의 핵심적 역할을 수행한 올리버 노스Oliver North라는 미 해병대 중령 lieutenant colonel의 의회 청문회가 열렸는데, 이 역사적 청문회가 있고난 후 미국의 어느 지역에서 'Ollie Burger'라는 것이 등장했다는 뉴스가 나오기도 했다 ('Ollie'는 'Oliver'의 애칭임). 당시 노스 중령은 의회에서 이 사건의 전모를 밝혀줄지도 모르는 중요한 서류들을 'shredder'로 'shred'(잘게 썰어 파기한다는 의미로 우리나라에서는 흔히 '파쇄하다'라고 번역함)했다는 요지의 증언을 했는데, 이는 당시 굉장한 센세이션을 일으켰다. 사실 나는 'shred'라는 말을 이때 처음 들어보았다. 'Ollie Burger'라는 것은 햄버거에 'shred'한 치즈와 양상치, 그리고 '비밀' 소스secret sauce를 더해 제공하는 햄버거를 가리키는 말이었는데, 아마도 일과성 해프닝 정도로 끝난 것으로 생각된다.

민간 어원의 다른 예로는 'workaholic'이라는 단어를 들 수 있다. 이 말은 'alcoholic'이 알콜 없이는 못 사는 '알콜 중독자'를 가리키는 말인 것처럼 '일'work 없이는 못 사는 '일 중독자'를 의미한다.

그런데 'alcoholic'이라는 단어는 'alcohol + ic'으로 분석될 수는 있지만, 'alco + holic'으로 분석될 수는 없다. 만일 'alcoholic'의 올바른 형태 분석(즉 'alcohol + ic')에 근거해 'workaholic'과 같은 의미의 단어를 만든다면, 'work + ic', 즉 'workic'이 되어야 할 것이다. 그러나 미국인들은 'workic'이라는 말 대신에 'workaholic'이라는 말을 만들었다. 이 단어는 'alcoholic'이 마치 'alco + holic'으로 이루어진 단어인 양 분석한 후 'alco' 대신에 'work'를 대입시켜 만든 것이다. 이때 'work'의 'k'와 'holic'의 'h' 사이에 들어 있는 'a'는 ('work'의) k와 ('holic'의) 'h' 사이에 일어나는 자음충돌을 회피하기 위해 삽입된 모음이다. 이런 과정을 통해 미국인들은 'workaholic'뿐 아니라 다음과 같은 표현들도 만들어 내었다.

> shopaholic (쇼핑 중독자)
>
> gamoholic (게임 중독자)
>
> blogaholic (블로그 중독자)
>
> webaholic (인터넷 중독자)
>
> bookaholic (책 중독자, 독서광)
>
> speedoholic (속도 중독자, 속도광)
>
> movieholic (영화 중독자)
>
> danceaholic (춤 중독자)
>
> spendaholic (소비 중독자)
>
> sexoholic/sexaholic (섹스 중독자)
>
> cleanaholic (청결 중독자)
>
> sugarholic (설탕 중독자)

'bikini'라는 말도 재미있는 이야깃거리를 제공한다. 'bikini'는 가슴과 아래의 중요한 부분만을 가리게 되어 있는 두 짝으로 된 여성용 수영복을 일컫는 말이다. 이 말은 원래 북태평양 마셜 군도Marshall Islands

의 'Bikini Atoll환초'에서 비롯된 말로 'Bikini'라는 말 자체는 고유명사이다. 1946년 7월 5일 프랑스 파리에서 첫 선을 보인 이 수영복 스타일이 'bikini'라는 이름을 얻게 된 것은 그 바로 며칠 전 비키니 환초에서 시행된 미국의 핵실험과 관계가 있다. 그 수영복 스타일이 핵실험에 버금가는 폭발적 반응을 촉발할 것을 기대한다는 뜻에서 이름을 'bikini'라고 붙인 것이다.

그런데 'bikini'가 두 짝으로 되어 있다는 점과 'bicycle', 'binary' 등의 단어에서 'bi'가 '둘'을 의미하는 형태소가 되기도 한다는 점을 관련시켜 마치 'bikini'가 'bi + kini'로 이루어진 단어인 양 취급해 'monokini'라는 말이 만들어졌다. 'monokini'의 'mono'는 '하나'를 의미하는 형태소이므로 이는 위아래 두 짝으로 이루어진 'bikini' 중 위의 것이 없는(즉 topless[21]) 여성용 수영복을 의미하는 것으로서, 이 역시 민간 어원에 의한 조어로 볼 수 있다.

이 외에도 1974년 미국의 닉슨Nixon 대통령을 사임하게 만든 역사적 사건의 이름인 'Watergate'도 원래는 'gate'에 '추문'scandal을 뜻하는 의미는 없었으나 이 사건 이후 한국의 박동선 사건을 'Koreagate', 앞에서 언급한 'Iran-Contra Scandal'을 'Iran-Contragate' 등으로 부르는 것에서 보는 것처럼 민간 어원의 양태를 보이고 있다. 1998년에는 당시 미국 대통령이던 빌 클린턴과 백악관 인턴 직원이던 모니카 르윈스키 사이에 성추문이 일어났는데, 이를 'Zippergate'라고 부르기도 하였다.[22]

참고사항
·········

00우드, 00락스, 0피아, 0파라치, 00돌:

1. 'Bollywood'라는 말은 원래 인도의 'Bombay'(오늘날에는 뭄바이라고 부름)와 미국 영화 산업을 대표하는 'Hollywood' 간의 혼성 표현blend이었다. 그런데, 오늘날에는 'Chinawood', '한류우드'에서 보는 것처럼 'wood'가 영화 산업과 밀접한 관련을 맺는 표현으로 사용된다. 이 역시 민간 어원적 양태를 보인다고 할 수 있다.

2. 한국에서 표백제의 상표에 사용되는 '락스'라는 표현도 민간 어원에 의한 것으로 볼 수 있다. 미국의 대표적 표백제 상표인 'Clorox'를 'Clo + rox'로 분석해 'Clo' 대신 다른 이름을 붙여 다양한 상표의 '락스'가 한국에서 출시되고 있다.

3. 2014년에 일어난 세월호 사건 이후 광범위하게 사용되는 '관피아', '정피아', '군피아' 등의 표현도 민간 어원에 의한 것으로 볼 수 있다. 한국에서는 오래 전부터 재무부 출신 관료들을 '모피아'라고 불렀다. '모피아'Mofia라는 말은 과거 재무부를 의미하던 'Ministry of Finance'의 머리글자어인 'Mof'와 'Mafia'의 뒷 부분인 'ia'를 결합시켜 만든 표현으로서 이 자체는 혼성어라고 할 수 있다. 그런데 2014년 세월호 사건을 전후해 한국에서는 관료나 군, 정치인 출신들이 그들이 재직 중 형성한 커넥션을 이용해 퇴임 이후까지도 그들끼리의 먹이사슬 구조를 유지하는 것을

가리켜 '관피아', '군피아', '정피아'라고 부르는 용법이 생겨났다. 앞에서 든 예 외에 해양수산부 출신들을 '해피아', 철도청 출신들을 '철피아' 등으로 부르기도 한다. 2014년 말에는 대한항공의 땅콩 회항 사건이 일어나면서 '칼피아', 혹은 '항피아'라는 말이 생겨나기도 했다.

4. 한국에서 다양하게 사용되는 '파라치' 표현도 민간 어원적 양태를 보인다. 유명인이나 연예인의 사생활 사진을 몰래 찍어 언론사에 팔아넘기는 직업적 사진사들을 '파파라치'paparazzi라고 부르는데, 이 말 자체는 1997년 영국 왕세자비 다이애나와 그녀의 연인이 자동차 사고로 사망할 당시 이들을 뒤쫓던 파파라치들 때문에 유명하게 되었다. 그 후 한국에서는 포상금을 노리고 어떤 불법적 행위를 촬영해서 신고하는 사람들을 무슨무슨 파라치라고 부르는 용법이 생겨났다. 다음은 그 예이다.

> 카파라치: 교통법규 위반 차량 신고자
>
> 노파라치: 노래방 불법 영업 행위 신고자
>
> 주파라치: 음주운전 신고자, 미성년자 주류 판매업소 신고자
>
> 식파라치: 식당 불법 영업 행위 신고자
>
> 학파라치: 학원 불법 영업 행위 신고자
>
> 쓰파라치: 쓰레기 불법 투기 신고자

5. 한국에서는 젊은 인기 연예인을 가리켜 '아이돌'이라고 부르는 경향이 있는데, 이는 영어 단어 'idol'의 원래 의미와 일치하는

것은 아니다. 그런데 '아이돌'을 마치 '아이 + 돌'로 분석한 후 '아이' 자리에 '노인'을 넣어 '노인돌'이라는 말을 만들어 나이든 인기인을 가리키는 말로 사용한다면 이 역시 민간 어원의 한 예로 볼 수 있다. '빼빼돌'(빼빼한 아이돌), '건체돌'(건강한 체격의 아이돌) 등의 표현도 민간 어원 내지는 혼성에 의한 조어로 볼 수 있다.

12. 'pea'와 역성

현대 영어Modern English에서는 누구나 'pea'를 단수로, 'peas'를 복수로 사용한다. 그러나 현대어의 'pea'의 모태가 된 라틴어 어휘는 'pisum'이었으며, 이 라틴어 단어가 고대 영어Old English에 들어와서는 'pise', 중세 영어Middle English에서는 'pese'로 사용되었다. 즉, 현대 영어의 'pea'에 해당하는 고대 및 중세 영어 단어에는 원래 's'가 있었다는 것이다.

또한 이 단어는 소위 약변화형에 속하는 명사로서[23] 중세 영어형인 'pese'의 복수형은 'pesen'이었다. 따라서 우리가 영어의 어원etymology에 충실하다면 현대 영어에서도 'pea'가 아니라 'peas'를 단수형으로 사용해야 마땅할 것이다.

그러나 약변화형이 영어에서 사라지게 되고 강변화형의 복수형 즉 '-(e)s'의 복수형이 보편화되자 사람들은 원래 단수형인 'peas'의 's'를 복수형 어미로 잘못 인식하게 되었다. 이에 따라 원래는 하나의 형태소였던 'peas'를 'pea + s'로 잘못 분석해 'pea'는 단수형으로, 'peas'는 복수형으로 사용하게 된 것이다.

원래 하나의 형태소인 'peas'를 'pea + 복수형 s'로 잘못 분석하는 것은 앞에서 이야기한 형태 분석의 오류morphological misanalysis의 일종이나, 'peas'의 경우처럼 잘못의 이유가 '-s'와 같이 영어에서 독자적 문법 기능을 가지고 있는 형태소 때문에 일어나는 경우에는 특별히 역성back-formation이라고 부른다.[24] 물론 학자에 따라서는 역성back-formation에 더 넓은 의미를 부여해 앞에서 논의한 민간 어원의 경우까지 포함시키기도 한다.

'riddles', 'eaves'(cf. OE efes) 등에서 'riddle', 'eave' 등을 만들어낸 것도 마찬가지 현상이며, 프랑스어의 'cerise'에서 온 'cherry'도 유사한 과정을 밟아 단수형으로 사용되게 된 것이다.[25]

'Yankee'라는 영어 단어도 이와 같은 역성back-formation에 의해 만들어진 단어라는 설도 있다. 원래 'Yankee'라는 말은 네덜란드가 북미 지역에 가지고 있던 식민지, 즉 현재는 'New York'이라고 불리는 'New Amsterdam' 지역의 주민을 일컫는 말이었다. 지금도 벨기에의 'Flanders' 지방에서는 네덜란드 사람들을 가리켜 'Jan Kees'라는 별명으로 부르고 있다고 한다 (여기서 'Jan'은 '얀'으로 발음). 그런데 H. Logeman 같은 사람의 견해를 따르면[26] 'Jan Kees'에서 'Jan'은 영어의 'John'에 해당하는 네덜란드 이름이며, 'Kees'는 역시 흔한 네덜란드 이름인 'Cornelis'의 애칭을 가리키든가 아니면 네덜란드의 특산물인 'cheese'를 가리키는 네덜란드어 'kaas'의 방언형이라는 것이다 (물론 'Kees'가 'Corneils'의 애칭 및 'cheese'를 의미하는 'kaas'를 함께 의미할 수도 있을 것이다). 이 'Jan Kees'가 'Jankees'가 되고 이것이 영어식으로 철자되어 'Yankees'가 된 다음에 'Yankees'의 's'가 복수형 어미 '-s'로 잘못 인식되어 오늘날의 'Yankee'라는 말이 성립되었다는 것이다. 이와 같은 H. Logeman의 견해가 옳은 것이라면 'Yankee'라는 단어도 앞의 'pea'와

마찬가지로 역성back-formation에 의해 만들어진 단어라고 할 수 있다.[27]

'back-formation'으로 만들어진 영어 단어로는 다음과 같은 것들이 있다.

> peddler → peddle (cf. write → writer)
> stroker → stroke
> swindler → swindle
> typewriter → typewrite
> baby-sitter → baby-sit
> housekeeper → housekeep
> editor → edit (cf. act → actor)
> donator → donate
> burglar → burgle
> henpecked → henpeck (cf. pick → picked)
> television → televise (cf. revise → revision)
> self-destruction → self-destruct
> dry-cleaning → dry-clean (cf. do → doing)
> day-dreaming → day-dream
> brain-washing → brain-wash
> bottle-feeding → bottle-feed
> window-shopping → window-shop

'euthanize'라는 말도 '안락사'를 의미하는 'euthanasia'라는 명사에서 거꾸로 동사형을 파생해낸 것이므로, 역성의 예로 볼 수 있다. 명사형인 'enthusiasm', 'liaison'에서 각각 'ehthuse', 'liaise'라는 동사형을 파생한 것도 마찬가지이다.

'species'의 단수형은 'specie'?:

*Sapiens: A Brief History of Humankind*라는 저서의 저자인 이스라엘 학자 하라리Yuval Noah Harari는 영어 강연에서 'specie'라는 말을 자주 한다. 이는 'species'의 마지막 철자인 's'를 복수형 어미로 간주해 단수형으로 사용할 때는 이 's'를 떼어내기 때문으로 보인다. 이는 개인적 차원에서 나타나는 'back-formation'의 예라고 할 수 있을 것이다. 사람에 따라서는 '수단'을 의미하는 단어 'means'를 단수로 사용할 때 's'를 붙이지 않기도 하는데, 이 역시 개인적 차원의 'back-formation'의 예라고 할 수 있을 것이다.

13. 품사 변환functional shift

영어에서는 경우에 따라 형태는 그대로 둔 채 품사를 변경시켜 사용하기도 한다. 아래의 예에서처럼 원래 동사인 'steal'과 'laugh'가 형태 변화 없이 명사로 쓰였다면 이는 'functional shift', 즉 품사 변환의 예가 된다. 'functional shift'를 'conversion'이라고 부르기도 한다. 다음은 원래 동사인 단어가 아무 형태 변화 없이 품사만 명사로 사용된 예이다.

That's a <u>steal</u>.
$$(V \rightarrow N)$$

The joke is not a big <u>laugh</u>.
$$(V \rightarrow N)$$

The couch was a real <u>buy</u>.
$$(V \rightarrow N)$$

The Digital <u>Divide</u>
$$(V \rightarrow N)$$

'functional shift'는 동사와 명사 간에만 가능한 것이 아니고, 다음에서 보는 바와 같이 다양한 유형이 존재한다.

V → N: build, cut, kill (cf. come in for the kill), walk, love

N → V: fool, eye, nose, elbow

A → N: black, evil

A → V: dry, clean, busy

14. 신조어 *coinage*

이제까지 여러 유형의 영어 조어법에 관해 알아보았다. 이들 외에 가능한 조어법이 있다면 그것은 완전히 새로운 단어를 창조해 사용하는 방법과 다른 나라 말의 단어를 빌려다 쓰는 방법 등이 있을 것이다. 다른 나라로부터 빌려온 말은 우리가 흔히 외래어라고 부르는 것으로서 언어학에서는 이를 차용어 loan-word라고 부른다. 뒤에서 영어에 들어와 있는 상당량의 외래어, 즉 차용어에 대해 별도로 이야기하게 될 것이므로 여기에서는 완전히 새로운 단어를 창조해 사용하는 방법에 대해 이야기해보도록 하자.

'새로운 단어를 창조해낸다'는 뜻의 영어 동사는 'coin'이다. 이렇게 만들어진 단어를 영어로는 'coined word'라고 하며 우리말로는 신어新語라고 번역하기도 한다. 이런 방법으로 새로운 단어를 창조해내는 법을 영어로는 'coinage' 혹은 'neologism'이라고 한다.

이런 'coinage'의 필요성은 대개 새로운 상표명brand name을 고안할 때 일어나는데, 이렇게 새로운 이름을 만들어낼 때 아무 소리나 짜맞추면 되는 것이 아니고 3장에서 본 것과 같은 영어 특유의 음배열 규칙, 소위 'phonotactic constraint'를 충족시키는 소리 배열이어야만 한다. 예를 들어 'Kodak', 'Xerox', 'Google' 등의 상표명은 영어의 음배열상의 제약을 위배하지 않으므로 제대로 된 영어 이름으로 받아들여질 수 있지만 'kdaok'나 'rxeox', 'lgegoo' 등은 그렇지 않으므로 영어 상표명으로 불가능한 이름이다.

'Xerox'는 유명한 복사기 회사의 이름으로 원래는 고유명사였으나 이제는 '복사하다'라는 뜻의 동사로 사용될 정도로 그 의미가 확장extend되었다. '구글'Google 역시 원래는 특정 기업의 이름을 의미했으나, 지금은 '인터넷에서 검색하다'라는 의미의 동사로도 사용되므로 이역시 의미 확장이 일어났다고 할 수 있다. 이런 일은 우리나라에도 간혹 있는 일인데, 과거 '미원'이나 '하이타이' 등의 상표명이 그와 같은 종류의 조미료나 합성세제를 지칭하는 보통명사로 사용되기도 했던 일 등이 예가 될 수 있다.

이렇게 원래 고유명사로 사용된 신어가 보통명사로 사용되게 된 예로는 다음과 같은 것들을 들 수 있다.[28]

> robot: 체코슬로바키아의 작가 Karel Capek의 희곡 R.U.R.
> (Rossum's Universal Robots)에 나오는 기계인으로 현재는

모든 기계인을 일컫는 보통명사로 사용됨.

jumbo: 미국의 한 서커스단의 P. T. Barnum이 미국에 들여온
거대한 코끼리의 이름이었지만, 현재는 크다는 것을 강조
하기 위한 수식어로 사용됨 (예: jumbo size 등).

gargantuan: Rabelais의 작품에 나오는 왕성한 식욕을 가진 거
인의 이름 'Gargantua'에서 온 말로 현재는 '거대한', '굉
장히 큰' 이라는 의미의 형용사로 사용됨.

참고사항
· · · · · · · · ·

영어의 조어법:

이제까지 설명한 영어의 조어법을 정리하면 다음과 같다.

derivation(파생법): 접두사나 접미사 등을 사용해 새로운
어휘를 만들어내는 방법 (예: unfair, nationalize,
unlockable 등)

compounding(합성법): 자립형태소를 2개 이상 결합해 새
로운 어휘를 만들어내는 방법 (예: sunrise, sun-
worship, playboy, call-girl 등)

acronymy(머리글자법): 각 단어의 첫 글자를 모아 새로운
표현을 만들어내는 방법 (예: ESL, EFL, TOFEL,
TOEIC, HIV, AIDS, PIN 등)

clipping(절단법): 단어의 앞이나 뒤, 혹은 양옆을 잘라내고

새로운 어휘를 만들어내는 방법 (예: exam, lab, bus, plane, flu 등)

blending(혼성법): 앞 단어의 앞 부분과 뒷 단어의 뒷 부분을 합쳐 새로운 어휘를 만들어내는 방법 (예: brunch. motel, smog, popera 등)

back formation(역성법): 어간에 접사를 붙여 새로운 어휘를 파생해내는 일반적 순서와 다르게 이미 만들어져 있는 표현으로부터 접사처럼 보이는 부분을 떼어내어 새로운 어휘를 만들어내는 방법 (예: pea, televise, edit, euthanize 등)

folk etymology(민간어원법): 역성으로 보기도 하나, 역성을 문법적 기능을 하는 접사를 떼어내어 새로운 어휘를 만들어내는 경우에 국한시키면, 그 외에 어원적으로 관계가 없는 부분을 관계가 있는 것처럼 간주해 새로운 표현을 만들어내는 경우를 지칭하기도 함 (예: cheeseburger, workaholic, monokini 등)

functional shift(품사변환법): 형태는 변화시키지 않고 단지 품사만 변화시켜 새로운 어휘를 만들어내는 방법 (예: steal, buy 등)

coinage(신조어법): 기존에 없는 새로운 형태를 만들어내는 방법 (예: Xerox, Google 등)

이 외에 다른 나라의 말, 즉 외국어로부터 어휘를 빌려오는 차용

borrowing이 있다. 차용에 대해서는 절을 바꾸어 설명하도록 하겠다.

15. 영어에 들어온 외래어

이제까지 영어의 다양한 조어word-formation법에 대해 알아보았다. 이 외에 새로운 어휘를 추가할 수 있는 방법은 필요한 어휘를 다른 나라 말에서 빌려오는 것이다. 다른 나라 말에서 빌려온 어휘를 차용어loan-word라고 한다는 것은 이미 언급한 바 있는데, 오토 예스퍼슨Otto Jespersen 같은 사람은 영어의 역사를 어떤 면에서는 일련의 차용bor-rowing의 역사로 기술할 수 있다[29]고 할 정도로 영어에서 차용어가 차지하는 비중이 상당하다고 할 수 있다.

역사적으로 보아 영어에 영향을 끼친 언어로는 게르만족 이동 이전부터 영국에 거주하고 있던 켈트인들의 언어인 켈트어Celtic, 당시의 선진 문명인 로마인들의 라틴어Latin, 8세기 중엽부터 11세기 초까지 영국을 침략한 바이킹족the Vikings의 스칸디나비아어Scandinavian, 그리고 1066년 이후 영국을 지배하게 된 노르만인들the Normans의 프랑스어 등을 들 수 있는데, 이 언어들과의 접촉으로 영어에는 이들 언어의 어휘가 상당수 들어오게 되었다. 물론 이들 외에도 근세에 들어와 영어가 북미 지역에서 사용되게 되면서 인디언어 등의 기타 언어와도 접촉하게 되어 이들로부터도 차용어가 들어오게 된다.

영어에 들어와 있는 외래 차용어를 상세히 기술한다는 것은 본서의 목적을 크게 넘어서는 일이므로 여기서는 단지 개괄적 예만을 소개하도록 하겠다. 더 상세한 내용을 알고자 하는 사람들은 영어사 분야와 관련된 문헌들을 참고하기 바란다.

16. 켈트어 차용어

지금은 양담배의 상표명으로 더 알려져 있지만 'Kent'라는 이름은 원래 영국이 7왕국(Anglo-Saxon Heptarchy, 5세기-9세기 초)으로 갈라져 있던 시절의 한 왕국의 이름이었다. 이 'Kent'라는 이름의 의미는 불확실하지만 켈트어의 'Canti' 혹은 'Cantion'에서 온 것으로 추정된다.

'Kent'에서 보는 것처럼 영어에 남아 있는 켈트어란 대부분 지명이나 하천 등의 자연물 이름인데,[30] 우리 귀에 익은 이름들을 몇 가지 더 들어보자면 다음과 같은 것들이 있다.

London

York

Thames (강)

Dover (해협)

Winchester, Gloucester, Worcester 등의 Win-, Glou-, Wor-

영국 7왕국 시대의 지도

17. 라틴어 차용의 시기 구분

라틴어가 고대 영어에 미친 영향은 대개 다음과 같은 3개의 시기로 구분해 설명할 수 있다.

> 제1기: 앵글로색슨족이 영국으로 이동하기 전 유럽 대륙에 살던 시기에 차용 (-449년)
> 제2기: 켈트 원주민들이 로마 점령군으로부터 차용한 라틴어를

앵글로색슨족이 영국에 정착해 다시 차용 (449-650)

제3기: 로마 선교사들의 그리스도교 전파에 따른 차용 (650-1066)

18. 제1기 라틴어 차용어

이 중 제1기에 속하는 라틴어 차용어에는 다음과 같은 것들이 있다.[31]

> 전쟁과 관련된 어휘: camp, wall, street, mile[32]
>
> 상거래와 관련된 어휘: cheap[33], monger, pound, wine, flask
>
> 일상생활과 관련된 어휘: pillow, kitchen, cup, dish, mortar,
> cheese, pepper, cherry-tree[34], butter,
> onion, pea[35], mint
>
> 건자재와 관련된 어휘: chalk, copper, pitch, tile
>
> 기타: mule, dragon, pipe, church, bishop, Saturday

19. 제2기 라틴어 차용어

영국의 지명에는 'Lancaster', 'Doncaster'와 같이 '-caster'로 끝나는 것들이 있다. '-caster'보다 더 자주 쓰이는 것에는 'Manchester', 'Winchester', 'Dorchester', 'Colchester' 등에서 보이는 '-chester'가 있으며, 또한 'Gloucester', 'Worcester' 등에서 보이는 '-cester'도 있다.

이들 '-caster', '-chester', '-cester'는 모두 'camp'를 뜻하는 라틴어 'castra'에서 온 'ceaster'가 변형된 형태들인데, 이는 앵글로색슨족이 직접 라틴어로부터 차용한 것이 아니라, 켈트족이 라틴어로부터 차용한

것을 앵글로색슨족이 다시 차용한 것으로서 앞에서 이야기한 제2기 라틴어 차용어에 속한다.[36]

20. 제3기 라틴어 차용어

7세기부터 영국에 그리스도교가 도입된 이후로는 종교 및 학문과 관련된 라틴어 차용어가 상당수 영어에 유입되었는데, 이들의 태반이 문헌을 통해 차용된 문어체 라틴어이다. 김석산은 이 시기(즉 7세기-11세기)에 도입된 라틴어를 다음과 같이 정리하고 있다 (cf. 김석산 1989 『영어발달사』, p. 285).[37]

(1) 군사, 법률, 관공서 용어: centur 'centurion', consul, spendan 'to spend'

(2) 의복 및 직물: purs 'purse'(< bursa < G[38]), tunece 'tunic, coat'(< Semitic)

(3) 가사: sponge (cf. 초기 차용어 spynge), tabele~tabule 'table' (cf. 초기 차용어 tæfl)

(4) 음악, 시: antefn 'anthem'(< G), fers 'verse', fiðele 'fiddle', mēter 'meter'(< G), organ 'song'(< G), salm~psalm(< G)

(5) 도시, 집, 건물: castel 'village, small town', columne 'pillar', fenester 'window', tempel 'temple', ðēater 'theatre'(< G)

(6) 식물명: alewe 'aloe', balsam(< G), cēdar 'cedar'(< G), cucumer 'cucumber'(< cucumer), cypresse 'cypress'(< G), lilie 'lily'(< G), menta 'mint' (cf. 초기 차용어 mint), palm, rōse 'rose'(< G)

(7) 동물, 조류, 어류: camel(< G), cancer 'crab', pellican 'peli-
can'(< G < 동방어), tīger 'tiger'(< G < Persian), turtur 'tur-
tle'(cf. 초기 차용어 turtla)

(8) 종교: abbod 'abbot'(< G), alter, (a)postol 'apostle'(< G),
ælmesse 'alms'(< G), clēric 'clerk, clergyman'(< G), dēmon
'demon'(< G), disipul 'disciple', mæsse 'mass', martir
'martyr'(< G), pāpa 'pope', sabbat 'sabbath'(< Hebrew)

(9) 서적 및 학술 용어: accent, cāpitol(a) 'chapter', Lātin 'Latin',
māgister(cf. 초기 차용어 mægester), mēchan(isc) 'mechani-
cal'(< G), paper(< G), scōl 'school'(< G), tītul 'title'

(10) 기타: cubit, cristalla 'crystal'(< G), cōc 'cook', cālend
'month', comēta 'comet'(< G), draca 'dragon, drake'(< G),
elpend 'elephant'(< G), mūle, 'mule', ostre 'oyster'(< G)

21. 스칸디나비아어 차용어

스칸디나비아어란 우리가 바이킹족이라는 이름으로 잘 알고 있는
족속의 언어로서 이들은 8세기 중엽부터 11세기 초 사이에 영국을 침
입해 영국인들과 섞여 살았으며 이로 인해 상당수 스칸디나비아어 어
휘가 영어에 들어오게 되었다.

당시의 스칸디나비아어와 영어는 서로 상당히 유사해서 명사나 동
사 등의 굴절inflection상의 차이 등을 제외하면 이 두 언어 간에 서로 의
사소통이 가능할 정도였으며,[39] 이 두 민족 간의 문화 수준도 비슷해 라
틴어의 경우처럼 종교나 학문 등과 관련된 어휘들이 영어에 유입된 것
이 아니라 일상생활과 관련된 어휘들이 주로 영어에 유입되게 되었다.

22. 'shirt'와 'skirt'

현대 영어에서는 아무런 관련이 없어 보일지도 모르는 위의 두 단어, 즉 'shirt'와 'skirt'는 원래 같은 의미를 지닌 말들이었다. 'shirt'는 고대 영어Old English형인 'scyrte'에서 온 것으로 'sc'는 고대 영어 초기부터 이미 '[ʃ]'로 발음되게 되어 현대 영어의 'shirt'가 된 것이며, 'skirt'는 원래 고대 영어의 'scyrte'에 해당하던 고대 스칸디나비아어Old Norse형인 'skyrta'에서 온 것으로 'sk'의 발음이 그대로 유지되어 오늘날의 'skirt'로 된 것이다.

스칸디나비아 차용어 중에는 'skirt'와 같이 [sk] 발음을 지니고 있는 단어들이 있는데, 'sky', 'skin', 'skill', 'scrape', 'scrub', 'whisk' 등이 이에 속한다.[40]

23. 'die'

우리가 순수 토박이 영어 단어의 하나라고 생각하기 쉬운 'die'라는 단어도 실은 스칸디나비아어로부터 차용된 것이다. 고대 영어 당시에도 'death'와 'dead' 같은 단어들은 있었으나, 이들에 대한 동사는 'ste-orfan'(cf. 독일어의 'sterben')이나 'sweltan'이었으며 현대 영어의 'die'에 해당하는 동사는 없었다. 그러던 것이 스칸디나비아어의 'deya'(cf. 현대 덴마크어의 'dø')가 'death'나 'dead' 같은 단어들과 밀접한 관련을 맺게 되자 'deyen'이라는 형으로 고대 영어에 들어오게 되고, 이것이 현대 영어에서 'die'로 남게 된 것이다.

그 결과 'die'의 뜻으로 사용되던 원래의 고대 영어 동사 중 'sweltan'은 소실되고 'steorfan'은 그 의미가 변화되어 현대 영어에 'starve'라는

형태로 남게 된 것이다.[41]

'die' 외에 스칸디나비아어에서 들어온 동사들로 오토 예스퍼슨은 'thrive', 'cast', 'hit', 'take', 'call', 'want', 'scare', 'scrape', 'scream', 'scrub', 'scowl', 'skulk', 'bask', 'drown', 'ransack', 'gape'등을 들고 있다.[42]

24. 'Rugby'

영국에서 'Rugby', 'Grimsby', 'Whitby', 'Derby' 등과 같이 '-by'로 끝나는 지명이 600개 이상 되는데, 이들은 거의 대부분이 역사적으로 한 때 스칸디나비아인 즉, 바이킹족(그 중에서도 특히 덴마크인들)에 의해 점령되었던 지역들이다. 이 지명들에 붙어 있는 '-by'라는 말은 스칸디나비아어로 'farm' 혹은 'town'을 의미하는 말인데, 현대 영어에는 'town law'를 뜻하는 'by-law'라는 단어에 그 흔적이 남아있다.

'-by'로 끝나는 지명 외에 'Althorp', 'Bishopsthorpe', 'Gawthorpe'와 같은 '-thorp(e)'로 끝나는 지명이 약 300여개 되는데, 이 'thorp'라는 말도 스칸디나비아어의 'village'를 뜻하는 단어로서 이들도 역시 스칸디나비아인들의 지배를 받은 적이 있음을 나타내준다.

또한 'Stevenson', 'Johnson' 등처럼 '-son'으로 끝나는 이름도 스칸디나비아식 이름으로서 이들의 조상이 스칸디나비아인이었음을 시사해주는 단서가 되기도 한다.

25. 'they', 'their', 'them'

대부분의 독자들이 순수 토박이 영어 단어라고 생각할 3인칭 복수 대명사의 'they', 'their', 'them'도 사실은 스칸디나비아어에서 온 것이다. 1장에서 이미 소개한 것처럼 고대 영어의 3인칭 복수 대명사는 'hīe'(주격 및 대격), 'hiera'(속격), 'him'(여격)이었다. 이 중 속격 'hiera'는 3인칭 단수 여성의 속격인 'hiere'와, 여격 'him'은 3인칭 단수 중성의 여격인 'him'과 혼동하기 쉬웠으리라고 짐작되는데, 이런 이유로 원래의 고대 영어 3인칭 복수 대명사형이 스칸디나비아어형인 'they', 'their', 'them'으로 대체된 것으로 생각된다.

또한 1장에서 이미 설명한 것처럼 'be' 동사의 복수형인 'are'도 스칸디나비아어에서 유래한 것이다.[43]

26. 프랑스어 차용어

이미 언급한 바와 같이 영국사에는 1066년에 일어난 노르만 정복 the Norman Conquest이라는 중요한 사건이 있었는데, 이 결과 영국에는 프랑스어를 사용하는 새로운 지배 계층이 등장하게 되었다. 이 때문에 영어에는 다량의 프랑스어 어휘가 유입되게 되는데, 대개 1250년경(즉 노르만 정복 이후 200년경 후)에 본격적인 프랑스어 유입이 시작된 것으로 본다. 영국에 프랑스어 사용 지배 계층이 등장한 지 약 200년이 지나서야 비로소 본격적 프랑스어 유입이 시작되게 된 이유는 그 동안에는 프랑스어 자체가 영국 지배 계층의 모어mother tongue가 되어 있었기 때문이다. 즉 당시의 지배 계층은 자신들을 프랑스인들과 동일시해 프랑스어를 사용했으며, 오직 하층민들만이 영어를 사용했다. 이 때문에 1250년 이전에 영어에 유입된 프랑스어 어휘는 대개 영어를 사용하는 하층민이 프랑스어를 사용하는 귀족들과 접촉하는 과정에서 유입된 것으로서 그 수도 별로 많지 않다. 그러나 1204년 영국이 유럽 대륙에 가지고 있던 노르만디Normandy를 빼앗긴 이후부터는 영국 귀족들이 자신들을 (프랑스인이 아니라) 영국인들로 생각하게 되었으며, 이에 따라 프랑스어 대신 영어를 국어로 간주해 영어를 사용하려는 경향이 강하게 대두되었다. 이와 같이 프랑스어를 사용하던 귀족들이 새로이 영어를 사용하게 되는 과정에서 본격적인 프랑스어 유입이 시작되었으며, 대략 1250년경부터 1400년경까지의 150년 사이에 차용된 프랑스어 어휘가 전체 프랑스어 차용어의 약 40%를 차지한다. 이런 과정을 거쳐 영어에 들어와 있는 프랑스어 어휘의 수는 막대한 것으로서 이 책에서 프랑스어 차용어를 일일이 다 소개할 수는 없고 앞의 라틴어 차용어나 스칸디나비아어 차용어를 설명할 때 했던 것처럼 몇 가지 본보기 예만을 들도록 하겠다.

27. 'feast'

'feast'는 '축제'라는 뜻을 가진 영어 단어이다. 이 'feast'에 해당하는 프랑스어 단어는 'fête'이다. 그렇다면 'feast'라는 영어 단어는 프랑스어로부터 차용된 것일까, 아니면 원래부터 영어에 있던 단어일까? 만일 'feast'라는 단어가 프랑스어로부터 차용된 것이라면 왜 현대 프랑스어의 'fête'와는 차이가 나는 것일까?

'feast'라는 단어가 영어에 들어오던 당시의 프랑스어(즉 고대 프랑스어)에서는 'fête'가 'feste'였다. 현대 영어의 'feast'라는 단어는 바로 이 고대 프랑스어의 'feste'에서 온 것이다. 프랑스어에서는 12세기 말엽 다른 자음 앞에 나오는 's'가 소실되는 변화가 일어났는데, 고대 프랑스어의 'feste'가 현대 프랑스어에서 'fête'로 변화한 것은 바로 이 때문이다. 'fête'의 'ê'에서 'e' 위의 '^'는 'accent circonflexe'라고 하는 것인데, 이

기호는 장모음을 표시하는 기능 외에도 이와 같이 역사적으로 생략된 음운이 있음을 표시하는 기능을 하기도 한다.

이처럼 프랑스어 자체에서의 소리 변화가 현대 영어에 들어와 있는 프랑스어 차용어와 그에 해당하는 현대 프랑스어 어휘 간의 차이를 설명해주는 구실을 하기도 한다.

'feast/fête'와 같은 성격의 프랑스어 차용어에는 'beast/bête', 'forest/forêt', 'hostel/hôtel', 'hospital/hôpital', 'coast/côte' 등이 있다.

'hostel' 외에 영어에는 'hotel'이라는 단어도 있는데, 'hostel'은 앞에서 언급한 소리 변화가 프랑스어에서 일어나기 전에 영어에 차용된 어휘이고, 'hotel'은 그런 소리 변화가 일어난 후에 재차 영어에 차용된 어휘이다.

28. 'change'

'change'라는 영어 단어는 프랑스어의 'changer'에 해당하는 어휘이다. 그런데 영어에서는 'change'의 'ch'가 '[ʧ]'로 발음되는데 비해 프랑스어에서는 '[ʃ]'로 발음된다.[44] 프랑스어로부터 영어로 차용된 어휘가 이와 같이 두 언어에서 다르게 발음되는 이유는 무엇일까?

'change'가 영어로 차용될 당시에는 프랑스어에서도 이 단어의 'ch'가 현대 영어에서처럼 '[ʧ]'로 발음되었다. 그러나 프랑스어에서는 13세기경 '[ʧ]'와 '[ʤ]' 같은 폐찰음affricate sound이 각각 '[ʃ]'와 '[ʒ]'로 연화soften되는 소리 변화가 일어났다. 즉, 'change'의 'ch' 발음이 현대 영어와 현대 프랑스어 간에 차이가 있는 것은 앞의 'feast/fête'의 경우처럼 이 단어가 영어에 차용된 이후에 프랑스어에서 소리 변화가 일어났기 때문이다.

이런 이유로 'charge', 'chant', 'chamber', 'chase', 'chair', 'chimney' 등의 'ch' 소리가 영어에서는 '[ʧ]'로, 그에 해당하는 프랑스어 단어에서는 '[ʃ]'로 발음되는 것이며, 또한 'judge', 'just', 'jewel', 'journey', 'majesty', 'gentle' 등의 'j' 혹은 'g'가 영어에서는 '[dʒ]'로, 그에 해당하는 프랑스어 단어에서는 '[ʒ]'로 발음되는 것이다.

그런데 영어에는 'ch'나 'j'가 프랑스어에서처럼 마찰음(즉 '[ʃ]'나 '[ʒ]')으로 발음되는 단어들도 있는데, 이들은 앞에서 언급한 프랑스어에서의 소리 변화가 일어난 후 영어로 들어온 것들이다. 이에는 다음과 같은 단어들이 있다.

> chamois, chaperon, chiffon, chevron: 'ch'가 '[ʃ]'로 발음됨.
> jabot, rouge: 'j'와 'g'가 '[ʒ]'로 발음됨.

29. 'catch'와 'chase'

영어의 'catch'라는 단어는 원래 영국에 들어온 노르만인들이 사용하던 프랑스어(이를 앵글로 프랑스어Anglo-French 혹은 앵글로 노르만어 Anglo-Norman라고 함)의 'cachier'에서 온 단어이다. 이 시기 프랑스어에는 몇 개의 방언dialect이 있었는데,[45] 우리가 현대 프랑스어의 표준 방언이라고 여기는 중부 프랑스어Central French 방언에서는 이 'cachier'가 'chacier'였다.[46] 영어의 'chase'라는 단어는 바로 이 중부 프랑스어 방언의 'chacier'가 영어에 들어와 생긴 말이다 (이때의 'ch'는 '[ʧ]'로 발음되었음).

즉, 현대 영어에서는 별개의 두 단어로 취급되는 'catch'와 'chase'는 원래는 동일한 의미의 프랑스어 단어들로서 단지 방언 간 발음상의 차이가 있었을 뿐이었으나, 이 둘이 모두 영어에 와 그들 간에 의미의 분화가 일어나 현재와 같은 용법이 생겨난 것이다. 이 'chacier'의 'ch'의 '[ʧ]' 발음이 앞에서 이야기한 것과 같은 13세기경의 소리 변화 때문에 '[ʃ]' 소리로 변화하게 되어 현대 프랑스어에서는 'chasser'가 된 것이다.

이런 유형을 보이는 다른 예로서 현대 영어의 'cattle'과 'chattel'을 들 수 있는데, 현대 영어의 'cattle'은 앵글로 노르만어Anglo-Norman의 'catel'에서 온 것이며, 'chattel'은 중부 프랑스어Central French 방언의 'chatel'에서 유래한 것으로, 원래는 이 둘이 동일한 의미였으나 현대 영어에서는 이 둘의 의미가 분화differentiate되어 사용되게 된 것이다.[47]

30. 'war'

우리가 선뜻 프랑스어에서 온 단어라고 생각하기 어려운 'war'라는 단어도 사실은 프랑스어에서 온 단어이다. 이렇게 말하고 나면 프랑스어를 아는 독자들은 대단히 이상하게 생각할지도 모르겠다. 'war'에 해당하는 현대 프랑스어 단어는 'guerre'인데, 이 둘이 도대체 어떤 연관이 있다는 말인가?

이는 앞에서 이야기한 앵글로 노르만 프랑스어 방언과 중부 프랑스어 방언 간의 차이에서 비롯하는 것이다. 즉, 당시 앵글로 노르만 방언에서는 'w'의 발음이 허용되고 있었으나 중부 방언에서는 'w' 소리를 회피하려는 경향이 생겨나 이 소리가 탈락되든지 아니면 'g'로 변화되는 현상이 일어났다. 현대 영어의 'war'라는 단어는 앵글로 노르만 방언의 프랑스어에서 차용되었기 때문에 'w' 소리를 가지고 있으나, 현대 프랑스어는 중부 프랑스어 방언을 표준으로 삼기 때문에 'w' 소리가 'g'로 대체되어 오늘날에는 이 두 단어가 서로 관련이 없는 단어들인 것처럼 보이게 된 것이다.[48]

이런 유형의 예로서는 'warranty/guarantee', 'reward/regard' 등을 들 수 있는데, 'warranty'와 'reward'는 앵글로 노르만 방언의 프랑스어에서, 'guarantee'와 'regard'는 그에 해당하는 중부 프랑스어 방언에서 각각 차용된 것이다.

현대 프랑스어에서 'quitter', 'qualité,' 'quartier' 등처럼 'qu-'로 시작하는 단어들의 경우 [w] 소리가 나타나지 않는 것은 바로 앞에서 이야기한 중부 프랑스어 방언의 [w] 소리 회피 경향이 현대 프랑스어에 이어져 내려온 때문이며, 이와는 대조적으로 그에 해당하는 영어 단어인 'quit', 'quality', 'quarter' 등에서 'qu-'의 [w] 소리가 나타나는 것은 바로 이 단어들이 프랑스어 중에서도 앵글로 노르만 방언으로부터 차용되었음을 말해주는 것이다.

31. 'ox'와 'beef'

프랑스어를 공부해본 사람이면 프랑스어의 'boeuf'라는 단어는 '소'라는 짐승과 '쇠고기' 모두를 가리키는 말이지만, 이 'boeuf'라는 단어가 영어에 들어와서 된 'beef'라는 단어는 '쇠고기'만을 가리킨다는 사실을 흥미롭게 생각해본 적이 있을 것이다. 이는 소의 경우만이 아니라 다른 가축의 경우도 마찬가지이다.

즉, 영어에서는 소의 경우에는 짐승을 가리킬 때는 'ox', 'cow' 등의 영어 단어를 사용하고, 식탁에 오르는 고기를 가리킬 때는 'beef'라는 프랑스어 차용어를 사용하는 것처럼, 짐승을 가리킬 때는 'calf', 'sheep', 'swine', 'deer' 등의 영어 어휘를 사용하고, 식탁에 오르는 고기를 가리킬 때는 'veal', 'mutton', 'pork', 'venison' 등의 프랑스어 차용어를 사용한다.

이는 당시 영국의 지배 계층의 언어가 프랑스어이고 생산을 직접 담당한 하층민의 언어가 영어였다는 당시의 사회상을 보여주는 것이라고 할 수 있다.[49]

32. 기타 차용어

영어에 들어온 프랑스어 어휘를 상세히 설명한다는 것은 본서와 같은 목적을 가진 책에서는 부적합한 것이므로 프랑스어에 대한 이야기는 이 정도로 줄이기로 하겠다.

우리가 중요하게 취급한 켈트어, 라틴어, 스칸디나비아어, 프랑스어 외에 영어에 들어온 외래어로서 우리 귀에 친숙한 단어들을 들어보자면 다음과 같은 것들을 들 수 있을 것이다.

> 이탈리아어: gondola, carnival, concert, post, pistol, escort, bankrupt, model, carat, umbrella, parasol, balloon, macaroni, rocket, villa, balcony, opera, serenade, sonata, piano, malaria, influenza, pizza, spaghetti 등
>
> 스페인어: mosquito, banana, cargo, domino, embargo, junta, guitar, siesta, cockroach, barbecue, vanilla, cigarette, guerrilla, rodeo, patio, bonanza, cafeteria, tango 등
>
> 포르투갈어: flamingo, coconut, yam, buffalo, pagoda, veranda, massage 등
>
> 슬라브어: mammoth, vodka 등

폴란드어: polka, soviet, intelligentsia, robot 등

체코어: coach 등

아랍어: alcohol,[50] alchemy, alkali, algebra, albatross, algorithm, adobe, zero, candy, safari, lemon 등

힌디어: guru, bungalow, jungle, shampoo, cashmere 등

타밀어[51]: curry, mango 등

이란어(페르시아어): tiger, caravan, bazar, Shah, chess, jasmine, lilac 등

터키어: tulip, caviar, coffee, kiosk 등

히브리어: amen, rabbi, sabbath, satan, emerald, coral, cinnamon, sapphire 등

중국어: ketchup, wok. Typhoon, Gung Ho, silk, tea 등

일본어: shogun, kimono, sake, harakiri, tycoon, samurai, geisha, karaoke, sushi, teriyaki, kendo, judo, karate, zen 등

호주 원주민어: kangaroo, boomerang 등

말레이어: bamboo, orang-outang 등

북미 인디언어: racoon, persimmon, moose, skunk, hickory, totem, apache 등

남미 인디언어: cacao, canoe, hammock, hurricane, savannah, potato, maize, tobacco, jaguar, tomato, cocaine, chilli, coyote, iguana 등

이들 언어 외에 한국어로부터도 '김치'kimchi, '온돌'ondol, '태권도'Tae Kwon Do, '재벌'chaebol, '비빔밥'bibimbap, '불고기'bulgogi, '갈비'galbi, '소주'soju, '화병'hwabyeong 등의 어휘가 영어에 차용되어 있다.

참고사항

· · · · · · · · ·

'메일'은 'mail' or 'e-mail'?:

한국어에 들어온 영어 차용어 중에는 영어에서의 원래 의미와 일부 다르게 사용되기도 한다. 예를 들어 '메일'이라는 단어는 한국어에서는 일반 'mail'의 뜻보다는 주로 'e-mail'의 뜻으로 사용되며, 'leather'에서 온 것으로 보이는 '레쟈'라는 일본어식 단어는 진짜 가죽이 아닌 인조 가죽을 의미한다. 또한 '별장'을 뜻하는 'villa'가 한국어에서는 '연립 주택'이라는 의미로 사용된다.

한국어 요소와 영어 요소 간의 결합:

영어 어휘와 한국어 어휘를 결합시킨 '등골브레이커'라는 말도 생겨났으며, 영어 어휘와 한국어 어휘의 첫 글자를 합쳐 만든 '멘붕'(멘탈 + 붕괴), '광클'(광 + 클릭) 같은 표현도 생겨났다. 또한 '악플'이라는 말은 '나쁜'을 의미하는 한자어 '악'과 '댓글'을 의미하던 '리플'('reply'의 줄임말)의 끝 글자를 합쳐 만든 표현이다.

한국어에 들어온 영어 의존형태소:

영어 접미사와 같은 의존형태소가 한국어에 차용되기도 한다. '귀차니즘', '귀차니스트', '먹고살기즘' 등은 '-ism'이나 '-ist' 같은 영어 접미사를 한국어 요소와 결합시켜 만든 표현들이다. '바보틱', '유아틱', '숙녀틱', '대학생틱' 등에서 보이는 '틱'은 그 자체로 영어 접미사는 아니지만, 영어 단어 'idiotic'의 끝 음절인 'tic'을 한국어 요소와 결합해 만든 표현들이다. 일각에서는 '언구제러블'이라는 단어를 '구제할 수 없는'이라는 뜻으로 사용하기 도 하는데 (cf. un-구제-rable), 이 역시 영어의 의존형태소를 한국어 요소와 결합해 만든 표현이다. 또한 '악플러', '댓글러'라는 단어도 영어 접미사 '-er'을 한국어 요소 혹은 한국어화된 요소와 결합해 만든 것인데, 최근에는 '구걸러'(=구걸하는 사람), '구제러'(=구걸러를 구제해주는 사람) 등처럼 그 쓰임이 확대되고 있다. 그런 의미에서 한국어는 영어의 자립형태소뿐 아니라 의존형태소까지 차용하는 특이한 현상을 보인다고 할 수 있다.

제5장
영어의 문장: 그 구조와 형성

언어는 자유로운 창조의 과정이다. 언어의 법칙과
원리는 고정되어 있지만, 그 생성 원리의 사용 방식
은 자유로우며, 그 변화 가능성은 무한하다. 단어의
사용이나 해석까지도 자유로운 창조의 과정을 수반
한다.

Language is a process of free creation; its laws and
principles are fixed, but the manner in which the
principles of generation are used is free and infinitely
varied. Even the interpretation and use of words in-
volves a process of free creation.

—노암 촘스키Noam Chomsky

5장에서는 영어의 문장에 대해 알아보도록 하겠다. 영어의 문장은 어떻게 만들어지며, 그 내부 구조는 어떻게 되어 있는지, 또 문장과 관련한 다양한 작용들에는 어떤 제약조건들이 있는지 등을 살펴볼 것이다. 아울러 그런 제약조건들을 이론적으로 더욱 아름답게elegant 만들기 위한 방안에 대해서도 생각해볼 것이다.

I. 단어의 배열

우리는 앞 장에서 영어의 조어법, 즉 영어 단어들이 어떻게 만들어지는지에 대해 알아보았다. 그렇게 만들어진 영어 단어들을 적절히 결합하면 영어 문장sentence이 되는 것으로 흔히들 생각한다. 그런데 여기서 '적절히'라는 말이 무슨 뜻일까? 예를 들어 다음과 같은 영어 단어들 간의 결합은 모두 적절한 결합일까? 다시 말해 다음의 결합들은 모두 제대로 된 영어 문장을 이루는 것일까?

(1) John loved.

(2) John Mary loved.

(3) Loved John Mary.

(4) John loved actress.

(5) John loved actress the.

(6) John love the actress.

(7) John loved a actress.

(8) John loved an actress.

위의 여덟 문장 중 마지막 문장 (8)을 제외한 나머지 문장들은 모두 비문법적ungrammatical이다. (1)-(7)의 문장들이 어째서 비문법적인지를 간략히 설명하자면 다음과 같다.

> (1) 동사 'loved'의 목적어가 없음
>
> (2) 동사와 목적어의 위치가 바뀌었음
>
> (3) 동사와 주어의 위치가 바뀌었음
>
> (4) 셀 수 있는 명사인 'actress'가 단수형이면서 아무 관사도 없음
>
> (5) 정관사 'the'가 명사인 'actress'의 뒤에 나왔음
>
> (6) 동사 'love'의 시제 표시가 없음 (현재이면 3인칭 단수 표시인 '-s'가 부착되어야 하고, 과거이면 과거 시제 표시인 '-ed'가 부착되어야 함)
>
> (7) 명사 'actress'의 첫 음이 모음인데도 부정관사 'a'가 사용되었음

즉 영어 단어들을 결합할 때에는 적절한 순서를 준수해야 하며, 명사의 경우에는 적절한 관사를 사용해야 하고, 또한 동사의 경우에는 적절한 시제 표시와 함께 목적어 등의 적절한 요소가 수반되어야 한다는 것이다. 이와 같은 사실에서 문법적인 영어 문장을 만들어내기 위해서는 단어와 단어를 결합함에 있어 적절한 규칙이나 제약조건을 준수해야만 한다는 것을 알 수 있게 된다.

2. 영어학

그런데 우리는 3장에서 영어의 소리를 구성하는 최소 단위인 음소phoneme들이 아무렇게나 결합해 영어의 소리를 이루는 것이 아니라,

음소들은 영어 특유의 규칙 체계(즉 'phonotactics')에 따라 결합되는 것임을 보았다. 또한 4장에서는 영어에서 사용되는 의미의 최소 단위, 즉 형태소morpheme들이 아무렇게나 결합해 영어의 단어word를 이루는 것이 아니라, 형태소들 간의 결합에 있어서도 충족시켜야 할 일정한 조건들이 있음을 보았다.

이에 비추어 볼 때, 영어 단어들을 결합해 영어에서 사용가능한 문장sentence으로 만들기 위해 충족시켜야 할 조건이나 규칙이 있다는 것은 전혀 놀라운 일이 아니다. 다시 말해 영어에는 그것이 소리이건 아니면 단어나 문장이건 간에 그것을 구성하는 하위 요소들 사이의 결합 가능성과 관련해 일정한 제약조건 내지는 규칙이 작용하고 있다는 것인데, 영어를 모어로 사용하는 사람들은 이와 같은 제약조건이나 규칙을 무의식적으로 터득하고 있다.

그렇다면 일견 우스꽝스럽게 보일지도 모르는 다음 질문을 던져볼 수 있을 것이다.

(9) 영어를 안다는 것은 무엇을 안다는 것인가?
(What do they know when they know English?)
= native English speakers

사실 위의 질문은 다음과 같이 보다 포괄적인 질문으로 대체할 수 있다.

(10) 언어를 안다는 것은 무엇을 안다는 것인가?
(What do we know when we know a language?)

즉 우리가 무엇을 알기에 언어(이때의 언어는 물론 모어로 습득한 언어를 의미함)를 자유자재로 구사할 수 있느냐 하는 질문인데, 이 질문에 대답하기 위해 노력하는 학문이 바로 언어학linguistics이다. 바로 앞에서 한 질문, 즉 "영어를 안다는 것은 무엇을 안다는 것인가?"라는 질문은 대상 언어를 영어로 한정시킨 질문으로서 이에 대한 대답을 하기 위해 노력하는 학문이 바로 영어학이며, 이는 언어학이라는 커다란 울타리 안에 자리하는 것이다.

즉 영어학이란 영어를 모어mother tongue/native language로 사용하는 사람들이 대관절 무엇을 알기에 영어를 자유자재로 구사할 수 있느냐 하는 질문에 대답하고자 노력하는 학문 분야로서, 영어화자들이 무의식적으로 터득하고 있는 지식의 내용을 구체적인 모습으로 보여주기 위해 노력하는 학문 분야라고 할 수 있다.

그런데 2장에서 다룬 내용, 즉 영어에서 사용되는 소리 및 소리법칙 등과 관련한 내용은 영어학 중에서도 영어음성학English phonetics 내지는 영어음운론English phonology이라는 이름으로 연구되며, 3장에서 다룬 내용, 즉 영어의 조어법이나 단어의 구조 등과 관련한 내용은 영어학 중에서도 영어형태론English morphology이라는 이름으로 연구된다. 이제 본 장에서 다룰 내용, 즉 영어의 단어를 결합해 문법적인 문장을 만들어 내는 법 및 문장의 구조 등과 관련한 내용은 영어통사론English syntax[1]이라는 이름으로 연구된다. 영어학에는 이 외에도 우리가 추후 다룰 예정인 의미meaning와 관련된 연구를 하는 의미론semantics, 말이나 글의 맥락context과 관련된 연구를 하는 화용론pragmatics 등 다양한 분야가 있다.

3. 언어능력과 언어수행competence vs performance

우리는 앞에서 영어를 모어로 사용하는 사람들은 영어 단어를 어떻게 배열해야 문법적인 영어 문장이 되는지에 대해 무의식적으로 알고 있다고 했다. 그렇다면 여기서 다음과 같은 질문을 제기해볼 수 있을 것이다.

(11) 영어를 모국어로 사용하는 사람들의 입에서 나오는 말은 모두 문법적인가?

그렇지 않다는 것을 쉽게 알 수 있을 것이다. 즉, 영어를 모어로 사용하는 미국인이나 영국인이라 하더라도 실제로 말을 하는 과정에서는 때때로 언어 외적인 이유에 의해, 예를 들어 다른 사람이 대화 도중에 끼어든다든지, 실수로 말이 잘못 나온다든지, 혹은 술에 취하거나 질병 등으로 인해 정상적 언어 운용이 어려울 때, 비문법적인 문장을 발화utter하기도 한다. 다시 말해 어떤 문장들이 문법적인지를 안다고 해서 실제로 말을 할 때 문법적인 문장만을 발화하는 것은 아니라는 것이다.

언어학에서는 이를 언어능력competence과 언어수행performance이라는 용어를 사용해 구분한다. 언어능력이란 화자speaker가 해당 언어에 대해 무의식적으로 가지고 있는 지식을 가리키며, 언어수행이란 화자가 구체적 상황에서 실제로 그 언어를 사용하는 것[2]을 가리킨다.

포괄적이고 완벽한 언어 이론은 언어능력뿐 아니라 언어수행까지도 충분히 설명해낼 수 있어야 할 것이다. 그러나 이런 완벽한 언어 이론은 아직 정립되지 못한 것이 현실이므로 언어 연구를 하는 사람들은 각자의 입장에 따라 언어능력과 언어수행 중 어느 한 쪽을 중점적으로 연구하게 된다. 2장에서 언급한 바 있는 노암 촘스키Noam Chomsky라는 사람의 이론은 주로 사람들의 문법성 판단grammaticality judgement을 가능하게 해주는 언어능력competence에 관한 것인데, 이는 그가 언어 연구에 있어서 언어수행의 관련성이나 의의를 부인하기 때문이 아니라, 언어수행의 이해를 위해서는 언어능력에 대한 이해가 선행되어야 한다는 논리 하에 우선 자신의 노력을 언어능력 연구에 집중하고자 하는 필요에 의한 것이다.

이런 촘스키의 언어 이론은 현대 언어학에서 가장 영향력 있는 언어 이론으로서 특히 문장을 기본 탐구 대상으로 삼는 통사론syntax 분야에서 혁명적 발전을 이룩해 왔으며, 우리나라에서도 광범위하게 연구되고 있다.

그렇다고 해서 촘스키의 언어 이론만이 유일한 언어 이론이라는 것은 아니다. 학자들 중에는 촘스키와는 다른 관점에서 언어능력을 연구하는 사람들도 있으며, 촘스키와는 달리 언어수행을 본격적 언어 탐구의 대상으로 삼는 사람들도 있다.

참고사항

Spoonerism:

언어수행 중 나타나는 '말실수'를 영어로는 'slip of the tongue', 혹은 'tongue slip'이라고 한다. 영국 성공회 성직자로서 옥스퍼드대학교 뉴 칼리지New College의 대학장warden을 지낸 스푸너(William Archibald Spooner, 1844-1930)는 이런 'slips of the tongue'으로 유명했는데, 그는 특히 단어 간의 두음(=첫 번째 음)을 바꾸어 말하는 실수를 자주 저질렀다. 그의 유명한 말실수

중에는 다음과 같은 것들이 있는데, 이와 같이 단어 간의 두음 교체로 인한 말실수를 그의 이름을 따서 'spoonerism'이라고 부른다.

"queer old dean"("dear old queen"이라고 말할 것을 'd'와 'qu'를 맞바꾸어 말함)

"The Lord is a shoving leopard"("The Lord is a loving shepard"라고 말할 것을 'loving'의 'l'과 'shepard'의 'sh'를 맞바꾸어 말함)

"Is the bean dizzy?"("Is the dean busy?"라고 말할 것을 'dean'의 'd'와 'busy'의 'b'를 맞바꾸어 말함)

"You have hissed my mystery lecture."("You have missed my history lecture"라고 말할 것을 'missed'의 'm'과 'history'의 'h'를 맞바꾸어 말함)

"You have tasted the whole worm."("You have wasted the whole term"이라고 말할 것을 'waste'의 'w'와 'term'의 't'를 맞바꾸어 말함)

"Go and shake a tower."("Go and take a shower"라고 말할 것을 'take'의 't'와 'shower'의 'sh'를 맞바꾸어 말함)

"a half-warmed fish" ("a half-formed wish"라고 말할 것을 'formed'의 'f'와 'wish'의 'w'를 맞바꾸어 말함)

"Mardon me, padam." ("Pardon me, madam"이라고 말할 것을 'pardon'의 'p'와 'madam'의 'm'을 맞바꾸어 말함)

"He was killed by a blushing crow." ("He was killed by a crushing blow"라고 말할 것을 'crushing'의 'cr'와 'blow'

의 'bi'을 맞바꾸어 말함)

"It is kisstomary to cuss the bride." ("It is customary to kiss the bride"라고 말할 것을 'customary'의 'cu'와 'kiss'의 'ki'를 맞바꾸어 말함)

스무너(William Archibald Spooner,
1844-1930)

4. Colorless green ideas sleep furiously

제목에서와 같은 문장은 문법적일까? 이 질문에 대해 상당수 독자들이 당혹감을 느낄 것이다. 무엇보다도 문법적grammatical이라는 말의 의미가 무엇일까? 이 '문법적'이라는 용어의 개념을 어떻게 설정하느냐에 따라 해당 문장의 문법성에 대해 다른 대답이 나올 수도 있을 것이다. 아무튼 제목에서와 같은 문장은 기이한eccentric 것임에는 틀림이 없다. 그렇다면 무엇이 이 문장을 기이하게 만드는지부터 알아보기로 하자.

먼저 이 문장의 주어는 'idea'인데, 동사가 'sleep'인 점이 기이하다. 의미상으로 'sleep'라는 동사의 주어는 움직이는 것[3]이라야 될 수 있는데, 'idea' 등의 추상명사는 'sleep'라는 동사의 주어가 되기 어렵다.[4]

두 번째로 'colorless'라는 어휘와 'green'이라는 어휘 간에 의미적 상충semantic contradiction이 일어난다. 'colorless'라는 어휘는 'color'가 없음을 나타내나, 'green'이라는 어휘는 'color'가 있음을 전제하는 것이므로, 이 두 어휘 사이에 모순이 일어난다.

세 번째로는 'sleep'라는 동사의 의미 자질semantic feature이 'furiously'라는 수식어와 양립하기가 어렵다. 즉 'sleep'라는 동사는 일반적으로 'furious'하지 않은 상태를 함의하는 것으로 'furiously'라는 수식어와는 의미적으로 어울리기가 어렵다.

이상의 문제점들은 모두 의미와 관계된 것으로서, 제목의 문장이 의미적인 이유 때문에 기이해진다는 것을 나타내준다. 그렇다면 이와 같이 의미 면에서 문제점을 지니고 있는 문장을 비문법적이라고 해야 할까?

촘스키는 제목의 문장을 문법적인 문장으로 간주해야 한다고 주장했다. 그가 말하는 문법성grammaticality은 통사적syntactic인 것으로서 제목의 문장은 통사적으로는 아무 문제가 없다는 것이다. 그러나 이 문장이 기이한 것임은 틀림없는 사실이다. 그리고 이와 같은 기이성이 의미적인 이유에서 비롯되는 것임도 이미 살펴보았다. 촘스키는 이와 같은 문장을 통사적으로는 아무 문제가 없으나, 의미적으로는 받아들이기 어려운 문장semantically unacceptable sentence이라고 말한다.

이를 좀 더 전문적인 용어를 사용해 표현하자면, 제목의 문장은 통사적으로는 적형syntactically well-formed 즉 문법적grammatical이지만, 용인불가능unacceptable하다고 말할 수 있다. 이와 같은 촘스키의 견해는 문법에서 통사부Syntax와 의미부Semantics는 서로 독립된 부문이어야 한다는 것으로서, 이를 자립통사론Autonomous Syntax 주장이라고 부른다.

참고로 다음과 같은 어순의 문장은 제목에서의 문장과는 대조적으로 의미적으로 용인불가능할 뿐 아니라 통사적으로도 부적형ill-formed, 즉 비문법적ungrammatical이다.

(12) *Furiously sleep ideas green colorless.

(문장 앞의 '*'는 이 문장이 비문법적임을 표시함)

참고사항
· · · · · · · · ·

통사부·의미부 구분과 오토 예스퍼슨:

통사부와 의미부를 구분하는 시도는 촘스키 이전에도 있었다. 덴마크의 언어학자 오토 예스퍼슨Otto Jespersen은 1924년에 발간된 "The Teaching of Grammar"라는 논문에서 "He is older than his father"나 "The moon is made of green cheese"와 같은 문장들은 의미적으로는 말이 안 되지만 그럼에도 불구하고 문법적으로는 완벽하다며 촘스키와 동일한 입장을 피력한 바 있다 (cf. " . . . these groups of words make nonsense, but nevertheless both sayings are perfect sentences from the grammatical point of view." p. 491). 예스퍼슨의 이 논문은 "영문법 교육을

생각함"이라는 이름으로 번역되어 『예스퍼슨의 영문법교육을 생
각함』이라는 책(한학성 편역 2002년 태학사 발행) 1장에 수록되어
있으니 자세한 내용을 알기를 원하는 사람들은 참조하기 바란다.

5. The dog chased the cat

앞에서 의미와 관련된 문제로 인해 용인불가능unacceptable해지는
문장을 살펴보았다. 그러나 의미상으로 문제가 없다고 해서 항상 용인
가능acceptable해지는 것은 아니다. 즉, 어떤 경우에는 의미해석상으로
는 문제가 없지만 다른 이유로 용인불가능해지기도 한다. 논의를 진행
하기 위해 다음 예들을 보도록 하자.

> (13) a. The dog chased the cat.
>
> b. The cat that the dog chased ate the mouse.
>
> c. The cat ate the rat.
>
> d. The rat that the cat ate died.

위의 예문들은 모두 문법적인 문장들로서, (13b)와 (13d)는 주어가
관계절의 수식을 받을 수 있음을 보여준다. 그런데 만일 (13d)에서 관계
절 "that the cat ate"의 주어인 'the cat'을 수식하는 또 다른 관계절이 삽
입되면 어떻게 될까? (13b)와 (13d)를 통해 이미 주어가 관계절에 의해

수식될 수 있음을 보았으므로 이와 같은 관계절의 추가 삽입이 원칙적으로는 아무 문제도 일으키지 말아야 할 것이다.

그러나 다음 예에 대한 영어 화자들의 판단은 일반적으로 용인불가능unacceptable하다는 것이다.

(14) The rat that the cat that the dog chased ate died.

(14)는 의미해석상으로는 아무 문제가 없다. (14)가 용인불가능한 이유가 의미적인 것이 아님은 그에 해당하는 한국어 문장이 아무 문제도 없음에 의해 뒷받침된다.

(15) 그 개가 뒤쫓아 간 고양이가 잡아먹은 생쥐가 죽었다.

(13b,d)와 같이 주어가 관계절에 의해 수식되는 구문을 중앙내포Center Embedding 구문이라고 부르는데, 중앙내포가 (13b,d)에서처럼 1차에 한해 일어날 때는 용인가능하지만, (14)에서처럼 중첩되어multiply 일어날 때는 용인불가능하게 된다. (14)와 같은 중첩 중앙내포multiply center-embedded 문장들은 의미 해석이 가능하면서도 용인불가능하다는 점에서 앞에서 다룬 "Colorless green ideas sleep furiously"와 대조를 이룬다.

(16b)도 의미적으로는 해석이 가능하나 통사적으로는 비문법적이다.

(16) a. The book seems interesting.

b. *The child seems sleeping.

(cf. The child seems to be sleeping.)

6. 최대 길이의 영어 문장과 인간 언어능력의 창의성

영어를 모어mother tongue/native language로 사용하는 사람들은 얼마나 긴 문장까지 만들어낼 수 있는 것일까? 아니, 영어 문장의 길이에 어떤 제한이라도 있는 것일까?

이 질문에 대답하기 위해 일단 영어 문장의 길이에 어떤 제한이 있다고 가정하고, 'S'라는 문장이 영어에서 가능한 최대 길이의 문장이라고 가정해보자. 그렇다면 우리는 즉각적으로 'S'라는 문장 앞에 다음을 덧붙여 말할 수 있을 것이다.

John said that S

위의 문장은 분명히 'S'보다 긴 문장이다 (즉 'S'보다 'John', 'said', 'that'의 세 단어가 더 들어 있으므로 그만큼 더 길다). 다시 말해 영어에는 'S'보다 더 긴 문장이 있을 수 있다는 것이다. 그렇다면 우리가 앞에서 한 "'S'라는 문장이 영어에서 가능한 최대 길이의 문장"이라는 가정이 모순에 봉착하게 된다. 이는 영어 문장의 길이에 어떤 제한이 있다고 한 우리의 가정이 틀린 것임을 보여주는 것으로, 결국 영어 문장의 길이에는 아무 제한이 없음을 뜻하는 것이다.[5]

영어 문장의 길이에 제한이 없다는 사실은 무엇을 시사하는 것일까? 이는 영어(다른 언어도 마찬가지임)를 모어로 사용하는 사람들은 무한히 긴 문장infinitely long sentence을 만들어낼 수 있는 능력competence을 보유하고 있음을 시사한다. 이런 능력은 도대체 어디에서 오는 것일까?

이 질문은 사실 인간이 어떻게 언어를 습득하는지에 대한 질문과 직접 연관이 되는 것이다. 논의를 위해 인간의 언어능력이 다른 사람들의 언어 행위를 모방함으로써 얻어진다고 가정해보기로 하자. 이 가정에 따를 경우 무한히 긴 문장을 만들어낼 수 있는 능력은 자연히 그 무한히 긴 문장을 들어본 경험이 있어야 생길 수 있게 된다. 그런데 무한히 긴 문장, 즉 끝나지 않는 문장을 현실 세계에서 들어보기는 불가능하다. 그렇다면 무한히 긴 문장을 만들어낼 수 있는 능력이 모방에 의해 얻어지는 것이 아님이 분명하다.

그렇다면 이 능력은 도대체 어디에서 오는 것일까? 앞에서 이야기하였다시피 현실 세계에서 무한히 긴 문장을 경험적으로empirically 들어서 배우는 것이 아니라면, 이는 오로지 선험적, 즉 선천적으로innately 가지고 태어나는 능력일 수밖에 없다. 즉 인간의 언어능력은 선천적으로 가지고 태어나는 능력, 즉 생득적innate 능력이라는 것인데, 이는 촘스키에 의해 강조된 것으로 현대 언어학의 중요한 발견 중 하나가 된다.

앞에서 이야기한 내용을 언어학에서는 흔히 인간 언어능력의 창의성creativity이라고 부른다. 이는 무한히 긴 문장을 만들어낼 수 있는 능력뿐 아니라 인간이 언어를 습득함에 있어 한 번도 들어본 적이 없는 문장novel sentences을 실제로 발화하며, 또 한 번도 들어본 적이 없는 문장을 이해할 수 있다는 사실에 의해 뒷받침되기도 하는데[6], 앞에서 언어학의 기본 탐구 대상이 인간의 언어능력이라고 한 점을 상기하면, 인간 언어능력의 창의성은 언어학 내지는 문법학이 규명해야 할 핵심 과제의 하나가 됨을 이해할 수 있을 것이다.

참고사항
· · · · · · · · ·

인간 언어능력의 창의성과 오토 예스퍼슨:

흔히 현대 언어학에서 인간 언어능력의 창의성creativity이나 생득성innateness을 촘스키가 최초로 주장한 것처럼 서술하는 경향이 있지만, 앞에서 이미 언급한 바 있는 덴마크 언어학자 오토 예스퍼슨은 촘스키보다 한 세대 정도 앞서 유사한 주장을 펴기도 했다.

구조주의적 언어관을 비판한 촘스키의 핵심 논지 중 하나가 인간에게는 한 번도 들어본 적이 없는 문장novel sentences을 발화해 내고 또 이해할 수 있는 능력이 있다는 것이다. 이와 같은 인간 언어능력의 창의성에 대한 인식은 예스퍼슨에서는 다음과 같이 나타나고 있다.

> . . . 의식하지는 못하지만, 우리 각자는 때때로 우리 자신을 포함해서 어느 누구도 들어본 적이 없는 무엇인가를 실제로 창조해낸다. (Jespersen 1922 *Language*, p. 129)

> 이렇게 화자가 창조하는 문장은 하나 이상의 면에서 그 자신이 전에 들어보았거나 발화한 적이 있는 것과 다를 수 있다. (Jespersen 1924a *The Philosophy of Grammar* p. 19)

> 자유 표현free expression의 어느 것이든 다른 것으로 대체할

수 있다. 거기서 인간의 언어 창조 활동language-creating activity이 일어나는 것이다. (Jespersen 1924b *"The Teaching of Grammar"*, p. 500)

물론 인간 언어 능력의 창의성에 대한 지적은 이미 훔볼트(1767-1835)에 의해서도 행해진 바 있으므로 이를 촘스키나 예스퍼슨의 독보적 주장으로 보아서는 안 될 것이다.

촘스키의 또 다른 주요 주장이 인간 언어능력의 생득성이다. 즉 인간은 유전자적으로 결정된genetically determined 언어능력을 지니고 태어나며, 이 생득적 언어능력의 도움으로 인간은 적절한 언어 환경에 들어가 있기만 하면 누구나 특별한 교육이나 의식적 노력 없이도 쉽게 해당 언어를 습득할 수 있다는 것이다.

의식적 학습 없이 언어능력을 터득하게 된다는 예스퍼슨의 견해는 다음에서 확인할 수 있다.

어린이들은 문법 규칙을 배우지 않는다 . . . 아무 문법 교육 없이도, 그들은 자신이 듣고 이해한 수많은 문장들로부터 어떤 구조의 개념을 추출해낸다. 그 구조의 개념은 어린이들로 하여금 자기자신의 문장을 창출하게 해줄 수 있을 만큼 충분히 명확한 것이다. (Jespersen 1924a *The Philosophy of Grammar*, p. 19)

또한 예스퍼슨은 훔볼트의 언어관과 관련된 논의를 하면서 다음과 같은 서술을 해 인간 언어능력을 유전자적인 것과 연관을 지으려는 시도에 동의를 표하고 있다.

따라서 언어는 유전자적으로 결정된다고 하지 않을 수 없다.[7] (Jespersen 1922 *Language*, p. 56)

오토 예스퍼슨 (1860-1943)

7. 문법의 발굴

앞에서 영어학자, 그 중에서도 특히 통사론자syntactician의 주된 관심사가 영어를 모어로 사용하는 사람들이 대체 무엇을 알고 있기에 영어 단어를 적절히 배열해 문법적 문장을 만들어내는 능력을 갖고 있는가에 대한 것이라고 했다. 이에 대한 답을 구하기 위해 촘스키가 초기에 취한 접근 방식은 모어 화자들이 문법적이라고 판단하는 문장은 하나도 빠짐없이 생성generate해내고, 모어 화자들이 비문법적이라고 판단하는 문장은 하나도 생성해내지 않는 문법 체계grammatical system를 발굴해내는 것이었다. 그의 방법론을 생성문법론Generative Grammar이라고 부르는 것도 그가 문법 체계로 하여금 모든 문법적 문장을 생성generate해내도록 한다는 점에 기인한 것이다.

이런 문법 체계, 즉 문법적인 문장은 하나도 빠짐없이 그리고 비문법적인 문장은 하나도 포함됨이 없이all and only grammatical sentences 생성해내는 문법 체계를 어떻게 발굴해내느냐 하는 것이 초기 생성문법이론의 주된 관심사가 되었는데, 본서에서 이에 대한 상세한 논의를 하기는 어렵고 단지 원론적인 내용만을 단편적으로 소개하기로 하겠다. 보다 상세한 내용을 알고자 하는 독자들은 생성문법 관련 문헌을 참조하기 바란다.[8]

그런데 앞에서 인간이 무한히 긴 문장을 만들어내는 언어능력을 보유하고 있음을 설명하면서 이를 인간 언어능력의 창의성creative aspect of linguistic competence이라고 했는데, 제대로 된 문법 체계라면 인간 언어능력의 이와 같은 특징도 설명할 수 있어야 할 것이다. 이는 곧 우리의 문법 체계가 원칙적으로 한 번도 들어본 적이 없는 문장을 생성해낼 수 있는 장치를 갖추어야 함을 의미하는데, 이런 장치는 구체적으로 무한히 긴infinitely long 문장을 생성해낼 수 있는 가능성을 문법 체계 안에 배태시킴으로써 가능해진다. 어떤 문법 체계로 하여금 무한히 긴 문장을 만들어낼 수 있게 하면 그 문법 체계가 생성해낼 수 있는 문장의 수가 무한대infinitude가 되는데, 무한대의 문장 속에는 인간이 만들어낼 수 있는 어떤 문장도 다 포함될 수 있으므로 결국 그 문법 체계가 인간 언어능력의 창의성을 설명할 수 있게 되는 것이다.

이와 같은 문법 체계를 발굴함에 있어 유의해야 할 점이 한 가지 더 있다. 그것은 앞에서 이야기한 언어능력의 창의성이라고 하는 것이 언어 습득 과정에서 어린이들이 접하게 되는 유한한finite 언어 자료를 바탕으로 얻어지게 될 뿐 아니라, 언어능력이 자리하고 있을 것으로 추정되는 인간의 뇌 자체가 공간적으로 유한한 것이므로, 우리가 제안할 문법 체계 자체도 유한한 것이 되어야 한다는 것이다. 즉, 생성문법론자들은 무한한 수의 문장을 만들어낼 수 있되 그 자체는 유한한 수의 요소들로 이루어진 문법 체계를 발굴해내는 것을 목표로 하고 있는 것이다.

8. 연구의 순서

어린 아이들이 언어 습득 과정 초기에 접하게 되는 극히 제한된 언어 자료를 기초 언어 자료primary linguistic data라고 한다. 어린 아이들은 이 한정된 기초 언어 자료를 바탕으로 무한한 수의 문법적 문장을 만들어낼 수 있는 풍부한 언어능력을 터득하게 되는 것이다. 그 과정에서 어떤 일이 일어나는지를 밝히고자 하는 것이 촘스키를 비롯한 언어학자들의 관심사라고 할 수 있다.

한정된 기초 언어 자료primary linguistic data를 바탕으로 무한한 수의 문법적 문장을 생성해낼 수 있는 문법 체계를 발굴하는 과정에 있어 필수적으로 요구되는 사항은 그 한정된 언어 자료 안에 숨겨져 있는 문법 원리나 법칙을 발견해내는 일이다. 즉, 언어학자들은 한정된 자료를 바탕으로, 그 언어를 모국어로 사용하는 화자들이 무의식적으로sub-consciously 터득해 알고 있는 지식의 내용을 의식의 세계 안에 펼쳐 보여주고자 하는 것이다. 이와 같은 언어학자들의 작업은 자연 현상 속에 내재하는 자연 원리나 법칙을 규명하기 위해 노력하는 자연과학자들의 작업과 일맥상통하는 것으로서 언어 연구가 자연과학적 연구와 유사한 방식으로 수행될 수도 있음을 시사한다. 즉, 문법 원리나 법칙을 발견하기 위해서는 우선 문법적으로 의의 있는linguistically significant 자료를 발굴해내어야 하며, 그런 후에 해당 자료를 설명할 수 있는 가설hypothesis을 세우고, 그 가설이 보다 광범위한 자료further data를 설명할 수 있는지 여부를 검증test/verify하는 과정을 거쳐야 한다. 그 과정에서 어떤 문제가 노정될 시 그 문제점을 해결할 수 있도록 기존의 가설을 수정, 보완한다든지 혹은 다른 새로운 가설을 제시한다든지 함으로써 올바른 문법 원리나 법칙에 근접해 가도록 진행되어야 한다. 이런 작업이 실제로 어떻게 수행되는지를 본서에서 자세히 보이기는 어려우므로 이에 대해 적극적인 관심이 있는 독자들은 통사론 관련 서적을 참조하는 것이 좋을 것이다.

앞에서 우리는 통사론자들이 지향하는 목표가 문법적인 문장은 하나도 빠짐없이 그리고 비문법적인 문장은 하나도 포함됨이 없이all and only grammatical sentences 생성해내는 문법 체계를 발굴해내는 것이라고 하였다. 그리고 이와 같은 문법 체계가 우리가 무의식적으로 터득하고 있는 언어능력의 구체적인 모습이라고 설명하였다. 이렇게 무의식적인 언어능력의 구체적인 모습으로 제안된 문법 체계는 학자에 따라 조금씩 혹은 현저하게 다를 수 있을 것이다. 따라서 제안된 혹은 가능한 여러 문법 체계 중 어느 것이 더 타당한지를 평가해주는 척도evaluation metric가 필요하게 된다. 촘스키는 문법의 타당성을 측정하는 기준으로서 다음의 세 가지를 제안하고 있다.

(가) 관찰적 적합성observational adequacy

촘스키에 따르면 어떤 문법이 논의의 대상이 되는 문장들limited body of "observed sentences"의 전부를 올바르게 생성해낼 수 있으면 그 문법은 관찰적으로 적합observationally adequate하다고 말한다. 이 말은 즉 논의의 대상으로 삼고 있는 문장들의 문법성을 올바르게 판별해줄 수 있는 한, 그 문법은 관찰적 적합성을 갖추게 된다는 뜻이다. 이는 문법의 적합성과 관련된 최소의 요구로서 이 요구 조건도 충족시키지 못하는 문법은 별다른 가치가 없는 것으로 취급된다.

(나) 기술적 적합성descriptive adequacy

이는 (가)의 조건을 충족시킴과 동시에 이에 추가해 문장의 구조에 대한 모어 화자의 직관intuition을 원리적으로 설명할 수 있는 문법을 일컫는 말이다. 이와 관련해 촘스키는 다음의 예를 들고 있다 (cf. Chomsky 1964 *Current Issues in Linguistic Theory*, p. 34).

> (17) John is eager to please.
>
> (18) John is easy to please.

(17)과 (18)은 'eager'와 'easy'를 제외하면 나머지 단어들은 동일하다. 'eager'와 'easy'도 두 번째 음절의 발음만 다를 뿐, 둘 다 동일한 품사, 즉 형용사이다. 이 두 문장이 문법적이라는 판단을 올바르게 예측predict해줄 수 있는 문법은 모두 (가)에서 설명한 관찰적 적합성을 갖춘 문법이다. 그러나 영어 화자들은 이 두 문장이 문법적이라는 사실뿐 아니라, 이 두 문장에서 'John'과 'please'의 관계가 서로 다르다는 사실도 직관적으로intuitively 알고 있다. 즉 (17)에서 'John'은 'please'의 주어 역할을 하는데 비해, (18)에서는 'John'이 'please'의 목적어 역할을 한다. 'eager'와 'easy'의 차이만 있는, 다시 말해 두 음절 중 한 음절의 발음만 다를 뿐 동일한 품사의 단어가 동일한 위치에 나오는 극히 유사한 두 문장의 구조가 이처럼 다를 수 있다는 것은 매우 흥미로운 것이며, 이를 영어 화자들이 직관적으로 알고 있다는 것 역시 매우 흥미로운 일이

아닐 수 없다. 이와 같은 영어 화자들의 직관intuition을 나타내줄 수 있는 문법은 기술적으로 적합descriptively adequate하다고 하며 그렇지 못한 문법보다 우월한 문법으로 평가한다.

(다) 설명적 적합성explanatory adequacy

이는 (나)의 조건에 더해, 다음의 세 가지 조건을 충족시키는 문법을 일컫는다. 우선 인간 언어에 두루 적용될 수 있는 보편성universality을 획득해야 한다. 다시 말해 모든 인간 언어를 설명할 수 있어야 한다. 둘째로 오직 인간 언어에만 적용되도록 최대한 제약maximally constrained되어야 한다. 다시 말해 인간 언어 외의 의사소통 수단에는 적용되지 말아야 한다. 마지막으로 심리적 실재성psychological reality을 획득해야 한다. 다시 말해 궁극적으로 인간 언어가 작용하는 신경생리학적 메커니즘neuro-physiological mechanism을 발견할 수 있어야 한다. 촘스키는 이를 언어 기관language organ이라고 부른다. 즉 설명적 적합성을 갖춘 언어 이론은 궁극적으로 인간의 뇌와 마음 안에서 언어가 어떻게 작동하는지를 설명할 수 있어야 한다는 것이다.

요약하자면 문법학자가 제시하는 문법은 최소한 관찰적 적합성을 갖추어야 하며, 문법학자들은 궁극적으로 설명적 적합성을 지닌 문법 체계를 발굴해내는 것을 목표로 한다. 따라서 앞에서 문법학자들의 목표를 문법적인 문장은 하나도 빠짐없이 그리고 비문법적인 문장을 하나도 포함됨이 없이 생성해내는 문법 체계를 발굴하는 일이라고 말한 것은 편의상 그렇게 말한 것이지, 보다 엄밀히 말한다면 그런 문법 체계 중 기술적으로 적합하며 나아가 설명적으로도 적합한 문법 체계를 발굴해내는 것이 문법학자들의 목표라고 해야 할 것이다.

참고사항
· · · · · · · · · ·

설명적 적합성과 오토 예스퍼슨:

촘스키가 문법의 궁극적 목표로 제시하는 설명적 적합성(explanatory adequacy)에 대한 개념도 예스퍼슨에서 찾아볼 수 있다 (cf. Jespersen 1933a *Essentials of English Grammar*, pp. 19-20).

"그러나 이러한 규범 문법prescriptive grammar보다 더 가치 있는 것은 순수 기술 문법descriptive grammar이다. 기술 문법은 어떻게 말하고 써야 되는지에 대한 지침서 역할 대신, 탐구 대상인 언어의 화자들이 실제로 어떻게 말하고 쓰는지를 발견할 것을 목적으로 삼는다. 그리하여 언어 사용자들이 무의식적으로 따르고 있는 규칙들을 과학적으로 이해할 수 있게 하고자 한다. 그러한 문법은 또한 설명력이 있어야 한다 . . ."

예스퍼슨이 규범 문법보다 기술 문법을 더 가치 있는 것으로 평가하고, 기술 문법 중에서도 설명력이 있는 것을 더 가치 있는 것으로 평가하는 것은 촘스키가 관찰적 적합성observational adequacy보다 기술적 적합성descriptive adequacy과 설명적 적합성explanatory adequacy을 중시하는 것과 마찬가지로 볼 수 있다. 마찬가지 견해가 *Essentials of English Grammar*보다 11년 앞선 *Language*에도 다음과 같이 나타나 있다.

> "... 단순히 기술하고 분석하기만 한 것이 아니라 설명하였다. ... 어느 특정 형태가 언제 어디서 존재했으며, 또 어떤 모습으로 어떻게 사용되었는지를 서술하는 것만으로는 만족하지 않고, 하필이면 왜 그 행로를 택했는지를 묻기 시작하게 되어, 언어학은 순수히 기술적인descriptive 학문으로부터 설명적인explanatory 학문으로 이행하게 되었다." (cf. Jespersen 1922 *Language*, p. 32)

9. 구구조규칙의 필요성

논의의 편의를 위해 잠시 우리의 문법이 설명해야 할 자료를 다음으로 한정시키자.

(19) a. Khalil loved Mary.

b. Khalil loved the headmistress.

c. The poet loved Mary.

d. The poet loved the headmistress.

우리의 관심사는 영어 화자들이 무엇을 알고 있기에 (19)의 모든 문장들이 문법적임을 알 수 있느냐 하는 것이다. 이에 대한 대답으로 유력한 것은 우리의 문법 체계가 (19)를 모두 문법적인 문장으로 생성해내기 때문이라는 것이었다.

그렇다면 그런 문법 체계는 어떤 것이어야 하는가? 우리의 문법은 최소한 (19)의 네 문장을 모두 올바르게 생성해낼 수 있어야만 문법의 최소 요건인 관찰적 적합성을 획득하게 된다. 그런 목적을 달성하기 위한 방안에는 어떤 것이 있을까? 우선 문법에 문장을 형성해내는 문형성 공식sentence formula이 포함된다고 가정할 수 있을 것이다. 이런 문형성 공식은 가능한 통사범주syntactic category 간의 결합을 명시함으로써 표시할 수 있다. 즉, (19a)의 문장이 문법적임을 알 수 있는 이유는 문법에 다음과 같은 문형성 공식이 설정되어 있기 때문이라고 보자는 것이다.

(20) N V N

이런 설명 하에서는 (19a)가 문법적인 이유를, 'Khalil'과 'Mary'가 모두 'N', 즉 명사이고 'loved'는 'V', 즉 동사이므로 (19a)가 (20)의 문형성 공식에 의해 생성될 수 있기 때문으로 설명한다. 물론 이런 설명을 위해 (20)과 더불어 'Khalil'과 'Mary'가 각각 명사라는 통사범주에 속하고, 'loved'는 동사라는 통사범주에 속한다는 사실도 알아야 한다. 이는 각 단어의 범주를 표시해주는 부문이 문법에 독자적으로 independently 존재하고 있다고 가정함으로써 해결할 수 있을 것이다. 일반적으로 이 기능을 담당하는 문법 부문을 어휘부Lexicon라고 부르는데, 이 부문에 대한 논의는 일단 뒤로 미루고, 여기서는 단지 문장을 생성해내는 규칙에만 관심을 두도록 하겠다.

문형성 공식 (20)은 (19a)는 생성해낼 수 있지만 (19b-d)는 생성해내지 못한다. 따라서 (19a-d)를 모두 생성해내는 문법 체계의 완성을 위해서는 다음과 같은 문형성 공식들이 추가로 필요하게 된다.

(21) a. N V Det N

     b. Det N V N

     c. Det N V Det N

(21)의 공식들에 보이는 'Det'는 'Determiner'를 뜻하는 것으로서 정관사 'the' 등을 지칭하는 통사범주이다. (20)과 (21)의 문형성 공식을 가정하면 일단 (19)의 자료에 관한 한 관찰적으로는 적합한observationally adequate 설명을 할 수는 있을 것이다. 즉, 영어 화자들이 (19)의 문장들이 모두 문법적임을 아는 이유를 그 문장들이 모두 (20)과 (21)의 문형성 공식에 의해 생성될 수 있기 때문이라는 설명을 할 수 있는 것이다. 그러나 그런 설명이 충분한 것인가? 그리고 그런 설명에 문제점은 없는 것인가?

우선적으로 지적할 수 있는 점은 4개의 문장을 설명하기 위해 4개의 공식을 설정해야 했다는 점이다. 이는 분명히 비경제적이다. 또한 앞에서 언어능력의 창의성에 대해 언급하면서, 이를 설명하기 위해서는 해당 문법이 무한히 긴 문장을 생성해낼 수 있어야 하며 그것이 유한한 수의 문법에 의해 이루어져야 함을 지적했다. (20)이나 (21)과 같은 유의 문형성 공식을 가정하는 문법으로 무한히 긴 문장을 생성해내게 하기 위해서는 문형성 공식 자체가 필연적으로 무한히 긴 것이 되고 말 것이다. 어린아이들이 이렇게 무한히 긴 문형성 공식을 습득한다는 것은 불가능한 것이므로 이를 가정해야 하는 문법 체계는 결국 타당하지 못한 것이 될 수밖에 없는 것이다.

또한 (20), (21)과 같은 문형성 공식은 (19)의 문장들로부터 파악할 수 있는 일반성을 전혀 반영하지 못한다. 그 일반성이란 'Khalil'이나 'the poet'처럼 주어 위치에 나타날 수 있는 요소는 동시에 목적어 위치에도 나타날 수 있다는 것이다.

(20), (21)은 또한 (19b)에서 정관사 'the'가 동사 'loved'보다는 'headmistress'와 더욱 밀접한 관계를 가지며, (19c)에서 명사 'poet'이 동사 'loved'보다는 정관사 'the'와 더욱 밀접한 관계를 가진다는 극히 상식적이라고 할 수 있는 영어 화자들의 직관도 설명하지 못한다는 단점을 지닌다.

이런 문제점들을 해결하는 방법은 문장을 형성하는 규칙 외에 문장 내의 작은 단위로서의 구phrase를 생성해내는 규칙이 있다고 가정하는 것이다. 이런 규칙들은 구구조규칙phrase structure rule이라고 불리는데, (19)의 문장들을 생성해내기 위한 구구조규칙들은 다음과 같다.

(22) a. S → NP VP

b. NP → N

c. NP → Det N

d. VP → V NP

(22)에서 화살표 '→'는 그 다음의 내용처럼 확장can be expanded to/can be rewritten as 혹은 그 다음의 내용으로 구성may consist of될 수 있다는 의미를 갖는다. 즉 (22a)의 규칙이 의미하는 바는 문장 'S'는 'NP'와 'VP'로 구성될 수 있다는 의미이며, (22b,c)가 의미하는 바는 'NP'는 'N'만으로 또는 'Det'와 함께 구성될 수 있다는 것이고, (22d)가 의미하는 바는 'VP'는 'V'와 'NP'로 이루어질 수 있다는 것이다.

이런 구구조규칙들은 문장을 단순히 단어들 간의 평면적 결합에 불과한 것이 아니라 계층적 구조hierarchical structure를 갖는 것으로 보게 한다. 즉 이에 따르면 (19b)는 다음과 같은 구조를 갖게 된다.

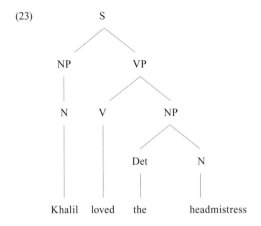

(23)

이런 구구조이론틀의 장점으로는 우선 문장 내의 하부 구조로서의 구phrase를 설정함으로써 명사구가 주어 위치는 물론 목적어 위치에도 나타날 수 있음을 자연스럽게 설명하는 점을 들 수 있다. 또한 이 이론 틀은 문장 요소들 간의 상대적 밀접성도 자연스럽게 설명할 수 있다. 즉, 앞에서 언급한 것처럼 (19b)에서 정관사 'the'가 동사 'loved'보다 명사 'headmistress'와 더욱 밀접한 관계를 갖는 이유를 (23)의 구조는 명시적 으로 보여주고 있다. 즉, 'the'는 평면적으로는 'loved'와 'headmistress'에 똑같이 인접해 있지만, 계층hierarchy상으로는 'headmistress'와 더욱 밀 접한 관계를 갖기 때문이다. 이로써 우리는 (22)와 같은 구구조규칙을 가 정하는 문법 체계가 문형성 공식을 가정하는 문법 체계가 지니는 단점 의 두 가지를 해결할 수 있음을 보았다. 그렇다면 구구조규칙 이론틀이 문형성 공식의 나머지 단점도 극복할 수 있는 것인가?

나머지 단점이란 앞에서 지적한 대로 문형성 공식의 비경제성과 인 간 언어능력의 창의성과 관련된 점이다. 우선 대상 자료를 설명하기 위 한 문법의 수를 비교한다면 (19)의 네 문장을 설명하기 위한 문형성 공식의 수나 구구조규칙의 수가 똑같이 4개씩이므로 외견상 이 점에 관한 한 두 문법 체계 간에 차이가 없는 것으로 보인다. 그러나 이는 대상 자료의 인위적 제약에 기인하는 것일 뿐 그 둘 간에 차이가 없는 것이 아니다. 여기에서 구체적으로 보이지는 않겠지만 대상 자료의 수를 확대하면 할수록 그에 따라 추가로 필요해지는 문형성 공식의 수는 구구조규칙의 수보다 현격히 많아지게 된다. 이에 대한 확인은 독자들 스스로 해보기 바란다.

그렇다면 인간 언어능력의 창의성과 관련한 문제점은 어떤가? 다시 말해 구구조규칙을 가지고 무한히 긴 문장을 만들어낼 수 있는가? 그에 따라 무한한 수의 문장을 만들어낼 수 있는 것인가? 그 결과 한 번도 들어본 적이 없는 문장을 발화해내고 또 그것을 이해할 수 있는 인간 언어능력의 창의성을 설명할 수 있는 것일까? 이에 대한 대답도 '그렇다'이다. 그 이유를 밝히기 전에 우선 무한히 긴 문장이 어떤 형태의 문장인지를 다음의 예들을 통해 보도록 하자.

(24) a. Khalil loved the headmistress. (=19b)

   b. Bob knows that Khalil loved the headmistress.

   c. Bill believes that Bob knows that Khalil loved the headmistress.

   d. Sam knows that Bill believes that Bob knows that Khalil loved the headmistress.

   e. Tom believes that Sam knows that Bill believes that Bob knows that Khalil loved the headmistress.

(24a-e)가 보여주는 것은 문장 전체를 상위 동사의 목적어로 만드는 과정을 반복함으로써 문장의 길이를 계속적으로 늘려 갈 수 있다는 것

이다. 이와 같은 과정을 무한히 반복하면 물론 무한대 길이의 문장을 생성해낼 수 있을 것이다. 이런 가능성이 구구조규칙으로는 과연 어떻게 달성될 수 있을까?

다음과 같은 구구조규칙을 추가함으로써 달성될 수 있다.

(25) a. VP → V S′

b. S′ → COMP S

물론 (24)의 예문들에 보이는 새로운 단어들의 통사적 범주에 관한 정보는 앞에서 이야기한 대로 문법 체계 안에 별도로 존재하는 어휘부 Lexicon에서 표시해주어야 할 것이다. 또한 'that'가 'COMP'('comple-mentizer'의 약어로 '보문자' 혹은 '보문소'라고 번역됨)라는 문법범주에 속한다는 사실도 마찬가지로 어휘부에서 표시해주어야 할 것이다. 이와 같은 어휘 증가에 따른 적절한 어휘부 수정을 전제로 우선 (24b)가 어떻게 생성될 수 있는지를 보도록 하자.

(24b)는 (24a)(즉 19b)에 (25b)의 규칙을 적용시켜 'S″'로 만든 후, 그 'S″'에 (25a)의 규칙을 적용시켜 'know'의 목적어로 만든 다음 그 'VP'에 (22a)를 적용시켜 생성해낼 수 있다. (24c)는 이와 같이 생성된 (24b)에 다시 (25b)→(25a)→(22a)를 적용시켜 생성해낼 수 있으며, (24d)는 다시 이 (24c)에 (25b)→(25a)→(22a)를 적용시켜 생성해낼 수 있다. 결국 (25a,b)의 두 가지(즉 유한한) 구구조규칙을 첨가하고 이들을 (25b)→(25a)→(22a)의 순으로 반복해recursively 적용시킴으로써 무한히 긴 문장을 생성해내는 가능성을 문법 체계 안에 갖추게 된 셈이다. 이를 도식화하면 다음과 같게 된다.

(26)

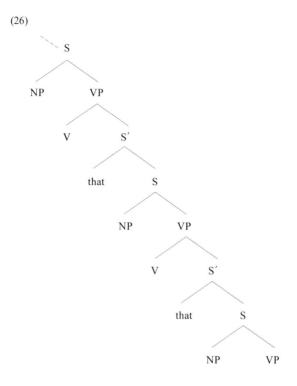

　　이런 구구조규칙의 반복가능성, 즉 귀환성recursion/recursiveness은 앞에서 언급한 문법의 조건, 즉 유한한 수의 문법 항목으로 무한히 긴 문장, 즉 무한대의 문장을 만들어내야 한다는 조건을 충족시킴으로써 구구조규칙 체계의 또 다른 장점을 이루게 된다.

10. 구조적 중의성

　　앞 절에서 소개한 구구조규칙으로 영어 문장의 구조도 알 수 있게 된다. 이는 이미 살펴보았다시피 영어 문장을 구성하는 단어들이 서로 평면적으로, 즉 선형으로linearly 결합되어 있는 것이 아니라 계층적으로hierarchically 결합되어 있음에 기인하는 것이다. 그런데 이는 4장에서 살펴본 바와 같이 여러 형태소가 결합되어 하나의 단어를 이루는 경우 이들 형태소가 계층적으로 결합된다는 사실과도 맥을 같이 하는 것이다.[9]

이런 사실들로 미루어 독자들은 영어를 학문적 탐구 대상으로 삼는 사람들은 영어 문장의 구조나 영어 단어의 구조 등에 각별한 관심을 쏟게 되리라는 것을 짐작할 수 있을 것이다.

흑자는 눈에 보이지 않는 문장 구조 따위의 연구에 대해 회의를 표시하기도 할 것이다. 그러나 독자들은 중고등학교 화학 수업에서 눈에 보이지 않는 화학 구조를 공부한 적이 있을 것이다. 현대 화학의 눈부신 발전은 이와 같이 눈에 보이지 않는 화학 구조의 연구가 기초가 되어 이루어진 것이며, 사실 현대 과학의 대부분이 바로 이와 같이 눈에 보이지 않는 층위level의 추상적 구조abstract structure에 대한 것이라고 해도 과언이 아니다. 유전자 구조니 유전자 지도니 하는 말들을 생각해 보라! 독자들은 지구상에 인간만이 유일하게 보유하고 있는 언어능력을 탐구함에 있어 눈에 보이지 않는 추상적인 언어 구조에 대한 연구가 결과적으로 우리의 언어능력의 실체에 대한 이해를 증진시키고 나아가 인간 자체에 대한 우리의 이해를 더욱 깊게 해주리라는 희망을 가져봄 직하다.[10]

이제 다음과 같은 문장의 구조에 대해 생각해보기로 하자.

(27) The boy saw the man.

위의 예문의 구조는 대략 다음과 같은 모습을 갖게 될 것이다.

(28)

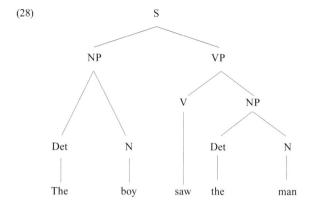

그렇다면 다음과 같은 문장의 구조는 어떻게 될까?

(29) The boy saw the man with a telescope.

(29)의 문장은 (27)의 문장에 "with a telescope"라는 전치사구(Prepositional Phrase, PP로 약칭)가 첨가되었을 뿐이다. 그런데 여기서 한 가지 문제가 발생한다. 즉 (27)의 경우에는 의미가 하나임에 비해, (29)의 경우에는 의미가 둘이라는 것이다. (29)의 두 의미란 다음과 같다.

(30) a. 그 소년은 망원경으로 그 남자를 보았다.
　　 b. 그 소년은 망원경을 가지고 있는 그 남자를 보았다.

(27)의 문장이 비중의적unambiguous임에 비해 (29)의 문장이 중의적ambiguous인 이유는 무엇일까?

(27)과 (29)의 차이는 "with a telescope"라는 PP의 유무 차이인데, "with a telescope"라는 PP 안의 단어들은 모두 뜻이 한 가지뿐이다. 그

렇다면 (29)의 중의성ambiguity은 어느 한 단어(= 어휘)의 중의성 때문이 아니다. 즉, (29)는 문장 안의 모든 단어들이 하나의 의미만을 갖는 요소들임에도 불구하고 문장 전체로는 두 가지 의미로 해석되는 특징을 보이고 있는 것이다.

이제 (29)의 구조를 생각해보기로 하자. 우선 (29) 속에 포함된 (27)의 구조와 "with a telescope"라는 PP의 구조를 먼저 살펴보면 다음과 같게 된다.

(31)

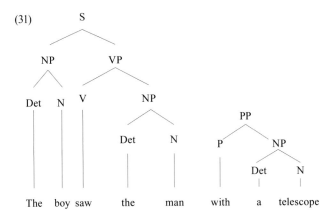

(31)에서 PP의 결합 가능성에 두 가지가 있다. 즉, 아래의 (32a)에서처럼 VP에 결합될 수도 있고, 또한 (32b)에서처럼 NP에 결합될 수도 있다.

(32) a.

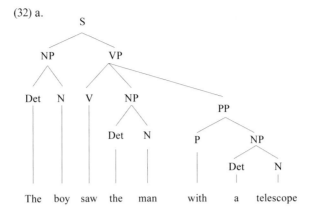

b.

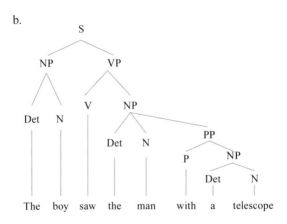

　　그런데 (32a)는 "with a telescope"가 'saw'라는 동사를 수식하는 구조이므로 (30a)에서와 같이 "그 소년이 망원경으로 그 남자를 보았다"라는 의미를 갖게 되며, (32b)는 "with a telescope"가 'man'이라는 명사를 수식하는 구조이므로 (30b)에서와 같이 "그 소년이 망원경을 가지고 있는 그 남자를 보았다"라는 의미를 갖게 된다.

즉 문장 (29)가 중의적인 이유는 이 문장의 구조가 두 가지로 가능하기 때문이다. 이와 같은 구조적 이유에 의한 중의성을 문법에서는 구조적 중의성structural ambiguity이라고 부르며, 특정 단어의 중의성에 의해 문장이 중의적이게 되는 어휘적 중의성lexical ambiguity과 구분한다.[11] 이는 문장의 구조에 대한 이해가 문장의 의미에 대한 이해에 도움을 줄 수도 있음을 보여주는 것이다.

11. 구구조문법의 문제점

앞 절에서 우리는 구구조문법 체계가 여러 장점이 있음을 보였다. 본 절에서는 이 문법 체계의 문제점에 대해서 알아보기로 하자.

우선 앞서 설정한 구구조규칙인 (22)와 (25)를 다시 보기로 하자.

(22) a. S → NP VP

  b. NP → N

  c. NP → Det N

  d. VP → V NP

(25) a. VP → V S′

  b. S′ → COMP S

(22)와 (25)를 가지고는 다음의 문법적 문장을 생성해낼 수 없다.

(33) Khalil came.

문법적인 문장을 제대로 생성해내지 못할 때 그 문법은 저생성undergenerate한다고 말한다. 그러나 이 문제는 그리 심각한 것은 아니다. 왜냐하면 (22d)의 규칙은 타동사의 경우만을 위한 것이므로 (33)과 같은 자동사 문장을 생성하기 위해서는 괄호를 사용해 다음과 같이 수정하면 되기 때문이다.

(34) VP → V (NP)

(34)로써 (33)이 제기한 저생성의 문제는 일단 해결된 듯이 보인다. 그러나 (34)는 거꾸로 다음과 같은 문제를 야기한다. 즉 다음 문장들은 주어진 구구조규칙을 준수해 생성되었지만 모두 비문법적이다.

(35) a. *Khalil came the headmistress.
　　　b. *Khalil loved.

이와 같이 문법이 비문법적인 문장을 생성해내는 경우에 그 문법은 과생성overgenerate한다고 말한다. 이러한 과생성의 문제를 해결하기 위해 (34)의 구구조규칙을 다음과 같이 수정하려고 할 수 있을 것이다.

(36) a. VP → Vi
　　　b. VP → Vt NP

(36a)는 자동사의 경우에는 목적어 NP가 나와서는 안 됨을, 그리고 (36b)는 타동사의 경우에는 목적어 NP가 반드시 나와야 함을 규정하고 있다. 이와 같은 규정에 따를 경우 (35a)는 (36a)를 위배하기 때문에, 또 (35b)는 (36b)를 위배하기 때문에 각각 비문법적이라는 설명이 가능하게 된다. 그런데 (35a)가 (36a)를 위배한다는 사실을 알기 위해서 우선

'came'이라는 동사가 자동사임을 알아야 한다. 또한 (35b)가 (36b)를 위배한다는 사실을 알기 위해서는 'loved'라는 동사가 타동사임을 알아야 한다.

어느 특정 동사가 자동사인지 혹은 타동사인지를 어떻게 아는 것일까? 이에 대한 대답으로 유력한 것은 이와 관련한 사항이 어휘부Lexicon에 수록되어 있다는 것이다. 앞에서도 어휘부라는 용어를 소개하기는 했으나 그에 대한 설명은 미루었었다. 여기서 어휘부에 어떤 내용이 수록되는 것인지 간략히 살펴보기로 하자.

어휘부란 간단히 말해서 단어words들의 목록list이라고 말할 수 있다. 그러나 단어들의 단순한 목록이 아니라 각 단어(즉 어휘 항목, lexical item)에 대한 상세한 명세specification를 포함하는 목록이다. 그 명세란 각 어휘 항목의 음성 및 음운 정보, 형태 정보, 통사 정보, 그리고 의미 정보 등을 망라한다. 이해의 편의를 돕기 위해 구체적으로 'put'라는 어휘 항목의 경우를 예로 들자. 어휘부의 'put' 항목은 우선 음성 정보로서 그 어휘의 발음에 대한 정보와 의미 정보로서 그 어휘의 뜻을 수록해야 할 것이다. 또한 'put'라는 동사의 과거형이 불규칙적이라는 형태 정보와 함께 통사 정보로서 그 어휘의 문법 범주 및 하위범주화subcategorization에 대한 정보, 즉 'put'가 NP 및 처소격locative PP의 두 가지 필수 요소를 취하는 동사임을 표시해야 할 것이다. 따라서 어느 특정 동사가 목적어를 취하는 타동사인지, 반대로 목적어를 취하지 않는 자동사인지 하는 것은 결국 그 동사의 하위범주화에 대한 정보의 형태로 어휘부에 표시된다고 할 수 있겠다.

이제 (35a,b)의 과생성 문제로 되돌아가서, 어휘부를 이와 같이 상정할 때 (35a,b)는 (36a,b)의 구구조규칙을 각각 위배하는 동시에 'come' 및 'love'의 하위범주화라는 어휘적 조건lexical requirement을 위배하는 결과가 된다. 즉, 이제까지 전개한 우리의 문법 체계는 (35a,b)를 구구조규칙이라는 통사적 조건 및 하위범주화라는 어휘적 조건 두 가지 면에서 문제를 일으키기 때문에 비문법적이라는 설명을 하게 되는 것이다. 이런 설명이 과연 바람직한 것일까?

(35a,b)는 혹시 통사부에서 허용된다 하더라도, 다시 말해 (36)의 도움이 없다 하더라도, 각 문장에 사용된 동사의 어휘 조건을 위배하므로 어쨌든 비문법적으로 판단할 수 있게 된다. 즉 (36a,b)를 구구조규칙에 첨가한 것은 기왕에 문법의 다른 부문이 설명할 수 있는 사항을 군더더기로 덧붙여redundantly 설명하는 것에 지나지 않는다고 할 수 있다. 이는 바람직한 문법 체계에서는 제거되어야 하는 것이다. 이는 앞서 자립통사론Autonomous Syntax 개념을 설명하면서 통사부와 의미부는 서로 독립적으로 존재하는 것이라고 말한 것처럼, 어휘부와 통사부도 서로 독립적으로 존재하는 문법의 각각의 모듈module이며 이들이 상호작용을 일으켜 전체로서의 결과를 결정한다고 하는 소위 문법의 조합성modularity을 상정하는 시발이 된다. 생성문법이론은 이런 조합성modularity이 통사부 내에서도 적용된다는 것을 중요한 가정으로 삼고 있는데, 이에 대한 논의는 본서의 목적을 넘는 것이므로 여기서 다루지는 않기로 하겠다. 이에 관심이 있는 독자들은 나의 다른 저서인 『생성문법론』(태학사, 1995/2002)을 참조하기 바란다.

12. 변형규칙의 필요성

앞에서 우리는 어휘부에서 설명이 가능한 범위 내에서는 구구조규칙의 과생성overgeneration을 허용해도 괜찮다는 논리를 폈다. 이는 결과적으로 구구조규칙의 불필요한 복잡화를 막아주는 작용을 한다. 즉, 독자적으로 존재하는 어휘부에서 걸러낼 수 있는 것은 구태여 통사부에서 염려하지 않아도 되기 때문에 구구조규칙을 최대한 일반화gener-alize할 수 있게 되는 것이다. 이와 같은 논리에 입각해 구구조규칙을 어느 정도까지 일반화할 수 있는가에 대한 질문이 제기될 수 있는데, 이에 대한 논의는 뒤로 미루도록 하겠다.[12] 아무튼 앞에서 지적한 구구조문법의 문제점은 이와 같은 방법으로 일단 해결될 수 있는 것이다.

그렇다고 해서 구구조문법 자체가 인간의 언어능력을 설명해주는 완벽한 문법 체계가 되기는 어렵다. 논의의 진행을 위해 우선 다음과 같은 영어 문장을 비교해보도록 하자.

       (37) Khalil will come.

       (38) Will Khalil come?

(37), (38)과 같은 문장들과 관련해 구구조문법이 제공할 수 있는 것은 그 문장들의 문법성과 구조에 대한 사항뿐이다. 이를 앞에서 문법이 규명해내어야 할 사항으로 규정한 내용, 즉 영어 화자들이 영어에 대해 가지고 있는 지식의 실체가 무엇인가 하는 질문과 관련시켜 말하자면, 구구조문법은 (37), (38)에 대해 영어 화자들이 그 문장들을 생성해내는 구구조규칙을 알고 있기 때문에 그것들이 문법적임을 안다고 말할 수 있을 뿐이다. (해당 문장을 생성하는 구구조규칙을 안다는 것은 당연히 그 구구조규칙이 만들어내는 문장 구조도 안다는 것을 의미한다.) 구구조문법이 설명하는 이런 내용이 과연 (37), (38)의 영어 문장과 관련해 영어 화자들이 알고 있는 지식의 내용을 충분히 반영하는 것일까?

이쯤에서 독자들은 이미 내가 말하고 싶어하는 내용을 알아차렸을 것이다. 즉, 영어 화자들은 (37), (38)의 문장들이 문법적이라는 사실 외에도 (37), (38)이 서로 연관related되어 있음을 안다. 즉, 모든 영어 화자들은 (38)이 (37)의 의문문임을 알고 있으며, 그들이 알고 있는 연관성

relatedness, 즉 평서문과 의문문 사이의 연관성은 지극히 체계적system-atic인 것이다.

의문문과 평서문 사이의 연관성이 체계적이라는 사실은 다음과 같이 의미를 모르는 동사를 포함하는 문장의 의문문도 기계적으로 만들어낼 수 있다는 사실로부터도 확인할 수 있다.

> (39) a. Khalil will jiss.
>
> b. Will Khalil jiss?

즉, (39)에서는 가상적hypothetical 동사 'jiss'의 의미를 모르고서는 (39a)의 문장의 의미를 알 수 없지만 그럼에도 불구하고 영어 화자들은 누구나 (39a)의 의문문이 (39b)가 된다는 것을 알 수 있다.[13] 영어 화자들이 평서문과 의문문의 연관성에 대해 가지고 있는 이런 지식은 영어 화자들의 언어능력의 중요한 한 부분이므로, 우리가 발굴해내어야 할 문법 체계에는 반드시 이런 지식의 내용이 어떤 형태로든 표현될 수 있어야 할 것이다. 구구조문법은 그 자체만으로는 이런 문장들 간의 연관성에 대한 화자들의 지식을 포착할 수 없기 때문에 한계를 내포하고 있는 것이다.

그렇다면 (37)과 (38) 사이의 연관성을 포착하기 위해 문법을 어떻게 구성해야 할 것인가? 이를 위해서 촘스키가 설정한 것이, 독자들이 이미 들어보았을지도 모를, 소위 변형규칙transformational rule이라는 것이다 (변형이라는 개념 자체는 촘스키가 최초로 사용한 것이 아니고, 촘스키의 스승인 젤리그 해리스가 1940년대에 이미 그의 수업에서 사용한 개념이다). 촘스키는 문법 체계 안에 (37)과 같은 평서문으로부터 (38)과 같은 의문문을 (혹은 반대로 (38)과 같은 의문문으로부터 (37)과 같은 평서문을) 도출derive해내는 장치(이것이 곧 변형규칙)를 설정함으로써 이들이 서로 연관되어 있음을 아는 영어 화자들의 능력을 설명하려고 시도한 것이다.

이런 정신을 따른다면 영어 화자들의 언어능력을 나타내주는 문법 체계 안에 변형 부문transformational component을 중요한 한 부분으로 인정하지 않을 수 없을 것이다. 그리고 그 변형 부문에 구체적으로 어떤 변형규칙들이 어떤 방식으로 수록되어야 할지에 대해 관심을 갖지 않을 수 없을 것이다. 이런 이유로 지나간 1960년대와 1970년대에는 많은 변형문법학자들이 영어를 비롯한 다양한 언어 속에 존재하는 변형규칙들을 규명해내려고 엄청난 노력을 경주하였다.

이 당시 논의되었던 수많은 변형규칙들의 내용을 여기서 일일이 설명하기는 불가능하며, 또 반드시 필요한 것도 아니므로, 여기에서는 단지 영어의 기본적 변형규칙 몇 가지만을 간략히 살펴보도록 하겠다.

우선 (37)과 (38) 사이의 연관성을 포착하기 위한 변형규칙은 일반적으로 주어-조동사 도치Subject-Aux Inversion라는 이름으로 불리었는데, 이는 (38)과 같은 의문문을 만들어내기 위해서는 (37)과 같은 평서문의 주어와 조동사를 서로 자리바꿈해야 한다는 규칙으로 이런 규칙이 과거 변형문법이론틀 안에서 어떻게 형식화formalize되었는지에 대해서는 여기서 자세한 논의를 하지 않기로 하겠다. 다만 논의의 편의를 위해 주어-조동사 도치 변형규칙을 정확하지는 않지만 대략 다음과 같이 기술해보도록 하자.

(40) 주어-조동사 도치

$NP - Aux^{14} - X^{15}$

1   2   3

$\rightarrow 2 + 1, 0, 3^{16}$ (선택적)

이제 (37), (38) 사이의 연관성에 대한 촘스키식의 설명으로 다시 돌아가 보면, 촘스키는 (37)의 문장에 (40)과 같은 변형규칙이 적용된 결과, (38)과 같은 의문문이 도출된다는 것이다. 또 (37)과 (38) 사이의 연관성에 대한 영어 화자들의 지식은 바로 영어 화자들이 무의식적으로 (40)과 같은 변형규칙을 머리 속에 가지고 있기 때문이라는 것이다.

이때 변형규칙이 적용되어 생성된 (38)과 같은 문장은 표층구조surface structure라고 칭하며, 변형규칙이 적용되기 전의 형태인 (37)을 (38)의 심층구조deep structure라고 칭한다. 그런데 (40)에서처럼 이 변형규칙을 선택적optional인 것으로 규정하면, 이 변형규칙이 적용되지 않을 경우에는 그냥 (37)이 표층구조로 생성될 수 있게 허용하는 셈이 된다.

이제 다음과 같은 두 문장 사이의 연관성을 생각해보도록 하자.

(41) Khalil loved Mary.

(42) Did Khalil love Mary?

이제까지의 논의에 따를 경우 (42)는 (41)에 (40)과 같은 변형규칙이 적용되어 도출된 것이어야 한다. 그런데 (41)에서 조동사 요소는 무엇일까? 만일 'loved'를 조동사라고 간주하면, 표층구조가 "Loved Khalil Mary?"가 되는 바람직하지 못한 결과가 발생한다. 이런 이유로 (41)의 심층구조를 다음과 같이 상정한다.

(43) Khalil -ed love Mary

(43)의 구조를 나무그림으로 나타내면 다음과 같게 된다.[17]

(44)

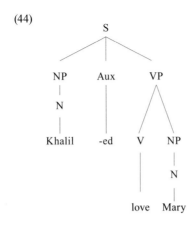

촘스키는 (44)의 심층구조에서 시제 요소인 '-ed'가 동사 'V'에 결합되는 것을 변형규칙으로 처리했는데, 그는 이 변형규칙을 접사건너뛰기Affix Hopping라고 명명했다. 따라서 (41)의 문장은 (43)(즉 (44))의 심층구조에 접사건너뛰기라는 변형규칙이 적용되어 생성된 문장이라는 것인데, 이때 만일 접사건너뛰기 변형이 적용되기 전에 (40)의 주어-조동사 도치 변형이 적용되면 다음과 같은 구조가 생성될 것이다.[18]

(45) -ed Khalil love Mary

(45)와 같은 구조에서 시제 요소인 '-ed'는 동사 'love'에 건너뛸 수 없게 되는데, 그 이유는 접사건너뛰기가 성립되기 위해서는 시제 요소와 동사가 서로 인접adjacent해야만 하기 때문이다. 접사건너뛰기가 불가능해지면, '-ed'라는 요소는 접사affix로서 자립형태소free morpheme가 아닌 의존형태소bound morpheme이므로 홀로 쓰일 수가 없게 된다. 이를 해결하기 위해 'do'라는 아무 의미도 없는 허동사dummy verb가 시제 요소에 삽입된다. 이를 촘스키는 'Do-지탱'*Do* Support 변형이라고 불렀다.

Do-지탱 변형규칙의 결과 (45)는 다음과 같이 된다.

(46) do+ed Khalil love Mary

(46)에서 'do+ed'는 실제로 'did'로 소리 나므로, (46)이 (42)와 같이 발음되는 것이다.

(42)의 도출과 관련해 이제까지 설명한 내용을 간추려 요약하면 다음과 같다.

(47) 심층구조: Khalil -ed love Mary
    주어-조동사 도치: -ed Khalil love Mary ('Khalil'과 '-ed'
        를 도치)
    접사건너뛰기: 적용 불가 ('-ed'와 'love' 사이에 'Khalil'이 개
        입하므로)
    Do-지탱: do+ed Khalil love Mary
    표층구조: Did Khalil love Mary?

(41) 문장의 도출을 위의 방식으로 표시하면 다음과 같다.

(48) 심층구조: Khalil -ed love Mary
    접사건너뛰기: Khalil love+ed Mary
    표층구조: Khalil loved Mary.

13. 로스Ross의 제약조건들

변형규칙에 대한 연구가 진행되면서 사람들은 변형규칙의 적용에 일정한 제약조건이 작용함을 발견하게 되었다. 예를 들어 영어에는 의문사가 문장의 앞머리로 이동하는 규칙이 있다.

(49) a. Khalil loved Mary.

b. Who did Khalil love?

위의 예에서 보듯이 목적어 'Mary'가 평서문에서는 동사 뒤에 나오지만, 의문사 'who'로 대체될 경우에는 문장의 맨 앞으로 이동한다. 이는 'who'의 경우뿐 아니라 'what/where/when/why/how' 등의 다른 의문사의 경우에도 마찬가지이다. 이와 같이 의문사가 문장의 맨 앞으로 이동하는 현상을 'Wh-이동'이라고 부르는데, 이 이동이 다음에서 보는 것처럼 불가능해지는 경우가 있다.

(50) a. John doubted the fact that Khalil loved Mary.

b. *Who did John doubt the fact that Khalil loved?

(50b)는 (50a)에서 종속절의 목적어 'Mary'가 의문사 'who'로 대체되어 문두로 이동한 결과 파생된 것이다. 그런데 이 문장은 비문법적이다. 로스Ross는 이와 같은 예들을 근거로 'the fact that Khalil loved Mary'와 같은 복합명사구complex noun phrase, 즉 절을 포함하는 명사구 밖으로의 이동은 불가능하다는 복합명사구 제약Complex NP Constraint을 제안하였다. 이를 포함해 로스는 다음과 같은 제약조건들을 제안하였다 (cf. J. R. Ross의 1967년 MIT 박사학위 논문 *Constraints on Variables in Syntax*).

〈복합명사구 제약〉 복합명사구 밖으로의 이동은 불가능하다.
〈문주어 제약〉 주어 자리에 있는 절 밖으로의 이동은 불가능하다.
〈등위 구조 제약〉 등위 접속 구조 밖으로의 이동은 불가능하다.
〈왼쪽 가지 제약〉 왼쪽 가지는 이동할 수 없다.

이들을 예와 함께 소개하면 다음과 같다.

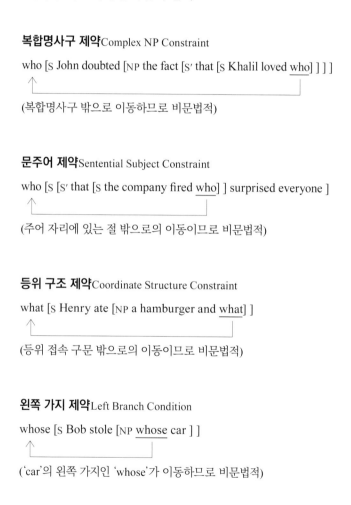

복합명사구 제약Complex NP Constraint

who [S John doubted [NP the fact [S′ that [S Khalil loved who]]]]

(복합명사구 밖으로 이동하므로 비문법적)

문주어 제약Sentential Subject Constraint

who [S [S′ that [S the company fired who]] surprised everyone]

(주어 자리에 있는 절 밖으로의 이동이므로 비문법적)

등위 구조 제약Coordinate Structure Constraint

what [S Henry ate [NP a hamburger and what]]

(등위 접속 구문 밖으로의 이동이므로 비문법적)

왼쪽 가지 제약Left Branch Condition

whose [S Bob stole [NP whose car]]

('car'의 왼쪽 가지인 'whose'가 이동하므로 비문법적)

즉 복합명사구, 문주어 등은 마치 섬island과 같아서 그 밖으로의 이동은 금지된다는 것으로 이 제약들을 섬 제약Island Constraint이라고 부르기도 한다. 이후 생성문법이론에서는 각 언어에 존재하는 변형규칙에 대한 탐구와 함께 제약조건들에 대한 탐구도 활발하게 이루어졌다.

14. 경험적 문제와 개념적 문제

앞 절에서 소개한 로스Ross의 제약조건들에 앞서 촘스키의 'A-over-A 원칙'A-over-A Principle이라는 것이 있었다. A-over-A 원칙이 무엇인지 알기 위해 다음 예문을 보도록 하자.

(51) Mary saw [the boy walking toward the railroad station]

위의 문장에는 뜻이 두 가지가 있다. 이는 기본적으로 대괄호로 표시된 부분 안의 'the boy'와 'walking' 간의 관계에 두 가지 가능성이 있기 때문에 생기는 것이다. 먼저 'walking'이 'the boy'의 수식어 역할을 할 수 있다. 그렇다면 (51)은 (52a)의 의미를 갖게 되며, 이때 대괄호로 표시된 부분은 (52b)에 표시된 것과 같이 NP가 될 것이다.

(52) a. Mary saw [NP the boy who was walking toward the railroad station]

b. Mary saw [NP the boy walking toward the railroad station]

또한 (51)에서 'walking'은 'the boy'의 술어 역할을 할 수도 있다. 그렇다면 (51)은 (53a)의 의미를 갖게 되며, 대괄호로 표시된 부분은 (53b)에 표시된 것과 같이 S가 될 것이다.

(53) a. Mary saw [ₛ the boy walk toward the railroad station]

b. Mary saw [ₛ the boy walking toward the railroad station]

그런데 (51)의 'the railroad station'을 wh-구로 대체해 다음과 같이 문장 앞머리로 이동시키면 (51)이 원래 가지고 있던 중의성이 없어진다.

(54) Which railroad station did Mary see the boy walking toward?

(54)는 (53a)의 의미로만 해석이 가능하고, (52a)의 의미로는 해석이 불가능하다. Wh-이동이 일어나기 전인 (51)과 Wh-이동이 일어난 후인 (54) 간의 이와 같은 차이를 어떻게 설명할 수 있을까?

촘스키는 (54)가 (52a)와 같은 의미를 가질 수 없는 이유를 그와 같은 의미를 갖는 구조에서는 'which railroad station'의 이동이 불가능하기 때문이라고 설명한다. 그의 설명의 요체는 (51)이 (52a)와 같은 의미를 가질 경우, (52b)에 표시된 바와 같이 (51)에서 대괄호로 표시된 부분이 NP인데 'which railroad station'의 범주도 NP인 바, 이와 같이 동일한 범주 밖으로의 이동은 불가능하다는 것이다. 촘스키는 이와 같은 그의 관찰을 'A-over-A 원칙'이라고 칭했는데, 그의 주장을 도식화해 보이면 다음과 같다.

(55) A-over-A 원칙

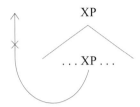

A-over-A 원칙은 로스의 제약조건들이 설명하는 자료의 일부를 설명할 수 있다. 즉 다음의 예들은 로스의 제약을 어기는 것들인데, 동시에 A-over-A 원칙도 위배하고 있다.

(56) a. *[NP Which problem] did Bill find [NP a principle which solves ____]?

(NP가 NP 밖으로 이동했으므로 A-over-A 원칙 위배)

b. *[NP Who] did [NP stories about ___] terrify john?

(NP가 NP 밖으로 이동했으므로 A-over-A 원칙 위배)

c. *[NP Which books] do we have to read [NP __ and some papers]?

(NP가 NP 밖으로 이동했으므로 A-over-A 원칙 위배)

d. *[NP Whose] did Bob steal [NP ___ car]?

(NP가 NP 밖으로 이동했으므로 A-over-A 원칙 위배)

(56a)는 로스의 복합명사구 제약을 위배하는 것이며, (56b)는 로스의 문주어 제약을 일반화시켜 얻을 수 있는 주어 조건Subject Condition을 위배하는 것이다. 또한 (56c,d)는 각각 등위 구조 제약과 왼쪽 가지 제약을 위배한다. 그런데 이들은 모두 NP의 NP 밖으로의 이동을 수반하므로 A-over-A 원칙을 위배하는 것이다.

그러나 A-over-A 원칙은 다음에서 보는 바와 같이 문법적인 문장을 배제rule out시키기도 한다.

(57) [NP What books] does the government prescribe [NP the

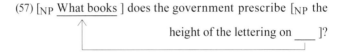

height of the lettering on ____]?

(57)에서는 NP인 'what books'가 역시 NP인 'the height of the lettering on _' 밖으로 이동해 나왔음에도 불구하고 문법적이다. 즉 A-over-A 원칙은 (57)을 문법적일 것으로 잘못 예측predict한다. 이와 같이 문법이 올바른 문법성 판단을 하지 못할 때, 즉 언어자료를 제대로 기술하거나 설명하지 못할 때, 그 문법은 경험적으로empirically 문제가 있다고 말한다.

이제 다음 예문들을 보기로 하자. 이들은 동일하지 않은 범주 밖으로의 이동을 수반하므로 A-over-A 원칙에 관한 한 문법적이어야 하나, 실제로는 비문법적이다.

(58) a. *[PP To whom] did Bill reject [NP the suggestion [S' that

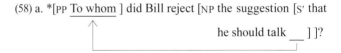

he should talk ___]]?

(PP가 S'나 NP 밖으로 이동하는 것은 A-over-A 원칙 위배
가 아님에도 비문법적)

b. *[_PP About whom] did [_NP stories ___ terrify him]?

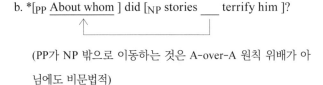

(PP가 NP 밖으로 이동하는 것은 A-over-A 원칙 위배가 아
님에도 비문법적)

c. *[_NP Who] is Bill [_AP [_AP proud of his father] and [_AP
tired of ___]]?

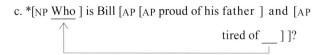

(NP가 AP 밖으로 이동하는 것은 A-over-A 원칙 위배가 아
님에도 비문법적)

    (58)의 예문들 역시 A-over-A 원칙이 경험적으로empirically 문제가
있음을 보여주는 것이다. 로스의 제약조건들은 A-over-A 원칙의 이와
같은 경험적 문제empirical problem를 해결하기 위해 노력하는 과정에서
발견된 것이다. 즉 (58a)는 복합명사구 제약을 위배하며, (58b)는 주어
조건을, 그리고 (58c)는 등위 구조 제약을 위배하므로 비문법적이다. 따
라서 로스의 제약조건들은 A-over-A 원칙의 경험적 문제를 상당 부분
해결하는 셈이라고 할 수 있다.

    그런데 여기에서 의문이 제기된다. 로스의 4가지 제약조건은 기본적
으로 동일한 현상을 설명하기 위해 도입된 것이다. 즉 어떤 요소가 밖으
로 이동해 나갈 수 있는지 여부에 대한 제약들이다. 이동이라는 하나의
현상을 4가지 조건으로 설명하는 것이 과연 타당할까? 하나의 현상을
하나의 조건으로 설명할 수는 없는 것일까? 즉 로스의 제약조건들은

A-over-A 원칙의 경험적 문제를 상당히 해결하기는 하지만, 하나의 현상을 여러 조건으로 설명한다는 점에서 개념적 문제conceptual problem를 일으킨다고 할 수 있다. 이와 같은 개념적 문제는 촘스키 이전의 문법학자들에게는 주목의 대상이 아니었다. 그러나 설명적 적합성explanatory adequacy을 추구하는 촘스키에게는 매우 중요한 문제이다. 이제 로스의 제약조건들이 야기하는 개념적 문제를 어떻게 해결할 수 있을지 다음 절에서 생각해보기로 하자.

15. 로스Ross식 제약조건들의 통합과 하위인접조건

로스Ross의 제약조건과 유사한 조건에 'Wh-섬 제약'이라는 것이 있다. 이는 촘스키가 1964년에 발견한 것으로서 다음 예문에서처럼 wh-요소가 wh-절 밖으로 이동해 나갈 수 없다는 제약이다.

Wh-섬 제약(Wh-Island Constraint)

who [s Bill indicated [s′ where [s Mary had met ___]]]

('who'가 또 다른 wh-요소인 'where'를 가로질러 이동하므로 비문법적)

즉 위의 문장에서 'where'로 시작하는 종속절은 로스의 제약조건들에서 본 것처럼 하나의 섬island이다. 이 섬 밖으로는 어떤 요소도 밖으로 이동해 나갈 수 없다. 이 섬을 촘스키는 'Wh-섬'이라고 부르고 이섬 밖으로의 이동이 금지된다는 조건을 'Wh-섬 제약'이라고 부른 것이다. 이 제약도 로스의 다른 제약과 마찬가지로 기본적으로는 이동에 관한 것이다. 동일한 현상을 이와 같이 다양한 조건으로 설명하는 것이 과연 바람직한가 하는 점에서 이 역시 개념적 문제를 야기한다고 할 수 있다.

　로스의 제약조건들과 촘스키의 'Wh-섬 제약'이 갖는 개념적 문제를 해결하기 위해서는 이들을 하나로 통합해야 한다. 그것이 어떻게 가능할까? 논의를 진행하기 위해 이들을 다음과 같이 도식화해 보기로 하자.

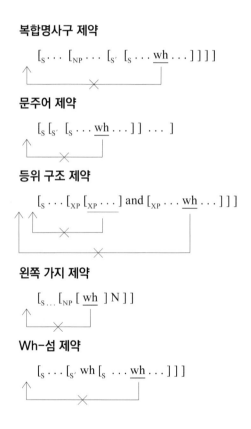

위의 도해를 보면, 어떤 요소가 이동할 때 S나 S′ 혹은 NP 등의 절점node을 지나가게 된다. 그렇다면 이동에 의해 지나갈 수 있는 절점의

수에 어떤 제한이 있는 것이 아닐까? 촘스키는 위의 제약조건들을 위배하는 문장들은 모두 S나 NP 절점을 두 개 이상 넘어가게 된다는 관찰을 하였다.[19] 촘스키는 이동할 수 있는 거리 산정의 기준이 되는 절점을 경계절점bounding node이라고 칭하고, 영어에서는 S와 NP가 경계절점이 되며, 한 번 이동할 때 최대한도로 넘을 수 있는 경계절점의 수는 하나라고 주장하였다. 즉 경계절점을 둘 이상 넘어가는 이동은 비문법적이라는 것이다. 이것이 사실이라면 로스의 제약조건들과 촘스키의 Wh-섬 제약이 야기했던 개념적 문제는 사라지게 된다.

촘스키는 이와 같은 자신의 주장을 하위인접조건Subjacency Condition이라고 불렀다. 이로써 로스의 4가지 제약조건과 촘스키의 Wh-섬 제약은 하나의 조건으로 통합되게 되고, 그들이 야기했던 이론상의 문제, 즉 개념적 문제는 해결할 수 있게 된다.

I6. 구구조규칙의 통합과 X'-이론

11절에서 우리는 어휘부Lexicon에서 설명이 가능한 범위 내에서는 구구조규칙의 과생성overgeneration을 허용해도 무방하다는 논리를 폈다. 이것이 가능하게 해주는 것은 이미 보았다시피 구구조규칙의 복잡화를 막아주는 것이었다. 즉 독자적으로 존재하는 어휘부에서 할 수 있는 일은 통사부에서 굳이 염려하지 않아도 됨으로써 구구조규칙을 일반화할 수 있게 되었다. 그렇다면 구구조규칙을 어디까지 일반화할 수 있을까?

이 질문에 대한 대답을 하기 위해서는 보다 광범위한 영어 자료를 생성하기 위해 필요해지는 구구조규칙의 특성을 살펴보아야 할 것이다. 이를 위해 우선 다음의 명사구 생성 규칙들을 보도록 하자.

(59) a. NP → N (예: John, Bill, . . .)

  b. NP → Det N (예: a man, the woman, . . .)

  c. NP → Det A N (예: a perfect fake, a strong man, . . .)

  d. NP → A N (예: flat feet, big cats, . . .)

  e. NP → Det N PP (예: the destruction of Rome, . . .)

  f. NP → Det N S′ (예: the claim that the president is a crook, . . .)

물론 (59)가 명사구 생성에 필요한 규칙들의 완벽한 목록은 아니다. 그러나 이들만으로도 논의를 전개하는 데 아무 지장이 없으므로 일단 (59)를 논의의 대상으로 삼겠다. 이미 소개한 바 있는 괄호법을 사용하면, (59)의 규칙들은 대략 다음과 같이 하나의 규칙으로 통합할 수 있다.

(60) NP → (Det) (A) N (PP) (S′)

(60)이 의미하는 것은 NP의 경우 N은 반드시obligatorily 나타나야 하며 다른 요소들은 N의 왼쪽 혹은 오른쪽에 선택적으로optionally 나타날 수 있다는 것이다. 이를 단순화시켜 표시하면 다음과 같이 될 것이다.

(61) NP → . . . N . . .

또한 여기서 자세히 보이지는 않겠지만, 다른 문법 범주들도 다음과 같이 표시할 수 있을 것이다.

(62) a. VP → . . . V . . .

  b. PP → . . . P . . .

  c. AP → . . . A . . .

즉 NP에 N이 반드시 필요한 것처럼, VP에는 V가, PP에는 P가, 그리고 AP에는 A가 반드시 필요하다는 것이다. 이를 일반화해 표현하면, 모든 구phrase에는 핵head이 되는 요소가 반드시 있어야 하며, 그 핵의 문법 범주(즉 품사)가 전체 구의 문법 범주를 결정한다는 것이다. 이를 좀 더 언어학적으로 표현하자면, 모든 구phrase는 핵head의 투사projection라고 말할 수 있다. (59)나 (61), (62) 등의 구구조규칙을 가정하는 문법 체계에서는 이와 같은 일반화를 포착하기가 어려우므로, 이를 해결할 수 있는 방안을 모색해야 한다.

이를 위해 (61)과 (62)를 다음과 같이 뭉뚱그려 표현하게 되었다.

(63) XP → . . . X . . .

(63)에서 X는 변항variable으로서 이 자리에 어떤 요소가 삽입되느냐에 따라 전체 구의 범주가 결정됨을 의미한다. 예를 들어 그 자리에 N이 삽입되면 전체 구는 NP가 되며, V가 삽입되면 전체 구는 VP가 됨을 의미하는 것이다. 이로써 모든 구는 핵의 투사라고 하는 일반화를 적절히 표현할 수 있게 된다. 결국 (59)처럼 세세한 구구조규칙이 필요한 것이 아니라, (63)과 같이 극도로 단순화된 구구조규칙만이 필요해지는 것이다.

그렇다면 (63)만으로 충분한 것일까? 혹시 이 외에 추가로 필요한 사항은 없는 것일까? 이와 관련해 다음 예들을 보도록 하자.

(64) a. often kiss Mary

b. the claim that the president is a crook

c. quite proud of his children

d. just before 8 o'clock

(64a)는 VP로서 V인 'kiss'가 전체 VP의 핵head이다. 그리고 그 오른쪽에 나오는 'Mary'는 V의 목적어이며, 그 왼쪽에 나오는 'often'은 부사로서 V를 수식하는 요소이다. 그런데 목적어는 반드시 나와야 하는 필수적 요소이지만, 부사인 수식어는 반드시 나올 필요는 없는 선택적 요소이다. 그렇다면 (64a)는 V를 핵으로 하는 전체 구조 VP에서 필수 요소인 목적어는 오른쪽에 나오고, 선택적 요소는 왼쪽에 나옴을 보여준다고 할 수 있다.

(64b,c,d)도 마찬가지 사실을 보여준다. 즉 NP, AP, PP의 경우에도 목적어 혹은 목적어와 유사한 역할을 하는 요소는 각각의 핵의 오른쪽에, 그리고 수식어 역할을 하는 요소는 각각의 핵의 왼쪽에 나타난다. 이와 같이 각 범주 간에 공통적으로 나타나는 어순상의 특징을 다음과 같이 나타내 보자.

(65) XP → Specifier* X Complement*

위에서 'Complement'는 흔히 '보충어'라고 번역되는데, 전통적으로 목적어라고 부르던 요소와 보어라고 부르던 요소를 포괄한다. 'Specifier'는 '지정어' 등으로 번역되는데, 선택적 요소로서 핵을 수식하는 기능을 하는 요소를 지칭한다. 그리고 'Specifier'와 'Complement' 뒤의 별표(*)는 그 수에 제한이 없다는 것을 의미한다. 즉 영(0)에서 무한대(∞)까지 아무 수나 가능하다는 것으로서, 나오지 않아도 좋고, 여러 개 나와도 좋다는 것을 의미한다. 물론 이와 같이 지극히 자유로운 구구조규칙을 가정할 경우 부작용이 우려될 수도 있을 것이다.

그러나 이와 같이 구구조규칙을 극단적으로 자유롭게 만들 수 있는 이유는 부적절한 경우를 문법의 다른 부문에서 적절히 걸러낼 수 있기 때문이다. 즉 동사는 자동사인데 그 뒤에 목적어가 나온다든지, 하나의 목적어만을 취하는 동사 뒤에 두 개 이상의 목적어가 나온다든지 하는 경우는 앞에서 이야기한 대로 어휘부Lexicon의 도움으로 적절히 걸러낼 수 있으므로, 구구조규칙 자체는 최대한 일반화하여 과생성overgeneration을 허용해도 무방하다는 정신을 따른 것이다.

그러나 (65)는 보충어Complement와 지정어Specifier 간에 아무런 구조적 차이도 없다는 예측을 하게 한다. 이는 (65)가 다음과 같은 구조를 생성해내기 때문이다 (보충어와 지정어가 각각 하나씩 있을 경우를 가정함).

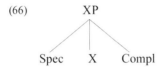

(66)

이는 핵이 보충어에 직접적으로 제약을 가한다는 점에서 핵과 보충어 간의 관계가 핵과 지정어 간의 관계보다 더 밀접해야 함을 생각할 때 문제가 된다고 할 수 있다. 그렇다면 보충어와 지정어 간의 구조적 차이를 어떻게 표시할 수 있을까? 촘스키는 이를 다음과 같이 해결한다.

(67) a. X′ → X Complement*
     b. XP → Specifier* X′

이에 따르면 모든 보충어는 일단 (67a)에 의해 핵과 결합하고, 지정어는 그 후 (67b)에 의해 결합한다는 것이다. 그렇다면 모든 구phrase는 다음과 같은 구조를 갖게 된다 (역시 보충어와 지정어가 각각 하나씩 있을 경우를 가정함).

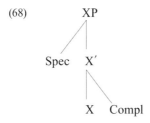

(68)

XP

Spec X′

X Compl

    (68)은 핵과 보충어의 관계가 핵과 지정어의 관계보다 구조적으로 더욱 밀접함을 보여주므로, 이 둘 간에 계층적hierarchical 차이가 있음을 잘 보여주고 있다. 따라서 (68)을 가능케 해주는 (67)은 (65)의 장점을 유지하면서 그 단점은 해소시켜주므로 우리의 목적에 더욱 부합한다고 말할 수 있다. (68)에서 보듯이 이는 핵head과 최대 투사maximal projection인 구phrase 사이에 X′라는 중간 투사intermediate projection를 가정한다. 이 때문에 이 이론을 X′-이론이라고 부른다.[20]

    즉 초기 변형문법 시대에 가정했던 (59)와 같이 세세하고 다양한 구구조규칙은 단순화된 X′-이론으로 통합되게 된 셈으로서, 이는 초기 구구조규칙이 제기하는 개념적 문제conceptual problem를 상당 부분 해결한 것이라고 할 수 있다.

17. 변형규칙 체계의 문제점과 그 해결의 모색

    12절에서 문장들 간의 연관성relatedness에 대한 화자의 지식을 설명하기 위한 방안으로 문법 체계에 변형규칙이라는 장치를 도입해야 할 필요성이 있음을 보였다. 그에 따라 영어에 접사건너뛰기, 주어-조동사 도치, Do-지탱 등의 변형규칙이 필요함을 보이기도 했다. 이제 이들에게 다음과 같이 번호를 매겨보기로 하자.

〈변형규칙 1: 접사건너뛰기Affix Hopping〉

〈변형규칙 2: 주어–조동사 도치Subject-Aux Inversion〉

〈변형규칙 3: Do–지탱*Do* Support〉

위의 변형규칙들이 어떤 문장들 간의 연관성을 포착하기 위한 것임은 앞에서 이미 설명했으므로, 여기서 다시 반복할 필요는 없을 것으로 생각한다. 그렇다면 이들 외에 필요한 변형규칙이 더 없을까? 1970년대까지 학자들은 다음과 같은 영어의 다양한 변형규칙에 대한 논의를 하였다 (번호는 임의로 붙인 것이며, 번호 자체에 특별한 의미가 있는 것은 아님).

〈변형규칙 4: 수동화Passivization〉

〈변형규칙 5: 인상Raising〉

〈변형규칙 6: Wh–이동Wh-Movement〉

〈변형규칙 7: VP–이동VP-Movement〉

〈변형규칙 8: There–삽입*There* Insertion〉

〈변형규칙 9: 여격 이동Dative Movement〉

〈변형규칙 10: 외치Extraposition〉

〈변형규칙 11: 명사화Nominalization〉

〈변형규칙 12: Tough 이동*Tough* Movement〉

〈변형규칙 13: 주제화Topicalization〉

〈변형규칙 14: 전위Dislocation〉

〈변형규칙 15: 분열Clefting〉

위의 변형규칙들이 어떤 문장들 간의 연관성을 포착하기 위한 것인지를 여기서 상세히 설명하기는 적절치 않으므로, 이에 관심이 있는 독자들은 영어통사론 등 관련 문헌들을 참고하기 바란다.[21] 여기서는 독자들의 이해를 돕기 위해 아주 기본적인 예시만을 하도록 하겠다.

변형규칙 4: 수동화Passivization

다음과 같은 능동문과 수동문 간의 연관성을 포착하기 위해 설정된 변형규칙

능동문: The hunter killed the lion.

수동문: The lion was killed by the hunter.

변형규칙 5: 인상Raising

'seem' 같은 동사의 경우 종속절의 주어를 주절의 주어 자리로 인상시키는 규칙

인상 이전: ＿＿ seems John to be happy

(cf. It seems that John is happy.)

인상 이후: John seems to be happy.

변형규칙 6: Wh-이동Wh-Movement

wh-요소를 문장의 앞머리로 이동시키는 규칙

Wh-이동 이전: The buck stops where.

Wh-이동 이후: Where does the buck stop?

변형규칙 7: VP-이동VP-Movement

VP-이동 이전: John intends to make a table, and he will [VP make one].

VP-이동 이후: John intends to make a table, and [VP make one] he will.

변형 규칙 8: There-삽입*There* Insertion

There-삽입 이전: Some problems may remain.

There-삽입 이후: There may remain some problems.

변형규칙 9: 여격 이동Dative Movement

여격 이동 이전: Bill gave a book to Mary.

여격 이동 이후: Bill gave Mary a book.

변형규칙 10: 외치Extraposition

외치 이전: A review of my latest book has just appeared.

외치 이후: A review has just appeared of my latest book.

변형규칙 11: 명사화Nominalization

명사화 이전: He assassinated the president.

명사화 이후: His assassination of the president

변형규칙 12: Tough 이동*Tough* Movement

Tough 이동 이전: It is hard to please John.

Tough 이동 이후: John is hard to please.

변형규칙 13: 주제화Topicalization

주제화 이전: I really hate Bill.

주제화 이후: Bill, I really hate.

변형규칙 14: 전위Dislocation

전위 이전: I really hate Bill.

전위 이후: Bill, I really hate him. (좌전위)

I really hate him, Bill. (우전위)

변형규칙 15: 분열Clefting

분열 이전: She bought a car.

분열 이후: It was a car that she bought.

이제까지 영어에 필요하다고 생각되는 15개의 변형규칙에 대해 간략히 서술하였다. 여기서 다음과 같은 의문을 제기해볼 수 있을 것이다.

(69) 영어에 존재하는 변형규칙의 수는 모두 몇 개나 되는 것일까?

즉 앞에서 이야기한 15개의 변형규칙으로 충분한 것인지, 아니면 여전히 변형규칙이 더 필요한 것인지? 더 필요하다면, 도대체 몇 개나 더 필요한 것인지? 이렇게 변형규칙의 목록을 만드는 것이 과연 언어를 연구하는 우리의 궁극적 목표에 부합하는 것인지? 이런 질문과 더불어 한국인으로서 한국어에 존재하는 변형규칙의 목록과 수에 대해서도 관심을 가져볼 수 있을 것이다.

이제 변형규칙이 설명하고자 하는 것이 바로 인간의 언어능력이었음을 상기하도록 하자. 즉 영어에 존재하는 변형규칙에 관한 탐구는 바로 영어 화자들이 영어에 대해 체득하고 있는 지식의 내용을 규명하기 위한 것이며, 한국어에 존재하는 변형규칙에 관한 탐구는 바로 한국어 화자들이 한국어에 대해 체득하고 있는 지식의 내용을 규명하기 위한 것이다.

그런데 독자들은 앞에서 살펴본 영어의 변형규칙들이 모두 한국어에 있는 것은 아님을 알 수 있을 것이다. 특히 주어-조동사 도치와 같은 의문문 형성 규칙은 한국어에는 존재하지 않는 것으로, 한국어는 영어와는 전혀 다른 방법으로 의문문을 만들어낸다.[22]

여기에서 다음과 같은 사실에 주목할 수 있을 것이다. 즉, 영어나 한국어에 존재하는 변형규칙의 수가 모두 몇 개가 되든지 간에 영어에 존재하는 변형규칙의 내용과 한국어에 존재하는 변형규칙의 내용 간에는 차이가 있을 수밖에 없다는 것이다. 변형규칙이라는 것이 인간의 언어능력을 설명하기 위한 중요한 방안으로 설정된 것임을 생각할 때, 이는 다시 말해 영어를 모어로 사용하는 사람들의 언어능력의 내용과 한국어를 모어로 사용하는 사람들의 언어능력의 내용 간에 차이가 있음을 자인하는 결과가 되고 만다.

그런데 독자들은 한국인이라 하더라도 미국에서 유년 시절을 보내게 되는 경우에는 미국인과 다름없는 영어 구사 능력을 갖추게 되고, 미국인이라 하더라도 한국에서 유년 시절을 보내게 되면 한국인과 다름없는 한국어 구사 능력을 갖추게 된다는 사실을 잘 알고 있을 것이다. 이는 어떤 추상적인 층위에서는 인간의 언어능력이라고 하는 것이 사용 언어와 상관없이 공통적이어야 함을 시사하는 것으로서, 우리가 진정으로 인간의 언어능력을 규명하고자 한다면, 궁극적으로는 사용 언어와 상관없이 인간이면 누구나 공통적으로 지니고 태어나는 생득적 언어능력의 실체를 규명해내어야 함을 말해준다.

인간의 언어능력을 변형규칙의 목록list으로 파악하던 1960년대식 촘스키 이론으로는 이와 같은 목표 달성이 불가능하다. 이 점을 인식한 촘스키 등의 학자들은 특정 구문에 적용되어 특정 구문을 도출해내는 변형규칙들의 세부 목록을 만들고자 하는 시도를 중단하고 새로운 모색을 꾀하게 되었다. 이에 따라 과거의 다양한 변형규칙들을 하나의 변형규칙으로 통합하려는 시도가 생겨나게 되었다. 이는 마치 앞에서 로스Ross식 제약조건들을 하나의 조건으로 통합하고자 한 것과 마찬가지 이유에서이다. 즉 생성문법학자들이 초기에는 다양한 조건이나 규칙을 발견해내고자 하는 작업에 치중해 왔다면, 연구를 진행해 가면서 그것들이 제기하는 개념적 문제를 인식하고 유사한 조건이나 규칙을 보다 더 일반적인 조건이나 규칙으로 통합하고자 하는 이론적 작업에 더 중요성을 부여하게 되었다고도 할 수 있다.

이런 움직임은 1970년대 말에 본격화되었는데, 이때에 이르러 인간 언어의 다양한 변형규칙들을 '이동'movement이라는 하나의 현상으로 파악하게 되었다. 그리고 이를 관장하는 변형규칙의 이름을 '알파 이동'Move-α이라고 부르게 되었다. 독자들은 앞에서 소개한 영어의 변형규칙들의 상당수가 이동을 수반하는 것임을 확인할 수 있을 것이다. 이것들이 어떻게 알파 이동으로 분석될 수 있는 것인지, 그리고 이동으로 보기 어려운 변형규칙들은 어떻게 해야 하는지에 대해서 관심 있는 독자들은 관련 문헌들을 참고하기 바란다.

이런 이론적 수정으로 개별 언어에 존재하는 변형규칙의 내용을 알아내려고 노력하는 대신에 인간 언어에 공통적으로 존재하는 보편 원리universal principles를 집중적으로 탐구하게 되었다. 그런데 우리는 앞에서 언급한 인간 언어능력의 보편성과 더불어 개별 언어 간에 뚜렷한 차이점이 존재함도 잘 알고 있다. 따라서 이상적인 언어 이론은 언어능력의 보편성 및 개별 언어 간의 차이점을 모두 설명할 수 있어야 한다.

이런 이유로 1980년대 이후의 언어 연구는 언어 간에 보편적으로 존재하는 원리principles의 발견과 함께 이들 원리로부터 개별 언어 간의 차이를 도출해주는 매개변인parameters을 발견하기 위한 작업에 집중되어 왔다. 이런 언어 이론은 '원리 및 매개변인'principles and parameters 이론이라고 불리는데, 촘스키의 1981년 저서인 *Lectures on Government and Binding*에서 본격적으로 체계화된 관계로 한 때 'GB 이론'이라고 불리기도 했다.

'원리 및 매개변인' 이론은 인간 언어에 공통적으로 존재하는 원리 체계의 규명이 일차적인 목표가 되느니만큼 어느 특정 언어만을 대상으로 해서 이론이 형성되는 것이 아니라 세상의 모든 언어가 이 이론의 형성에 적극적으로 참여하게 된다. 이에 따라 지난 수십 년 간 영어, 프랑스어, 이탈리아어 등의 서유럽어는 물론 아이슬란드어 등의 북유럽어, 헝가리어 등의 동유럽어, 중국어나 일본어 등의 동양어, 그리고 호주 원주민어, 아프리카 원주민어, 미국 인디언어 등 실로 이 이론의 형성에 참여한 언어 및 언어학자들의 수효는 놀랄 만큼 많다.

그러나 지난 수십 년 간의 활발한 연구와 논의에도 불구하고, 이 이론은 아직 완성된 것이 아니며, 촘스키 스스로도 여전히 이론적 실험을 계속해 오고 있다.

독자들 중 혹시 이제까지의 이야기를 읽어 오면서 언어를 분석하는 일에 흥미를 느끼는 학생들이 있다면 이들은 대학 또는 대학원의 영어영문학과 등 외국어문학과나 국어국문학과 혹은 언어학과에 진학해 본격적인 공부를 해볼 수도 있을 것이다. 우리나라의 경우 국문과, 영문과 등의 어문 계열은 흔히 문학적 소양이 있는 사람들만이 가는 학과라는 고정 관념이 있는 듯한데, 이는 잘못된 관념이다. 물론 문학적 소양이 있는 사람들도 당연히 갈 수 있는 것이지만 그들 외에도 언어를 학문적 탐구 대상으로 삼고자 하는 사람들도 이들 학과에 진학해 하고 싶은 공부를 할 수 있다.[23] 언어학과는 물론 일반 언어학을 전공하는 곳이지만 국어국문학과의 국어학 계열이나 영어영문학과의 영어학 계열, 그리고 기타 외국어문학과의 해당 어학 계열은 모두 일반 언어학을 토대로 해당 언어를 학문적으로 연구하는 교수들이 담당하는 것이다.

이와 관련해 우리나라에는 흔히 외국어 공부를 어학 공부라고 지칭해 말하는 경향이 있는데, 이는 엄밀한 의미에서 정확한 표현은 아니다. 우리는 정치를 잘 한다고 해서 정치학을 잘 한다고는 하지 않으며, 행정

수완이 좋다고 해서 행정학을 잘 한다고 하지는 않는다. 마찬가지로 영어나 중국어 등의 외국어를 잘 하면 이는 해당 외국어를 잘하는 것이지 해당 외국어학을 잘 하는 것이 아니다. 이는 우리가 모두 한국어를 자유자재로 구사하지만 그렇다고 해서 우리 모두가 한국어학(또는 국어학)을 잘 하는 것이 아님과 같은 이치이다. 따라서 어학이라는 어휘는 정치학, 행정학처럼 학문적인 측면을 의미할 때만 사용하고 외국어를 의미할 때는 사용하지 않는 것이 좋을 것이다.

18. 촘스키의 언어관과 보편문법

이제까지의 논의 과정에서 촘스키라는 인물에 대해 여러 번 언급하게 되었다. 여기서는 촘스키의 언어관과 그의 보편문법 이론에 대해 좀 더 살펴보기로 하겠다. 촘스키는 그가 언어를 탐구하는 이유에 대해 다음과 같이 말한 적이 있다.

> (70) 언어 탐구에 임하게 하는 다양한 의문이 있을 수 있다. 나로 말하자면, 무엇보다도 언어 연구를 통해 인간 마음 속에 내재해 있는 고유한 속성을 밝혀줄 실마리를 얻을 수 있는 가능성에 흥미를 느끼고 있다.[24]

즉 그는 인간 마음human mind의 고유한 속성을 알아내고자 하는 희망에서 언어 탐구를 하는 것이다. 이는 라이프니츠의 말처럼 언어가 인간의 마음을 비추어주는 가장 훌륭한 거울Languages are the best mirror of the human mind이기 때문일 것이다.

인간의 언어와 관련해 촘스키가 중요하게 제기하는 질문 중 하나는 인간이 언어를 어떻게 터득하게 되느냐 하는 것이다. 촘스키 이전의 학자들은 대개 언어는 모방imitation에 의해 터득하게 된다고 생각했다. 촘스키가 등장하던 당시에는 구조주의structuralism가 득세하고 있었는데, 구조주의 학자들은 언어는 습관이며, 모방과 반복 훈련으로 터득하게 된다고 믿었다. 따라서 적절한 자극과 반응stimulus and response이 언어 습득의 관건이 된다고 생각했다. 이는 당시 학계를 지배하던 경험주의empiricism에 기반을 둔 행동심리학behavioral psychology에 입각한 사고이기도 했다.

당시를 지배하던 이런 언어관에 촘스키는 동의하지 않았다. 그는 경험만으로 설명할 수 없는 것들이 언어에 존재함을 주목했다. 즉 인간들은 전혀 들어본 적이 없는 문장들novel sentences을 발화하며 또 이해한다. 들어본 적이 없다는 것은 경험한 적이 없다는 것이며, 경험한 적이 없다는 것은 모방할 수도 없다는 것이다. 즉 인간 언어에는 경험과 무관하게 또 모방으로는 터득할 수 없는 사항들이 있다는 것이다. 이것이 앞에서도 언급했듯이 촘스키가 인간 언어의 창의성creativity이라고 부르는 것이다. 당시를 풍미하던 구조주의적 언어관은 인간 언어의 창의성을 설명할 수 없게 되어 결국 쇠퇴의 길로 접어들게 된다. 언어학에서의 이와 같은 패러다임 변화를 어떤 사람들은 촘스키의 언어학 혁명으로까지 부르기도 한다.

인간 언어에 경험이나 모방으로는 설명할 수 없는 사항들이 있다는 사실을 확인하기 위해 먼저 다음 문장들을 비교해보기로 하자.

(71) a. I am fine.
    b. I'm fine.

위의 두 문장 간의 차이는 주어가 그 다음에 나오는 'be' 동사와 축약contraction이 되었는지 여부의 차이뿐이다. 영어를 모어로 사용하는 사람들은 이와 같은 축약 현상에 대해 매우 잘 알고 있다.

그렇다면 다음과 같은 문장에서도 유사한 축약 현상이 일어날까?

(72) John is planning to come at the same time as <u>I am</u>.

즉 다음과 같은 문장이 가능할까?

(73) John is planning to come at the same time as <u>I'm</u>.

(73)은 비문법적이다. 영어를 모어로 사용하는 사람들이라면 누구나 (73)이 비문법적임을 무의식적으로 안다. 이와 같은 능력, 혹은 지식은 어디에서 오는 것일까? 영어 화자 중 학교에서 (73)이 비문법적이라는 사실을 배운 사람은 없을 것이다. 그럼에도 불구하고 그들은 어떻게 (73)이 비문법적임을 아는 것일까?

다음 문장들 간에도 유사한 대조가 일어난다.

(74) a. Tell me whether <u>the party is</u> tomorrow. (cf. the party's)
     b. Tell me where <u>the party is</u> tomorrow. (cf. *the party's)

"the party is tomorrow"라는 동일한 표현이 (74a)와 (74b) 양쪽에 사용되어 있음에도 불구하고, 주어와 'be' 동사 간의 축약은 (74a)에서만 가능하고 (74b)에서는 불가능하다. 학교에서 이와 같은 사항에 대해 명시적으로 배운 적이 없다면, 도대체 영어 화자들은 어떻게 해서 이와 같은 차이에 대한 지식을 무의식적으로 갖고 있는 것일까?

이와 같은 차이는 기본적으로 'be' 동사 다음에 생략된 내용이 있는지 여부에 따라 결정된다. 즉 (72)는 다음과 같은 문장에서 생성된 것이다.

> (72)′ John is planning to come at the same time as <u>I am</u> ~~planning to come~~.

또 (74b)는 다음과 같은 문장에서 생성된 것이다.

> (74b)′ Tell me where <u>the party is</u> ~~where~~ tomorrow.

즉 (72)에서는 'be' 동사인 'am' 다음에 "planning to come"이라는 요소가, 그리고 (74b)에서는 'be' 동사인 'is' 다음에 'where'라는 요소가 생략되어 있으므로, 주어와 'be' 동사 간의 축약이 불가능하다는 것이다. 이는 결국 생략된 요소가 있는지 여부가 특정 문법 현상이 일어나는지 여부를 결정하며, 영어 화자들은 생략된 요소가 있는지 없는지에 대해 무의식적으로 알고 있음을 보여준다. 생략된 요소를 공범주 empty category라고 부르기도 하며, 흔히 'e'로 표시하기도 한다. (72)′과 (74b)′을 공범주를 사용해 다음과 같이 나타내기도 한다.

> (72)″ John is planning to come at the same time as <u>I am</u> e.
> (74b)″ Tell me where <u>the party is</u> e tomorrow.

눈에 보이지 않는 (보다 엄밀하게는 발음하지 않는) 요소인 공범주를 경험할 수는 없으므로, 공범주 여부에 따라 특정 문법 현상이 일어나는지 여부를 아는 것이 경험에 의한 것일 수 없음이 자명하다. 그렇다면 앞에서 언급한 현상에 대해 영어 화자들이 무의식적으로 가지고 있는 지식은 경험하지 않고도 아는 지식knowledge without relevant experience 이어야 하며, 따라서 모방이나 반복 연습에 의한 것임이 아닐 수밖에 없다.

이제 다음 예들을 보도록 하자.

(75) a. The men expected to see them. (the men ≠ them)
    b. I wonder who the men expected to see them.
       (the men = them 가능)

(75b)에서 밑줄 친 부분은 (75a)와 동일하다. 그럼에도 불구하고, 'the men'과 'them'의 동일지시coreference 가능성은 (75a)와 (75b) 간에 차이가 있다. 즉 (75a)에서는 'them'이 'the men'을 가리킬 수 없지만, (75b)에서는 그 가능성이 허용된다. 표면적으로는 동일한 상황에서 왜 이런 차이가 발생하는 것일까?

여기서도 공범주 여부가 중요한 역할을 한다. 즉 (75b)에서는 동사 'expected' 뒤에 원래 목적어인 'who'가 있었으나, 'who'가 Wh-이동에 의해 종속절의 맨 앞자리로 이동을 한 것이다. 따라서 (75b)에는 동사 뒤에 다음과 같이 공범주가 있어야 한다.

(75b)′ I wonder who the men expected e to see them.

이렇게 보면 (75b)에서 밑줄 친 부분은 (75a)와 동일하지가 않다. 따라서 이 둘 간에 대명사 'them'의 지시가능성에 차이가 있다고 해도, 그 자체로 문제가 되는 것은 아니다. 즉 (75a)와 같은 환경에서는 'the men'과 'them' 사이에 다른 명사구가 없어 동일지시 가능성이 허용되지 않지만, (75b)에서는 그 둘 사이에 공범주가 있어 동일지시 가능성이 허용된다고 볼 수 있기 때문이다.

그런데 이와 같은 지식은 기본적으로 특정 위치에 공범주가 있는지 여부를 알 수 있어야만 가능하다. 앞에서도 이야기한 바와 같이 공범주를 경험할 수는 없으므로, 또 공범주에 대해 명시적으로 교육을 받는 것도 아니므로, 이와 같은 지식은 경험과 무관한 것으로, 즉 모방에 의해 터득할 수 있는 것이 아니라고 해야 할 것이다.

이렇게 보면, 인간이 언어에 대해 가지고 있는 지식은 언어 습득 과정에서 경험하는 내용에 비해 엄청나게 크다고 해야 할 것이다. 인간의 언어 습득 과정을 관찰해보면, 인간들은 생후 3-4년 사이에 갑자기 말을 깨치게 된다. 생후 첫 1년은 옹알이 단계babbling stage를 거쳐 해당 언어에서 사용되는 소리들을 찾고 연습하게 된다. 그러다가 1단어 정도로 의사표시를 하기 시작하는 것이다. 그것이 2-3 단어로 이루어진 전보문 단계telegraphic stage를 거치면서 갑자기 말이 폭발하게 되는 것이다. 이를 우리나라에서는 예전부터 "말이 터진다"라고 했다.

말이 터지기까지 어린아이가 경험하는 언어자료는 어떤 것들일까? 제대로 된 말이라기보다는 어른들이 어린아이 눈높이에 맞추어 하는 조각말이 대부분이다. 그런 조각말들을 밑천 삼아 어린아이들이 갑자기 말을 깨치게 되는 것이다. 언어 습득 과정에서 어린아이들이 접하게 되는 언어자료, 즉 경험을 입력으로 보고, 언어 습득 후 갖게 되는 풍부한 언어능력을 출력으로 보면, 입력과 출력 간에, 즉 경험과 능력 간에 엄청난 차이가 생겨나는 셈이다. 이를 다음과 같이 나타내볼 수 있을 것이다.

즉 입력된 경험만으로는 들어본 적이 없는 문장까지 출력해낼 수 있는 풍부한 언어능력을 전혀 설명할 수가 없는 것이다. 이는 언어 습득 과정에서 경험하는 극히 단편적인 언어자료a fragment of language만을 기반으로 해서는 추후에 얻게 되는 그 풍부한 언어능력을 결코 터득

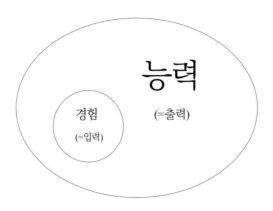

할 수가 없음을 의미하는 것이다. 그런데, 구조주의자들의 '자극과 반응'stimulus and response 이론에 따를 때, 언어 습득 과정에서 경험하는 극히 단편적인 언어자료a fragment of language는 자극이 되는 셈이며, 추후에 얻게 되는 풍부한 언어능력은 반응이 되는 셈이다. 인간의 언어능력은 그 단편적인 자극만으로는 설명할 수 없을 만큼 너무나도 풍부한 반응을 보이는 셈이므로, 이는 결국 인간의 언어 습득에 대한 구조주의자들의 주장이 유지하기 힘든 것임을 보여주는 것이다. 다시 말해서, 구조주의자들이 주장하는 것처럼 경험만을 기반으로 해서는, 즉 그 경험을 모방하고 반복하는 것만으로는, 인간의 언어능력은 결코 얻어질 수 없다는 것이다.[25]

이와 같이 언어 습득 과정에서 접하게 되는 경험(= 자극)이 너무 빈약해 추후에 도달하게 되는 풍부한 언어능력(=반응)을 설명하기에 역부족이라는 점을 가리켜 '자극의 빈곤'the poverty of the stimulus이라고 부른다. 즉 언어 습득은 그 빈약한 경험만으로는 절대로 불가능하다는 것인데, 이를 다른 말로 'learnability problem'(경험만으로는 배울 수 없다는, 즉 'learnable'하지 않다는 의미임) 혹은 '언어 습득의 논리적 문제'(the logical problem of language acquisition, 경험만 가지고는 언어능력을 논리적으로 설명할 수 없다는 의미임)라고 부르기도 한다.

다시 말해 다음과 같은 등식이 성립하지 않는다는 것이다.

$$
\begin{array}{ccc}
경험 & \neq & 능력 \\
(cf.\ 자극) & & (cf.\ 반응)
\end{array}
$$

그렇다면 인간은 언어를 어떻게 습득하는 것일까? 앞에서도 보였다시피 인간에게는 언어와 관련해 경험하지 않고서도 아는know without relevant experience 것들이 있다. 이런 지식은 어디에서 오는 것일까? 이에 대해 촘스키는 인간은 태어나면서부터 언어와 관련한 일정한 지식 혹은 능력을 가지고 태어난다고 주장한다. 즉 인간의 언어능력은 유전자적으로 결정genetically determined, 혹은 유전자적으로 사전 프로그램되어genetically preprogrammed 있다는 것이다. 이는 다시 말해 위에서의 등식을 다음과 같이 수정해야 한다는 것이다.

$$
\alpha + 경험 = 능력
$$

즉 인간은 태어날 때 언어와 관련해 'α'라는 유전자적 프로그램을 가지고 태어나는데, 이 프로그램의 도움으로 극히 단편적인 언어자료에 대한 경험만으로도 풍부한 언어능력을 터득할 수 있게 된다는 것이다. 이렇게 보면 촘스키는 인간의 언어능력을 기본적으로 선천적인 것으로 본다고 할 수 있다. 언어능력과 관련한 이런 촘스키의 입장을 생득 가설

Innateness Hypothesis이라고 부른다는 것은 6절에서도 이미 설명한 바 있다.

촘스키는 인간이 언어를 습득하는 것을 마치 어린이가 걷기를 배우는 것, 혹은 새가 날기를 배우는 것처럼 유전자적으로 결정된 것으로 보면서, 인간의 언어능력을 마치 언어 기관language organ을 가지고 태어나기 때문인 것처럼 본다. 즉 인간에게 청각 기관, 시각 기관, 발성 기관 등이 있듯이 언어 기관이 있으며, 이들은 각각 별개의 모듈module로 존재한다는 것이다. 따라서 어떤 사람들은 듣지 못해도, 즉 청각 기관이 손상되어도, 언어 능력은 그대로 유지할 수 있으며, 또 어떤 사람들은 사고로 소리를 내지 못하게 되더라도, 즉 발성 기관이 손상되어도, 언어 능력 자체는 그대로 유지할 수 있게 된다는 것이다.

참고사항
. . . .

modularity:
촘스키는 문법, 즉 언어능력이 인간의 마음mind/brain을 구성하는 여러 모듈module 중 하나라고 주장한다. 이와 같은 촘스키의 주장은 언어능력을 일반 인지능력cognitive capacities과 구분되는 별개의 모듈로 본다는 점에서 피아제Jean Piaget의 견해와 구분된다고 할 수 있다 (피아제는 언어능력을 일반 인지능력에 의존하는 것으로 봄). 언어능력과 인지능력을 별개의 모듈로 보는 촘스키의 견해는 인지능력과 언어능력 중 어느 한 쪽에만 장애가 발생하는 예들을 통해 뒷받침할 수 있다. 다시 말해 환자들 중에는 인지능력은 정상이나 언어능력에만 장애가 생기는 'specific

language impairment'의 경우도 있으며, 지적 장애가 있음에도 불구하고 20여개의 언어를 구사하는 경우 (cf. Smith & Tsimpli 1995 *The Mind of a Savant*) 등도 있는데, 이런 사례들이 언어 능력과 인지능력이 구분되는 별개의 모듈이라고 하는 촘스키의 주장을 뒷받침한다고 할 수 있다. 촘스키는 언어 자체도 'modular'한 것으로 본다. 언어, 즉 문법은 어휘부, 음운부, 통사부, 의미부 등의 여러 모듈로 이루어져 있으며, 이들은 서로 상호작용하기는 하지만, 각각은 독립된 모듈로 존재한다는 것이다. 이 역시 문법의 각 모듈 중 일부에만 장애가 일어나는 경우를 통해 입증된다. 즉 통사syntax적으로는 문제가 없으나 어휘 발달에 장애를 일으키는 환자의 경우, 혹은 그 반대의 환자의 경우 등이 이에 속한다. 촘스키는 그의 'modularity' 주장을 통사부에까지 확장하는데, 그에 따르면 통사부도 독립된 다양한 모듈로 이루어져 있으며 이들이 서로 상호작용해 문법성을 결정하는 것으로 본다.

또 침팬지 등의 동물을 아무리 훈련시킨다 하더라도 이들이 인간의 풍부한 언어 능력에 도달할 수 없는 것은 이들이 유전자적으로 달리 설계되었기 때문, 다시 말해 언어 기관이 없이 태어나기 때문이라는 것이다. 이는 마치 인간을 아무리 훈련시킨다 하더라도 새처럼 날 수 없는 것과 마찬가지 이치라는 것이다.

그렇다면 앞에서 말한 'α'라는 유전자적 프로그램에는 어떤 내용이 담겨 있을까? 이것이 바로 촘스키가 규명해내고자 하는 것이다. 사람이 태어날 때 가지고 태어나는 언어능력, 즉 경험이 결합되기 이전의 상태는 과연 어떤 것일까? 촘스키는 이를 최초 상태initial state라고 부르고, 'S$_0$'로 표시한다. 이것 때문에 인간이 언어를 구사할 수 있게 된다는 뜻에서 언어 습득 장치(Language Acquisition Device, 흔히 LAD로 줄여 부름)라고 부르기도 한다. 이것이 인간에게만 있다는 것이다.

언어 습득 장치가 있다고 해서 사람들이 무조건 말을 할 수 있게 되는 것은 아니다. 이는 사람이 태어나자마자 즉시 말을 하게 되는 것이 아님을 통해서도 잘 알 수 있다. 사람으로 태어났어도, 적정 시기에 적정 언어 환경 속에 있지 않으면, 예를 들어 태어나자마자 밀림에 버려져 다른 동물들과 함께 자란다든지, 혹은 태어나자마자 사람들과 완벽히 격리되어 고립된 채 어린 시절을 보낸다든지 하는 경우에는 인간 언어를 터득하지 못하게 되기도 한다. 이는 말을 배우기 위해서는 반드시 언어 환경에 있어야 함을 의미한다.

언어 환경이 한국어 환경이면 한국어를 터득하게 되고, 영어 환경이면 영어를 터득하게 된다. 이는 한국인의 피를 타고 태어난 사람이나, 우크라이나인의 피를 타고 태어난 사람이나 마찬가지이다. 즉 사람들은 적정 시기에 적정 언어 환경에 있기만 하면, 자신의 인종적 배경이 무엇이든지 간에 세상의 어떤 언어라도 습득할 수가 있는 것이다. 따라서 앞에서 'α'로 지칭한 최초 상태, 즉 언어 습득 장치에는 세상의 모든 언어를 터득할 수 있는 가능성이 담겨져 있어야 할 것이다. 그 가능성이 한국어 경험과 결합하면, 한국어 능력이 터득되고, 영어 경험과 결합하면 영어 능력이 터득되는 것이다. 이렇게 일정 기간 적정 언어 환경에 있은 결과 터득된 특정 언어 능력을 최초 상태에서 안정 상태에 이른다는 뜻으로 'steady state'라고 부르며, 'S$_s$'로 표시한다. 즉 언어 습득이란 태어날 때의 상태인 S$_0$에서 S$_s$에 이르는 것을 의미하는 것으로서, S$_0$는 모든 인간 언어를 배울 수 있는 가능성을 포함한다는 의미에서 UG, 즉 보편문법Universal Grammar이라고도 부르며, S$_s$는 특정 언어의 습득을 의미한다는 의미에서 PG, 즉 개별문법Particular Grammar이라고도 부른다. 촘스키는 최초 상태인 S_0에 어떤 내용이 담겨 있는지를 규명하고자 하는 것이며, 이런 이유로 그의 문법이론을 UG 이론, 즉 보편문법이론이라고 부르기도 한다.

이제까지 소개한 내용을 표로 나타내면 다음과 같다.

$$\alpha \quad + \quad 경험 \quad = \quad 능력$$

	(단편적 언어자료)	(풍부한 언어 능력, I-language)
⇓		⇓
S_0 (최초 상태)		S_s (안정 상태)
언어 습득 장치 (LAD)		
UG		PG

이렇게 보면 보편문법Universal Grammar이라는 것은 이론이라기보다는 탐구 대상이라고 할 수 있다. 즉 인간이 선천적으로 가지고 태어나는 언어능력이 있다는 점에 동의한다면, 그 내용이 무엇인지를 탐구할 필요가 당연히 인정되는 것이며, 그런 의미에서 보편문법이라는 것은 인간이 가지고 태어나는 언어능력의 실체를 규명하는 학문 분야라고 할 수 있게 된다.

그렇다면 UG, 즉 보편문법에는 어떤 내용이 담겨져 있을까? UG의 도움으로 세상의 어떤 언어이든지 배울 수 있게 되므로, UG에는 세상의 모든 언어를 배울 수 있는 가능성이 포함되어야 할 것이다. 아울러 각 개인이 궁극적으로 터득하게 되는 언어 간에 차이가 존재하는 것도 분명한 사실이므로, 언어 간에 존재하는 차이점에 대한 설명도 할 수 있어야 할 것이다. 또한 사람들이 언어를 배우는 과정이 생후 단기간 내에 특별한 노력 없이 이루어지므로, 그와 같은 언어 습득상의 특징과도 양립할 수 있어야 할 것이다.

이와 같은 정신에 따라 1980년을 전후해서 UG가 다음에서 보는 바와 같이 원리principles와 매개변인parameters으로 이루어져 있을 것이라는 생각이 대두되었다.

$$\text{UG} = \text{원리} + \text{매개변인}$$

원리라고 하는 것은 모든 인간 언어에 공통적으로 적용되는 것으로서, 원리에 대한 지식은 생득적innate, 즉 선천적인 것으로 본다. 다시 말해 따로 배울 필요가 없다는 것이다. 이런 지식은 기본적으로 경험 없이도 아는 내용에 해당한다. 이에 비해 매개변인이라는 것은 언어 간에 차이를 보이는 사항으로서, 특정 언어 습득 과정에서 해당 언어의 매개변인 값을 결정해야 한다. 매개변인의 값은 해당 언어 안에서 결정해야 하므로, 이를 위해서는 해당 언어에 대한 경험이 필요해진다. 이렇게 보면 언어 습득이라는 것은 기본적으로 특정 언어 환경 내에서 매개변인의 값을 결정parameter-setting하는 단순한 작업이 된다. 이렇기 때문에, 사람들이 극히 단편적인 언어 자료를 바탕으로 해서도 단기간 내에 별다른 노력 없이 특정 언어를 습득하게 되는 것이다. 이런 관점은 기본적으로 유한한 수의 원리와 매개변인을 가정하게 하므로, 문법은 유한finite해야 한다는 요건도 아울러 충족시키게 된다.

그렇다면 UG 안에 어떤 원리들과 어떤 매개변인들이 존재하는지 어떻게 알아낼 수 있을까? 이를 위해서는 개별 문법들을 비교할 수밖에 없다. 즉 각 언어에 존재하는 원리들 중 보편적으로 적용되는 원리가 무엇인지, 그리고 언어들 간에 어떤 차이들이 있으며, 그 차이들을 어떤 매개변인으로 도출할 것인지 등, UG에 대한 연구는 개별 언어들을 기반으로 수행될 수밖에 없으며, 개별 언어들에 의해 입증되어야 한다. 이 작업은 여전히 진행 중이므로, 현 상태에서 UG의 모습을 완벽히 보여줄 수는 없다. 그리고 UG에 대한 본격적 논의가 이 책의 목적도 아니므로, 여기서는 UG 내에 어떤 원리와 어떤 매개변인이 있을 수 있는지에 대한 개략적 예시만을 보이기로 하겠다.

인간 언어에 공통적으로 적용되는 UG 원리의 예로는 다음과 같은 것들을 들 수 있다. 즉, 모든 언어에는 명사, 동사 등의 범주category가 존재한다. 문장에는 구조가 있으며, 문법 현상은 구조에 의존structure-dependent한다. 대명사의 지시 내용을 결정하는 원리가 존재한다 등이다.

이들에 대한 상세한 설명을 하기는 어려우므로, 일단 대명사의 지시 내용과 관련해 다음 예문들을 보도록 하자.

(76) a. John hurt his nose.

b. John's brother hurt him.

c. John said he hurt Bill.

d. John hurt him.

위의 4개의 문장에는 모두 'he'나 'his', 'him' 등의 3인칭 남성 단수 대명사가 쓰였다. 그 중에서 대명사가 'John'을 지칭하지 못하는 경우는 (76d)뿐이다. 즉 일반 대명사가 목적어 위치에 있을 경우, 그 목적어는 같은 절의 주어와 동일한 지시 내용을 가질 수 없다. 이는 영어뿐 아니라 다른 언어에서도 대부분 적용된다. 그런 의미에서 보편 원리의 하나라고 할 수 있다. 그런데 대명사의 지시 내용과 관련한 이런 내용은 학교에서는 전혀 가르치지 않는다. 그런 점에서 이와 같은 원리에 대한 지식은 배우지 않고도 아는, 즉 경험 없이도 아는know without relevant experience 내용에 해당한다고 할 수 있다.

매개변인에는 어떤 것이 있을까? 이와 관련해 다음 예들을 보자.

(77) Close the door (V + NP)　vs　문을 닫아라 (NP + V)

(78) at school　　(P + NP)　vs　학교에서　(NP + P)

위의 예들을 보면 영어에서는 핵head인 V나 P가 보충어complement 보다 앞에 나오지만, 한국어에서는 뒤에 나온다. 이에 근거해 영어는 핵 선행어head-initial language, 한국어는 핵후행어head-final language라고 할 수 있다. 언어 간의 이런 차이는 핵 매개변인head-parameter을 설정해 설명할 수 있다. 즉 UG 자체에는 핵과 보충어 간의 어순 자체를 설정하지는 않고, 이를 언어 간에 차이가 있을 수 있는 매개변인으로 설정함으로써, 화자들이 해당 언어 환경에서 각 언어의 매개변인 값을 결정하도록 하는 것이다. 이 매개변인 값을 결정하기 위한 자료는 극히 단순해도 무방하다. 즉 핵과 보충어 간의 상대적 어순을 보여주는 자료 하나만 있어도, 이를 근거로 모든 범주 간에 이 어순을 적용시킬 수 있다. 상대적 어순은 기본적으로 핵이 선행하느냐 아니면 후행하느냐 하는 것이므로, 가능한 매개변인 값의 수도 매우 단순해진다.[26]

또 다른 매개변인의 예로는 Wh-이동과 관련한 매개변인을 들 수 있다. 앞에서도 본 것처럼 영어에서는 Wh-이동이 명시적으로 일어난다. 그러나 한국어에서는 그렇지 않다.

(79) Khalil loves Mary　　vs　철수가 영희를 좋아해

(80) Who does Khalil love?　vs　철수가 누구를 좋아해?

영어에서는 목적어 'Mary'가 'who'로 대체되면 문장의 앞머리로 이동해야 하지만, 한국어에서는 목적어 '영희'가 '누구'로 대체되어도, 그 자리에 그대로 있을 수 있다. 그렇다면, Wh-이동은 영어에서만 일어나는 것일까? 여기에서 상세한 설명을 하기는 어렵지만, 일반적으로 영어 같은 언어에서는 눈에 보이는 Wh-이동overt wh-movement이 일어나고, 한국어 같은 언어에서는 눈에 보이지 않는 Wh-이동covert wh-movement이 일어난다고 가정한다. 눈에 보이지 않는 이동이란 기본적으로 LF(Logical Form, 논리형태부)라는 추상적 층위에서 이동한다는 뜻이다. 따라서 Wh-이동이 일어나는 층위에 언어마다 차이가 있다는 것으로서 어떤 언어에서는 눈에 보이는 통사부syntax에서 이동하고, 어떤 언어에서는 눈에 보이지 않는 논리형태부에서 이동한다는 것이다. 이 역시 이동이 일어나는 층위를 매개변인 값으로 만들어, 화자들이 해당 언어의 자료에 근거해 그 값을 설정setting해야 하는 매개변인 중 하나가 된다.

또한 언어에 따라서는 대명사 주어의 생략이 자유로운 경우도 있다.

(81) She speaks French   vs   Ella habla francés

(82) *Speaks French   vs   Habla francés

위의 예에서 보듯이 영어에서는 대명사 주어인 'she'의 생략이 불가능하지만, 스페인어에서는 가능하다. 이는 스페인어에서는 동사의 굴절inflection이 매우 발달되어, 주어의 인칭과 수가 동사에 표시되기 때문이다. 이렇게 동사의 굴절이 발달되어 대명사 주어의 생략이 가능한 언어를 무주어 언어null subject language 혹은 대명사 탈락 언어pro drop language라고 하는데, 이 역시 언어 간의 차이를 보이는 매개변인으로 설정되며, 이를 무주어 매개변인null subject parameter라고 부른다. 동사의 굴절이 발달된 언어는 대개 무주어 언어가 된다.

이제까지 UG의 원리와 매개변인의 예를 간략히 살펴보았다. 물론 완벽한 UG 체계를 규명해내기 위해서는 아직도 갈 길이 멀다. 이에 흥미를 느끼는 사람들은 대학원에 진학해 본격적인 연구를 해보는 것도 좋을 것이다. 그런데 1990년대 중반부터 촘스키는 다음과 같은 질문을 제기해 왔다.

질문 1: 인간 언어는 과연 최적optimal적으로 설계되었는가?
질문 2: 언어능력과 뇌의 다른 시스템 간의 관계는 무엇인가?

이와 같은 질문은 기본적으로 인간 언어가 얼마나 완벽perfect한가에 대한 질문이다. 촘스키는 기본적으로 완벽에 매우 가깝다는 입장이다. 그렇기 때문에 문법에는 필수불가결한 것만 최소한도로 담겨야 한다는 입장을 견지한다. 이와 같은 그의 입장은 최소주의minimalism라는 이름으로 불린다. 즉 1960년대부터 변형문법, 혹은 변형생성문법이라는 이름으로 연구되어 온 촘스키의 문법이론은 1980년대를 거치면서 원리 및 매개변인 이론이라는 이름으로 재편성된 후, 최근에는 최소주의라는 이름으로 그 이론적 엄밀성을 더해가는 중이라고 할 수 있다.

두 세대에 걸친 촘스키의 언어 연구 역정을 여기에서 상세히 소개하기는 불가능하다고 할 수밖에 없다. 촘스키에 대해 더 깊은 내용을 알기 원하는 독자들은 이 분야의 문헌들을 찾아 읽기 바란다. 이글을 읽고 언어에 대한 남다른 관심이 있거나 언어 연구에 뛰어난 잠재력이 있는 젊은이들이 언어학이라는 학문에 올바로 입문해 보편문법Universal Grammar을 지향하는 현대 언어학에 큰 기여를 하게 된다면 그것은 나의 분외의 영광이 될 것이다.

제6장
영어의 의미: 의미 현상의 종류와 작용

의미 따위가 왜 필요한가? 인생은 욕망이다. 의미가
아냐!
What do you want meaning for? Life is desire, not
meaning!

— 찰리 채플린Charlie Chaplin

A: 인생의 의미는 무엇인가요?
B: 나는 알지. 그러나 가르쳐주지는 않겠네.
A: What is the meaning of life?
B: I know, but I won't tell you.

— 메이슨 쿨리Mason Cooley

1. 단어의 의미, 문장의 의미

4장에서 의미의 최소 단위인 형태소morpheme에 대해 이야기한 바가 있다. 이 형태소들이 독자적으로 한 단어를 이루기도 하고, 둘 이상 결합해 하나의 단어를 이루기도 한다. 이렇게 만들어진 단어들이 결합해 구phrase를 이루고, 구phrase가 결합해 문장을 이룬다. 의미는 이 모든 단계에서 발생한다. 즉, 단어, 구, 문장의 단계마다 의미를 생각할 수 있는 것이다.

이에 따라 단어 층위의 의미를 다루는 어휘 의미론lexical semantics[1]과 구나 문장 층위의 의미를 다루는 구 의미론phrasal semantics 또는 문장 의미론sentential semantics을 구분할 필요가 생긴다. 이 구분의 필요성을 보기 위해 다음 두 문장을 비교해보자.

> (1) a. John kicked the ball.
>
>   b. John kicked the bucket.

(1b)는 (1a)의 마지막 단어인 'ball'을 'bucket'로 바꾼 것이다. 그렇다면 두 문장의 의미도 마지막 단어의 의미 차이만큼만 다른가? 다시 말해 (1a)는 "존이 그 공을 찼다"를 의미하고, (1b)는 "존이 그 양동이를 찼다"는 의미인가? 일차적으로는 그렇다. 그리고 이 두 의미는 각 문장에 사용된 단어의 의미만 알면, 파악할 수 있는 것이다. 그러나 (1b)는 추가로 "존이 죽었다"라는 의미도 갖는다. 이는 "kick the bucket"이 숙어로 '죽다'라는 의미를 갖기 때문이다. 따라서 의미는 단어 수준에서뿐 아니라, 구나 문장 수준에서도 생각해보아야 함을 알 수 있다.

다음 표현의 의미에 대해서도 생각해보자.

(2) first-class college students

위의 표현에서 사용된 'first-class', 'college', 'students'의 의미는 각
각 하나씩이다. 그렇다면 이들이 결합한 명사구 (2)의 의미도 하나인가?
그렇지 않다. (2)는 'first-class'가 'college'를 수식하는 경우에는 'first-
class college'에 다니는 학생들이라는 뜻을 갖지만, 'first-class'가 만일
'college students'를 수식하게 되면 대학 자체가 'first-class'가 아니라
그 학생들이 'first-class'라는 의미가 된다. 이 역시 의미는 단어뿐 아니
라, 단어들이 결합해 형성하는 구phrase의 측면에서도 생각해보아야 한
다는 것을 보여준다 (한국어에서는 이 두 의미 간의 차이를 '일류대 학생'
과 '일류 대학생'처럼 띄어쓰기를 달리 함으로써 구분할 수 있다).

이와 같이 의미는 단어 수준에서뿐 아니라 구나 문장 수준에서도
생각해보아야 하는데, 먼저 단어 수준에서의 의미에 대해서 생각해보
고 이어서 단어들이 결합해 이루는 구나 문장 층위에서의 의미에 대해
서 생각해보기로 하자.

2. 의미 속성semantic property과 의미 자질semantic feature

다음 단어들의 공통점에 대해 생각해보자.

(3) mother, sister, aunt, princess, tigress

위의 단어들은 모두 '여성'female이라는 의미를 공통적으로 갖는다.
다시 말해 위의 단어들은 모두 '여성'이라는 의미 속성을 공유한다고
할 수 있다. 이들 중 'tigress'를 제외한 나머지 단어들은 모두 '인간'이라

는 의미 속성도 공유한다. 이렇게 단어들은 하나 이상의 의미 속성을 갖게 되며 이 속성들이 각 단어의 의미를 이루는 것이다.

이런 의미 속성 중에는 '남성/여성'male/female, '인간/비인간'human/ nonhuman, '높은/낮은'high/low, '셀 수 있는/셀 수 없는'countable/un-countable 등처럼 서로 반대되는 의미를 갖는 것들이 있는데, 이런 것들은 둘 중 하나를 선택해 '+/-'로 표시할 수 있다. 예를 들어, 'tigress'는 '비인간'nonhuman, 나머지 단어들은 '인간'human이라는 속성을 갖는다고 말하는 대신에, 'tigress'는 '-인간'-human, 나머지 단어들은 '+인간'+human이라는 속성을 갖는다고 표시하는 것이다.

이렇게 의미 속성을 '+/-'의 두 가지 가능성으로 표시하는 경우에는 특별히 의미 자질semantic feature이라고 부르기도 한다. 앞에서 예로 든 'tigress'는 '-인간'과 '-남성'('여성'을 기준으로 한다면 '+여성') 등의 의미 자질을 포함하게 된다.

다음은 일부 단어들이 포함하고 있는 의미 자질들을 개략적으로 표시해본 것이다. (여기서는 의미 자질을 영어로 표기하기로 한다.)

man	girl	tigress
+human	+human	-human
-female	+female	+female
-young	+young	+feline
+countable	+countable	+countable

위에서는 명사의 경우만을 예로 들었지만, 다음에서 보는 바와 같이 명사뿐 아니라 동사의 경우에도 의미 자질을 이야기할 수 있다.

의미 자질	예
+cause	darken, kill, clarify 등
+sense	see, hear, feel, taste 등
+contact	kiss, touch 등

이와 같이 각 단어가 보유하는 의미 자질 내지 의미 속성은 그 단어와 함께 사용된 단어의 의미를 이해하는 데 중요한 역할을 하기도 한다. 예를 들어 다음 문장을 보도록 하자.

(4) Aseiik assassinated Doseinorm.

위의 문장에 사용된 'Aseiik'과 'Doseinorm'이 무엇인지 아는 사람은 아무도 없을 것이다. 그러나 영어 화자라면 이 문장을 읽는 순간, 'Aseiik'과 'Doseinorm'이 각각 사람의 이름임을 안다. 동물이나 도시 등의 이름일 수는 없는 것이다. 즉 이 두 단어에 '+human'이라는 의미 자질이 있음을 안다는 것이다. 이는 'assassinate'라는 단어의 의미에서 추론할 수 있는 사실이다. 뿐만 아니라, 'assassinate'라는 단어는 목적어 위치에 있는 'Doseinorm'이 중요한 사람임을 알게 한다. 이 역시 'assassinate'라는 단어가 주는 의미이다. 이에 따라 한 번도 들어본 적이 없는 'Doseinorm'이라는 단어가 최소한 '+human'과 '+important'라는 의미 자질을 가짐을 알게 되는 것이다. 만일 'assassinate'라는 단어 대신에 'murder'라는 단어를 사용해 "Aseiik murdered Doseinorm"이라고 말하면 'Doseinorm'이라는 단어의 의미에 미묘한 차이가 생긴다. 'assassinate'라는 단어를 사용할 때와 달리, 'Doseinorm'에 '+important'의 의미 자질은 부여되지 않는다. 이와 같이 어떤 단어들은 그것과 함께 사용되는 단어에 특정 의미 자질을 자동적으로 부여하기도 한다. 영어를 모어로 사용하는 사람들은 이와 같은 사항에 대해 무의식적인 지식을 가지고 있는 것이다.

3. 단어들 간의 의미 관계

단어들 간에는 서로 의미가 같은 단어들도 있고, 서로 반대의 의미를 갖는 단어들도 있다. 이처럼 단어들 간에는 의미상 다양한 관계가 있을 수 있는데, 단어들 간의 의미 관계를 살펴보면 다음과 같다.

동의 관계synonymy

'sofa'와 'couch'의 경우처럼 의미가 동일할 때, 그 단어들을 동의어synonym라고 하며, 그들 간의 관계를 동의 관계synonymy라고 한다. 엄밀하게 말해 동의어는 의미 자질이 100% 동일해야 한다. 동의어 사전에 수록되어 있는 동의어들 중에는 엄밀한 의미에서 동의어라기보다는 의미가 상당히 유사하거나 대체로 유사한 경우도 많이 포함되어 있다.

반의 관계antonymy

'present/absent', 'give/receive', 'old/young' 등처럼 의미가 서로 반대일 때, 그 단어들을 반의어antonym라고 하며, 그 단어들은 반의 관계antonymy에 있다고 한다. 반의어들을 성격상 몇 가지로 분류할 수 있는데, 먼저 'present/absent'와 'give/receive'를 비교해보기로 하자. 'present'와 'absent'의 경우에는 전자를 부정하면 후자가 된다. 즉 'not present'는 'absent'와 동일한 의미를 갖는다. 그리고 후자를 부정한 'not absent'는 전자인 'present'의 의미가 된다. 어떤 경우든 둘 중 하나이어야 하며, 둘을 합치면 전체가 된다. 즉, 'present'도 아니고 'absent'도 아닌 경우는 불가능하며, 'present'한 사람과 'absent'한 사람을 합치면 전체가 되어야 한다. 이와 같은 관계를 보이는 반의어를 상보적complementary 반의어라고 부른다. 이에 비해 'give'와 'receive'의 경우에는 전자를 부정한다고 해서 후자의 의미가 되는 것은 아니다. 즉 'give'하지 않는 것이 곧 'receive'하는 것은 아니다. 이 경우에는 둘 다 아닐 경우가 존재한다. 즉 'give'하지도 않고, 'receive'하지도 않는 경우가 가능하다. 대신 한 쪽이 'give'하면 상대방은 'receive'한다. 이와 같은 반의어는 관계적 relational 반의어라고 부른다. 마지막으로 'old'와 'young'의 경우에는 비교급이 가능한 형용사들로 이루어진 반의어들이다. 'old'의 정도에 따라 '더 old', 즉 'older'라는 표현이 가능하다. 'young'도 마찬가지이다. 이에 비해 'present'와 'absent'도 형용사이지만, 이들은 정도를 매길 수 없는 형용사들이다. 이들에게는 비교급이 불가능하다. 즉 'present'이냐 아니냐만 따질 수 있지, 어느 정도 'present'이냐는 따질 수 없다. 'old'와 'young'의 경우처럼 정도를 비교할 수 있는 반의어들을 'gradable pairs of antonyms'라고 부른다. 이 경우에는 'older'하다고 해서 반드시 'old' 하지는 않을 수도 있다. 만일 5살짜리 아이와 7살짜리 아이를 비교한다면 7살짜리 아이가 분명히 'older'하다. 그러나 그렇다고 해서 7살짜리 아이를 'old'하다고 말할 수는 없는 것이다.

하의 관계hyponymy

어느 단어가 다른 단어의 의미를 포함할 때 그 둘 사이에는 하의 관계hyponymy가 있다고 말한다. 예를 들어 'yellow', 'red', 'blue' 등은 'color'라는 의미를 포함한다. 따라서 이들 간에는 하의 관계가 성립한다. 이때 'color'라는 의미를 포함하는 'yellow', 'red', 'blue' 등을 'color'의 하의어hyponym라고 부르며, 반대로 'color'는 'yellow', 'red', 'blue' 등의 상의어(hypernym 혹은 superordinate)라고 부른다. 'father'와 'mother'는 'parent'의 의미를 포함하고 있으므로 이들 간에도 하의 관계가 성립하며, 'father'와 'mother'는 'parent'의 하의어가 된다.

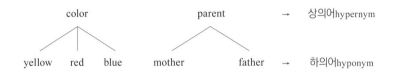

이 외에 영어의 '-nym'으로 끝나는 표현들에는 다음과 같은 것들이 있다.

동음이의어homonym

발음은 동일하나 의미는 다른 단어들을 말한다. 철자는 고려하지 않는다. 따라서 'bear/bare', 'flower/flour' 등처럼 철자가 다른 경우뿐 아니라, '은행'을 의미하는 'bank'와 '강둑'을 의미하는 'bank'도 서로 동음이의어라고 할 수 있다.

동철이음어heteronym

철자는 동일하나 발음은 다른 단어들을 말한다. 예를 들어 'bow', 'lead', 'wind' 등이 이에 속한다.

bow	→	[bou] 활	[bau] 절하다
lead	→	[li:d] 이끌다	[led] 납
wind	→	[wind] 바람	[waind] 감다

동철어homograph

철자가 동일한 단어들을 말한다. 이때 발음은 고려하지 않는
다. 따라서 발음이 같은 경우도 있을 수 있고, 다른 경우도 있
을 수 있다. 동철이음어는 당연히 모두 동철어에 속한다.

역분화어retronym

'e-mail'이 없던 시절에는 'mail'은 문자 그대로 우편 메일을 의미했
다. 그러다 'e-mail'이 등장하면서 과거의 'mail'을 'e-mail'과 구분해 부
를 필요가 생겨났다. 이렇게 해서 생겨난 표현이 'surface mail'이다. 이
와 같이 만들어진 표현을 거꾸로(cf. retro) 새롭게 분화된 이름을 얻게
된다는 의미에서 'retronym'이라고 부른다. 시계나 카메라 중 디지털 카
메라가 나오기 이전의 시계나 카메라를 '아날로그 시계'나 '아날로그
카메라'로 지칭하는 것도 마찬가지이다. 동성 간의 결혼marriage이 이루
어지면서 전통적인 결혼을 'opposite-sex marriage', 'straight marriage',
'heterosexual marriage'라고 부르는 경향이 생겨나고 있는 것도 역시
마찬가지이다.

환유어metonym

그 대상과 밀접한 관련이 있는 사물이나 속성으로 그 대상 자체를
지칭하는 경우를 말한다. 예를 들어 'crown'(왕관)으로 'king'(왕)이나
그 왕이 다스리는 왕국을 지칭하는 경우 'crown'이 'king'이나 그 왕이
다스리는 왕국의 환유어가 된다. 'Washington'으로 '미국'을 지칭하거
나 'Kremlin'으로 러시아를 지칭할 때도 마찬가지이다.

고유명사 유래어eponym

인명 혹은 지명 등의 고유명사로부터 유래한 표현을 말한다. 예를

들어 'Sandwich'라는 백작 이름에서 유래한 'sandwich', *La Dolce Vita*라는 영화에 등장하는 사진사 이름인 'Paparazzo'에서 유래한 'paparazzi' 등이 이에 속한다.

이제까지 단어 수준에서의 의미에 대해 알아보았다. 이제부터는 문장 수준에서의 의미에 대해 생각해보기로 하자. 먼저 몇 가지 의미적 속성에 대해 알아보기로 한다.

4. 중의성ambiguity

둘 이상의 의미를 가질 수 있는 단어나 문장을 가리켜 이들 단어나 문장에 중의성ambiguity이 있다고 한다는 것은 이미 앞에서 보았다. 영어에서 의미상 중의성이 일어나는 경우는 문장 속에 있는 단어 중 어떤 단어가 둘 이상의 의미를 갖는 경우[2]와 한 문장에 가능한 구조가 둘 이상이 있는 경우이다. 전자의 경우는 어휘적 중의성lexical ambiguity을 보이는 경우이며, 후자의 경우는 구조적 중의성structural ambiguity을 보이는 경우이다. 이 외에 특정 표현을 문자적 의미대로literally 사용한 것인지 은유적metaphorically 내지는 숙어적으로idiomatically 사용했는지 여부에 따른 중의성도 있을 수 있다.

먼저 어휘적 중의성을 보이는 경우의 예를 들면 다음과 같다.

> (5) a. The fisherman went to the bank. (명사 'bank'의 의미가 '은행' 혹은 '강가'의 두 가지로 가능)
>
> b. She cannot bear children. (동사 'bear'의 의미가 '(아기를) 낳다' 혹은 '참다'의 두 가지로 가능)

c. The Rabbi married my cousin. (동사 'marry'의 의미가 '결혼하다' 혹은 '결혼식의 주례를 서다'의 두 가지로 가능)

d. Is he really that kind? ('kind'가 형용사로서 '친절한'의 의미이거나 명사로서 '종류'라는 의미)

e. She is looking for a match. (명사 'match'의 의미가 '성냥' 혹은 '시합'의 두 가지로 가능)

f. We need a good ruler. (명사 'ruler'의 의미가 '자' 혹은 '통치자'의 두 가지로 가능)

g. He dusted the plants. (동사 'dust'의 의미가 '먼지를 털다' 혹은 '먼지를 씌우다'의 두 가지로 가능)

위의 예들은 모두 문장 내 특정 단어가 두 가지 의미를 갖기 때문에 문장의 의미가 두 가지가 되는 어휘적 중의성을 보이는 경우들이다.

다음은 구조적 중의성을 보이는 예들이다.

(6) a. The boy saw the man with a telescope.

("with a telescope"가 'saw'를 수식하는지 "the man"을 수식하는지에 따라 두 가지 의미가 생김)

b. The magician touched the child with the wand.

("with the wand"가 'touched'를 수식하는지 "the child"를 수식하는지에 따라 두 가지 의미가 생김)

c. The police will shoot terrorists with rifles.

("with rifles"가 'shoot'를 수식하는지 'terrorists'를 수식하는지에 따라 두 가지 의미가 생김)

d Flying planes can be dangerous.

('flying'이 'planes'를 수식하는 경우의 의미와 'flying'이

'planes'를 목적어로 취하는 경우의 의미 두 가지가 가능함)

e. They are moving sidewalks.

("moving sidewalks"가 NP로서 'be' 동사의 보어일 경우의 의미와 'moving'이 본동사로서 진행형을 나타낼 경우의 의미 두 가지가 가능함)

또한 다음에서 보는 바와 같이 특정 단어 혹은 표현이 문자적 의미 그대로 쓰인 것인지, 은유적으로 쓰인 것인지에 따라 중의성이 생기기도 한다.

(7) a. Jack is a tiger. ('tiger'가 실제로 '호랑이'를 의미할 수도 있고, '호랑이처럼 무서운 사람'을 의미할 수도 있음. 전자의 경우를 'literal meaning', 후자의 경우를 'metaphorical meaning'이라고 함)

b. He is a butcher. ('butcher'가 문자적 의미 그대로 '정육점 주인'을 의미할 수도 있고, 은유적으로 '잔인한 살인자'를 의미할 수도 있음)

c. It is going to be clear skies from now on. ("clear skies"가 문자 그대로 날씨에 관한 것일 수도 있으며, 은유적으로 쓰인 것일 수도 있음)

특정 표현이 문자적 의미 그대로 쓰인 것인지, 아니면 숙어적으로 idiomatically 쓰인 것인지에 따라 중의성이 생길 수도 있음은 "kick the bucket"의 경우를 예로 들어 이미 살펴보았다.

다음 문장도 중의성을 띠는데, 그 중의성이 무엇 때문에 생기는지 생각해보기 바란다.

(8) Bill loves his wife and so do I. ('his'의 'he'가 'Bill'을 의미할 때를 가정)

위의 문장은 다음과 같이 두 가지 의미를 가질 수 있다.

(9) a. Bill loves his wife, and I love his wife, too.

    b. Bill loves his wife, and I love my wife, too.

즉 "so do I"에서 'so'가 지시하는 내용이 무엇이냐에 따라 위에서와 같은 두 가지 의미가 생기는 것이다.[3]

5. 기이성anomaly

우선 다음과 같은 영어 문장을 예로 들어보기로 하자.

(10) They amused the tulips.

무언가 이상하지anomalous 않은가? 그 이상한 점의 실체는 무엇일까? 독자들 중의 상당수는 그 이유를 'amuse'라는 동사와 "the tulips"라는 목적어 사이의 관계에 무언가 어울리지 않는 점이 있기 때문이 아닐까 하고 생각할 것이다.

즉, 'amuse'라는 동사는 감정이 있는 대상만을 목적어로 취할 수 있는데, "the tulips"는 감정이 있다고 보기 어려우므로 위의 문장이 이상하게 느껴지는 것이다. 동사가 자신의 주어나 목적어의 자격과 관련해 취하는 이런 제약 조건을 문법적으로는 선택적 제약selectional restriction이라고 한다. 따라서 위의 문장이 이상한 이유는 바로 목적어 위치의 "the tulips"가 동사 'amuse'의 선택적 제약을 준수하지 못하기 때문이라고 할 수 있다.

선택적 제약을 준수하지 못해 생기는 기이한 문장anomalous sentences의 예를 더 들면 다음과 같다.

> (11) a. That bachelor is pregnant.
>
>   ('pregnant'라는 형용사와 양립가능하기 위해서는 [+female]의 자질을 가져야 함)
>
>   b. Green ideas sleep furiously.
>
>   ('sleep'라는 동사의 주어는 움직이는 것들, 즉 [+animate]의 자질을 가진 것들만이 가능)
>
>   c. My frying pan realized that I'm a lousy cook.
>
>   (무생물이나 인지 능력이 없는 것들은 'realize'라는 동사의 주어가 될 수 없음)
>
>   d. I order you to know the answer.
>
>   ('know'는 'order'의 목적어가 될 수 없음)

6. 의미 상충contradiction

"colorless green ideas"에서 'green'은 'color가 있음'을 전제로 하는 것이므로 'color가 없음'을 의미하는 그 앞의 'colorless'라는 단어와는 상호 모순을 일으킨다. 'colorless'와 'green' 간의 이런 관계를 문법적으로는 이 두 단어 간에 의미적 상충semantic contradiction이 일어난다고 한다. "You're only happy when you're sad"라는 문장도 이와 같은 의미

상충을 포함하고 있다. 이와 같이 의미 상충을 포함하는 표현을 '모순어법'이라고 하며 영어로는 'oxymoron'이라고 한다. 다음은 모순어법의 예이다.

(12) deafening silence

a living dead man

crazy wisdom

the sound of silence

silent scream

dark light

heavy lightness

serious joke

irregular pattern

arrogant humility

amateur expert

cruel kindness

make haste slowly

mournful optimist

cheerful pessimist

original copies

open secret

alone together

absent presence

devout atheist

falsely true

humane slaughter

loud whisper

polite discourtesy

7. 의미 중복 *redundancy*

우리나라 사람들 중에는 "repeat again" 같은 영어 표현을 사용하는 사람들이 간혹 있는데, 이는 'repeat' 라는 단어 속에 이미 'again'의 뜻이 포함되어 있다는 점에서(즉 'repeat'의 're'가 'again'의 의미임) 바람직스럽지 못한 영어 구사이다. 이렇게 어떤 단어에 의해 이미 표현되어 있는 의미를 다른 단어로 중복해 표현하는 것을 문법적으로 'redundancy'라고 하며 이는 바람직하지 못하므로 피하는 것이 좋다.

의미 중복의 예로는 다음과 같은 것들을 들 수 있다.

> (13) male uncle
>
> unmarried bachelor
>
> ATM machine (ATM = automated teller machine)
>
> PIN number (PIN = personal identification number)
>
> VIN number (VIN = vehicle identification number)
>
> HIV virus (HIV = human immunodeficiency virus)
>
> SMS service (SMS = short message service)
>
> They also visited us last week, too.

참고사항
· · · · · · · · ·

과거에 국내에서 "LPG 가스"라는 말을 쓰기도 했는데, 이 역시
의미 중복에 해당한다. 'LPG'의 'G'가 'gas'를 의미하기 때문이
다. '역전앞'이라는 표현도 마찬가지이다 (前 = 앞). 미국과 멕시
코 간의 국경 지역을 흐르는 '리오그란데'라는 이름의 강을 영어
로 "the Rio Grande River"라고 부르면, 이 역시 엄밀한 의미에
서는 의미 중복에 해당한다. 'Rio'가 스페인어로 '강'을 의미하기
때문이다. 국내의 명승지 이름을 다음과 같이 영어로 표기하는
경우에도 역시 의미 중복이 발생한다.

경복궁: Gyeongbokgung Palace
불국사: Bulguksa Temple

이 외에도 산 이름이나 강 이름에 '산'이나 '강'에 해당하는 로마
자를 표기하고, 그에 더해 '산'이나 '강'에 해당하는 영어 단어를
함께 쓴다면 이 역시 의미 중복의 예가 된다고 할 수 있다. 국내
에서 이와 같은 한국어 로마자표기법이 통용되고 있는데, 이것이
바람직한지에 대해서는 논란의 여지가 있다고 하겠다.

8. 함의entailment

우선 다음 두 문장의 의미에 대해 생각해보자.

> (14) a. John won the race.
>
>   b. The race was won by John.

편의상 (14a)의 문장을 S_1이라고 칭하고, (14b)의 문장을 S_2라고 칭하자. 그리고 다음 질문에 대답해보자. S_1이 참true이면 S_2는 항상 참인가? 그렇다. 다시 말해, 위의 두 문장에서 S_1이 참이면 S_2도 항상 참이다. 물론 S_1이 참이 아닐 경우에는 S_2의 참 여부가 문제되지 않는다.

이렇게 어떤 문장 S_1이 참일 때 S_2도 항상 참인 경우, 이 둘의 관계를 의미적으로 S_1이 S_2를 '함의'entail한다고 하며, 이를 기호로는 '$S_1 \rightarrow S_2$'라고 표시한다.

이제 다음과 같은 S_1, S_2의 두 문장에서 S_1이 S_2를 함의하는지 여부를 생각해보기로 하자.

> (15) S_1 : He sharpened the knife.
>
> S_2 : The knife became sharp.

S_1이 S_2를 함의하기 위해서는 S_1이 참인 모든 경우에 S_2도 역시 참이어야 한다. 만일 S_1이 참인데도 불구하고 S_2가 거짓인 경우가 하나라도 있을 수 있다면 S_1은 S_2를 함의할 수 없게 된다. 따라서 주어진 S_1과 S_2 사이에 함의 관계가 성립하는지 여부를 판단하기 위해서는 'S_1은 참이지만 S_2가 거짓일 수 있는 가능성'이 정말로 없는지를 면밀히 검토해보아야 한다.

이제 위에 주어진 S_1이 참이라 하더라도 S_2가 거짓일 수 있는 가능성이 정말로 없는지를 다시 한 번 생각해보기로 하자. 어떤 사람이 대단히 뭉툭한 칼을 숫돌에 갈아 상당히 덜 뭉툭하게 만들었다고 해보자. 그런 상황에서 S_1은 분명히 참일 것이다. 그러나 만일 그가 갈은 그 칼이 워낙 뭉툭했기 때문에 상당히 덜 뭉툭하게 만들었어도 여전히 잘 안 드는 상태라면 그런 상황에서는 S_2가 참이 될 수 없을 것이다. 이는 위에 주어진 두 문장 S_1, S_2에서 S_1이 참이어도 S_2가 거짓일 수 있는 가능성이 있음을 보여주는 것으로, 결국 S_1이 S_2를 함의하지 못함을 보여주는 것이다. 만일 위의 S_1으로 하여금 S_2를 함의하게 만들려고 한다면 S_2를 "The knife became sharper"로 바꾸어야 할 것이다.

잘 이해가 되지 않는 독자들을 위해서 다음의 예를 다시 들어보기로 하자.

(16) S_1: John committed suicide.

S_2: John killed himself.

위의 두 문장에서 S_1은 S_2를 함의하는 것일까? 즉 'John'이 자살을 한 것이 사실이라면 그는 반드시 자신에 의해 죽은 것일까? 이에 대한 답이 "그렇다"임을 쉽게 알 수 있을 것이다. 즉, 자살을 하고서도 그가 자신에 의해 죽지 않은 경우를 양립시킬 수는 없다. 따라서 (16)에서 S_1은 S_2를 함의한다. 이번에는 거꾸로 S_2가 S_1을 함의하는지 따져보기로 하자. 즉, 'John'이 자신에 의해 죽은 것이 사실이라면 그는 반드시 자살을 한 것일까? 이와 관련해 'John'이 실수로 자신에 의해 죽게 된 경우를 생각해보자. 즉, 'John'이 총기나 폭탄 등을 다루다가 실수로 오발 또는 오폭을 해 죽게 되었더라도 S_2를 말할 수 있다. 그러나 같은 경우 S_1은 말할 수 없다. 즉, 'John'이 실수로 자신을 죽게 한 경우에는 S_2는 참이지만 S_1은 거짓이 된다. 따라서 (16)에서 S_2는 S_1을 함의하지 않는다. (16)에서 S_2가 S_1을 함의하게 만들려면 S_2에서 동사 'killed' 앞에 'deliberately'라는 부사를 삽입해야 할 것이다.

추가로 다음과 같은 두 문장 간의 관계를 생각해보자.

> (17) S_1: Bill owns a firearm.
>
> S_2: Bill owns a pistol.

S_1이 S_2를 함의하는가? 즉 'Bill'이 'firearm'을 소유하고 있는 것이 사실이라면 그는 반드시 'pistol'을 소유하는 것인가? 그렇지 않다. 'firearm'에는 'pistol' 외에도 다양한 종류가 있으므로, 그가 'firearm'을 소유한다고 해서 반드시 'pistol'을 소유하는 것은 아니다. 따라서 (17)에서 S_1은 S_2를 함의하지 않는다. 그렇다면 S_2는 S_1을 함의하는가? 다시 말해 'Bill'이 'pistol'을 소유하는 것이 사실이라면, 그는 반드시 'firearm'을 소유하는 것일까? 그렇다. 'pistol'은 분명히 'firearm'의 한 종류이므로, 그가 'pistol'을 소유하는 것이 사실이라면 그는 분명히 'firearm'을 소유하는 것이 된다. 즉 (17)에서 S_2는 S_1을 함의한다.

9. 동의성synonymy

앞 절에서는 두 문장 S_1과 S_2 사이에서 '$S_1 \rightarrow S_2$'는 성립하나 '$S_2 \rightarrow S_1$'은 성립하지 않거나, 거꾸로 '$S_2 \rightarrow S_1$'은 성립하나 '$S_1 \rightarrow S_2$'는 성립하지 않는 경우를 보았다. 그런데 만일 어느 두 문장 S_1과 S_2 사이에 '$S_1 \rightarrow S_2$' 및 '$S_2 \rightarrow S_1$'이 동시에 성립한다면, 이 둘을 의미적으로 동일synonymous 혹은 동등equivalent하다고 말한다.

따라서 어느 두 문장 S₁, S₂의 의미가 동일한지 여부를 판정하기 위해서는, 그 두 문장 사이에 양쪽 방향으로bidirectionally 함의entailment 관계가 성립하는지를 반드시 따져보아야 한다. 이는 결국 모든 가능한 상황에서 그 두 문장의 참값truth value이 항상 동일해야만, 즉 S₁, S₂ 중 어느 한쪽이 참이면 나머지도 항상 참이고, S₁, S₂ 중 어느 한쪽이 거짓이면 나머지도 항상 거짓인 경우에만, 그 두 문장이 엄밀한 의미에서 동의성synonymy을 지니며, 만일 그 두 문장들 간의 참값이 달라질 수 있는 가능성이 하나라도 존재한다면 그 두 문장의 의미는 동일하지 않음을 의미하는 것이다.

앞의 예에서 (14)의 경우에는 양쪽 방향으로 함의 관계가 성립하므로 두 문장의 의미가 동일하지만, (16)과 (17)의 경우에는 한 쪽 방향으로의 함의 관계만 성립하므로 두 문장의 의미가 동일하지 않게 된다.

참고사항

능동문과 수동문의 의미는 항상 동일한가?:
앞에서 능동문과 수동문의 의미가 동일한 예를 보았지만, 그렇다고 해서 능동문과 수동문의 의미가 항상 동일한 것은 아니다. 다음의 예를 보도록 하자.

(a) John reluctantly kissed Mary.
(b) Mary was reluctantly kissed by John.

(a)에서 '마음이 내키지는 않지만', '마지못해' 등을 의미하는 부

사 'reluctantly'는 주어 'John'의 기분을 나타낸다. 능동문인 이
문장에서 'reluctantly'는 목적어 'Mary'의 기분과는 아무 관계
가 없다. 그런데 (a)의 수동문인 (b)에서는 'reluctantly'가 표면
상의 주어 'Mary'의 기분을 나타낼 수도 있고, 동사 'kissed'의
동작을 행하는 'John'의 기분을 나타낼 수도 있다. 다시 말해 (a)
는 뜻이 하나밖에 없는 문장이지만, (b)는 뜻이 두 가지인 중의
적인ambiguous 문장이라는 것이다. 결국 (a)와 (b)는 의미상 차
이가 있는 셈이다. 이는 능동문의 의미와 수동문의 의미가 항상
동일한 것은 아님을 보여준다. 'reluctantly'처럼 주어, 혹은 행
위의 주체와 밀접한 관계를 맺는 부사를 'subject-oriented ad-
verb'(주어 지향 부사), 혹은 'agent-oriented adverb'(동작주 지향
부사)라고 한다. 이에는 다음과 같은 예들이 있다.

주어 지향 부사(=동작주 지향 부사):

willingly, deliberately, purposely, wisely, intelligently, cleverly,
foolishly, stupidly, gladly, rudely, carefully 등

10. 분석적 참analytic truth과 종합적 참synthetic truth

앞에서 함의entailment와 동의성synonymy 등을 논의하면서 문장'의
참값에 대해 언급하게 되었다. 여기서는 다음과 같은 문장들의 참값과
관련해 어떤 특징적인 차이점이 없는지를 살펴보기로 하자.

(18) A rose is a flower.

(19) Syngman Rhee was the first president of the Republic of Korea.

위의 두 문장은 모두 참true이다. 그런데 (18)의 문장이 참인지 여부를 알기 위해서는 단지 그 문장 속에 포함된 영어 단어들의 의미만 알면 된다. 그러나 (19)의 문장이 참인지 여부를 알기 위해서는 그 문장 속에 포함된 영어 단어들의 의미뿐 아니라 한국의 역사에 대한 지식, 즉 이승만이 대한민국의 초대 대통령이라는 사실에 대한 지식도 함께 지니고 있어야 한다.

다시 말해, 문장 (18)의 참값은 순전히 언어 내적인 측면에 의존하지만, 문장 (19)의 참값은 언어 내적인 측면과 언어 외적인 측면 양쪽에 의존한다. (18)과 같이 그 문장의 참값이 언어 내적인 측면에만 의존하는 문장을 가리켜 '분석적 문장'analytic sentence이라고 하며, (19)와 같이 그 문장의 참값이 언어 외적인 측면에 의존하는 문장을 '종합적 문장'synthetic sentence이라고 한다.

그런데 문장 (18)이 참이 되는 이유는 'rose'와 'flower'라는 두 단어 간에 존재하는 특수한 관계 때문이다. 즉, 'rose'라는 단어는 의미상 'flower'의 뜻을 내포하는데, 문장 (18)은 이런 관계가 성립한다는 서술을 하는 것이므로 참이 되는 것이다. 이와 같이 어느 한 단어의 의미가 다른 단어의 의미에 포함include되는 경우를 앞에서 '하의 관계'hyponymy라고 한 바 있다. 즉, 문장 (18)이 참인 이유, 즉 분석적으로 참analytically true이 되는 이유는 'rose'와 'flower' 사이에 하의 관계hyponymy가 성립하기 때문이다.

이제 다음 문장들의 참값에 대해 생각해보자.

(20) Water both is and is not a chemical element.

(21) It is not true that water both is and is not a chemical element.

(20)의 문장은 다음과 같은 두 문장을 결합한 의미를 갖는다.

(20′) a. Water is a chemical element.

　　　b. Water is not a chemical element.

(20′a)와 (20′b)의 결합으로 이루어진 (20)이 참이 되기 위해서는 (20′a)와 (20′b)가 모두 참이어야 한다. 그런데 (20′b)는 (20′a)의 부정negation이므로, 만일 (20′a)가 참이면 (20′b)가 거짓이 되고, 또한 만일 (20′a)가 거짓이면 (20′b)는 반대로 참이 된다. 따라서 (20′a)와 (20′b) 중 어느 하나는 반드시 거짓이 되므로, 결국 (20′a)와 (20′b)가 함께 참이 될 수는 없어 (20)은 항상 거짓이 된다.

(21)은 위에서 논의한 (20)이 참이 아니라는 뜻이므로, (21) 자체는 항상 참이 된다. 그런데 (20), (21)의 참 여부는 (18)의 경우와 마찬가지로 언어 내적인 측면에만 의존하므로 (20), (21)도 역시 분석적으로 참이거나 거짓analytically true or false이 되는 분석적 문장analytic sentence이다. 그러나 (20), (21)의 참 여부는 (18)의 경우처럼 동일한 문장 내의 두 단어 간에 존재하는 하의 관계hyponymy 때문이 아니라, "both is and is not" 혹은 "it is not true" 등의 논리적 어휘logical vocabulary 때문이므로, 이런 종류의 분석적 참analytic truth을 특별히 논리적 참logical truth이라고 말하기도 한다.

또한 논리학에서는 (21)과 같이 항상 참always true인 명제proposition를 항진명제tautology라고 부르며, 이와는 반대로 (20)의 문장과 같이 항상 거짓always false인 명제를 모순명제contradiction라고 부른다.

II. The Morning Star is the Evening Star

제목의 문장에서 'the Morning Star'와 'the Evening Star'는 모두 금성Venus을 지시refer하는 표현이다. 그렇다면 'the Morning Star'와 'the Evening Star'가 지시하는 대상referent이 무엇인지를 아는 것으로 이들 표현의 의미meaning를 안다고 할 수 있는 것일까? 다시 말하면 "지시reference가 곧 의미meaning"라는 관계가 성립하는 것일까?

"지시reference가 곧 의미meaning"의 관계가 성립한다고 믿는 사람들은 아래의 두 문장의 의미가 동일synonymous하다고 주장할 것이다.

> (22) The Morning Star is the Evening Star.
> (23) The Morning Star is the Morning Star.

(22)와 (23)의 차이는 (22)의 'the Evening Star'를 (23)에서는 'the Morning Star'로 대체substitute한 차이뿐이다. 그런데 'the Evening Star'와 'the Morning Star'는 모두 금성Venus을 지시하는 표현이다. 따라서 만일 "지시reference가 곧 의미meaning"라면 (22)의 'the Evening Star'를 동일한 지시물referent을 갖는 'the Morning Star'로 대체한 (23)은 (22)와 동일한 의미를 가져야 할 것이다. 영어 화자들은 실제로 (22)와 (23)의 의미가 동일하다고 인식하는 것일까?

영어의 의미에 대한 직관intuition이 없는 독자들을 위해 다음과 같은 한국어 예를 들어보기로 하자.

(24) 이하응은 대원군이다.

(25) 이하응은 이하응이다.

(24)와 (25)에서 사용된 '이하응'이라는 표현이 '대원군 이하응'을 지칭한다는 가정 하에 (24)와 (25)의 두 문장은 서로 동일한 의미를 갖는 것일까? 이 질문에 대해 많은 사람들이 그렇지 않다는 느낌을 가질 것이다.[5]

그렇다면 (24)와 (25)의 의미에는 구체적으로 어떤 차이가 있는 것일까? 우선 (25)는 앞에서 이야기한 분석적 문장analytic sentence이다. 즉, (25)가 참인지 여부를 판별하기 위해 어떤 언어 외적인 지식도 필요로 하지 않는다. 단지 언어 내적인 지식에만 의거해 (25)의 문장이 항상 참(즉 'tautology')임을 알 수 있다. 그러나 (24)는 언어 내적인 지식만으로는 참인지 여부를 판별할 수 없다. 즉 (24)는 그 문장의 참값을 판별하기 위해 언어 외적인 지식을 요한다는 의미에서 종합적 문장synthetic sentence이다. 따라서 (24)와 (25)의 두 문장은 종합적 문장synthetic sentence과 분석적 문장analytic sentence이라는 서로 다른 유형의 참값을 갖는, 따라서 그만큼의 의미 차이가 나는 문장들이다.

그렇다면 이 둘 간의 의미의 차이는 어디에서 유래하는 것일까? 이 두 문장에서 차이가 나는 부분은 각 문장의 보어 역할을 하는 '대원군'과 '이하응'뿐이다. 그러므로 (24), (25) 간의 의미 차이는 바로 이 두 표현의 의미 차이에서 비롯한다고 말할 수밖에 없다. 그런데 이 두 표현은 동일한 대상을 지칭refer한다. 따라서 동일한 지시물referent을 갖는 두 표현이라고 해서 그들의 의미가 동일한 것은 아니라는 결론을 도출할 수 있게 된다.

이와 같은 논리는 앞의 (22), (23)과 같은 영어 문장들에도 그대로 적용될 수 있다. 즉, (23)은 분석적 문장analytic sentence임에 비해 (22)는 분석적 문장은 아니다. 따라서 이 둘 간에는 그만큼의 의미 차이가 존재하게 되는데, 이 둘 간의 이런 의미 차이는 'the Evening Star'와 'the Morning Star' 간의 의미 차이에서 비롯한다고 말할 수밖에 없다. 그런데 이 두 표현은 모두 동일한 대상(즉 'Venus')을 지시한다. 다시 말해이 두 표현은 동일한 지시물을 갖지만 그 의미는 동일하지 않다. 따라서 "지시reference가 곧 의미meaning"라는 등식은 성립되지 않는다는 결론에 이르게 된다.

이런 점에 착안해 독일의 철학자 프레게Gottlob Frege[6]는 의미meaning를 'sense'(독일어로는 'Sinn')와 'reference'(독일어로는 'Bedeutung')의 합으로 보고, 'the Morning Star'와 'the Evening Star'는 'reference'는 같지만 'sense'는 다르므로 이 'sense'의 차이가 (22)와 (23)에서와 같은 의미의 차이를 가져오는 것이라고 설명하였다.[7]

12. The present king of France is bald

제목에서와 같은 문장의 참값은 어떻게 될까? 이 질문에 상당수 독자는 당혹감을 느낄 것이다. 현재 프랑스는 왕정이 아니다. 따라서 왕이 존재하지 않는다. 존재하지도 않는 대상이 대머리라는 주장을 할 수 있는 것일까? 그 주장이 참인지 거짓인지를 따지는 것이 과연 합당한 것일까? (이해가 잘 가지 않는 독자들은 제목의 문장에서 'France'를 'Korea'로 바꾸어 놓고 생각해보기 바란다.)

러셀Russel[8]은 제목의 문장이 하나의 명제proposition만을 나타내는 것이 아니라 다음과 같은 세 개의 명제를 나타내는 것이라고 주장했다.

(26) a. 현재 프랑스 왕이 존재한다.

b. 프랑스 왕은 단 하나밖에 존재하지 않는다.[9]

c. 프랑스 왕이라는 속성property을 갖는 대상은 대머리bald 라는 속성도 함께 갖는다.

따라서 제목의 문장이 참이 되기 위해서는 그 문장이 나타내는 세 개의 명제, 즉 위의 a, b, c가 모두 참이어야 한다. 그런데 실제로는 현재 프랑스 왕이 존재하지 않는다. 이는 제목의 문장이 나타내는 세 개의 명제 중 a가 참이 아님을 보여준다. 이에 따라 제목의 문장은 b, c의 참 여부와 관계없이 항상 거짓이 된다. 이런 논리 하에 러셀Russel은 제목에서와 같은 문장의 참값은 거짓이라는 주장을 폈다.

스트로슨Strawson[10]은 제목의 문장과 관련한 a의 명제, 즉 "프랑스 왕이 존재한다"는 명제는 러셀의 견해처럼 '주장'assert된 것이 아니라 '전제'presuppose된 것이라는 입장을 취했다. 그리고 정관사 'the'를 포함하는 'definite description'에 의해 전제된 명제가 거짓일 경우에 그 'definite description'은 지시 자체를 할 수 없게 된다고 하면서, 이런 명제를 포함하는 문장은 어떤 주장을 할 목적으로는 사용될 수 없다는 논리를 폈다. 그에 따르면, 주장을 할 목적으로 사용될 수 없는 "The present king of France is bald" 같은 문장의 참값이 무엇이냐 하는 문제는 원천적으로 제기되지 않는다는 것이다.

13. 맥락context과 의미, 그리고 화용론

이제 다음과 같은 문장들의 의미에 대해 생각해보기로 하자.

(27) a. He kicked the ball into the net.

b. She putted the ball in from two feet away.

c. He spiked the ball, but it landed outside the court.

d. She dribbled the ball down the court and shot a basket.

e. The ball tumbled deep into foul territory down the right-field line.

위의 다섯 문장에는 'ball'이라는 단어가 공통으로 사용되었다. 그런데 독자들은 이 다섯 문장에 사용된 'ball'의 의미에 미묘한 차이가 있음을 느낄 것이다. 즉 (27a)의 문장을 읽을 때는 'ball'이 '축구공'을 가리키는 것으로 이해하게 되고, (27b) 문장의 경우에는 '골프공', 그리고 나머지 문장들을 읽을 때는 'ball'이 각각 '배구공', '농구공', '야구공'을 의미하는 것으로 이해하게 될 것이다.

(27a-e)에는 축구공, 골프공, 배구공, 농구공, 야구공 등이 명시적으로 언급되어 있지 않다. 그런데 어떻게 해서 이와 같은 이해가 가능한 것일까?

우선 'ball'과 관련해 이 네 문장에서 공통적으로 얻게 되는 의미를 'ball'이라는 단어의 '핵심 의미'core meaning라고 칭할 수 있을 것이다. 그런데 실제 문장에서는 'ball'의 핵심 의미 이상을 파악하게 된다 (즉 실제 문장에서 'ball'이 구체적으로 어떤 종류의 공인가 하는 것을 이해하게 된다). 핵심 의미에 더해 얻어지는 이런 의미는 그 단어가 사용된 말이나 글의 맥락context에 의해 결정된다.

즉, 단어의 완전한 의미는 그 단어의 핵심 의미와 맥락context이 함께 결정하는 것이다. 따라서 의미의 완전한 이해를 위해서는 각 단어의 핵심 의미와 맥락 간의 상호작용interaction에 대한 연구가 필요하게 되는데, 이와 같이 맥락이 의미에 기여하는 바에 대한 연구를 하는 언어학의 분야를 화용론pragmatics이라고 한다.

이제 다음 문장의 의미에 대해 생각해보자.

(28) Amazingly, he already loves her.

(28) 자체만으로는 왜 'amazingly'인지, 그리고 'he'와 'her'는 누구인지 알 수가 없다. 즉 그 문장의 정확한 의미를 알 수가 없다. 그러나 그 앞에 다음과 같은 문장이 있다고 가정해보자.

(29) John met Mary yesterday.

이제 (28)의 의미가 분명해진다. 'he'는 'John'을 의미하고 'her'는 'Mary'를 의미한다. 'John'이 'Mary'를 만난 지 하루밖에 되지 않았는데도 그 사이에 사랑에 빠졌으니 그것이 'amazing'하다는 것이다. 이 역시 완전한 의미는 단어나 문장이 사용된 맥락, 즉 담화discourse 속 맥락이 결정함을 보여주는 것이다.

14. 직시적 표현deictic expression

흔히 다음과 같은 논법을 삼단논법syllogism이라고 부른다.

(30) All men are mortal.
<u>Socrates is a man.</u>
Therefore Socrates is mortal.

삼단논법이란 앞의 두 명제를 전제로 해서 마지막 부분의 결론을 추론해내는 논법이다. 많은 경우에 이런 삼단논법에 따른 추론이 가능하기도 하다.

그렇다면 다음과 같은 추론inference은 논리적으로 하자가 없을까?

> (31) I am Michelle Obama.
>
> <u>Michelle Obama is a woman.</u>
>
> Therefore I am a woman.

어떤 추론이 논리적으로 하자가 없기 위해서, 즉 타당한 추론valid inference이 되기 위해서는, 그 추론에 사용된 전제조건들premises이 참일 경우에 그 추론의 결론conclusion이 항상 참이어야 한다. 따라서 위와 같은 추론이 타당한 추론인지 여부를 가리기 위해서는 "I am Michelle Obama"라는 전제와 "Michelle Obama is a woman"이라는 전제가 참일 경우, "I am a woman"이라는 결론이 항상 참인지 여부를 가려내야 할 것이다. 만일 위의 두 전제가 참인데도 불구하고 결론이 거짓일 가능성이 하나라도 있으면 (31)의 추론은 타당하지 못한 추론이 되며, 그럴 가능성이 없으면 (31)의 추론은 타당한 추론이 된다.

(31)의 추론은 과연 타당한 추론일까? 독자들 중 일부는 타당한 추론이라고 결론지었을 것이다. 그러나 (31)의 추론은 타당한 추론이 될 수 없다. 이해가 잘 되지 않는 독자들을 위해 다음과 같은 상황을 상정해보기로 하자.

> (32) Michelle Obama: I am Michelle Obama.
>
> <u>Barack Obama: Michelle Obama is a woman.</u>
>
> Pope Francis: Therefore I am a woman.

즉, 첫 번째 전제의 문장을 'Michelle Obama' 본인이 이야기하고 두 번째 전제의 문장을 그녀의 남편인 'Barack Obama'가, 그리고 결론의 문장을 프란치스코 교황Pope Francis이 이야기했다면 그런 상황에서 결론의 문장이 참이 될 수 있을까? 프란치스코 교황은 남자이므로 그가 "I am a woman"이라고 이야기하는 경우 이는 명백히 거짓인 문장이다. 따라서 위와 같은 추론inference은 두 전제가 모두 참이라 하더라도 결론이 거짓이 될 수 있는 가능성이 존재하는 추론이므로 타당하지 못한 추론이 되고 만다.

이와 같은 문제는 무엇 때문에 발생하는 것일까? 위의 추론에 사용된 'I'라는 대명사가 구체적으로 누구를 지시하는지에 따라 해당 문장의 의미가 달라지기 때문이다.

이처럼 상황circumstance, 즉 맥락context에 따라 지시 내용reference이 달라질 수 있는 단어나 표현을 가리켜 직시적 표현deictic expression[11]이라고 하며, 이는 앞 절에서 언급한 바 있는 화용론의 주된 연구 대상중 하나가 된다.

'I'뿐 아니라 'you/he/she/we/they' 등의 인칭대명사도 모두 상황에 따라 지시 내용이 달라지는 직시적 표현이다. 이들 인칭대명사와 'this person', 'that man', 'these women', 'those men' 등의 표현은 사람과 관련된 직시적 표현이라고 해서 특별히 인칭 직시소person deixis라고 한다. 직시소deixis에는 인칭 직시소 외에 다음과 같은 시간 직시소time deixis 및 장소 직시소place deixis가 있다.

> (33) 시간 직시소: now, then, tomorrow, this time, that time, a
>   week ago, two months from now, last week,
>   next year 등
> (34) 장소 직시소: here, there, this place, that place, this city,

these parks, those towers over there 등

15. 발화수반행위speech acts

이제 다음 문장들을 비교해보도록 하자.

(35) I resign.

(36) I know you.

위의 두 문장들로부터 어떤 차이점을 발견할 수 있는가? 누군가가
(35)의 문장을 발화utter하는 경우에 그는 그 문장을 발화하는 데 그치
는 것이 아니라 'resign'이라는 구체적 '행위'act도 함께 수행한다. 그러
나 (36)의 경우에는 해당 문장을 발화하는 사람이 'know'와 연관된 어
떤 행위를 함께 행하지는 않는다.

(35)의 'resign'처럼 어떤 행위를 수반하게 하는 동사를 수행동사
performative verb라고 하며, 수행동사를 포함하는 문장을 수행문per-
formative sentence이라고 한다. 또한 수행동사에 의해 수반되는 행위를
발화수반행위speech act라고 한다.

영어의 수행동사에는 다음과 같은 것들이 있다.

(37) I bet you five bucks it will rain tomorrow.

I apologize for the mistake and the inconvenience.

I promise not to harm you.

I order you to stop yelling.

I request you to keep Johnny safe.

I fine you $1,000 for texting while driving.

I name this ship the *Queen Elizabeth*.

I nominate you for class president.

위의 문장들은 모두 해당 문장을 발화함과 동시에 그에 상응하는 화자의 행위가 수반되는 수행문이다. 그런데 위의 수행문들은 모두 그 문장의 주어가 1인칭이고 동사의 시제가 현재이다.[12] 또한 다음에서 보는 바와 같이 수행동사 앞에 'hereby'라는 부사의 삽입이 가능하다는 특징도 갖는다.

(37′) I hereby bet you five bucks it will rain tomorrow.

I hereby apologize for the mistake and the inconvenience.

I hereby promise not to harm you.

I hereby order you to stop yelling.

I hereby request you to keep Johnny safe.

I hereby fine you $1,000 for texting while driving.

I hereby name this ship the *Queen Elizabeth*.

I hereby nominate you for class president.

따라서 발화수반행위speech act를 유발시키지 않는 'know'라는 동사는 그 앞에 'hereby'를 덧붙여 "I hereby know you"라고 말하면 대단히 어색한 문장이 되고 만다.

수행동사라고 하더라도 주어가 1인칭이 아니거나 시제가 현재가 아니면 발화수반행위를 유발시키지 못한다.

(38) a. He resigns.

b. I resigned.

c. I will resign.

(38a)에 수행동사 'resign'이 들어 있기는 하지만, 이 문장을 말하는 사람 자신이 'resign'이라는 행위를 하는 것은 아니다. 따라서 이 문장 자체가 수행문은 아니다. (38b)의 경우에는 주어가 1인칭이므로 말하는 사람과 'resign'이라는 행위가 관련이 있기는 하지만, 그 행위가 말하는 동시에 일어나는 것은 아니다. 즉 (38b)는 'resign' 자체는 이미 일어난 것이고, 그가 그러한 행위를 했음을 나중에 이야기하는 것이므로, (38b) 자체가 수행문이 되는 것은 아니다. (38c)도 앞으로 'resign'을 하겠다는 것이므로 말하는 동시에 그 행위를 하는 것은 아니므로 수행문이 될 수 없다.

여기에서 독자들은 수행동사performative verb라 하더라도 실제로 그 동사가 발화수반행위speech act를 유발하는지 여부는 맥락context이 결정한다는 것을 알 수 있을 것이다. 맥락이나 상황이 의미에 기여하는 바에 대한 연구가 화용론pragmatics의 주된 관심사임을 상기할 때, 독자들은 발화수반행위가 화용론의 주요 연구 대상이 됨을 쉽게 이해할 수 있을 것이다.

16. 추의implicature

이제 독자들은 다음과 같은 문장들의 의미에 대해 생각해보기 바란다.

(39) a. He is an American, therefore you can trust him.

b. He is an American, but you can trust him.

위의 두 문장에는 '미국인'이라는 자질과 '신뢰할 수 있는'이라는 자질 사이에 어떤 상관관계가 있다는 표현이 명시적으로는 사용되지 않았다. 그럼에도 불구하고 독자들은 (39a)를 읽으면서는 마치 미국인은 신뢰할 수 있는 것 같다는 느낌을 받을 것이다. 이와는 반대로 (39b)의 경우에는 미국인은 대체로 신뢰할 수 없는 것 같다는 느낌을 강하게 받을 것이다. 이와 같이 명시적 언급이 없음에도 불구하고 맥락context에 의해 추가적으로 획득되는 의미를 의미론에서는 추의implicature라고 부른다.[13]

다시 말하자면, (39a)와 같은 문장은 "미국인은 모두 신뢰할 수 있다"는 추의를 은연중 나타내주고 있으며, (39b)와 같은 문장은 "미국인은 대체적으로 신뢰할 수 없다"는 추의를 은연중 나타내주고 있다. 따라서 (39b)와 같은 문장을 어느 미국인을 가리켜 말하는 경우에 그 미국인은 기분이 좋기는커녕 기분이 상할 수 있다. 이와 같이 'but'라는 접속사는 부주의하게 사용하는 경우에는 화자가 의도하지 않은 부정적 추의를 산출해 청자의 감정을 건드릴 수도 있으므로, 독자들 중에 영어로 말하면서 'but'라는 접속사를 입버릇처럼 사용하는 사람이 있다면 주의를 하는 것이 좋을 것이다.

이제 다음과 같은 대화conversation를 예로 들어보자.

(40) Tom: I've got to go to the bathroom.

Bill: There's a restaurant around the corner.

위의 대화의 결과 Tom이 어떤 생각을 하게 될까? 대부분의 독자들은 Bill이 말하는 식당restaurant에 가면 Tom이 화장실bathroom에 갈 수 있으리라는 추의implicature를 얻게 될 것이다.

또 누군가가 밀폐된 공간에서 "It's hot in here"라고 말할 때에 그것을 창문을 열거나 냉방기를 틀어달라는 요청으로 듣는다면, 이 역시 명시적으로 언급된 것 외의 추의를 이해하기 때문이라고 할 수 있다.

이제 (39)에서 얻어지는 추의의 성격과 (40)에서 얻어지는 추의의 성격을 비교해보자. (39)에서 얻어지는 추의는 'therefore'나 'but' 등의 단어 자체가 갖는 특징적 자질 때문에 생겨나는 것이었다. 그러나 (40)에서 얻어지는 추의는 특정 단어의 자질 때문에 생겨나는 것은 아니다. 그렇다면 (40)에서 얻어지는 추의의 원천은 무엇일까?

우리는 대화를 할 때 상대방이 대화에 협조하고 있다고 생각하게 된다. (40)의 대화에서 Tom이 Bill이 말하는 식당에 가면 그가 원하는 대로 화장실에 갈 수 있으리라고 생각하는 것은 바로 Bill이 Tom의 대화 내용에 협조cooperate를 하고 있다고 가정하기 때문이다.

(40)에서와 같이 대화중에 생겨나는 추의implicature를 대화상의 추의conversational implicature라고 부른다. 이에 비해 (39)에서처럼 특정 단어의 특징적 자질 때문에 생겨나는 추의는 관습적 추의conventional implicature라고 부른다.

특정 단어나 표현에 의한 관습적 추의는 한국어에서도 일어난다. 예를 들어 어떤 사람을 가리켜 "학벌만 좋다"라든지 "인물만 좋다" 혹은 "돈만 많다"라는 식으로 '만'을 붙여 이야기하면, 은연중 그 사람에 대한 부정적 추의가 전달된다. "학벌은 좋다", "머리는 좋다"라는 식으로 말하면서 '은'이나 '는'을 강조해 말해도 마찬가지이다. '은/는'이나 '만' 대신에 '도'를 붙여 "성격도 좋다", "돈도 많다"라는 식으로 이야기하면, 그와는 반대로 긍정적 추의가 전달되는데, 이들은 모두 한국어에서 일어나는 관습적 추의conventional implicature 때문이라고 하겠다.

17. 협력 원칙Cooperative Principle과 대화상의 격률
Maxims of Conversation

앞에서 사람들이 대화를 할 때 서로 대화에 협조cooperate한다는 가정 하에 상대방의 말로부터 대화상의 추의conversational implicature 를 얻게 된다고 하였다. 사실 상대방과의 대화에 협조하지 않고서는 의 사소통communication 자체가 불가능하다. 예를 들어 다음과 같은 대화 를 A, B 두 사람이 하고 있다고 가정해보자.

> (41) A: How are you today?
>
> B: Seoul is the capital of Korea.
>
> A: Really? I thought the TV was out of order.
>
> B: Well, in my opinion, Sue is the best cook.

(41)과 같은 대화는 전혀 의미 있는 대화라고 할 수 없다.[14] A, B가 서로 동문서답을 하고 있기 때문이다. 사람들은 실제 언어생활에서는 (41)과 같은 동문서답을 하지 않는다. 오히려 상대방과의 의사소통에 협조하기 위해 노력한다. 철학자 그라이스H. P. Grice는 이를 협력 원칙 Cooperative Principle이라고 개념화하고, 대화를 협력 원칙에 부합되게 끔 하기 위해 대화자들이 준수해야 하는 대화상의 격률Maxims of Conversation을 다음과 같이 제안했다.[15]

> (42) ⅰ) 연관성의 격률: 관련이 있는 말을 할 것.
>
> ⅱ) 질quality과 관련된 격률:
>
> a. 거짓이라고 믿는 바를 말하지 말 것.
>
> b. 적절한 증거가 없는 말을 하지 말 것.

iii) 양quantity과 관련된 격률:

    a. (해당 대화의 목적상) 필요한 만큼 상세히 말할 것.

    b. 필요 이상으로 말하지는 말 것.

iv) 방법상의 격률: 간단명료할 것.

    a. 모호한 표현은 삼갈 것.

    b. 여러 의미로 해석될 수 있는 말은 피할 것.

    c. 간결하게 말할 것 (불필요한 장광설을 피할 것).

    d. 조리 있게 이야기할 것.

참고사항
. . . .

위의 격률들에 대한 원래의 영어 표현은 다음과 같다.

i) Maxim of Relation: Be relevant.

ii) Maxims of Quality:

    a. Do not say what you believe to be false.

    b. Do not say that for which you lack adequate evidence.

iii) Maxims of Quantity:

    a. Make your contribution as informative as is required

      (for the current purpose of the exchange).

    b. Do not make your contribution more informative than

      is required.

iv) Maxims of Manner: Be perspicuous.

    a. Avoid obscurity of expression.

b. Avoid ambiguity.

c. Be brief (avoid unnecessary prolixity).

d. Be orderly.

첫 번째로 소개한 'Maxim of Relation'은 'Maxim of Relevance'라고도 부른다. 일반적으로는 이 격률을 'Maxims of Quality'와 'Maxims of Quantity'에 이어 세 번째로 소개하지만, 여기서 이 격률을 가장 먼저 소개하는 것은 이 격률이 가장 중요한 격률이라고 생각하기 때문이다. 즉 이 격률을 위배한다면, 그 뒤의 격률들은 아무 의미도 없게 되기 때문이다.

위의 격률들은 대략 다음과 같은 우리말로 요약해볼 수 있을 것이다.

(43) ⅰ) 동문서답하지 말 것.

ⅱ) 확실한 것만 이야기할 것.

ⅲ) 필요한 만큼만 이야기할 것.

ⅳ) 간단명료하게 이야기할 것.

(43)에서와 같은 내용은 사실 대화를 할 때뿐 아니라 글을 쓸 때에도 (예를 들어, 시험 답안이나 보고서를 작성할 때 등) 염두에 두어야 할 사항들이다. 학생들 중에는 시험 답안을 작성하면서 질문의 취지와 전혀 동떨어진 엉뚱한 대답을 하거나 ((43ⅰ)에 위배), 잘 알지도 못하는 것을 아는 것처럼 써 내거나 ((43ⅱ)에 위배), 불필요할 정도로 장황한 서술을

한다든지 ((43ⅲ)에 위배), 혹은 맞는 이야기라 하더라도 뒤죽박죽 설명을 하는 경우 ((43ⅳ)에 위배)가 많은데, 이는 모두 (43)의 격률들에 위배되는 것들로서 바람직스럽지 못한 것이다.

이는 또한 전문 학술 논문을 쓸 때에도 마찬가지로 적용될 수 있는데, 일부 논문들은 자신이 논문의 서두에서 제기한 질문과 전혀 동떨어진 논의를 본문에서 전개하거나, 다른 사람의 이론을 논박함에 있어 확실치 못한 근거를 사용한다든지, 단순한 내용을 너무 장황하게 늘어놓는다든지, 혹은 논리 전개가 너무 뒤죽박죽인 경우가 있는데, 이런 실수를 저지르지 않기 위해서는 전문 학술 논문을 쓸 때에도 (43)의 격률들을 염두에 두는 것이 좋을 것이다.

제3부

영어: 그 밖

이제 영어를 밖에서 살펴볼 차례이다. 영어의 밖을 살펴본다는 것은 시간과 공간을 배경으로 영어라는 언어를 살펴본다는 것이다. 다시 말해 영어라는 언어가 역사적으로 어떤 변화를 거쳐 왔는지, 지역적 혹은 사회적으로 어떤 차이가 있는지, 영어라는 언어는 어떻게 습득되는지 등을 살펴본다는 것이다. 이들을 살펴보는 데에 있어, 제2부에서 영어의 안을 들여다보면서 이해하게 된 영어의 소리, 단어, 문장 그리고 의미와 관련된 제반 사항이 유용하게 이용될 것이다. 영어의 역사를 살펴본다는 것은 기본적으로 발음이나 단어, 그리고 문법이나 의미 면에서 영어가 어떤 변화를 거쳐 왔는지를 살펴본다는 것이고, 영어의 지역적 방언regional dialect 혹은 사회적 방언social dialect을 살펴본다는 것은 지역 혹은 사회 계층에 따라 발음은 어떻게 다른지, 어휘나 문법 면에서는 어떤 차이가 있는지 등을 살펴본다는 것이기 때문이다.

제7장
영어의 역사: 그 기원과 변천

변화는 피할 수 없다. 변한다는 것이야말로 변함없
는 진리이다.

Change is inevitable. Change is constant.

— 벤자민 디즈레일리Benjamin Disraeli

영어의 역사는 어떤 면에서는 일련의 차용의 역사로
기술될 수 있다.

The whole history of the English language may be
described from one point of view as one chain of
borrowings.

— 오토 예스퍼슨Otto Jespersen

제2부에서 우리는 영어의 소리와 단어, 그리고 영어의 문장과 의미에 대해 살펴보았다. 이제 우리의 관심을 영어의 역사로 돌려보기로 하자.[1]

영어의 역사를 살펴본다는 것은 결국 영어의 소리와 관련된 역사적 변천, 영어의 단어와 관련된 역사적 변천, 영어의 문장과 관련된 역사적 변천, 영어의 의미와 관련된 역사적 변천 등을 살펴본다는 것인데, 영어의 총제적인 역사적 개관은 본서의 성격상 어려운 것이므로 여기서는 단지 영어라는 언어가 어떤 가지를 통해 파생되어 나왔나 하는 것과 고대 영어의 통사적 특징, 그리고 영어 역사상 중요한 의의를 갖는 모음대추이the Great Vowel Shift의 내용 및 의미 변화의 예, 그리고 영어 문자의 유래 등만을 단편적으로 살펴보기로 하겠다. 영어의 역사에 대해 본격적 관심이 있는 독자들은 영어사 관련 문헌들을 참고하기 바란다.

I. 언어의 변화

이 세상 만물은 모두 변화하는 것이다. 이를 불가佛家에서는 '생주이멸'生住異滅이라는 말로 표현하기도 한다. 즉, 이 세상에 일단 생겨난 것은生 그것이 무엇이든지 간에 잠시 머무르다가住, 변화 끝에異, 없어져버리고滅 마는 것이다. 이는 비단 생명체뿐 아니라 물체에도 적용되며, 인간 언어에도 그대로 적용될 수 있다. 즉, 이 세상의 언어들은 그것의 기원origin이 무엇이든지 간에 끊임없이 변화해 왔으며 또한 앞으로도 변화를 계속할 것이다. 또 언어 중에는 이미 사라진 언어들도 있으며, 앞으로 소멸할 언어들도 있을 것이다.[2]

독자들은 고등학교 시절 훈민정음 창제 당시의 우리말을 공부하면서 그것이 오늘날 우리가 사용하는 한국어와 상당히 다름을 알 수 있었을 것이다. 오륙백년 정도가 흐르는 사이에 우리말이 이처럼 달라질 수 있다면, 오천년 전 단군 임금이 고조선을 건국할 당시의 우리말은 현재의 우리말과는 판이하게 다른 모습이었을 것이다.

이는 영어에서도 마찬가지다. 즉, 우리나라 영문과의 영문학개론 강좌 등에서 대개 다루는 초서Chaucer의 『캔터베리 이야기』Canterbury Tales는 중세 영어Middle English로 쓰여진 것으로서 현대 영어Modern English와는 사뭇 다른 영어이며, 지금부터 약 천년 내지 천오백년 전의 고대 영어Old English는 영미인도 외국어라고 느낄 정도로 현대 영어와는 판이하게 다른 모습을 하고 있는 것이다.

그렇다면 영미인들의 조상이 수천 년 전에 사용하던 언어는 대관절 어떤 모습이었을까? 이 의문에 대한 답은 아쉽게도 그 당시의 언어 형태에 대한 문헌 기록이 없기 때문에 현재로서는 알 도리가 없다. 우리는 단지 현존하는 기록을 바탕으로 당시의 언어 형태의 편린만을 추정할 수밖에 없는 것이다.

참고사항
· · · · · · · · ·

단군 임금인가 단군왕검 임금인가?:
흔히 고조선의 첫 임금을 '단군왕검'이라고 부른다. 그렇다면 고조선 첫 임금의 이름은 '단군'인가, '단군왕검'인가? 다시 말해 '단군 임금'이라고 불러야 하는가, '단군왕검 임금'이라고 불러야 하는가? '왕검'王儉은 우리말 '임금'을 한자로 적은 것으로 보아야 한다. 우선 그 소리가 대단히 유사하다. 또 '왕'王은 그 의미를 나타내기 위해 의도적으로 사용된 것으로 볼 수 있다. 일부 야사에서 '檀君王儉' 즉 '단군 임검'이라는 표기를 사용하는 것도 이 주장을 뒷받침한다. 『조선왕조실록』에서 "조선의 단군檀君은 동방東方에서 처음으로 천명天命을 받은 임금이고朝鮮檀君, 東方始受命之主"(태조1권) 등과 같이 '단군왕검'이 아닌 '단군'을 임금으로 지칭하는 표현이 다수 등장하는 것으로 보아서도 그렇다. 그러니 앞으로는 '단군왕검'이라고 하지 말고 '단군 임금'이라고 불러야 한다. 무엇보다도 초중등 교과서에서부터 그렇게 해야 한다. 그래야 '단군'의 무게가 제대로 느껴지고, 그 의미가 제대로 후세에 전달되지 않겠는가? 참고로 나는 '환인'桓因도 '하느님'을 음사한 것으로 본다. 그래야 '환인'이 '천제'天帝임이 분명히 드러난다. 하지만 '환웅'桓雄에 대해서는 아직 뾰족한 답을 못 찾았다. 어쩌면 그것에 해당하는 토박이 우리말은 이미 없어진 것이 아닐까?

2. 바벨탑 이야기

인류가 최초에는 동일한 언어를 사용했다는 기록이 구약성서에 나타나 있다. 창세기Genesis 제11장에 의하면 인류는 원래 같은 언어를 사용했지만 이들이 서로 모의해 하늘나라에 이르는 탑을 쌓으려 했다고 한다. 그러자 야훼가 인간들의 언어를 혼잡케 해 그들을 서로 알아듣지 못하게 해서 다시는 그와 같은 일을 꾀하지 못하게끔 인간들을 온 세상에 흩어 버렸다고 한다. 그 때문에 사람들이 서로 다른 언어를 사용하게 되었다는 것인데, 이것이 바로 바벨탑the Tower of Babel 이야기이다.

16세기 네덜란드 화가 브루겔(Pieter Brueghel the Elder)의 바벨탑 그림

참고로 관련 성경 구절을 인용하면 다음과 같다.

¹ 온 세상이 같은 말을 하고 같은 낱말들을 쓰고 있었다.

² 사람들이 동쪽에서 이주해 오다가 신아르 지방에서 한 벌판을 만나 거기에 자리 잡고 살았다.

³ 그들은 서로 말하였다. "자, 벽돌을 빚어 단단히 구워 내자." 그리하여 그들은 돌 대신 벽돌을 쓰고, 진흙 대신 역청을 쓰게 되었다.

⁴ 그들은 또 말하였다. "자, 성읍을 세우고 꼭대기가 하늘까지 닿는 탑을 세워 이름을 날리자. 그렇게 해서 우리가 온 땅으로 흩어지지 않게 하자."

⁵ 그러자 주님께서 내려오시어 사람들이 세운 성읍과 탑을 보

시고

6 말씀하셨다. "보라, 저들은 한 겨레이고 모두 같은 말을 쓰고 있다. 이것은 그들이 하려는 일의 시작일 뿐, 이제 그들이 하고자 하는 것은 무엇이든 못할 일이 없을 것이다.

7 자, 우리가[3] 내려가서 그들의 말을 뒤섞어 놓아, 서로 남의 말을 알아듣지 못하게 만들어 버리자."

8 주님께서는 그들을 거기에서 온 땅으로 흩어 버리셨다. 그래서 그들은 그 성읍을 세우는 일을 그만두었다.

9 그리하여 그곳의 이름을 바벨이라 하였다. 주님께서 거기에서 온 땅의 말을 뒤섞어 놓으시고, 사람들을 온 땅으로 흩어 버리셨기 때문이다. (창세기 제11장 1절-9절, 가톨릭 새번역)[4]

3. 윌리엄 존스 경Sir William Jones

서로 다른 모습을 하고 있는 언어들이 과거에는 동일한 형태를 지니고 있었으리라는 가설을 최초로 제시한 사람은 영국의 윌리엄 존스 경(Sir William Jones, 1746-1794)이다. 인도 콜카타(=캘커타)의 대법원 판사로 재직하던 그는 산스크리트어(범어)를 공부하다가 산스크리트어와 그리스어, 라틴어 간의 유사점을 발견했는데, 그는 이를 1786년 벵골아시아학회Asiatic Society of Bengal에서 발표하면서 이들이 공통된 조어common source로부터 파생되어 나왔다는 요지의 연설을 했는데, 이를 현대 언어학의 출발로 본다. 참고로 그의 연설문 중 광범위하게 인용되는 부분을 소개하면 다음과 같다.

산스크리트어는, 그 유래가 얼마나 오래 되었든지 간에, 그 구조가 경이롭기 이를 데 없다. 그리스어보다 더 완벽하고, 라틴어보다 더 풍부하며, 그 둘 어느 것보다도 더 정교하다. 그러면서도 그 둘과 매우 흡사하다. 동사 어간에서도 그렇고, 문법 형태 면에서도 그렇다. 우연이라고는 도저히 말할 수 없을 정도이다. 그 유사성이 너무도 크기 때문에, 이 세 언어를 비교해본 언어학자라면, 그 어느 누구도 이 세 언어가 지금은 아마도 사라졌을지도 모를 어떤 공통 조어로부터 파생되어 나왔다는 것을 믿지 않을 수 없을 것이다.[5]

위에서 존스가 '어떤 공통 조어'some common source라고 말한 것은 이후 학자들이 인도유럽어Indo-European 혹은 인구어라고 부르게 된 것으로서, 이 당시에는 서로 관련성이 있는 언어들의 형태를 비교해 사라진 인도유럽어의 형태를 재구성reconstruct하려는 노력이 언어학의 주류를 차지하게 되었다.[6]

월리엄 존스 경
(Sir William Jones, 1746-1794)

참고사항
. . . .

다음은 그리스어, 라틴어, 산스크리트어 간의 유사성을 보여주는
예들이다.

그리스어	라틴어	산스크리트어	의미
phratēr	frāter	bhrātā	'brother'
patēr	pater	pitā	'father'
pōs	pēs	pāt	'foot'
treis	trēs	trayas	'three'
heptá	septem	saptá	'seven'
déka	decem	dása	'ten'
dédō	dedi	dadan	'give'

4. 인도유럽어와 영어

인도유럽어는 다음과 같은 갈래를 거쳐 오늘날과 같은 언어들로 분
화했다고 믿어진다.

이 표에 따르면 영어는 인도유럽어의 한 갈래인 게르만어Germanic
중에서도 서게르만어West Germanic로부터 갈라져 나온 것이다. 이와 같
은 표를 언어 계통도family-tree[7]라고 할 수 있는데, 계통도상의 가지가
서로 가까운 언어들끼리 더욱 밀접한 관련이 있는 것이다.

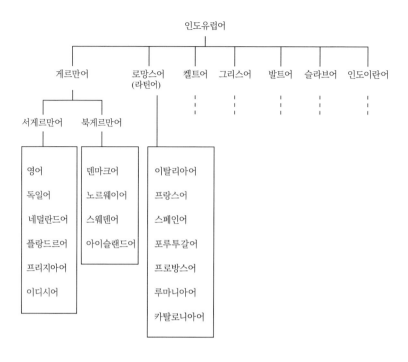

이제 이 표에서 영어와 독일어, 그리고 프랑스어를 비교해보기 바란다. 영어와 독일어는 서게르만어West Germanic에 속하는데, 프랑스어는 게르만어Germanic와는 다른 갈래인 로망스어에 속한다. 따라서 언어 그 자체만을 비교한다면 영어는 프랑스어보다는 독일어에 훨씬 더 가까운 언어임을 알 수 있게 된다.

여기서 어떤 독자들은 영어가 독일어보다 프랑스어에 더 가까운 언어처럼 생각된다면서 이의를 제기할지 모른다. 이와 같은 반응이 전혀 근거가 없는 것은 아니다. 일부 독자들이 영어와 프랑스어를 유사하게 생각하는 것은 이 두 언어가 상당수 어휘vocabulary를 공유하기 때문이다. 이는 4장에서 다룬 것처럼, 노르만 정복이라는 역사적 사건 이후에 프랑스어 어휘가 영어에 다량으로 유입되었기 때문인데, 이 점을 접어 두고 순수하게 문법적 측면만을 고려한다면 영어는 독일어에 훨씬 더 가까운 언어이다. 고대 영어를 살펴본다면 훨씬 더 영어와 독일어 간의 유사성을 잘 알 수 있는데, 현대에 있어 영어와 독일어가 큰 차이가 있는 것처럼 보이는 이유는 노르만 정복 이후 영어가 피지배 계층의 언어로 전락하면서 지배 계층의 통제에서 벗어나 있는 동안 여러 문법적 변화가 일어났기 때문이다.[8]

5. 영어의 시대적 구분과 예

앞에서 이야기한 것처럼 서게르만어로부터 파생되어 나온 영어는 시기적으로 대략 다음과 같이 구분된다.

> 고대 영어Old English: 449-1100
> 중세 영어Middle English: 1100-1500
> 현대 영어Modern English: 1500-

참고로 고대 영어 및 중세 영어가 현대 영어와 얼마나 다른지를 비교할 수 있게끔 고대 영어의 예로서 "캐드먼의 찬미가"Cædmon's Hymn[9] 전문과, 중세 영어의 예로서 초서(Chaucer, 1343경-1400)의 『캔터베리 이야기』Canterbury Tales의 맨 앞부분 일부를 소개한다.

고대 영어의 예
> Cædmon's Hymn

Nu sculon herigean / heofonrices Weard

  [*Now must we praise / heaven-kingdom's Guardian,*]

Meotodes meahte / and his modgeþanc

  [*the Measurer's might / and his mind-plans,*]

weorc Wuldor-Fæder / swa he wundra gehwæs

  [*the work of the Glory-Father, / when he of wonders of every one,*]

ece Drihten / or onstealde

  [*eternal Lord, / the beginning established.*]

He ærest sceop / ielda bearnum

  [*He first created / for men's sons*]

heofon to hrofe / halig Scyppend

  [*heaven as a roof, / holy Creator;*]

ða middangeard / moncynnes Weard

  [*then middle-earth / mankind's Guardian,*]

ece Drihten / æfter teode

  [*eternal Lord / afterwards made*]

firum foldan / Frea ælmihtig.

[*for men earth, / Master almighty.*]

중세 영어의 예

Geoffrey Chaucer, *Canterbury Tales* (1387년 경)[10]

General Prologue

[1] Whan that Aprill with his shoures sote

[*When April with its sweet showers*]

² The droghte of Marche hath perced to the rote,

[*Has pierced the drought of March to the root,*]

³ And bathed every veyne in swich licour

[*And bathed every vein (of the plants) in such liquid*]

⁴ Of which vertu engendred is the flour;

[*By which power the flower is created;*]

⁵ Whan Zephirus eek with his sweete breeth

[*When the West Wind also with its sweet breath,*]

⁶ Inspired hath in every holt and heeth

[*In every wood and field has breathed life into*]

⁷ The tendre croppes, and the yonge sonne

[*The tender new leaves, and the young sun*]

⁸ Hath in the Ram his halfe cours y-ronne;

[*Has run half its course in Aries,*]

⁹ And smale fowles maken melodye,

[*And small fowls make melody,*]

¹⁰ That slepen al the night with open yë—

[*Those that sleep all the night with open eyes—*]

¹¹ So priketh hem Nature in hir corages—

[*So Nature incites them in their hearts—*]

¹² Than longen folk to goon on pilgrimages,

[*Then folk long to go on pilgrimages,*]

¹³ And palmeres for to seken straunge strondes,

[*And professional pilgrims to seek foreign shores,*]

¹⁴ To ferne halwes, couthe in sondry londes;

[*To distant shrines, known in various lands;*]

¹⁵ And specially, from every shires ende

  [*And specially from every shire's end*]

¹⁶ Of Engelond to Caunterbury they wende,

  [*Of England to Canterbury they travel,*]

¹⁷ The holy blisful martir for to seke,

  [*To seek the holy blessed martyr,*]

¹⁸ That hem hath holpen, whan that they were seke.

  [*Who helped them when they were sick.*]

(중략)

¹¹⁸ Ther was also a Nonne, a PRIORESSE,

  [*There was also a Nun, a Prioresse,*]

¹¹⁹ That of hir smyling was ful symple and coy—

  [*Who was very simple and modest in her smiling—*]

¹²⁰ Hir gretteste ooth was but by Seynte Loy—

  [*Her greatest oath was but by Saint Loy—*]

¹²¹ And she was cleped madame Eglentyne.

  [*And she was called Madam Eglantine.*]

¹²² Ful wel she song the service divyne,

  [*She sang the divine service very well,*]

¹²³ Entuned in hir nose ful semely;

  [*Intoned in her nose in a very polite manner;*]

¹²⁴ And Frensh she spak ful faire and fetisly,

  [*And she spoke French very well and elegantly,*]

¹²⁵ After the scole of Stratford atte Bowe,

[*In the manner of Stratford at the Bow*,]

¹²⁶ For Frensh of Paris was to hire unknowe.

[*For French of Paris was to her unknown*.]

참고사항
· · · · · · · · ·

General Prologue 1행-18행에 나타난 중세 영어의 특징:
위에 소개한 General Prologue 1행-18행의 내용으로부터 중세
영어의 다음과 같은 특징을 찾아볼 수 있다.

1. 현대 영어에서는 'when that'처럼 종속 접속사 두 개가 연이어
   나올 수 없지만, 중세 영어에서는 가능했다 (1행과 18행에서 그
   예를 확인할 수 있음).
2. 현대 영어에서는 'for'와 'to' 사이에 의미상의 주어가 나타나
   야 하나, 중세 영어에서는 이 둘이 연속해서 나타날 수 있었다
   (13행과 17행에서 그 예를 확인할 수 있음).
3. 동사의 굴절이 사라지고 있다. 17행의 'for to seke'와 13행의
   'for to seken'은 둘 다 'to seek'의 의미이다. 동사 'seken'의
   어미 '-en'은 원래 고대 영어 같았으면 인칭과 수에 따라 굴절
   inflection을 했겠지만, 중세 영어에 들어오면서 그 굴절이 대
   단히 약화되고, 현대 영어에 이르면 그 굴절이 3인칭 현재 단
   수의 '-(e)s'를 제외하고는 모두 소실된다. 위에서와 같이 동일
   한 동사가 동일한 환경에서 'seke'로도 표시되고 'seken'으로
   도 표시되는 것은 물론 운율을 맞추기 위한 목적도 있었겠으

나, 이 시기 영어의 동사 굴절이 이미 소실되어가고 있었음을 보여주는 것이다.

4. 'went'의 현재형은 원래 'wend'였지만 이 동사의 현재형이 영어 발달 과정에서 사라지고 그 과거형인 'went'만 살아남았는데 (cf. bend/bent, send/sent), 이것이 현대 영어에서 'go'의 과거형으로 사용되고 있는 것이다. 'go'의 원래 과거형도 소실되었다 (16행의 마지막 단어를 주목할 것).

6. 고대 영어의 통사적 특징

고대 영어의 통사적syntactic 특징을 간략히 들어보면 다음과 같다 (cf. Baugh & Cable 1951/2002, Pyles & Algeo 1964/1993).

(1) 고대 영어에서는 명사가 격변화declension를 했으며, 명사의 격변화에는 강변화, 약변화 등의 구분이 있었다.[11]

(2) 고대 영어에는 현대 독일어 등과 마찬가지로 문법성grammatical gender이 있었다. 각 명사는 남성masculine, 여성feminine, 중성neuter의 문법성 구분이 있었으며, 이 문법성에 따라 격변화에도 차이가 있었다.

(3) 고대 영어에서 형용사는 그것이 수식하는 명사의 성, 수, 격과 일치agree했으며, 형용사 앞에 정관사definite article적인 요소가 있는지 여부에 따라 변화 형태에 차이가 있었다.

(4) 고대 영어에서 정관사는 현대 독일어에서처럼 성, 수, 격에 따라 굴절inflection을 했다.[12]

(5) 고대 영어에서는 동사가 주어의 인칭과 수, 그리고 시제에 따라 굴절을 했으며, 강변화 동사, 약변화 동사 등의 구분이 있었다. 오늘날 불규칙동사라고 불리는 것들은 대부분 고대 영어 당시에 강변화 동사에 속하던 것들이다.[13]

(6) 고대 영어에는 현대 프랑스어 등에서와 마찬가지로 목적어가 대명사일 경우 그 목적어가 동사 앞에 나타나는 소위 접어화cliticization 현상이 나타나기도 했다.

예 : a) God geblētsode ðone seofoðan dæg

　　　 God blessed　 the seventh day

　　　　 S　　 V　　　　 O

　　　 (목적어가 대명사가 아닐 경우에는 동사 다음에 나옴)

　　 b) Se hālga Andreas him andswarode.

　　　 the holy Andrew him answered

　　　　　　 S　　　 O　　 V

　　　 (목적어가 대명사일 경우에는 동사 앞에 나옴)

(7) 부사적 요소가 문두에 나타나는 경우 주어와 동사가 도치되는 소위 'V2 현상'이 있었으며, 이중 부정도 사용되었다.

예: a) Ða sealde se cyning him sweord.

　　　 then gave the king him sword

　　 b) Ne can ic nōht singan.

　　　 not can I nothing sing (= I cannot sing anything.)

V2 현상은 영어로 'V2 Phenomenon' 혹은 'Verb Second Phe-
nomenon'이라고도 한다. 이는 시제 표시된 동사가 문장의 두 번
째 성분 위치에 나타나는 현상을 일컫는 것으로서 게르만어에
서 일반적으로 나타나는 현상이다. 두 번째 예문의 'ne ~ nōht'에
서 보는 것처럼 고대 영어에서는 오늘날 학교문법school grammar
에서 금지하는 이중 부정double negative을 사용하기도 했다.[14]

(8) 고대 영어에서는 현대 독일어에서처럼 종속절dependent clause에
서는 시제 표시된 동사가 맨 마지막에 나타났다.

> 예: a) God geseah þā þæt hit gōd wæs
>   God saw then that it good was
>   b) Sē micla here, þe wē gefyrn ymbe sprǣcon . . .
>   the great army which we before about spoke

위로부터 독자들은 고대 영어의 모습이 현대 독일어의 모습과 유사
한 점이 상당히 있음을 확인할 수 있을 것이며, 따라서 이 두 언어가 역사
적으로 밀접한 관계를 가지고 있었다는 사실을 이해할 수 있을 것이다.

참고사항
· · · · · · · · ·

문법 성grammatical gender:
문법 성은 자연 성natural gender과 반드시 일치하는 것은 아니다.
암수의 구분이 없는 무생물을 나타내는 명사가 문법적으로는 남
성이나 여성의 성을 갖기도 하며, 남녀의 구분이 있는 대상을 가

리키는 명사가 문법적으로는 중성neuter이 되기도 한다. 또한 문법 성은 언어에 따라 다를 수도 있다. 다시 말해, 같은 의미를 나타내는 명사라 하더라도 언어에 따라 그 성이 다른 경우도 있다. 예를 들어 무생물인 '돌'을 나타내는 고대 영어 'stān'의 성은 남성이고, 같은 의미의 프랑스어 단어 'pierre'는 여성이다. 또한 '해'와 '달'의 문법 성도 다음에서 보는 바와 같이 언어에 따라 다르다.

	고대 영어	현대 독일어	현대 프랑스어	현대 스페인어
해	sunne (여성)	Sonne (여성)	soleil (남성)	sol (남성)
달	mōna (남성)	Mond (남성)	lune (여성)	luna (여성)

7. 모음대추이The Great Vowel Shift

대부분의 사람들이 영어를 공부해 오면서 영어의 철자spelling와 발음 간의 괴리 때문에 당황해 한 적이 있었을 것이다. 3장 20절에서 이미 영어의 철자법 문제에 대해 살펴본 바가 있는데, 여기서는 영어의 장모음과 관련된 사항을 좀 더 자세히 알아보기로 하자.

중세 영어 시대에는 'goose'와 'geese'의 'oo'와 'ee'를 각각 '[oː]'와 '[eː]'로 발음했다. 'oo'와 'ee'는 원래 'o'와 'e'가 길게, 즉 장모음으로, 발음됨을 표시했던 것이다. 'o'와 'e'의 장모음이었던 'oo'와 'ee'가 오늘날에는 왜 '[uː]'와 '[iː]'로 발음되는 것일까?

'oo'와 'ee'의 발음은 중세 영어에서 현대 영어로 오는 과정에서 변화

했다. 그런데 이런 발음 변화는 '[oː]'와 '[eː]'의 경우에 국한된 것이 아니고 다음에서 보는 바와 같이 모든 장모음에 걸쳐 일어났다.

시대 단어	초서 시대 (즉 중세 영어 시대)	셰익스피어 시대 (즉 초기 현대 영어 시대)	변화 내용
five	[fiːf]	[fajv]	즉 [iː]가 [aj]로 변화
meed	[meːdə]	[miːd]	즉 [e]가 [iː]로 변화
clean	[klɛːnə]	[kleːn]	즉 [ɛː]가 [eː]로 변화[15]
name	[naːmə]	[neːm]	즉 [aː]가 [eː]로 변화
goat	[gɔːtə]	[goːt]	즉 [ɔː]가 [oː]로 변화
root	[roːtə]	[ruːt]	즉 [oː]가 [uː]로 변화
down	[duːn]	[dawn]	즉 [uː]가 [aw]로 변화

이를 도식화해 나타내면 다음과 같게 된다.

위에서의 변화 중 'a→ɛ→e→i'의 변화와 'ɔ→o→u'의 변화는 모음 높이의 변화이며, 'i→aj'의 변화와 'u→aw'의 변화는 가장 높은 위치의 두 모음이 각각 '[a]'와 결합해 이중모음화diphthongize된 변화이다. 즉, 초서Chaucer 시대의 중세 영어에서 셰익스피어Shakespeare 시대의 초기 현대 영어로 넘어오는 과정에서 영어의 장모음들은 그 높이가 연쇄적

으로 상승raise되는 변화가 일어났으며, 더 높은 위치로 상승할 수 없는 'i'와 'u'는 각각 'aj'와 'aw'로 이중모음화되는 대대적인 변화가 일어났는데, 이를 흔히 모음대추이the Great Vowel Shift라고 부른다.

현재 우리가 사용하고 있는 영어 철자는 대개 15세기경 인쇄술의 발달로 중세 영어의 철자 형태가 고정된 것이며, 모음대추이는 15세기 경부터 시작되어 16세기경에 변화가 완료된 것이므로 (즉 모음대추이가 철자법 고정 이후에 일어난 변화이므로), 이런 변화 내용이 철자에 반영되지 못해 오늘날 영어 발음과 철자상의 괴리를 느끼게 되는 것이다.

윌리엄 캑스턴(William Caxton, 1422경-1491). 영국에 인쇄술을 최초로 도입한 캑스턴이 그의 최초의 인쇄물인 *Recuyell of the Historyes of Troye* (1475)를 버건디(Burgundy) 공작 부인에게 헌정하고 있다.

8. 의미의 변화

본 장 6절을 통해서는 영어의 문장과 관련된 역사적 변천의 예를, 그리고 7절을 통해서는 영어의 소리와 관련된 역사적 변천의 예를 살펴보았다. 영어의 단어와 관련된 역사적 변천은 이미 3장에서 차용어 등을 설명하면서 나름대로 살펴본 바가 있으므로, 여기서는 영어의 의미와 관련된 변화의 예를 살펴보기로 하겠다.

1) 의미 확장semantic extension/broadening/widening

현대 영어의 'dog'에 해당하는 고대 영어 단어 'docga'는 원래 특정 종류의 개만을 지칭하던 단어였다. 이에 비해 현대 영어의 'dog'은 모든 종류의 개를 두루 지칭하는 말이므로 결국 'dog'이라는 단어는 고대 영어에서 현대 영어로 이르는 과정에서 그 의미가 확장extend되었다고 할 수 있다.

이처럼 의미 확장의 변화를 보인 영어 단어의 예에는 다음과 같은 것들이 있다.

> aunt: 아버지의 여자 형제를 지칭하는 말에서 부모 양쪽의 여자 형제를 지칭하는 말로 의미가 확장.
>
> bird (< OE brid): 특정 종류의 새를 지칭하는 말에서 모든 종류의 새를 통칭하는 말로 의미가 확장.
>
> holidays (< holy days): 종교적 의미의 휴일을 지칭하는 말에서 모든 휴일을 통칭하는 말로 의미가 확장.
>
> Xerox: 특정 상표명에서 일반 복사기를 지칭하는 말로 의미가 확장.[16]
>
> arrive: 원래는 'come to shore'의 의미로 특정 지역에의 도착만

을 의미했으나 오늘날에는 지역을 불문하고 '도착하다'는
의미로 사용됨.

journey: 원래는 'a day's travel'의 뜻으로 특정 기간의 여행만
을 의미했으나, 오늘날에는 그 이상 걸리는 여행도 포함
하도록 의미가 확장됨 (cf. 'jour'는 프랑스어로 'day'를 의미
함).

visit: 원래는 '아픈 사람 등을 위로하기 위해 방문하다' 혹은 '하
느님께서 방문하시다' 등 특정 종류의 방문만을 의미했으
나, 오늘날에는 그런 제한 없이 확장된 의미로 사용됨.

2) 의미 축소semantic narrowing

현대 영어의 'hound'에 해당하는 고대 영어 단어인 'hund'는 원래
모든 종류의 개를 통칭하는 단어였다.[17] 이 'hound'가 현대 영어에서는
특정 종류의 개, 즉 사냥개a hunting dog만을 지칭하는 말로 의미가 변
화되었다. 이는 'dog'의 경우와 정반대 방향의 변화로서 포괄적 의미를
지니던 단어가 매우 축소된 의미만을 갖게 된 것인데, 이를 앞에서 설
명한 '의미 확장'과 비교해 '의미 축소'semantic narrowing라고 부른다.

의미 축소를 보이는 영어 단어의 예에는 다음과 같은 것들이 있다.

deer: 원래는 현대 영어의 'animal'과 같은 뜻을 지니다가 현대
영어에서는 특정 종류의 'animal', 즉 '사슴'을 뜻하는 말
로 의미가 축소 (cf. 현대 독일어의 'Tier'는 아직도 'animal'[18]
의 의미).

meat: 'food'의 뜻에서 특정 종류의 'food', 즉 '고기'를 뜻하는
말로 의미가 축소.[19]

starve: 'die'의 뜻에서 특별한 종류의 죽음, 즉 '굶어죽다'는 뜻

으로 의미가 축소 (cf. 현대 독일어의 'sterben'은 아직도 'die'의 의미).

liquor: 'liquid'를 뜻하다가 특정 종류의 'liquid', 즉 '술'(alcoholic liquid)을 뜻하는 말로 의미가 축소.

worm: 'any crawling creature'를 뜻하다가 특정 종류의 'crawling creature', 즉 지렁이류를 뜻하는 말로 의미가 축소.

skyline: 'horizon in general'을 뜻하다가 특정 종류의 'horizon', 즉 도시에서 건물들로 인해 만들어지는 'skyline'을 뜻하는 말로 의미가 축소.

girl: 남녀를 불문하고 젊은 사람을 뜻하다가 여자의 경우만을 지칭하는 말로 의미가 축소.

fowl: 'any bird'를 뜻하다가 'a domesticated bird'를 뜻하는 말로 의미가 축소.

disease: 'any unfavorable state'를 뜻하다가 'an illness'를 뜻하는 말로 의미가 축소.

affection: 'emotion'의 뜻에서 특정 종류의 'emotion'을 뜻하는 말로 의미가 축소.

accident: 원래는 'something that happens'를 뜻하다가 특정 종류의 'happening'을 뜻하는 말로 의미가 축소.

3) 의미 상승semantic elevation/amelioration

현대 영어의 'knight'에 해당하는 고대 영어 단어 'cniht'는 원래 'youth' 혹은 'military follower'를 뜻하던 말로서 오늘날 의미인 '기사'가 주는 긍정적 함의는 없었다. 따라서 'knight' 라는 단어는 좋은 쪽으로 의미 변화가 일어난 셈인데, 이를 가리켜 의미 상승이라고 한다. 이렇게 의미 상승이 일어난 영어 단어의 예에는 다음과 같은 것들이 있다.

> nice: 원래 'foolish'를 뜻하다가 오늘날의 뜻으로 의미 상승.[20]
>
> pretty: 원래 'crafty', 'wily'(간교한)를 뜻하다가 오늘날의 뜻으로 의미 상승.
>
> boy: 원래 'low fellow', 'knave'를 뜻했는데, 오늘날에는 원래의 부정적 의미가 사라짐.
>
> minister: 원래 'servant'를 뜻하다가 '장관', '목사'의 뜻으로 의미 상승.[21]
>
> priest: 원래 'old man'을 뜻하다가, 오늘날의 뜻으로 의미 상승.
>
> pastor: 원래 'shepherd'를 뜻하다가, 오늘날의 의미로 의미 상승
>
> ambassador: 원래 'messenger'를 뜻하다가 현재의 뜻으로 의미 상승.
>
> marshall: 원래 '마부'(a stable man)를 뜻하다가 현재의 뜻으로 의미 상승.
>
> queen: 원래 'woman'을 뜻하다가 현재의 뜻으로 의미 상승.
>
> mischievous: 원래 'disastrous'를 뜻하다가 현재의 'playfully annoying'의 뜻으로 의미 상승.
>
> engineer: 원래 'plotter, schemer'를 뜻하다가 현재의 뜻으로 의미 상승.
>
> enthusiasm: 원래 'abuse'를 뜻하다가, 오늘날의 의미로 의미 상승.
>
> ambition: 원래는 부정적인 의미의 야심을 뜻했으나 오늘날에는 긍정적인 의미로 사용됨 (cf. Boys, be ambitious!).
>
> lady: 원래 'master'인 'husband'에 대응되는 'mistress of the household' 혹은 'wife'를 뜻하다가 오늘날의 뜻으로 의미 상승.

4) 의미 하강semantic degradation/pejoration/deterioration

의미 상승의 경우와 반대로 'silly'는 원래 'happy, blessed, innocent' 등의 긍정적인 뜻을 지니다가 오늘처럼 'foolish, insane, absurd' 등의 부정적인 뜻을 갖게 되었는데, 이런 변화를 '의미 하강'이라고 한다.

의미 하강의 변화를 보이는 영어 단어의 예로는 다음과 같은 것들이 있다.

> gay: 원래는 'merry'의 뜻이었으나, 'wanton'(방탕한)의 뜻으로 의미가 하강한 후, 오늘날에는 'homosexual'의 뜻으로 쓰임.
>
> cunning: 원래 'knowing'의 뜻이었으나, 오늘날에는 '간교한', '교활한'의 뜻으로 의미 하강.
>
> lust: 원래 단순히 'pleasure'를 뜻하는 말이었으나, 오늘날에는 'sinfulness'의 어감을 주는 말로 의미 하강.
>
> notorious: 원래는 단순히 'widely known'의 의미였으나, 오늘날에는 '부정적으로 잘 알려진'의 의미, 즉 'widely and unfavorably known'의 뜻으로 의미 하강.
>
> knave: 원래 'boy'의 뜻이었으나, 오늘날에는 'villain'(약한)의 뜻으로 의미 하강 (cf. 현대 독일어의 'Knabe'는 아직도 'boy'의 의미로 사용됨).
>
> villain: 원래는 'farm servant'의 뜻이었으나, 오늘날에는 '악한'의 뜻으로 의미 하강.
>
> hussy: 원래 'housewife'의 뜻이었으나, 오늘날에는 'a bold or lewd woman'(말괄량이 혹은 바람둥이 여자)의 뜻으로 의미 하강.
>
> vulgar: 원래는 'ordinary, common'의 뜻이었으나, 오늘날에는

'coarse'(조야한, 저속한)의 뜻으로 의미 하강.[22]

mistress: 원래는 'master'의 여성 명사형이었으나, 오늘날에는 '숨겨둔 여자', 즉 '정부'의 뜻으로 의미 하강.

egregious: 원래는 'distinguished'(탁월한, 뛰어난)의 뜻이었으나, 오늘날에는 '흉악한'. '지독한'의 뜻으로 의미 하강.

참고사항
. . . .

의미 역전semantic reversal:

경우에 따라서 단어가 정반대의 뜻을 갖게 되기도 한다. 예를 들어 'garble'이라는 단어는 원래는 'to sort out'(정리하다. 선별하다)의 의미였지만, 지금은 '혼란시키다', '엉키게 하다' 등의 의미로 사용된다. 그 의미가 나빠졌다는 점에서 의미 하강의 예로 볼 수도 있겠으나, 그 의미가 정반대로 변화했다는 점에서 의미 역전semantic reversal이라고도 부를 수 있을 것이다. 'manufacture'라는 단어는 16세기에 처음 등장할 때는 '손으로 만들다'('manu-'는 'manual'에서처럼 '손'과 관련이 있음)의 뜻이었지만, 17세기에 들어오면 '손'으로 만드는 것과 '기계'로 만드는 것을 두루 뜻하게 되었다. 이 자체는 의미 확장의 예가 될 것이다. 그런데 오늘날에는 '손'으로 만드는 것은 'manufacture'라고 하지 않고, '기계'로, 그것도 대규모로 생산하는 것만 'manufacture'라고 한다. 이런 의미 변화는 본문에서 설명한 4가지 경우에 들어가기 어렵고, 일종의 의미 역전이라고 보아야 할 것이다.

9. 킹 제임스 영어 성경과 초기 현대 영어의 특징

1100년경부터 1500년경에 이르는 중세 영어 시기의 대표적인 작품을 들라면 단연 초서(Chaucer, 1343경-1400)의 『캔터베리 이야기』*Canterbury Tales*를 들어야 할 것이다. 그리고 1500년경부터 시작하는 초기 현대 영어의 대표적 저작물로는 셰익스피어(1564-1616)의 작품들과 1611년에 출간된 흠정영역성서, 즉 킹 제임스 영어 성경을 들 수 있을 것이다. 영어로는 "Authorized Version of the Bible"이라고 하기도 하고, 영국 왕 제임스 1세James 1 때에 출간되었다고 해서 "King James Version of the Bible" 혹은 "King James Bible"이라고도 한다. 여기서는 킹 제임스 영어 성경의 일부 구절을 통해 당시의 철자법상의 특징과 어휘 및 문법상의 특징을 단편적으로나마 알아보기로 하겠다. 여기에서 다루는 내용은 대체로 당시에 출간된 다른 문헌들, 즉 셰익스피어 등의 작품에도 마찬가지로 적용된다.

① 'u'와 'v'의 혼용

다음은 킹 제임스 영어 성경의 창세기Genesis 1장 1절과 2절의 내용이다.

¹ In the beginning God created the Heauen, and the Earth. (Genesis 1:1)

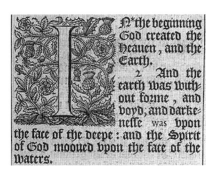

² And the earth was

without forme, and voyd, and darkenesse was vpon the face
of the deepe: and the Spirit of God mooued vpon the face of
the waters. (Genesis 1:2)

일부 단어의 끝에 오늘날과는 달리 '-e'가 붙어 있는 것을 제외하고
는 오늘날의 철자와 매우 흡사하다. 그러나 'v'와 'u'의 쓰임새는 오늘날
과 크게 다른데, 'v'와 'u'를 포함하는 단어들을 비교하면 다음과 같다.

킹 제임스 영어 성경	현대 영어
Heauen	Heaven
voyd	void
vpon	upon
mooued	moved

이 단어들을 보면 오늘날 'u'를 쓸 자리에 'v'를 쓰고, 거꾸로 'v'를
쓸 자리에 'u'를 쓴 것 같은데, 당시에도 나름의 규칙은 있었다. 즉 당시
에는 발음과 무관하게 단어의 맨 앞에는 'v'를 쓰고, 그 외의 자리에는
무조건 'u'를 썼다.

참고사항
• • • • • • • • •

킹 제임스 영어 성경은 1611년 최초로 인쇄될 때에는 고딕활자체
Gothic type를 사용했으나, 그 후 로만활자체Roman type로 바

꾸어 인쇄되었으며, 판본에 따라 철자에도 일부 차이를 보인다. 다음은 1611년에 출간된 최초 인쇄본의 요한 3장 16절의 모습이다.

고딕활자체라 읽기가 어렵다고 생각하는 사람들이 있을 것이다. 이를 그 후에 로만활자체로 인쇄된 판본과 비교해보라.

훨씬 읽기가 쉬울 것이다. 여기서도 'u'와 'v'의 쓰임새를 확인해 볼 수 있을 것이다. 즉 오늘날에는 'loved', 'gave', 'whosoever', 'believes', 'have', 'everlasting'처럼 'v'를 써야 할 자리가 단어 중간에 나오므로 모두 'u'로 표기되어 있다.

참고로 첫 번째 줄 'world' 앞에 있는 특이한 글자는 'y' 위에 'e'를 얹어놓은 형상으로서 (사실 이 표기는 후대에 와서 이루어진 것이고, 원래는 'þ' 위에 'e'를 얹어놓은 형상이었음), 정관사 'the'를 의미하는데, 요한복음 3장 16절 외에 킹 제임스 영어 성경의 다른 곳에서도 간혹 사용되었다 (예: Job 1:9, John 15:1, Romans 15:29 등).

물론 오늘날 시중에서 구할 수 있는 대부분의 킹 제임스 영어 성경
(엄밀하게는 New King James Version)은 'u'와 'v'를 비롯한 대부분
의 철자를 현대 영어 철자법에 따라 표기하고 있다.

② 'j' 대신 'i' 사용

오늘날 'J/j'를 쓰는 자리에 당시에는 'I/i'를 썼다. 'Jesus'를 'Iesus'로,
'judge'를 'iudge'로 쓰는 식이다.

다음은 요한복음 1장 17절의 내용이다.

> For the Law was giuen by Moses, but grace and trueth came
> by Iesus Christ. (John 1:17)

다음에서 보는 바와 같이 'Jordan'과 'John'의 'J'도 'I'로 적혀 있다
(요한복음 1장 28절).

> These things were done in Bethabara beyond Iordane, where
> Iohn was baptizing. (John 1:28)

요한복음 4장 5절에서도 'Jacob'와 'Joseph'의 'J'를 'I'로 적고 있다.

> Then commeth he to a city of Samaria, which is called Sychar,
> neere to the parcell of ground that Iacob gaue to his sonne
> Ioseph. (John 4:15)

다음에서 보는 바와 같이 소문자 'j'의 경우에도 'i'를 썼다.

Iudge not, that ye be not iudged. (Matthew 7:1)

To doe iustice and iudgement, is more acceptable to the Lord, then sacrifice. (Proverbs 21:3)

③ 단어 첫머리와 중간의 길게 늘여 쓴 's'

다음은 1611년판 킹 제임스 영어 성경 마르코복음(마가복음)의 맨 첫머리이다.

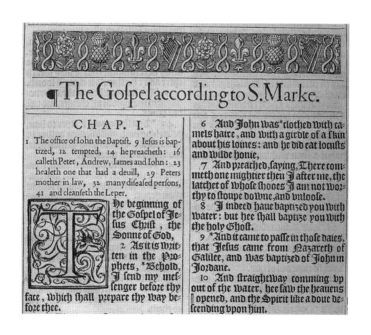

맨 위의 제목은 오늘날 표기로는 "The Gospel according to S. Mark"가 되어야 할 것이다. 여기서 소문자 's'가 특이하게 쓰였음을 주목할 수 있을 것이다. 당시에는 단어의 첫머리나 중간에 나오는 소문자 's'는 길게 늘여서 (즉 'long s'로) 썼다. 즉 단어의 끝자리에 나오는 's'가 아니면 소문자 's'는 모두 길게 늘여서 썼다. 대문자의 경우에는 오늘날과 동일하게 적었는데, 이는 제목의 'S. Marke'에서도 확인할 수 있다.

킹 제임스 영어 성경에서는 각 장 바로 밑에 주요 내용을 요약해 두었는데, 이 부분은 본문과 달리 로만체로 쓰여 있다. 이 부분을 통해서도 같은 내용을 확인할 수 있다. 즉 1절의 'Baptist'와 32절의 'diseased', 41절의 'cleanseth''의 's'가 길게 늘여서 적혀 있는데, 이들은 모두 's'가 단어의 중간에 나오기 때문이다. 이에 비해 29절의 'Peters'의 's'는 길게 늘여 쓰지 않고 오늘날과 같은 자체로 되어 있는데, 이때는 's'가 단어의 마지막 위치에 나오기 때문이다. 32절의 'persons'에서는 끝의 's'는 오늘날과 같은 자체로 되어 있지만, 중간의 's'는 길게 늘여 쓰여 있으며, 9절의 'Iesus(=Jesus)'의 경우에도 마찬가지이다. 현대 영어의 관점에서 보면 이렇게 길게 늘여 쓴 's'가 너무 생소하기 때문에 이 글자를 처음 보는 사람들은 'f'로 오해하기도 한다. 이 글자는 19세기 초에도 사용된 예가 있기는 하나, 대체로 18세기말에 이르러 사라지게 되었다.

요약 부분을 잘 살펴보면, 앞에서 설명한 것처럼 'J'를 'I'로 쓴다든지, 'v'가 중간에 나올 때는 'u'로 적는다든지 하는 등도 아울러 확인할 수 있을 것이다.

참고사항
· · · · · · · · ·

다음은 1611년판 킹 제임스 영어 성경의 잠언 편Proverbs 1장 맨 앞 부분에 있는 요약 내용 중 일부이다.

The vſe of the Prouerbes.

두 번째 단어가 무엇일까? 'use'이다. 앞에서 이야기했다시피 이 시기에는 'u'와 'v'는 발음과 무관하게 위치에 따라 결정되었다. 즉 단어의 첫머리에서는 무조건 'v'를 사용하고, 그 외의 위치에 서는 'u'를 사용했다. 또한 's'의 경우에는 단어의 맨 마지막 위치를 제외하고는 길게 늘여 쓴 's', 즉 'long s'를 사용했다.

다음의 내용은 당시에도 's'와 'v'가 대문자로 쓰일 때는 오늘날과 같은 형태를 취했음을 보여준다.

THE PROVERBES.

또한 'u'의 경우에도 대문자로 쓸 때는 'V'로 썼다. 다음은 1611년판 킹 제임스 영어 성경에서 'Paul'을 어떻게 대문자로 표기했는지를 보여준다.

THE
EPISTLE OF PAVL THE
Apoſtle to the Romanes.

참고사항
· · · · · · · · ·

사악한 성경the Wicked Bible:
다음은 1631년판 킹 제임스 영어 성경의 탈출기(Exodus, 출애굽기라고도 함) 20장의 일부이다.

```
...may bee long vpon the land
LORD thy God giueth thee.
 13 * Thou shalt not kill.
 14 Thou shalt commit adultery.
 15 Thou shalt not steale.
 16 Thou shalt not beare false witne
thy neighbour.
 17 * Thou shalt not couet thy nighbo
thou shalt not couet thy neighbours wif
```

이 부분은 10계명Ten Commandments을 소개하는 부분인데, 14절을 주목해 보기 바란다. 두 번째 단어의 첫 글자는 길게 늘여 쓴 's', 즉 'long s'이므로, 전체 내용은 "Thou shalt commit adultery"가 된다. 무언가 이상하지 않은가? 인쇄업자의 치명적인 실수로 'shalt' 다음에 들어가야 할 'not'가 빠져 전혀 뜻밖의 내용이 되고 말았다. 이 성경은 '사악한 성경'이라는 뜻의 'the Wicked Bible'이라고 불리는데, 'the Adulterous Bible'(불륜 성경), 혹은 'the Sinners' Bible'(죄인들의 성경)이라고도 불린다. 이 일로 인쇄업자는 당시로서는 막대한 금액인 300파운드의 벌금을 물고, 인쇄업자 면허를 취소당했다. 잘못 인쇄된 성경책들은 즉각 수거되어 소각되었으나, 일부가 현재까지 남아 있다.

④ 주격의 'ye'와 목적격의 'you'

다음은 킹 제임스 영어 성경의 요한복음 5장 42절과 6장 36절의 내용이다 (앞으로 제시되는 성경 예문에서 'long s'와 'short s'의 구분은 하지 않기로 함).

> But I know you, that ye haue not the loue of God in you. (John 5:42)

> But I said vnto you, that ye also haue seene me, and beleeue not. (John 6:3)

'haue'와 'loue', 'beleeue'가 오늘날의 철자로 각각 'have'와 'love', 그리고 'believe'이며, 'vnto'는 오늘날의 철자로 'unto'임은 이제 잘 알 수 있을 것이다. 그렇다면 'ye'는 무엇일까? 이 당시에는 'ye'는 2인칭 복수대명사의 주격으로, 그리고 'you'는 목적격으로 사용되었다. 당시에 이 구분이 완벽히 지켜진 것은 아니지만, 대체로 이 구분을 따랐다. 이 것이 현대 영어로 들어오면서 주격이나 목적격 구분 없이 'you'가 사용되어 결국 'ye'가 소멸되는 결과를 낳은 것이다 ('ye'가 'yee'로 쓰이기도 했음).

주격에 사용된 'ye'의 예를 좀 더 들어보면 다음과 같다.

> And the Serpent said vnto the woman, Ye shall not surely die. (Genesis 3:4)

> Watch therfore, for ye know not what houre your Lord doth come. (Matthew 24:42)

Ye hypocrites, ye can discerne the face of the skie, and of the earth: but how is it that yee doe not discerne this time? (Luke 12:56)

If ye loue me, keepe my commandements. (John 14:15)

⑤ 'you'와 'thou'

현대 영어에서는 2인칭 대명사의 경우에 단수 복수 구별 없이 'you'를 쓰지만, 초기 현대 영어 당시에는 2인칭 대명사의 경우에도 단수 복수의 구별이 있었다.

	단수	복수
주격	thou	ye
소유격	thy	your
목적격	thee	you

특히 2인칭 단수 대명사는 아랫사람이나 친한 사이에서 사용되었다. 다음은 흔히 '주님의 기도'The Lord's Prayer 혹은 '주기도문'으로 알려진 기도 중 일부이다.

Our father which art in heauen, hallowed be thy name. Thy kingdome come. Thy will be done, in earth, as it is in heauen.

하느님을 지칭할 때 친한 사이에서 쓰는 'thy' 형을 쓰고 있음이 주목할 만하다. 이 외에 'thou'나 'thy', 'thee' 등이 사용된 예를 들면 다음과 같다.

And the LORD God called vnto Adam, and said vnto him, Where art thou? (Genesis 3:9)

And behold, there came a leper, and worshipped him, saying, Lord, If thou wilt, thou canst make me cleane. (Matthew 8:2)

And thou shalt haue ioy and gladnesse, and many shall reioyce at his birth: (Luke 1:14)

Euery day wil I blesse thee: and I will praise thy Name for euer and euer. (Psalms 145:2)

And he said to the woman, Thy faith hath saued thee, goe in peace. (Luke 7:50)

'thine'도 사용되었는데, 이는 'eye'나 'enemy' 등처럼 모음으로 시작하는 명사의 소유격으로 사용되었다.

Then saide they to him againe, What did he to thee? How opened hee thine eyes? (John 9:26)

The Lord said vnto my Lord, Sit thou on my right hand, till I make thine enemies thy footstoole? (Matthew 22:44)

⑥ 사람을 가리키는 관계대명사 'which'

앞에서 소개한 주님의 기도the Lord's Prayer 앞부분인 "Our father
which art in heauen"에서, 선행사 'father'를 위한 관계대명사가 'which'
임에도 주목할 필요가 있다. 당시에는 'which'가 사람을 나타내는 관계
대명사로도 사용되었다.

다음은 'which'가 사람을 나타내는 관계대명사로 사용된 추가 예
들이다.

Beware of false prophets which come to you in sheepes clothing,
but inwardly they are rauening wolues. (Matthew 7:15)

And Iudas Iscariot, which also betrayed him: and they went
into an house. (Mark 3:19)

And there was a certaine begger named Lazarus, which was layde at his gate full of sores, (Luke 16:20)

And as Iesus passed by, he saw a man which was blinde from his birth. (John 9:1)

참고사항
· · · · · · · ·

in sheepes clothing:

오늘날의 철자라면 "in sheep's clothing", 즉 올린쉼표apostrophe를 사용해야 하나, 당시에는 아직 올린쉼표가 사용되지 않았다. 영어에서 올린쉼표가 사용되기 시작한 것은 18세기에 들어와서이다.

---

⑦ **동사의 어미**

초기 현대 영어에서는 3인칭 현재 단수 동사 표시로 오늘날 사용되는 '-(e)s' 대신 '-(e)th' 형이 사용되었다. 일부 예를 보이면 다음과 같다.

동사	3인칭 단수형
do	doeth/doth
come	commeth
go	goeth
know	knoweth

동사	3인칭 단수형
say	saith/saieth
speak	speaketh
ask	asketh
see	seeth
believe	beleeueth
love	loueth

그리고 2인칭 단수의 경우에도 '-(e)st' 어미가 사용되었다. 'be' 동사나 'have' 동사는 2인칭 현재 단수의 경우 "thou art", "thou hast"의 형태를 취하였다. 또한 조동사에도 어미가 붙었다. 일부 예를 보이면 다음과 같다.

동사	2인칭 단수형 (주어가 'thou'일 경우)
be	art (과거형 wast)
have	hast (과거형 hadst)
do	doest (과거형 diddest/didst)
can	canst
may	mayest
shall	shalt
will	wilt
should	shouldest
would	wouldest
go	goest (과거형 wentest)
come	commest (과거형 camest)
know	knowest (과거형 knewest)
say	sayest/saiest (과거형 saidst/saidest)

동사	2인칭 단수형 (주어가 'thou'일 경우)
see	seest (과거형 sawest)
love	louest (과거형 louedst)
believe	beleeuest

동사에 2인칭이나 3인칭 어미 표시를 한 예를 들면 다음과 같다.

The woman saith vnto him, Sir, I perceiue that thou art a Prophet. (John 4:19, cf. saith = says)

Beloued, follow not that which is euill, but that which is good. He that doth good, is of God: but hee that doth euill, hath not seene God. (3 John 1:11, cf. doth = does, hath = has)

Shall not God search this out? for he knoweth the secrets of the heart. (Psalms 44:21, cf. knoweth = knows)

But of the tree of the knowledge of good and euill, thou shalt not eate of it: for in the day that thou eatest thereof, thou shalt surely die. (Genesis 2:17)

And behold, there came a leper, and worshipped him, saying, Lord, If thou wilt, thou canst make me cleane. (Matthew 8:2)

Then answered one of the Lawyers, and said vnto him, Master, thus saying, thou <u>reprochest</u> vs also. (Luke 11:45)

And when they had found him on the other side of the sea, they saide vnto him, Rabbi, when <u>camest</u> thou hither? (John 6:25)

I was dumbe, I opened not my mouth; because thou <u>diddest</u> it. (Psalms 39:9)

⑧ 'do' 없는 의문문과 부정문

킹 제임스 영어 성경에는 의문문이나 부정문을 만들 때, 조동사 'do'의 도움 없이 본동사 자체를 주어 앞으로 보내거나, 본동사 다음에 바로 'not'를 사용하는 경우가 매우 많다. 킹 제임스 영어 성경이 출간된 17세기 초에는 이미 조동사 'do'를 사용하는 의문문과 부정문이 일반화되어 있었음을 생각할 때, 이는 킹 제임스 영어 성경 번역자들이 의도적으로 보수적인 표현을 사용했기 때문으로 보인다. 그렇다고 해서 'do'를 사용하는 경우가 전혀 없는 것은 아니고, 'do'를 사용한 의문문이나 부정문도 나타난다.

'do' 없는 의문문의 예

다음은 조동사 'do' 없이 본동사가 주어 앞으로 이동해 의문문을 만든 예이다.

But what <u>went ye</u> out for to see? A Prophet? yea, I say vnto you, and more then a Prophet. (Matthew 11:9)

And the disciples came, and sayd vnto him, Why <u>speakest thou</u> vnto them in parables? (Matthew 13:10)

And why <u>call ye</u> mee Lord, Lord, and doe not the things which I say? (Luke 6:46)

And whosoeuer liueth, and beleeueth in mee, shall neuer die. <u>Beleeuest thou</u> this? (John 11:26)

그러나 다음에서 보는 바와 같이 'do' 조동사를 사용한 의문문도 역시 나타난다.

And he answered, and saide vnto them, What <u>did</u> Moses command you? (Mark 10:3)

And if I say the trueth, why <u>doe ye</u> not beleeue me? (John 8:46)

그리고 다음에서와 같이 'do' 없는 의문문과 'do' 있는 의문문이 연이어 나타나기도 한다.

Hauing eyes, <u>see ye</u> not? and hauing eares <u>heare ye</u> not? And <u>doe ye</u> not remember? (Mark 8:18)

'do' 없는 부정문의 예
의문문과 마찬가지로 부정문에서도 조동사 'do' 없이 본동사 뒤에 'not'를 사용한 부정문이 광범위하게 사용된다.

And the LORD said vnto Cain, Where is Abel thy brother? And hee said, I <u>know not</u>: Am I my brothers keeper? (Genesis 4:9)

And they <u>vnderstood not</u> the saying which he spake vnto them. (Luke 2:50)

For a good tree <u>bringeth not</u> foorth corrupt fruit: neither doeth a corrupt tree bring foorth good fruit. (Luke 6:43)

Iesus answered, and said, This voice <u>came not</u> because of mee, but for your sakes. (John 12:30)

But though he had done so many miracles before them, yet they <u>beleeued not</u> on him: (John 12:37)

그러나 'do'를 사용한 부정문도 역시 보인다.

And he said vnto them, How is it that ye <u>doe not</u> vnderstand? (Mark 8:2)

There is a generation that curseth their father, and <u>doth not</u> blesse their mother. (Proverbs 30:11)

아울러 다음에서 보는 바와 같이 같은 문장 안에 'do' 없는 부정문과 'do' 있는 부정문이 함께 나타나기도 한다.

How is it that ye doe not vnderstand, that I spake it not to you concerning bread, that ye should beware of the leauen of the Pharises, and of the Sadduces? (Matthew 16:11)

참고사항
· · · · · · · · ·

Am I my brothers keeper?:

오늘날의 철자라면 "Am I my brother's keeper?"가 되어야 할 것이다. 이 역시 당시에 올린쉼표가 사용되지 않았음을 보여주는 예이다.

---

⑨ **명령문**

명령문에서 주어 'ye'가 나타나는 경우가 있는데, 이때는 다음에서 보는 바와 같이 본동사가 주어 앞으로 이동한다.

Enter ye in at the strait gate, for wide is the gate, and broad is the way that leadeth to destruction, and many there be which goe in thereat: (Matthew 7:13)

And saying, Repent yee: for the kingdome of heauen is at hand. (Matthew 3:2)

And Iesus said vnto them, Come ye after me; and I will make

you to become fishers of men. (Mark 1:17)

Be yee therefore perfect, euen as your father, which is in heauen, is perfect. (Matthew 5:48)

부정명령문의 경우에는 흔히 조동사 'do' 없이 본동사 다음에 'not' 를 사용한다.

Iudge not, that ye be not iudged. (Matthew 7:1)

But I say vnto you, Sweare not at all, neither by heauen, for it is Gods throne: (Matthew 5:34)

And Iesus came and touched them, and said, Arise, and be not afraid. (Matthew 17:7)

앞에서 살펴본 의문문, 부정문의 경우에서처럼 부정명령문의 경우에도 'do'를 사용한 예가 역시 발견된다.

Doe not erre, my beloued brethren. (James 1:16)

아울러 다음에서와 같이 'do' 있는 부정명령문과 'do' 없는 부정명령문이 연이어 나타나기도 한다.

Thou knowest the Commandements, Doe not commit adulterie, Doe not kill, Doe not steale, Doe not beare false witnesse,

Defraud not, Honour thy father, and mother. (Mark 10:19)

⑩ 사역동사의 'make'

이 당시에는 사역동사 'make' 다음에 나오는 동사 앞에 오늘날과는 달리 'to'가 사용되기도 했다. 다음은 그 예이다.

And Iesus said vnto them, Come ye after me; and I will make you to become fishers of men. (Mark 1:17)

The Lord is my shepheard, I shall not want. He maketh me to lie downe in greene pastures: he leadeth mee beside the still waters. (Psalms 23:1-2)

And I wil make thy seed to multiply as the starres of heauen, and will giue vnto thy seed all these countreys: and in thy seed shall all the nations of the earth be blessed: (Genesis 26:4)

경우에 따라서는 'to' 없이 사용되기도 했다.

And it came to passe on the morrow, that the first borne said vnto the yonger, Behold, I lay yesternight with my father: let vs make him drinke wine this night also, and goe thou in, and lye with him, that we may preserue seed of our father. (Genesis 19:34)

And Pharaoh said, Behold, the people of the land now are

many, & you <u>make</u> them <u>rest</u> from their burdens. (Exodus 5:5)

For they were about fiue thousand men. And he said to his disciples, <u>Make</u> them <u>sit</u> downe by fifties in a company. (Luke 9:14)

10. 영어 문자의 유래

현재 사용되고 있는 영어의 알파벳은 어디에서 유래한 것일까?

영어 알파벳을 흔히 'Roman alphabet'이라고 한다. 그렇다면 영어 알파벳이 로마인에 의해 발명되었다는 것일까? 그렇지 않다.

로마자는 특정인이 특정 시기에 갑자기 발명해낸 것이 아니라 오랜 역사적 과정을 거쳐 탄생한 것이다. 즉, 기원전 4000년경 이집트에는 상형문자hieroglyphics[23]가 사용되고 있었는데, 이 이집트 상형문자를 페니키아인들Phoenicians이 차용해 음절syllable을 표시하는 음절문자syllable writing system로 발전시켰다.[24] 이를 그리스인들이 다시 자음 모음을 구분해 표기하는 알파벳 체계로 만들고, 이를 로마인들이 재차 수정 발전시킨 것이 그들의 세력 하에 있던 유럽 전역으로 퍼져나간 것이다.

다음은 영어의 알파벳이 어떤 변화 발전의 과정을 거쳤는지를 보여주는 표이다.

알파벳 문자의 발달 과정[25]

이 표에서 볼 수 있는 것처럼 원래 이집트 상형문자에서는 ''aleph'와 'beth'가 각각 '소'ox와 '집'house을 뜻하는 상형문자였으나 이들이 페니키아 문자, 즉 서부 셈 문자에 차용되어서는 원래의 뜻을 가리키는

이집트 문자 (B.C. 약 2000)	히브리어 문자명	Sinai 문자 (B.C. 약 1700)	서부 셈 문자 (B.C. 약 1200)	그리스 문자 (B.C. 약 500)	초기 로마 문자
	ʾaleph (소)				
	beth (집)				
	gimel (벽 귀퉁이)				
	dalcth (문)				
	he (양손을 든 사람)				
	cherth, heth (연꽃)				
	waw, vau (모래알)				
	yod (손) (드러누운 짐승)				
	kaph (편 손) (사초)				
	lamed (모래 위의 발자국)				
	mem (잔물결)				
	nun (코브라)				
	zayin (코브라)				
	ʾayin (눈)				
	pe (입)				
	auoph (젖꼭지와 꼬리가 달린 동물의 배)				

(그림)	resh (머리)	(그림) (그림)	ᓇ	P	R
(그림)	shin (나뭇가지/ 모래 언덕)	ᵕ	ᵕ	⟨	⟨⟨
(그림)	taw (십자가: 샌들의 끈)	† ┼	† ✕	⊤	⊤

글자로 사용된 것이 아니고 첫 번째 소리 즉 [']glottal stop와 [b]에 모음
(unspecified vowel, 즉 아무 모음이나)이 결합된 음절syllable을 표시하는
소리글자로 사용되었다.

    그런데 그리스어에서는 "aleph'의 첫 번째 소리인 ['] 소리가 사용되
지 않았으므로 이 글자가 그 다음 소리인 [a] 모음을 표시하는 문자로
사용되게 되고, 'beth'는 첫 번째 소리인 [b]만을 표시하는 문자로 사
용되게 되어, 서부 셈 음절문자는 그리스인들에 의해 자모음이 분리되
는 알파벳 체계로 변환되게 된 것이다. 이렇게 자모음을 분리 표기하
는 문자를 알파벳이라고 부르는 것은 바로 "aleph'의 그리스어 발음인
'alpha'(즉 α)와 'beth'의 그리스어 발음인 'beta'(즉 β)의 두 글자에서 유
래한 것이다. 알파벳 문자를 자모음의 음소phoneme를 구분해 표시한다
는 뜻에서 음소문자phonemic writing system라고도 한다.[26]

    여기서 잠시 우리의 한글에 대해 생각해보기로 하자. 앞에서 우리
는 로마자가 이집트의 상형문자, 페니키아의 음절문자 등을 거쳐 알파
벳 체계, 즉 음소문자로 변화 발전된 것임을 보았다. 이는 인류의 문자
체계 중 음소문자가 가장 발전된 문자 체계임을 보여주는 것이다. 그런
데 동양의 주요 3국인 한국, 중국, 일본 중 중국의 한자는 이집트의 상
형문자에 비견할 수 있는 뜻글자이고[27], 일본의 가나는 음절문자, 그리
고 우리의 한글은 음소문자이다. 이는 동양 3국 중 우리가 가장 앞선
문자 체계를 가지고 있음을 의미한다. 그런데 우리는 이런 우수한 문자

체계를 다른 민족으로부터 차용해서 쓰는 것이 아니고 우리 민족의 힘으로 스스로 만들어 사용하고 있는 것이다. 우리는 이 사실 하나만으로도 우리 민족의 뛰어난 문화 능력에 깊은 자부심을 가져도 좋을 것이다.

그런데 우리의 한글은 단순히 음소문자라는 것뿐 아니라 제자원리가 과학적이라는 데에 더 큰 의의가 있다. 한글의 과학적 제자원리는 잘 알려져 있으므로, 여기서는 단지 다음의 표와 관련된 사실만을 주목하도록 하겠다.

한글		영어	
ㄱ	ㅋ	g	k
ㄷ	ㅌ	d	t

독자들은 'ㄱ'과 'ㅋ'의 음성학적 차이, 그리고 'ㄷ'과 'ㅌ'의 음성학적 차이가 동일함을 이미 잘 알고 있을 것이다. 그런데 이렇게 동일한 음성학적 차이가 'ㄱ'과 'ㄷ'에 'ㅡ' 획을 추가함으로써 표현되고 있다. 이는 세종대왕이 한글을 창제하실 때에 이런 음성학적 차이에 주목하고 이를 한글의 자체에 반영했음을 의미한다.

이에 비해 영어에서 유사한 음성학적 차이를 나타내는 'g'와 'k', 그리고 'd'와 't' 간에는 어떤 공통적 표시도 존재하지 않는다. 이는 영어의 알파벳 체계가 음소적phonemic이기는 하지만 그것이 음성학적 체계에 의거해 과학적으로 만들어진 것은 아님을 보여주는 것이다. 이처럼 우리는 영어 알파벳보다 훨씬 더 우수한 문자 체계를 사용하고 있다는 사실에 큰 자긍심을 느껴도 좋을 것이다.

이와 같이 우수한 문자 체계가 15세기에 세종대왕이라는 탁월한 언어학자에 의해 창제되었음을 상기할 때, 우리나라의 언어학 연구에는 남다른 전통이 있다고 할 수 있을 것이다. 이런 남다른 전통이 오늘날 많은 한국의 젊은이들로 하여금 언어학이라는 학문에 뛰어들게 하고 있는지도 모른다.

그럼에도 불구하고 오늘날 우리나라의 언어학 연구 성과가 아직 세계적인 주목을 받고 있지는 못하다는 점 또한 사실이다. 이 책을 읽고 영어 또는 언어학에 흥미를 느끼는 독자들이 많이 나오게 되고, 그들 중 장차 세종대왕에 버금가는 탁월한 언어학자가 나오게 되기를 기대한다.

제8장
영어의 종류

영국과 미국은 같은 언어에 의해 갈라진 두 나라이다.
England and America are two countries separated
by a common language.

— 조지 버나드 쇼George Bernard Shaw

영어의 종류라고 말할 때는 기본적으로 영어의 지역적 방언regional dialect과 사회적 방언social dialect을 지칭한다. 하지만 앞 장에서 살펴본 영어의 역사, 즉 역사적 시기에 따른 영어의 모습도 어떤 의미에서는 영어의 종류에 속하는 것으로 볼 수 있다. 시기에 따른 영어의 다른 모습, 즉 고대 영어, 중세 영어, 현대 영어가 각각 영어의 한 종류를 구성한다고 할 수 있기 때문이다. 그런 의미에서 시기에 따른 영어의 다른 모습을 영어의 역사적 방언historical dialect 혹은 통시적 방언diachronic dialect이라고 불러 우리가 이 장에서 다루고자 하는 지역적 방언이나 사회적 방언 등의 공시적 방언synchronic dialect과 구분할 수도 있을 것이다. 여기서도 우리가 2부에서 살펴본 영어의 속 모습, 즉 영어의 발음, 단어, 문장, 의미와 관련된 사항이 유용하게 사용된다. 영어의 지역적 방언과 사회적 방언을 살펴본다는 것은 기본적으로 지역 혹은 사회 계층에 따라 발음이 어떻게 다른지, 어휘나 문법에는 어떤 차이가 있는지 등을 살펴보는 것이기 때문이다.

1. 미국 영어와 영국 영어

지역적 방언, 즉 지역에 따른 영어의 종류를 생각할 때 가장 먼저 생각할 수 있는 것이 영국 영어와 미국 영어의 차이이다. 그 외에도 호주 영어와 뉴질랜드 영어, 싱가포르 영어, 인도 영어 등 영어의 다양한 지역 방언을 생각해볼 수 있을 것이다.

일단 영국 영어와 미국 영어를 우리 논의의 중심으로 삼는다면, 이 두 영어가 발음 면에서는 어떻게 다른지, 어휘에는 어떤 차이가 있는지, 그리고 문법 면에서는 어떤 차이가 있는지 등을 살펴보아야 할 것이다.

그런데, 영국 영어라고 하면 대체 어떤 영어를 의미하는 것일까? 영국 사람들은 모두 동일한 영어를 사용하는 것일까? 영국 내에서는 지역에 따른 방언적 차이가 없는 것일까? 미국 영어에서는 또 어떤가?

사실 영국이나 미국 할 것 없이 지역에 따른 방언적 차이가 존재한다. 그럼에도 불구하고 우리는 영국 영어나 미국 영어의 대표적인 모습을 암암리에 가정하고 있다. 이는 발음 면에서 특히 두드러지는데, 그것은 영국 영어에는 영국 영어 특유의 표준 발음이라는 것이 있기 때문이다. 이 발음을 영어로 'Received Pronunciation'이라고 하며('RP'로 줄여 부르기도 함), 이 발음을 사용하는 영어를 흔히 'BBC English'라고 하기도 한다. 미국 영어의 경우에는 표준 발음이라는 개념은 없지만, 일반적으로 받아들여지는 미국 영어 발음을 'General American'이라고 부른다('GA'로 줄여 부르기도 함). 여기서는 이런 개괄적인 개념의 영국 영어와 미국 영어를 가정하고 이 둘 간의 차이에 대해 알아보기로 하겠다.

발음상의 차이

발음과 관련해 미국 영어와 영국 영어 간의 대표적 차이라고 할 수 있는 것 중의 하나가 'car'나 'park'처럼 'r'이 음절 말미에 나오거나 자음 앞에 나올 경우의 발음이다. 흔히 모음 뒤에 나오는 'r'이라는 뜻으로 'postvocalic r'이라고 부르는데, 미국 영어에서는 이때의 'r'을 발음하지만 (이를 'rhotic r'이라고 부름), 영국 영어에서는 발음하지 않는다 (이를 'non-rhotic r'이라고 부름). 그러나 이는 'GA'(=General American)와 'RP'(=Received Pronunciation)를 기준으로 했을 때의 이야기이고, 미국 중에서도 보스턴 같은 북동부 지역에서는 'non-rhotic'으로 발음하기도 하고, 영국 중에서도 스코틀랜드 등 일부 지역에서는 'rhotic'으로 발음하기도 한다. 따라서 여기에서 이야기하는 미국 영어와 영국 영어 간의 차이라고 하는 것은 대체적인 추세를 의미하는 것으로 보아야 할 것이다.

'o'의 발음도 미국 영어와 영국 영어 간에 차이를 보인다. 많은 경우에 영국 영어에서는 'hot'나 'pot' 등의 'o'를 우리말의 'ㅗ'에 가깝게 발음하지만, 미국 영어에서는 우리말의 'ㅏ'에 가깝게, 즉 [ɑ]로 발음한다.

또한 'and'나 'bath', 'grass', 'demand' 등의 'a'의 발음도 영국 영어에서는 [ɑ:]로 발음하지만, 미국 영어에서는 [æ]로 발음한다.

'여린 t 소리'와 관련해서도 차이를 보인다. 즉 'water', 'letter' 등의 't'를 미국 영어에서는 일반적으로 여리게, 즉 마치 'd'나 'r'처럼 발음하지만, 영국 영어에서는 [t] 음가 그대로 발음한다.

특정 단어의 발음과 관련한 차이도 있는데, 몇 가지 예를 들어보면 다음과 같다. 물론 이들 발음과 관련해서도 미국 내에서도 지역이나 개인에 따라 영국식 발음을 하는 경우도 있고, 또 영국 내에서도 지역이나 개인에 따라 미국식 발음을 하는 경우도 있음을 감안해야 한다.

단어	미국 영어 발음	영국 영어 발음
tomato	[təméɪɾou]	[təmáːtəu]
vase	[veɪs]	[vɑːz]
route	[raut]	[ruːt]
schedule	[skédʒuːl]	[ʃédʒuːl]
semi	[sémaɪ]	[sémi]
privacy	[práɪvəsi]	[prívəsi]
leisure	[líːʒɚ]	[léʒə]
lever	[lévɚ]	[líːvə]
β	[béɪɾə]	[bíːtə]
θ	[θéɪɾə]	[θíːtə]

철자상의 차이

미국 영어와 영국 영어 간에는 대체적으로 다음과 같은 철자상의 차이가 존재한다.

미국 영어	영국 영어	예
-er	-re	center/centre, theater/theatre
-or	-our	color/colour, neighbor/neighbour
-ize	-ise	realize/realise, organize/organise
-yze	-yse	analyze/analyse, paralyze/paralyse
-se	-ce	defense/defence, license/licence
-og/ogue	-ogue	dialog(ue)/dialogue, cataog(ue)/catalogue
-dg-	-dge-	judgment/judgement, acknowledgment/acknowledgement
-gu-	-gue-	argument/arguement
-gram	-gramme	program/programme
-l-	-ll-	traveled/travelled, skilful/skillful
-e-	-ae-	encyclopedia/encyclopaedia, leukemia/leukaemia
-e-	-oe-	maneuver/manoeuvre, estrogen/oestrogen

특정 단어의 철자와 관련해서도 차이가 있는데, 다음은 그 예이다.

미국 영어	영국 영어
gray	grey
tire	tyre
airplane	aeroplane
jail	gaol
aluminum	aluminium
pajamas	pyjamas
Mom	Mum
check	cheque
plow	plough
skeptic	sceptic
mold	mould

어휘상의 차이

미국 영어라면 'first floor'에서 'elevator'를 타고 'fifth floor'에 간다고 할 것을 영국 영어에서는 'ground floor'에서 'lift'를 타고 'fourth floor'에 간다고 한다. 이 외에도 미국 영어와 영국 영어 간에는 어휘상의 차이가 상당히 많은데, 이 둘 간의 어휘상의 차이를 좀 더 들어보면 다음과 같다. 이 문제에 관심이 있는 사람들은 보다 더 전문적인 자료를 참고하기 바란다.

미국 영어	영국 영어
first floor	ground floor
second floor	first floor
elevator	lift
apartment	flat
living room	sitting room
bathroom	toilet
pants	trousers
shorts	underpants
cookie	biscuit
eggplant	aubergine
ground meat	minced meat
tenderloin steak	fillet steak
can opener	tin opener
electrical outlet	power point
trash/garbage	rubbish
waste basket	waste bin

미국 영어	영국 영어
subway	underground tube/metro
motorcycle	motorbike
truck	lorry
crosswalk	pedestrian crossing
intersection	crossroads
gas station	petrol station
sidewalk	pavement
stoplight	traffic lights
lawyer	solicitor
take-out	take-away
period (마침표)	full stop
line	queue
soccer	football
mail	post
zip code	post code
area code	dialing code
ATM	cashpoint

문법상의 차이

문법과 관련해 미국 영어와 영국 영어 간의 특징적 차이점을 들자면, 다음과 같이 집합명사collective noun가 주어 자리에 나올 때이다.

The committee meets tomorrow. (미국 영어)

미국 영어에서는 'committee'를 항상 단수로 받는다. 따라서 시제가 현재일 경우에는 동사에 항상 3인칭 현재 단수 표시 어미인 '-(e)s'가 붙어야 한다. 그러나 영국 영어에서는 다음에서 보는 바와 같이 단수와 복수가 함께 가능하다.

> The committee meets/meet tomorrow. (영국 영어)

이것은 'committee'가 복수plural의 위원으로 이루어져 있기 때문에 이들을 각각 염두에 두는 경우에는 복수로 받고, 'committee' 전체를 하나로 볼 때는 단수로 받기 때문인데, 'committee' 외에도 'team', 'government', 'jury', 'family' 등 다른 집합명사의 경우에도 마찬가지로 적용된다.

또 미국 영어에서는 주어가 1인칭 단수일 때 미래 조동사로 'will'을 쓰고 'shall'은 거의 쓰지 않지만, 영국 영어에서는 'shall'도 상당히 자주 쓴다.

> I shall/will never forget this favour. (영국 영어)
> I will never forget this favor. (미국 영어)

구두점상의 차이

구두점과 관련해 가장 두드러진 차이는 따옴표의 사용과 관련해서이다. 미국 영어에서는 한 단어의 경우에도 큰따옴표를 사용하지만, 영국 영어에서는 문장의 경우에도 작은따옴표를 사용한다.

> In this chapter, we will examine six basic values that have become "traditional" American values. (미국식, 한 단어라도 큰따옴표 사용. 영국식에서는 같은 경우에 작은따옴표를 사용함.)

> 'Why don't they know who is responsible?' they asked. (영국식,

문장임에도 작은따옴표 사용. 미국식에서는 같은 경우에 큰따옴표
를 사용함.)

그런데 경우에 따라 따옴표 안에 다시 따옴표를 사용해야 하는 경
우가 생기는데, 이때 미국 영어에서는 큰따옴표 안에 작은따옴표를 사
용하고, 영국 영어에서는 작은따옴표 안에 큰따옴표를 사용한다. 다음
은 그 예이다.

Bobbi asked, "Did Delia say, 'This will never work'?" (미국식,
큰따옴표 안에 작은따옴표 사용)

Bobbi asked, 'Did Delia say, "This will never work"?' (영국식,
작음따옴표 안에 큰따옴표 사용)

닫는 따옴표와 쉼표 혹은 마침표가 연이어 나올 때도 차이를 보인
다. 미국 영어에서는 쉼표나 마침표를 먼저 하고 그 다음에 닫는 따옴표
를 하는데 비해, 영국 영어에서는 그 반대의 경우가 대부분이다.

Yet, men do feel "feminized," as many men I interviewed put
it. (미국식, 쉼표를 먼저 하고 닫는 따옴표를 함)

Yet, men do feel 'feminized', as many men I interviewed put
it. (영국식, 닫는 따옴표를 먼저 하고 쉼표를 함)

The United Kingdom is the exception in having only a "virtual
constitution." (미국식, 마침표를 먼저 하고 닫는 따옴표를 함)

The United Kingdom is the exception in having only a 'virtual constitution'. (영국식, 닫는 따옴표를 먼저 하고 마침표를 함)

영국식의 경우에도 완전한 문장을 인용할 때는 쉼표나 마침표를 먼저 하고 그 뒤에 닫는 따옴표를 하기도 한다. 다음은 그 예이다.

'You live in West Egg,' she remarked contemptuously.
'Tact is the ability to describe others as they see themselves.'

또한 셋 이상을 나열할 때 쉼표를 사용할지와 관련해서도 차이를 보인다. 미국 영어에서는 대개 마지막 'and'나 'or' 앞에 쉼표를 쓰지만, 영국 영어에서는 대체적으로 쓰지 않는다.

Human slavery is wrong, insecure, and demoralizing. (미국식, 'and' 앞에 쉼표 사용, 영국식에서는 흔히 생략함)

All the things I really like to do are either immoral, illegal, or fattening. (미국식, 'or' 앞에 쉼표 사용, 영국식에서는 흔히 생략함)

'i.e.'나 'e.g.'의 경우에도 차이를 보이는데, 미국 영어에서는 이들 표현 뒤에 쉼표를 쓰지만, 영국 영어에서는 쓰지 않는다.

기타 차이

날짜를 숫자로 쓸 때, 미국 영어와 영국 영어 간에 차이를 보인다. 예를 들어 2015년 4월 25일을 각각 다음과 같이 표시한다.

> 4/25/2015 (미국 영어)
> 25/4/2015 (영국 영어)

이는 달을 영어 철자로 쓸 때도 마찬가지인데, 미국 영어에서는 흔히 "April 25, 2015"라고 쓰고, 영국 영어에서는 "25 April 2015"라고 쓴다.

따라서 2015년 4월 6일을 다음과 같이 숫자로만 표시하는 경우에는 미국 영어와 영국 영어 간에 혼동을 일으킬 수 있다.

> 4/6/2015
> (미국 영어에서는 4월 6일을 의미하지만, 영국 영어에서는 6월 4일을 의미함)

2. 미국 남부 방언

앞에서 미국 영어와 영국 영어를 비교했지만, 사실 미국 영어 내에서도 방언 간의 차이가 있으며 이는 영국 영어 내에서도 마찬가지이다. 따라서 미국 영어니 영국 영어니 하는 것은 앞에서도 말했다시피 대체적 추세를 의미하는 것으로 이해해야 한다. 미국 영어에 존재하는 방언 간 차이를 여기서 상세하게 알아보는 것은 불가능하므로, 미국 영어 중 특징적인 양태를 보인다고 할 수 있는 남부 방언에 대해서만 극히 간략히 알아보기로 하겠다.

어느 언어에서나 방언 간 차이가 가장 뚜렷하게 나타나는 것은 발음에서이다. 그리고 어휘상의 차이가 그 뒤를 잇는다. 물론 문법상의 차이, 즉 통사적 차이도 있기는 하지만, 발음이나 어휘에 비해서는 그 차이가 대체로 미미한 편이라고 할 수 있을 것이다.

텍사스 등 미국의 남부 지역에서 사용되는 남부 방언Southern dialect은 발음이 매우 독특하다. 그 특이한 억양을 흔히 남부 억양Southern accent이라고 부른다. 영어에 익숙한 사람들도 처음 들을 때는 생소하게 느낄 수 있다. 미국의 남부 자체가 대단히 넓은 지역임을 감안할 때, 남부 방언 자체에도 다양한 지역적 변인이 있을 수 있음은 당연하다고 해야 할 것이다.

남부 억양을 여기서 글로 설명하기는 어려우므로, 독자들은 미국의 남부를 배경으로 한 영화를 보거나 남부 출신 인사의 연설 등을 들을 때 특별히 주의를 기울이기 바란다. 남부 억양이 특이하다는 것을 깨닫는 것 자체는 별로 어렵지 않을 것이다.

남부 방언의 발음 중 가장 특징적인 것 중의 하나는 보통 '[ai]'라고 발음할 것은 '[a:]'라고 발음하는 것이다. 따라서 다음과 같은 문장을 마치 그 밑에 적은 것처럼 발음한다.

My light is nine feet high.

(남부 발음: Mah lahht is naahn feet haah.)

어휘와 관련한 남부 영어의 가장 큰 특징은 2인칭 대명사 'you'의 복수형으로 'y'all'(= you all)을 사용한다는 것이다. 어떤 의미에서는 'y'all'을 남부 영어의 대표적 표현이라고도 할 수 있을 정도이다.

또한 남부 방언에는 다음에서 보는 바와 같이 서법 조동사 2개를 함께 사용하기도 한다.

John might could do that.

Yeah, I think she might would like those.

위에서와 같이 서법 조동사 2개가 연이어 나오는 것은 일반적으로는 비문법적으로 간주되나, 미국의 남부 방언에서는 이것이 허용된다. 이를 문법적으로는 이중 서법 조동사 구문double modal construction이라고 부른다.

3. 코크니 영어Cockney English

영국 영어는 미국 영어에 비해 그 역사가 훨씬 길기 때문에 방언 간의 차이도 훨씬 더 다양하다고 할 수 있다. 그러나 여기서 영국 영어의 다양한 방언에 대해 상세히 알아볼 수는 없으므로, 영국 영어의 가장 특징적 방언이라고 할 수 있는 코크니 영어Cockney English에 대해서만 간략히 알아보기로 한다.

코크니 영어는 런던의 특정 지역(East End)의 노동자층working class

이 사용하는 영어를 일컫는 말로 상류층이 사용하는 'RP'Received Pronunciation 발음의 'BBC 영어'가 아닌, 즉 격이 떨어지는 영어로 간주된다. 버나드 쇼의 피그맬리온Pygmalion이라는 희곡에 등장하는 꽃 파는 처녀 일라이저 두리틀Eliza Doolittle이 원래 사용하던 영어가 코크니 영어이다. 이 작품에는 사람의 말씨만 듣고서도 그 사람의 출신 지역을 알아맞힐 수 있는 헨리 히긴스Henry Higgins라는 음성학자가 등장하는데, 이 사람이 일라이저를 단기간 내에 귀부인처럼 행동하게 만들어내겠다는 내기를 걸고, 일라이저에게 상류층의 말씨를 가르치는 과정이 내용의 큰 줄거리를 차지한다. 관심 있는 독자들의 이 작품을 직접 읽어보거나, 이를 영화화한 *My Fair Lady*라는 영화를 보기 바란다.

코크니 영어의 특징을 일부 들자면 다음과 같다.

먼저 어두의word-initial 'h'를 발음하지 않는다 (즉 'house', 'hammer' 등에서 [h] 소리를 발음하지 않음).

둘째로 '막힌 t 소리'glottal stop를 자주 사용한다. 미국 영어에서 '여린 t 소리'로 발음하는 환경(예: bottom, city)의 't'나 어말의 't'의 경우(예: cat)에 흔히 일어나지만, 그 외의 경우, 즉 어말의 'p'나 'k'의 경우에도 일어난다.

셋째로 'th'의 조음 위치를 앞으로 옮겨 발음한다. 따라서 '[θ]'는 '[f]'처럼, '[ð]'는 '[v]'처럼 발음한다. 예를 들어 'thing'은 'fing'처럼, 'brother'는 'brover'처럼 발음하는 식이다.

넷째로 모음의 발음이 표준 영어 발음과 차이가 난다. 예를 들어 'day'를 'die'처럼 발음한다든지, 'buy'를 'boy'처럼 발음한다든지, 'trap'을 'trep'처럼 발음하는 등의 차이가 있다.

그리고 어말의word-final 'l'을 환경에 따라 [u], [ʊ], [o] 등의 모음처럼 발음한다. 예를 들어 'pal'을 'pow'처럼 발음하는 식이다.

참고사항
· · · · · · · · · ·

코크니 영어의 압운 은어:

코크니 영어의 특징 중에 '압운 은어'rhyming slang라는 것이 있다. 이는 자신이 말하고자 하는 단어 대신 숨겨진 단어와 운을 이루는 다른 단어를 사용하는 방법인데, 이 방법을 설명하면 다음과 같다. 예를 들어 'telephone'이라는 말을 하고자 하는 경우에 대신 'dog'을 사용하는데, 이는 'dog'으로 시작하는 'dog-and-bone'이라는 표현에서 숨겨진 'bone'과 운을 이루는 단어 중 문맥과 상황에 맞는 단어를 찾아 이해하라는 뜻이다. 이러한 예를 좀 더 들어보면 다음과 같다.

'wife' 대신 'trouble'을 사용 (이유: 'trouble-and-strife'에서 생략된 'strife'와 운을 이루는 단어를 찾아내라는 뜻)

'feet' 대신 'plates'를 사용 (이유: 'plates of meat'에서 생략된 'meat'와 운을 이루는 단어를 찾아내라는 뜻)

'stairs' 대신 'apples'를 사용 (이유: 'apples and pears'에서 숨겨진 'pears'와 운을 이루는 단어를 찾아내라는 뜻)

4. 방언과 언어

앞에서 미국 영어와 영국 영어의 방언dialect에 대해 간략히 알아보았다. 방언dialect과 언어language는 어떻게 구별할까? 기본적으로 서로 알아들을 수 있는지 여부(즉 'mutually intelligible'한지 여부)를 가지고 구분한다. 한국어, 영어, 중국어, 독일어 등은 서로 통하지 않으므로, 즉 서로 알아들을 수 없으므로 ('mutually intelligible'하지 않으므로) 이들은 각각 별개의 언어들이 된다. 이에 비해 한국어 중에 강원도 방언, 충청도 방언 등은 서로 통하므로 이들은 같은 한국어의 방언들이 된다. 그런데 서로 통하는지 여부라는 기준을 가지고 방언과 언어를 완벽히 구분할 수 있을까?

중국어에는 여러 방언이 있다. 그 방언들끼리 구두로는, 즉 말로는, 서로 통하지 않는 경우도 있다. 그럼에도 불구하고 이들을 다른 언어라고는 하지 않는다. 덴마크어와 스웨덴어는 대체로 서로 통한다. 그럼에도 이들은 각각 별개의 언어로 취급한다. 이렇게 보면 언어와 방언의 구별은 순수하게 언어적인 측면에 의해서가 아니라 정치적인 고려에 의해서 이루어진다고 할 수 있다. 즉 덴마크와 스웨덴은 각각 독립된 국가를 이루므로 덴마크어와 스웨덴어를 별개의 언어로 취급하나, 중국어의 방언들은 중국이라는 국가 안에 존재한다는 이유로 서로 통하지 않음에도 불구하고 중국어라는 한 언어의 방언들로 취급한다. 이런 이유로 어떤 사람은 "언어란 군대를 가진 방언"A language is a dialect with an army and navy이라고 하기도 했다. (물론 영어의 경우에는 영국, 미국, 호주 등이 각각 별개의 국가를 이루지만 같은 언어로 취급한다.)

우리나라 남단의 제주도 방언은 표준 한국어와 거의 통하지 않는다. 서로 알아들을 수 있는지 여부를 기준으로 한다면, 제주도말은 한국어와 다른 별개의 언어로 취급해야 할 것이다. 제주도말을 한국어의 제주도 방언으로 취급하는 것 역시 언어와 방언 간의 구분이 순수하게 서로 통하는지 여부를 기준으로 이루어지는 것이 아니고, 정치적인 고려에 의해 이루어짐을 보여준다고 하겠다.

그렇다면 같은 방언 지역 안에서는 모두 동일한 형태의 말을 사용하는 것일까? 그렇지 않다. 영국의 경우를 예로 들면, 영국에서는 지역에 따라 다양한 방언이 있지만, 교육받은 계층에서는 지역과 무관하게 앞에서 이야기한 'RP' 발음을 사용한다. 즉 같은 방언권에서도 교육 정도나, 성별, 연령, 직업 등 사회적 계층에 따라 말이 달라질 수 있는 것이다. 같은 지역이나 계층에 속하더라도 개인 간에 차이가 있을 수도 있다. 이를 감안하면, 사람들은 엄밀한 의미에서는 저마다 다르게 말을 한다고 할 수 있다. 즉 어느 두 사람도 100% 똑같이 말하지는 않는다 No two speak exactly alike고 할 수 있는 것이다.

참고사항

idiolect:

본문에서 언급했다시피 개인마다 서로 다른 말을 사용하는 것을 영어로는 'idiolectal variation'이 있다고 하며, 특정 개인이 쓰는 말을 'idiolect'라고 한다.

5. 사회적 방언

본 장 앞머리에서 지역적 방언regional dialect 외에 사회적 방언social dialect이 있다고 했다. 사회적 방언을 영어로는 'sociolect'라고 하기도 한다. 사회적 방언의 대표적 예로는 남녀 간의 언어 차이가 있다 (이를 영어로는 'genderlect'라고 함). 남자와 여자의 말이 서로 어떻게 다른지는 사회언어학sociolinguistics의 주된 관심사 중의 하나이다. 이 분야의 대표적인 학자로는 데보라 태넨Deborah Tannen을 들 수 있다. 이 분야에 관심 있는 사람들은 이 분의 저술을 찾아 읽어보기 바란다.

사회적 방언의 또 다른 예로는 인종적 배경에 의한 차이ethnic dialect를 들 수 있다. 가장 대표적인 것이 미국 내 흑인들이 사용하는 영어이다. 과거에는 '흑인 영어'를 영어로 흔히 'Black English' 혹은 'Black English Vernacular'라고 불렀는데, 최근에는 'black'이라는 단어가 주는 부정적 편견을 없애기 위해, 즉 'politically correct'하기 위해, '아프리카계 미국 영어'라는 뜻의 'African American English'라는 말이 주로 쓰이고 있다. 아울러 'Ebonics'라는 말도 쓰인다. 여기서는 아프리카계 미국 영어라는 용어와 흑인 영어라는 용어를 혼용하기로 하겠다.

미국에서 주목할 수 있는 또 다른 'ethnic dialect'는 남미계 미국인들의 영어, 즉 'Hispanic English'이다. 이 중에서도 멕시코계 미국인들이 사용하는 영어는 특별히 'Chicano English'라고 부르는데, 이들에 대한 연구도 사회언어학 테두리 안에서 행해지고 있다. 물론 이 외에도 다양한 인종적 배경에 의한 영어의 차이가 모두 연구 대상이 될 수 있을 것이다.

남녀 간이나 인종적 배경에 의한 언어 차이 외에도 연령이나 교육 정도, 직업 등에 따른 언어 차이도 당연히 사회언어학의 연구 대상이 될 수 있다.

6. 아프리카계 미국 영어

사회적 방언의 경우에도 방언 간 차이를 비교할 때는 지역적 방언의 경우와 마찬가지로 발음상의 차이, 어휘상의 차이, 문법상의 차이 등을 논해야 한다. 여기서는 아프리카계 미국 영어가 일반 미국인들이 사용하는 영어와 문법 면에서 어떻게 다른지만을 간략히 알아보기로 하자. 발음 면에서의 차이를 이해하기 위해서는 미국 남부 방언의 경우와 같이 각자 직접 들어보고 그 특징을 느껴보기 바란다.

아프리카계 미국 영어의 문법적 특징을 알아보기 위해 우선 다음과 같은 아프리카계 미국 소년의 말을 살펴보기로 하자. 아래에서 올린쉼표(어포스트로피) 기호로 표시한 부분은 어떤 음이 생략되어 있음을 표시하는 것이다. 즉 "t'heaven"은 "to heaven"에서 모음이 생략되었음을 표시하고, "'cause"는 'because'에서 'be'가 생략되었음을 표시하는 것이다. "tha's"는 "that's"에서 자음 't'가 생략되었음을 표시하는데, 아프리카계 미국 영어 발음상의 특징 중 하나가 자음이 중첩될 때 자음 중 하나가 탈락되는 '중첩자음 간소화'consonant-cluster reduction 현상이다.

15세 할렘 소년의 말

You know, like some people say if you're good your spirit goin' t'heaven . . . 'n' ①if you bad, your spirit goin' to hell. Well, bullshit! Your spirit goin' to hell anyway. I'll tell you why. 'Cause, you see, ②doesn' nobody really know that ③it's a God. An' ④when they be sayin' ①if you good, you goin' t'heaven, tha's bullshit, 'cause you ②ain't goin' to no heaven, 'cause ③it ②ain't no heaven for you to go to.
(윌리엄 러보브가 수행한 뉴욕 방언 조사 자료 중에서)[1]

① 계사copula의 'be' 동사 사용 안 함

"if you bad", "if you good" 등에서 보듯이 소위 2형식 문장에서 주어와 술어를 연결해주는 'be' 동사가 현재형일 때 흔히 생략된다. 물론 첫 줄의 "if you're good"에서처럼 'be' 동사를 사용하는 경우도 간혹 있으나, 대체로 생략하는 경향이 있다. 또한 "your spirit goin' to hell", "you goin' t'heaven" 등에서 보듯이 조동사의 'be' 동사도 흔히 생략한다.

참고사항
· · · · · · · · ·

'be' 동사가 꼭 나와야 하는 경우도 있다:

'be' 동사가 문장의 마지막 위치에 나올 때 등 강세를 두어 발음해야 할 경우에는 생략되지 않는다. 예를 들어 "She beautiful"은 가능하나, "How beautiful she is!"에서는 문장의 마지막 위치에 있는 'be' 동사인 'is'는 생략될 수 없다. 즉 아프리카계 미국영어에서도 "How beautiful she!"라고는 하지 않는다.

---

② 이중 부정(double negative)을 사용함

"doesn' nobody", "ain't goin' to no heaven", "ain't no heaven" 등에서 보듯이 아프리카계 미국 영어에서는 이중 부정을 자주 사용한다. "ain't"는 "am not", "are not", "is not", "have not", "has not" 등의 축약형으로 두루 쓰이는 형태로서 아프리카계 미국 영어 외에서도 발견된다. 이중 부정double negative 역시 아프리카계 미국 영어 외에서도 발견되며, 고대 영어에서도 사용되었다.

③ 존재를 나타내는 'there' 대신에 'it'를 사용함

"it's a God"라는 표현은 "there's a God"라는 표현에 해당하는 아프리카계 미국 영어식 표현이다. 이때의 'it'를 가리켜 "existential *it*"라고 한다. 맨 마지막의 "it ain't no heaven for you to go to"도 "there is no heaven for you to go to"라는 의미로 "existential *it*"가 사용된 예이다.

④ 습관의 의미를 표시하기 위해 'be'를 사용함

"when they be saying"에서는 'are'가 아니라 'be'를 썼다. 아프리카계 미국 영어에서는 습관적 의미를 나타낼 때 'be' 원형을 사용하며 이를 영어로는 'habitual *be*'라고 한다. 예를 들어 "John be happy"라고 하면, "존은 늘 행복하다"라는 뜻이 된다. 이에 비해 "존이 지금 행복하다"라고 말하려면, "John happy"라고 흔히 'be' 동사를 생략하고 말한다. "You be tired", 즉 "너는 늘 피곤하다"를 의문문으로 할 때는 "Do you be tired?"라고 하는 등, 일반 영어와 차이를 보인다.

⑤ 3인칭 현재 단수 표시의 '-(e)s' 사용 안 함

위의 자료에는 포함되어 있지 않지만, 아프리카계 미국 영어의 또 다른 특징은 3인칭 현재 단수 표시의 '-(e)s'를 사용하지 않는 것이다. 따라서 "He writes poetry"라고 할 것을 흔히 's'를 생략한 채 "He write poetry"라고 하는 경향이 있다.

⑥ 소유격 ''s'를 생략하기도 함

3인칭 현재 단수 표시의 '-(e)s'뿐 아니라, 소유격을 나타내는 ''s'를 생략하기도 한다. 예를 들어 "my momma sister"라고 하면 "my mother's sister"라는 뜻이 된다.

7. 링구아 프랑카

다양한 언어를 사용하는 지역에서 어느 특정 언어를 공통의 의사소통 수단으로 삼게 될 때, 그 언어를 링구아 프랑카lingua franca라고 한다. 우리말로는 '통용어' 정도로 번역될 수 있는데, 오늘날 영어가 현실적으로 전 세계의 링구아 프랑카, 즉 통용어 구실을 한다고 할 수 있다.

중세 시대에는 라틴어가 유럽의 통용어 구실을 했으며, 과거 프랑스어가 국가 간 외교의 통용어 역할을 한 적이 있었다. 오늘날 동부 아프리카에서는 스와힐리어가 무역어trade language로서 통용어 역할을 하기도 한다.

8. 피진어와 크리올어

언어가 통하지 않는 집단들이 자신들에게 모어가 아닌 언어를 의사소통 수단으로 삼게 될 때, 특정 언어를 문법이나 어휘 면에서 단순화시켜 사용하게 될 수 있는데, 이렇게 만들어진 언어를 피진어pidgin라고 부른다.[2] 과거 제국주의 시절 강대국의 식민 지배를 받던 지역에서 식민지 백성들이 강대국의 언어와 만나던 초기에 이런 피진어들이 많이 만들어졌다. 이런 피진어를 모어native language로 사용하는 세대가 등장하게 되면, 이를 크리올화된다creolized고 말하며, 이런 언어를 크리올어creole라고 부른다.

크리올어의 예로는 미국 남부 사우스 캐롤라니아 등의 섬과 해안 지역에서 사용되는 굴라어Gullah, 자메이카에서 사용되는 자메이카 크리올어Jamaican Creole, 시에라 레온에서 사용되는 크리오어Krio, 파푸아뉴기니의 톡 피신어Tok Pisin 등이 있다.

9. 이중언어사용과 코드변환

두 개의 언어를 사용하는 사회를 이중언어bilingual 사회라고 부른다. 또한 두 개의 언어를 유창하게 구사하는 사람을 가리켜 이중언어의 능력이 있다고 말한다. 두 개의 언어를 모어 수준으로 구사하는 완벽한 이중언어 능력자perfect bilingual는 흔하지 않다. 대개의 경우 둘 중 어느 한 언어를 더 일상적으로 사용하고 따라서 더 능숙하게 구사하게 되는데, 이 언어가 그에게는 'dominant language'가 된다. 경우에 따라서는 어느 한 언어는 모어 수준이지만, 다른 한 언어는 알아듣기만 하고 말은 하지 못하는 정도도 이중언어사용bilingualism의 범주에 포함시키기도 하는데, 이런 정도의 이중언어 능력자를 수동적 이중언어 능력자 passive bilingual라고 부른다.

두 개 이상의 언어를 유창하게 구사하는 사람들은 상황에 따라 한 언어에서 다른 언어로 언어를 바꾸어 사용하게 되는데, 이를 언어변환 혹은 코드변환code-switching을 한다고 말한다. 이중언어를 구사하는 사람들은 필요에 의해서, 혹은 실수로, 한 문장 안에 두 언어를 섞어 이야기하기도 하는데, 이를 코드혼합code-mixing이라고 한다. 이런 코드혼합은 두 언어를 유창하게 사용하는 사람들뿐 아니라, 외국어가 서툰 사람의 경우에도 나타날 수 있다. 한국인의 경우 영어 글을 읽다가 아라비아 숫자가 나오면 한국어식으로 읽는 경우가 있을 수 있는데, 이 역시 코드혼합의 예라고 할 수 있을 것이다.

10. 속어

격식을 갖춘 말이나 글에서는 잘 사용하지 않지만, 실생활에서, 특히 격식을 갖추지 않고 하는 말이나 글에서 자주 사용되는 단어나 표현 중에 'slang'이라는 것이 있다. 'slang'을 흔히 '속어' 혹은 '비어', 또는 '은어'라고 번역하는데, '비어'라는 말이 주는 '천하다'는 어감은 정확하지 않은 것으로 보인다. 또한 '은어'라는 표현도 일반 사람들이 잘 모른다는 뜻을 내포한다면, 적절한 번역은 아닌 것으로 판단된다.

영어 속어의 일부 예를 소개하면 다음과 같다.

ancient history: 완전히 잊혀진 사람 혹은 사물
예: Bob? I never think about Bob anymore. He's ancient history.
Bahama-mama; 뚱뚱한 흑인 여성
baby-kisser: 정치인
예: Once those baby-kissers get in office, they spend, spend, spend.
back number: 구닥다리
back to square one: 원점으로 되돌아가다
civil serpent: 공무원 (= civil servant)
cold turkey: 단번에 (= suddenly, without tapering off)
gaga:= crazy, eccentric
get into ~ : ~에 빠지다
예: I got into computers when I was in junior high school.
lip gloss: 거짓말
예: Everything he says is just lip gloss. He is a liar at heart.
no sweat: = no problem
예: It's no big deal. No sweat.
submarine (=sub): 여러 가지 음식이 든 긴 샌드위치

예: He ordered a submarine, but he couldn't finish it.

terrific: = excellent

Uncle nab: = a policeman

whale: 아주 뚱뚱한 사람, 술고래

Zelda: = a dull and ugly female

예: I'm not as much of a Zelda as you think.

영어 속어 사전들도 여러 종 나와 있으니, 관심이 있는 사람들은 참고하기 바란다.

11. 금기어와 완곡어

단어 중에는 불쾌한 감정을 야기할 수 있어 입 밖에 내기 어려운 단어들이 있는데, 이를 금기어taboo word라고 한다. 이런 금기어에는 주로 성sex이나 성기sex organ, 그리고 배설 등의 생리 작용과 관련된 단어가 많은데, 이들은 흔히 욕설swear word로 사용되기도 한다.

그런데 금기어인지 여부가 반드시 의미에만 좌우되지는 않는다. 예를 들어 다음에서 보는 것처럼 의미는 동일하더라도, 어떤 어휘는 금기어인 반면, 어떤 어휘는 금기어가 아닌 경우도 있다.

금기어	일반어
shit	feces (명사), defecate (동사)
piss	urinate
fuck	(have) sex/sexual intercourse

cunt	vagina
cock	penis

위의 예들은 같은 의미라 하더라도, 영어 고유의 어휘는 금기어인 반면 라틴어 어원을 가진 어휘는 금기어가 아님을 보여준다. 앞에서도 이야기한 것처럼 금기어는 욕설로 쓰이기도 하는데, 위의 예에서 보듯이 영어의 금기어는 상당수가 4글자로 되어 있다. 그런 의미에서 영어의 욕설을 "four-letter word"라고 하기도 한다.

이런 금기어를 피하기 위해 완곡어euphemism를 사용한다. 그런데 한 때는 완곡어였던 것이 시간이 흐르면서 금기어로 변하기도 하며 이에 따라 새로운 완곡어가 만들어지기도 한다. 또 경우에 따라서는 과거에는 금기어였던 것이 어느 시기에는 금기어에서 풀리는 경우도 생긴다. 즉 어느 특정 표현이 금기어인지 여부는 시대나 문화에 따라 차이가 있을 수 있다는 것이다.

또한 금기어까지는 아니더라도 부정적 의미를 내포하고 있는 어휘나 표현의 경우에 이를 피하기 위해 완곡어를 사용하기도 한다. 정치적 올바름political correctness을 다루는 14절에서 소개하는 예들도 보기에 따라서는 이런 범주의 완곡어에 속한다고 할 수도 있다.

영어 속어의 경우와 마찬가지로 영어 완곡어 사전도 여러 종 나와 있으니, 관심 있는 사람들은 참고하기 바란다.

참고사항

· · · · · · · · ·

'black'과 'Negro':

원래는 'black'이라는 말이 흑인을 가리키는 말로 더 모욕적이었다. 'black'에 대한 완곡어로 등장한 것이 'Negro'라는 단어이다. 'Negro'는 스페인어와 포르투갈어에서 'black'을 뜻하는데, 이는 1960년대까지는 흑인들 스스로도 받아들이는 표현이었다. 20세기 중반의 흑인민권운동 와중에 말콤 엑스Malcolm X를 비롯한 일부 흑인 지도자들은 'Negro'라는 말에 흑인 노예에 대한 혹독한 차별의 역사가 묻어 있다며 이 말의 사용을 거부하였다. 그들은 오히려 'black'이라는 말을 선호하기도 했다. 이후 'black', 'Black African', 'Afro-American' 등이 혼용되다가 최근에는 'African-American'이라는 말이 주로 쓰이고 있다. "United Negro College Fund", "Journal of Negro Education", "Negro spirituals" 등처럼 오래된 기구의 명칭이나 역사적 맥락에서는 'Negro'라는 단어가 아직까지 사용되기도 한다.

12. 전문어

특정 전공이나 직종 등에서 사용되는 전문 용어들이 있을 수 있는데, 이를 영어로는 'jargon'이라고 하며 프랑스어에서 온 'argot'라는 단어를 사용하기도 한다. 우리말로 번역하자면 '전문어' 혹은 '전문 은어'

쭘이 될 수 있겠는데, 예를 들어 '음소', '형태소', '폐쇄음', '전설 모음', '변별적 자질' 등은 언어학에서 사용되는 전문어linguistic jargon라고 할 수 있을 것이다. 언어학 분야뿐 아니라 의학 분야나 법률 분야, 영화 분야 혹은 선박 업무 등 어떤 분야라도 해당 분야에서 사용되는 전문어가 있을 수 있으며, 특정 분야의 전문어가 시대 변화에 따라 일반 어휘로 이전되기도 한다.

13. 언어적 성차별

과거에는 남성 명사나 남성 대명사로 인류 전체를 지칭하기도 했다. 예를 들어 'man', 'mankind'로 '인류' 전체를 지칭한다든지, 성별을 알 수 없거나 남녀를 포함하는 경우의 대명사로 남성 대명사 'he'를 사용하는 경우가 그랬다. 다음은 그런 용법을 보여주는 예들이다.

No man is an island.

Man does not live by bread alone.

All men are created equal.

Mankind must put an end to war before war puts an end to mankind.

A man is known by the company he keeps.

A person is known by the books he reads.

Everybody talked at the top of his voice.

Everybody and his brother was there.

(everybody and his brother = lots of people)

이는 남성 중심의 문화가 언어에 반영된 것으로서 이를 언어적 성차별linguistic sexism이라고 부른다. 원시 사회를 이야기할 때 사용하는 'cavemen'이나 미국의 건국 시조를 나타내는 'Founding Fathers'라는 말도, 당시 남성들뿐 아니라 여성들도 함께 살거나 함께 이주했다는 점에서 성차별적 표현이라고 할 수 있다. 특정 직업이나 지위를 나타내는 단어를 남성을 기준으로 만드는 경우도 마찬가지이다. 이와 같은 예로는 'chairman', 'salesman' 등을 들 수 있으며, 여성을 나타내는 명사를 별도로 만들어 차별적으로 사용하는 경우도 언어적 성차별의 예라고 할 수 있다.

그러나 사회가 변화하면서 이런 언어적 성차별은 사라지고 있다. 그에 따라 'man'이나 'mankind'로 인류 전체를 지칭하는 대신 'humans', 'humankind' 등이 사용되고 있다. 원시 사회의 'cavemen'도 요즈음에는 'cavepeople', 'cave dwellers' 혹은 'prehistoric people' 등으로 대체되고 있다. 아울러 남녀를 포함하는 경우의 단수 대명사로 'he' 등을 사용하는 대신에, 'he or she', 'he/she', 's/he' 등을 사용하는 경향이 일반화되고 있다. 따라서 앞의 예문 중 마지막에서 세 번째 문장은 오늘날에는 다음과 같이 말하는 것이 언어적 성차별을 피하는 방법이다.

A person is known by the books he or she reads.

A person is known by the books he/she reads.

A person is known by the books s/he reads.

유사한 예를 좀 더 들면 다음과 같다.

The laws would require <u>everyone</u> convicted of a crime to reimburse <u>his or her</u> victims.

<u>Each student</u> should develop <u>his or her</u> own standards of performance.

'he or she' 등처럼 'or'형을 사용하는 것이 번잡하고 불편하다는 이유로 다음에서 보는 바와 같이 아예 'they' 등의 복수형을 단수형의 통성 대명사로 사용하는 경향도 매우 흔하다.

Everyone needs to pick up their garbage.

Someone left their sweatshirt here.

Has anyone lost their pen?

Every parent/mother/father thinks their baby is cute.

Everyone thinks that they understand the theory of evolution.

직업이나 직책 등과 관련해 'man'을 사용하는 표현들도 역시 성차별적 표현들이므로, 최근에는 다음과 같은 표현들이 사용된다.

성 차별적 표현	성 중립적 표현
chairman	chairperson, chair
salesman	salesperson
policeman	police officer
fireman	fire fighter
postman	mail carrier, postal worker
weatherman	meteorologist, weather forecaster
spokesman	spokesperson
layman	layperson
headmaster	head teacher, head
manpower	workforce, human resources
man-made	artificial, synthetic, manufactured

'man'이 포함되지 않아 남녀를 모두 지칭할 수 있음에도 굳이 여성형을 만들어 사용하는 경우도 성차별적이라고 할 수 있는데, 이와 같이 차별적으로 사용되던 여성형도 성 중립적 표현으로 바뀌는 추세이다. 이에는 다음과 같은 예들이 있다.

불필요한 여성 차별적 표현	성 중립적 표현
stewardess	flight attendant
waitress	server/food server

과거 'woman doctor', 'lady lawyer', 'poetess' 등처럼 굳이 여성임을 밝히던 표현도 최근에는 'doctor', 'lawyer', 'poet' 등으로 남녀 구별을 하지 않는다. 이는 전통적으로 여성이 주로 종사하던 직종에 남성이 종사하는 경우에도 마찬가지로 적용된다. 따라서 예전에는 'male nurse' 등의 표현을 썼지만, 요즈음에는 'male'을 떼고 그저 'nurse'라고 한다.

'masculine'이나 'feminine'으로 특정 성격을 표현하는 것도 역시 성차별적 표현이므로, 이들도 역시 'strong/independent/assertive'나 'soft/caring/considerate' 등의 성 중립적 표현을 문맥에 맞게 적절히 사용하는 것이 바람직하다.

14. 정치적 올바름political correctness

성차별적 언어sexist language가 여성에 대한 편견과 차별에서 비롯된 것임에서 보듯이, 언어에는 특정 집단에 대한 사회적 편견이나 차별이 반영되기도 한다. 예를 들어, 생김새나 키, 혹은 피부색이나 인종 등을 가리키는 표현에 사회적 편견이 작용해 부정적 의미를 내포하게 되기도 하는데, 최근에는 이런 표현들을 정치적으로 올바르지 않은 politically incorrect 것으로 간주해. 이들을 정치적으로 올바른(politically correct, PC로 줄여 부르기도 함) 표현으로 바꾸려는 경향이 생겨나고 있다. '흑인'을 'African American'으로 부르거나, 미국 인디언을 'Native American'으로 부른다든지, 혹은 이미 보았다시피 남녀 차별적 표현을 성 중립적 표현으로 바꾸려고 한다든지 하는 것은 모두 이와 같은 노력의 소산이다. 앞에서 언급한 미국의 건국 시조 'Founding Fathers'를 'Founders'라는 말로 교체하자는 움직임도 역시 정치적으로 올바른 표현을 위해서라고 할 수 있다.

이와 같은 예를 더 들어보면 다음과 같다. (앞에서도 언급한 바와 같이 이들을 완곡어의 범주에 넣을 수도 있다.)

정치적으로 올바르지 않은 표현	정치적으로 올바른 표현
ugly	visually challenged, esthetically challenged
fat	horizontally challenged
short	vertically challenged
tall	vertically enhanced
dirty	hygienically challenged
blind	visually impaired
deaf	hearing impaired
handicapped	physically challenged
old people	seniors
shy	conversationally selective
talkative	abundantly verbal

정치적으로 올바르지 않은 표현	정치적으로 올바른 표현
unemployed	involuntarily leisured
bald	comb free, follicly challenged
crazy	mentally ill
psycho	pathologically high-spirited
mentally retarded	intellectually disabled
garbage man	sanitation worker, sanitation engineer
janitor	custodial artist
prostitute	sex worker
secretary	administrative assistant
homeless	outdoor urban dweller
illegal aliens	undocumented immigrants
sex change	gender re-assignment
ghetto	economically disadvantaged area
jungle	rainforest
swamp	wetland
cheating	academic dishonesty
wrong	differently logical
fail	achieve a deficiency

'politically correct'라는 표현에 대한 인터넷판 메리엄-웹스터(Merriam Webster) 사전의 뜻풀이

Dictionary

politically correct

adjective

Tweet

: agreeing with the idea that people should be careful to not use language or behave in a way that could offend a particular group of people

Full Definition of POLITICALLY CORRECT

: conforming to a belief that language and practices which could offend political sensibilities (as in matters of sex or race) should be eliminated

— **political correctness** | *noun*

See politically correct defined for English-language learners

See politically correct defined for kids

ADVERTISEMENT

Examples of POLITICALLY CORRECT

He later realized that his response was not *politically correct.*

First Known Use of POLITICALLY CORRECT

1936

제9장
영어의 습득

언어를 하나 더 안다는 것은 영혼을 하나 더 소유하
는 것이다.

To have another language is to possess a second
soul.

— 샤를마뉴Charlemagne

외국어에 대해 아무것도 모르는 사람은 자신의 모어
에 대해서도 아무것도 모른다.

Those who know nothing of foreign languages know
nothing of their own.

— 요한 볼프강 폰 괴테Johann Wolfgang von Goethe

여기에서는 인간이 언어를 어떻게 습득하는지 알아보기로 하자. 흔히 생각하는 것처럼 모방과 반복 연습에 의해 언어를 습득하는 것일까? 그것이 아니라면 도대체 인간은 어떻게 언어를 습득하는 것일까? 모어 습득과 외국어 습득은 동일한 것일까, 다른 것일까? 외국어 습득의 핵심 요건은 무엇일까? 동물은 인간 언어를 습득할 수 있을까? 등등과 관련한 이야기를 해보기로 하자.

I. 인간은 언어를 어떻게 습득하는가?

가설 1: 모방에 의해 습득하는가?

모방imitation에 의해 언어를 배운다면, 모방할 수 없는 것들을 발화해서는 안 될 것이다. 그러나 아이들은 언어 습득 과정에서 어른들이 사용하지 않는 표현을 사용하기도 한다. 예를 들어 동사의 과거형이나 명사의 복수형 중 불규칙형을 규칙형으로 잘못 발화하기도 한다. 즉 'hold'라는 동사의 과거형을 'holded'라고 한다거나, 'tooth'의 복수형을 'tooths'라고 하는 따위이다. 어른들은 'holded'나 'tooths'라는 말을 하지 않으므로, 아이들이 이 표현을 모방해서 발화할 가능성은 없다. 아이들은 단지 이 단어들에 스스로 형성한 규칙, 즉 동사의 과거형은 '-ed'를 덧붙여 만든다든지, 명사의 복수형에는 '-s'를 붙인다든지 하는 규칙을 적용한 것뿐이다. 따라서 아이들이 모방에 의해 언어를 습득한다는 주장에는 문제가 있을 수밖에 없다.

아울러 선천적 발음 장애가 있어 소리를 따라 할 수 없는 아이의 경우 청각만 정상이라면 주변 사람들이 이야기하는 말을 이해할 수 있게 된다. 이 역시 소리를 모방할 수 없으면서도 말을 이해하게 된다는 점에서 모방이 언어 습득의 관건이 아님을 말해준다고 할 수 있다.

가설 2: 정정과 강화에 의해 습득하는가?

주로 행동주의자behaviorist들이 주장하는 내용으로서, 아이들이 잘못된 발화를 하면 정정correction, 즉 부정적 강화negative reinforcement를 받고, 올바른 발화를 하면 칭찬이나 보상reward 등의 긍정적 강화positive reinforcement를 받는 과정을 통해 언어를 습득한다는 주장이다. 그러나 언어 습득 초기에 어른들이 아이들의 잘못된 발화, 특히 문법적 오류를 정정해주는 일은 그다지 빈번하게 일어나지 않으며 (사실 관계가 잘못된 것은 정정해주어도, 문법적 오류는 그다지 정정해주지 않음), 설령 정정을 해준다 해도 아이들이 어른들의 정정을 잘 받아들이지 않는다는 증거가 많다.

다음은 그와 같은 점을 보여주는 예이다.[1]

> 아이: Nobody don't like me.
>
> 어른: No, say: "Nobody likes me."
>
> 아이: Nobody don't like me.
>
> (동일한 대화를 8번 되풀이함)
>
> 어른: No, now listen carefully. Say "Nobody likes me."
>
> 아이: Oh, nobody don't likes me.

아이가 맨 처음 발화한 문장 "Nobody don't like me"는 두 가지 면에서 문법적 오류가 있다. 즉 'nobody'와 'not'이 함께 쓰였다는 점에서 이중 부정의 문제가 있고, 'nobody'를 3인칭으로 받지 않았다는 점에서 주어-동사 간의 일치의 면에서 문제가 있다. 이런 문법적 오류를 고쳐주기 위해, 즉 부정적 강화를 제공하기 위해, "Nobody likes me"라고 말하도록 정정해주었으나, 아이는 그런 정정에 전혀 응하지 않는다. 8번이나 자기가 한 말을 그대로 반복하다가, 결국에는 'don't like'를 'don't likes'로, 즉 기존의 비문법성에 또 하나의 비문법성을 더하는 발화를 하고 말았다. 이는 어린아이들의 언어 습득에 정정이나 강화와 같은 요인이 크게 작용하지 않음을 보여준다고 할 수 있다.

다음의 예도 같은 점을 보여 준다.[2]

> 아이: Want other one spoon, Daddy.
>
> 아버지: You mean, you want the other spoon.
>
> 아이: Yes, I want other one spoon, please, Daddy.
>
> 아버지: Can you say "the other spoon"?
>
> 아이: Other . . . one . . . spoon.
>
> 아버지: Say . . . "other."
>
> 아이: Other.
>
> 아버지: Spoon.
>
> 아이: Spoon.
>
> 아버지: Other . . . spoon.
>
> 아이: Other . . . spoon. Now give me other one spoon?

아버지는 아이가 발화한 비문법적인 표현 "other one spoon"을 "the other spoon"으로 정정해주려고 하지만, 아이는 계속 자신의 발화인 "other one spoon"을 고집한다. 이 역시 어린아이들이 어른들의 정정에 응하지 않음을 보여주는 동시에, "other one spoon"이라는 표현이 성인 이라면 절대로 발화하지 않을 표현이라는 점에서 모방을 통해 언어를 습득하는 것이 아님을 보여주기도 한다.

가설 3: 유추에 의해 습득하는가?

아이들이 문장을 만들어낼 때, 그가 경험한 문장을 본으로 해서,

즉 유추analogy에 의해서 만들어낸다고 주장하는 사람들도 있다. 만일 "I painted a red barn"이라는 문장을 들어보았다면, 이 문장을 본으로 해서 "I painted a blue barn"이라는 식으로 문장을 확대 유추해낼 수 있다는 것이다.

그런데 이런 유추는 비문법적인 문장을 생성해내는 수가 많다. 예를 들어 "I painted a barn red"라는 문장을 듣게 된다고 가정해보자. 거기에 더해 "I saw a red barn"이라는 문장을 추가로 듣게 된다고 가정해보자. 그렇다면 "I painted a red barn"과 "I painted a barn red"간의 관계가 가능함을 본으로 해서, "I saw a red barn"이 가능하다면, "I saw a barn red"라는 문장도 가능할 것이라고 유추해내게 된다. 그러나 이 문장은 비문법적이다. 이와 같이 유추는 비문법적인 문장을 생성해내는 경우가 많다는 점에서 인간의 언어 습득을 제대로 설명할 수가 없게 된다.

가설 4: 구조적 입력에 의해 습득하는가?

어른들이 언어 습득 과정의 아이들에게 특별히 단순화시킨 말a special "simplified" language을 사용하기 때문이라는 주장도 있다. 다시 말해 아이들은 어른들이 단순화시켜 하는 말을 또박또박 입력으로 받기 때문에, 즉 특별히 고안된 구조적 입력structural input을 제공받기 때문에, 언어를 쉽게 습득하게 된다는 것이다. 언어를 배우기 시작하는 어린아이들에게 어른들이 의도적으로 사용하는 쉬운 말을 영어로는 'motherese', 혹은 'child directed speech'라고 하며, 흔히는 'baby talk'라고 부르는데, 이런 표현들은 모두 구조적 입력을 지칭하는 셈이다.

그런데 문화에 따라서는 어른들이 언어 습득 과정의 아이들에게 거의 말을 하지 않거나 (다시 말해 별다른 입력 자체를 제공하지 않거나), 말을 하더라도 어른들이 사용하는 말과 구별되는 '아기말'baby talk을 사용하지 않는 (다시 말해 특별한 구조적 입력을 제공하지 않는) 문화도 있다. 그럼에도 불구하고, 어린이들은 그들이 속한 문화와 상관없이 대동소이한 방법으로 자신의 언어를 습득한다. 이는 구조적 입력이 언어 습득의 핵심 요인이 아님을 보여주는 것이다.

어른들이 어린아이들의 언어 습득 초기에 '아기말'을 하는 것은 어린아이들의 언어 습득을 촉진시켜주기 위해서라기보다는 어린아이들의 말 수준에 맞추기 위해서라고 보는 것이 더욱 타당할 것이다. 이 역시 구조적 요인이 언어 습득의 핵심 요인이 아님을 보여주는 것이라고 하겠다.

이제까지 언어 습득과 관련한 4개의 가설을 살펴보았다. 그런데 그 4개의 가설이 모두 문제가 있음을 알게 되었다. 그렇다면 과연 인간은 언어를 어떻게 습득하는 것일까?

2. 모두 아니라면 인간은 도대체 언어를 어떻게 습득하는가?

앞에서 살펴본 가설은 모두 환경environment과 관련된 것이다. 다시 말해 어떤 환경을 조성해주어야 언어 습득이 촉발되는가에 초점을 맞춘 가설들이라고 할 수 있다. 그런데 이렇게 환경에 기반을 둔 가설들은 모두 인간의 언어 습득을 설명하는 데에 한계나 문제점이 있음을 알 수 있었을 것이다.

촘스키는 환경에 대한 관심보다는 인간 안에 내재해 있는 언어 습득 능력의 관점에서 이 문제에 접근하였다. 즉 그는 인간에게는 언어와 관련해 경험하지 않고서도 아는know without relevant experience 것들이 있다는 점에 주목하면서, 인간은 태어나면서부터 언어와 관련한 일정한 지식 혹은 능력을 가지고 태어난다고 주장한다. 그리고는 인간의 언어능력은 유전자적으로 결정genetically determined, 혹은 유전자적으로 사전 프로그램되어genetically preprogrammed 있다고 주장한다. 다시 말해 촘스키는 인간의 언어능력을 기본적으로 선천적인 것으로 본다고 할 수 있는데, 언어능력과 관련한 이런 촘스키의 입장을 생득 가설Innateness Hypothesis이라고 부른다는 것은 이미 설명한 바 있다. 다시 말해 인간은 언어 습득 장치language acquisition device, 즉 보편문법 Universal Grammar을 가지고 태어나기 때문에 언어를 습득할 수 있다는 것이다. 이에 대한 논의는 5장 18절에서 자세히 한 바 있으므로, 기억이 잘 나지 않는 독자들은 해당 부분을 다시 한 번 읽어보기 바란다.

3. 언어 습득의 단계

촘스키의 말처럼 인간이 아무리 언어 습득 장치를 가지고 태어난다 하더라도, 갓 태어난 아기가 태어나자마자 즉시 말을 하기 시작하거나 일정 기간 가만히 있다가 어느 날 갑자기 완벽한 문장으로 말하기 시작하는 것은 아니다. 즉 언어 습득은 일정한 단계를 거쳐 이루어지는 것이다. 태어나자마자의 상태를 최초 상태initial state인 S_0라고 하고, 유창한 능력을 얻게 되는 상태를 안정 상태steady state인 S_s라고 한다면, 언어 습득 단계란 최초 상태인 S_0에서 안정 상태인 S_s에 이르는 과정에 어떤 단계를 거치느냐 하는 것이 된다. 이 과정은 다음과 같이 표로 나타낼 수 있다.

S_0 상태

↓

옹알이 단계babbling stage 생후 6개월 경

↓

한 단어 문장 단계holophrastic stage/ one-word sentence stage

생후 1년경

↓

두 단어 결합 단계two-word stage 생후 1년 6개월경

↓

전보문 단계telegraphic stage 생후 2년경

↓

S_S 상태 생후 3-4년경

즉 생후 6개월경에 옹알이babbling를 시작해 자신이 속한 언어에서 사용되는 소리들을 터득하기 시작한다. 그리고 생후 1년쯤 되면 단어를 발화하기 시작한다. 이 때 발화하는 단어는 비록 하나의 단어에 불과하지만 그 자체로 문장에 해당하는 의사소통의 수단이 되는 것으로서, 한 단어가 다양한 문장의 의미를 나타낼 수도 있다. 생후 1년 6개월쯤이 되면 단어들 간의 결합을 시작하게 된다.[3] 생후 2년쯤이 되면, 관사 등의 기능어function words가 빠진 전보문 단계가 시작되고, 이 단계를 거쳐 실질적으로 말이 터지는 단계에 이른다. 이 과정이 대개 3-4년 내에 이루어지는 것이다.

이 단계들은 영어 등 특정 언어의 경우에만 적용되는 것이 아니라, 모든 인간 언어에 두루 적용되는 것으로 보편적 현상이라고 할 수 있

다. 또한 이는 입말spoken language뿐 아니라 청각 장애를 가진 사람들이 습득하게 되는 손말, 즉 수화sign language의 경우에도 마찬가지로 적용된다.

4. 인간은 태어날 때 백지 상태로 태어나는가?

이미 앞에서 다루기는 했지만 여기서 다시 이 문제에 대해 생각해보기로 하자. 사람이 선천적 언어능력을 가지고 태어난다는 것은 결국 사람이 태어날 때 백지 상태blank slate로 태어나지 않는다는 뜻이다. 언어와 관련해 사람이 백지 상태로 태어나지 않는다는 것을 증명할 방법이 있을까?

태어난 직후, 즉 신생아들이 엄마 젖을 빠는 속도, 즉 수유 속도 sucking rate는 시각 혹은 청각적 자극이 동일할 때는 느려지나, 변화할 때는 빨라지는 특징을 갖는다. 다시 말해 동일한 소리를 들려줄 때는 수유 속도sucking rate가 느려지지만, 다른 소리를 들려줄 때는 빨라진다는 것이다.

이런 특징에 근거해, 만일 신생아에게 부모 언어에서 사용하지 않는 음소적 차이, 예를 들어 일본에서 태어난 신생아에게 [l] 소리와 [r] 소리를 연속해서 들려주면 어떤 반응을 보일까? 수유 속도가 빨라진다. 이는 신생아가 이 두 소리를 다른 소리로 인식한다는 것을 의미한다. 어른들은 구별하지 못하는 이 두 소리 간의 차이를 신생아는 어떻게 구별하는 것일까?

또한 동일한 소리를 다른 사람들의 발음으로 연속해 들려줄 때, 예를 들어 동일한 모음 [i]를 여자 어른 → 남자 어른 → 남자 아이 등의 순서로 들려줄 때, 신생아는 어떻게 반응할까? 수유 속도가 빨라지지 않는다. 이는 신생아가 이 소리들을 동일한 소리로 인식함을 뜻한다. 그런데, 같은 [i] 소리라고 해서 사람들이 모두 물리적으로 동일한 소리를 내는 것은 아니다. 엄밀하게 말한다면 사람들은 저마다 물리적으로는 다른 소리를 내지만 어느 범위 안의 소리들은 같은 소리라고 인식하는 것일 뿐이다. 그렇다면 이렇게 물리적으로는 다른 소리들임에도 언어적으로는 같은 소리임을 신생아가 어떻게 아는 것일까? 이런 사실들은 사람이 언어와 관련해 백지 상태로 태어나지 않음을 의미한다. 즉 사람들은 태어날 때부터 언어와 관련해 일정한 능력을 가지고 태어남을 의미하는 것이다.

태어난 직후의 신생아들은 인간 언어에서 사용되는 모든 소리를 구별할 수 있다. 언어 습득 과정을 통해 이 모든 소리들 중에서 자신이 속한 사회에서 사용되는 소리들이 어떤 것들인지를 발견하게 되는 것이다. 예를 들어 한국인 아이는 한국어에서 사용되는 소리들 간의 차이를 구분하게 되고, 미국인 아이는 영어에서 사용되는 소리들 간의 차이를 구분하게 되는 것이다. 이후 자신의 언어에서 사용하지 않는 소리들 간의 차이는 구분하지 못하게 된다.

생후 약 6개월에 시작하는 옹알이babbling 단계에서 유아들이 발화하는 소리 중에는 자신이 속한 사회의 언어에서 사용되지 않는 소리도 있다. 이후 점진적으로 목표어에서 사용되는 소리와 소리 조합만이 옹알이에서 사용되게 된다. 이 단계에 이르면 한국 아기의 옹알이와 다른 언어권 아기의 옹알이를 구별할 수 있게 되는 것이다.

즉 생후 몇 개월 동안은 인간 언어의 모든 소리를 인식하고 발화할 수 있으나 (이것이 사람이 선천적 언어 능력을 가지고 태어남을 보여줌), 첫 1년 동안 자신이 속한 언어 환경 속에서 미세 조정fine-tuning이 되어 해당 언어에서 사용되는 소리 구별만을 하게 되고, 그 소리들만을 발화하게 되는 것이다.

5. 결정적 시기 가설

언어 습득과 관련해 중요하게 다루어지는 가설 중의 하나가 바로 결정적 시기 가설critical period hypothesis이다. 이 가설은 언어 습득이 결정적 시기 이전에 이루어져야 하며, 이 시기가 지나면 언어 습득이 어려워진다고 주장한다. 이 가설이 제시된 이후 언어 습득과 관련해 과연 그런 결정적 시기가 있느냐 하는 것과 있다면 그 시기는 언제인가 하는 것이 논쟁거리가 되었다.

이 가설은 펜필드와 로버츠Penfield & Roberts의 1959년 저서 *Speech and Brain Mechanisms*에서 처음 제안되었으며, 레너버그Lenneberg의 1967년 저서 *Biological Foundations of Language*에 의해 유명하게 되었다. 레너버그Lenneberg는 언어 습득은 뇌의 신경가소성neuroplasticity이 남아 있는 사춘기(puberty, 대략 만 12살 정도) 이전에 이루어져야 완벽한 습득이 가능하며, 그 시기가 지나면 완벽한 습득은 어려워진다고 주장하였다.

레너버그의 가설이 제1언어 습득을 대상으로 한 것이므로, 이 가설을 검증하기 위해서는 사춘기 이전에 인간 언어 환경에 있지 못했던 사람이 그 이후에 인간 언어를 습득할 수 있는지를 확인해야 한다. 그러나 이를 검증할 수 있는 피험자를 구하는 것은 통상적 상황에서는 불가능할 수밖에 없었다. 그런데 사춘기를 넘길 동안 언어 환경에서 격리된 채 생활해 온 한 여자 아이가 1970년에 미국의 캘리포니아에서 발견되었다. 지니Genie라고 이름 붙여진 이 아이는 생후 얼마 안 되어 이 아이를 심한 정신지체아로 생각한 아버지에 의해 결박되고 감금된 채 13년 이상을 골방에서 학대받으며 홀로 지내오다 발견된 것이다.

학자들은 이 아이가 모어인 영어를 제대로 습득할 수 있는지에 대해 지대한 관심을 가지고 관찰했는데, 이 아이가 도달한 언어 수준은 모어 수준에는 크게 못 미치는 것으로 판명되었다 (특히 문장을 구성하는 통사적 능력의 면에서 그러하였다). 이는 결정적 시기 가설을 뒷받침하는 것으로 해석되기도 한다. 그러나 이 아이가 태어날 때부터 심각한 지적 장애가 있었을 가능성도 있기 때문에, 이 아이의 경우가 결정적 시기 가설을 입증하는지에 대해서는 의문의 여지가 있을 수 있다.

발견 후 최초로 공개된 지니의 사진　　발견 후 연구자들의 보호를 받기 시작하던 초기의 모습

결정적 시기 가설은 외국어 습득과 관련해서도 중요하게 취급되기도 하는데, 외국어 습득에서 결정적 시기 가설을 중요하게 생각하는 사람들은 외국어 조기 교육의 근거로 이 가설을 내세우기도 한다. 그런데 외국어 교육에서 발음의 경우를 제외하면, 사춘기를 지나서도 유창한 외국어 능력을 터득하는 예들이 있는 것으로 보아, 언어 기능별로 결정적 시기가 따로 있거나, 아니면 나이 외에 동기motivation 등의 다른 요인이 더욱 중요하게 작용하는 것으로 생각되기도 한다.

결정적 시기가 과연 언제인지와 관련해서도 이견이 있으며, 결정적 시기critical period라는 말 대신 민감한 시기sensitive period, 혹은 최적 시기optimal period 등으로 용어를 바꾸어 써야 한다고 주장하는 사람들도 있다.

참고사항

조선시대 이변의 중국어 학습과 결정적 시기 가설:

세종대왕은 외국어의 정확한 발음을 중시했는데, 신숙주나 성삼문 등을 요동에 보내어 정확한 중국어 발음을 질정케 하기도 하고, 이변과 김하를 요동으로 파견해 당시의 중국어 교재인『직해소학』을 질정케 하기도 했다. 이는 모두 정확한 중국어 발음을 외국어 교육에 반영하기 위한 것이었다. 그런데 이 중 이변에 대해서는 다음과 같은 기록이 조선왕조실록에 남아 있다.

"이변은 그 사람됨이 본래 둔鈍했는데, 나이 30이 넘어서 문과에 급제하여 승문원에 들어가 한어를 배웠다. 공효를 이루고 말리라 기필하고 밤을 새워 가며 강독講讀하고, 한어를 잘한다는 자가 있다는 말만 들으면 반드시 그를 찾아 질문하여 바로잡았으며, 집안 사람들과 서로 말할 때에도 언제나 한어를 썼고, 친구를 만나도 반드시 먼저 한어로 말을 접한 연후에야 본국의 말로 말하곤 하였는데, 이로 말미암아 한어에 능통하게 되었다."

(세종 63권, 16년(1434 갑인 / 명 선덕(宣德) 9년) 2월 6일(갑인)

이 기록대로 만일 이변이 나이 30이 넘어서 배우기 시작한 한어, 즉 중국어에 능통했다면, 그리고 여기서 능통했다 함이 원어민 수준을 의미한다면, 이변은 외국어 습득과 관련한 결정적 시기 가설에 반례를 제공하는 매우 중요한 사례가 되는 셈이다.

6. 모어 습득과 외국어 습득은 같은 것인가, 다른 것인가?

앞에서 인간은 태어날 때부터 언어 습득 장치language acquisition device, 즉 보편문법Universal Grammar을 지니고 태어나기 때문에, 단순히 언어 환경에 있는 것만으로, 특별한 노력 없이, 단 기간 내에, 누구나 언어를 습득할 수 있다고 하였다.

이는 우리가 우리의 모어인 한국어를 습득한 과정을 되돌아보아도 쉽게 확인할 수 있다. 우리는 태어나서 한국어를 배우기 위해 특별히 노력을 한 적이 없다. 그저 한국어 환경에 있는 것만으로 생후 몇 년 내에 누구나 한국어를 유창하게 구사하게 된 것이다.

이렇게 누구나 별다른 노력 없이 단 기간 내에 모어를 습득할 수 있다면 외국어의 경우는 어떨까? 외국어의 경우도 단순히 해당 외국어 환경에 있는 것만으로, 별다른 노력 없이 단 기간 내에 누구나 그 외국어를 습득할 수 있는 것일까? 언어 습득 장치, 즉 보편문법이 작동한다면 모어뿐 아니라 외국어의 경우에도 마찬가지 현상이 일어나야 하는 것이 아닐까? 다시 말해서 언어 습득 장치가 제대로 작동한다면, 한국인들은 한국어뿐 아니라 영어도 별다른 노력 없이, 단 기간 내에 습득할 수 있어야 하는 것이 아닐까?

여기서 한 가지 생각해보아야 할 점이 있다. 만일 결정적 시기 가설이 유효하다면, 모어 습득의 경우와 마찬가지로 외국어 습득의 경우에도 나이가 중요한 변수가 된다. 즉 언제 외국어 학습을 시작하느냐 하는 것이 해당 외국어 습득의 성패를 좌우할 수 있다는 것이다. 그러나이는 해당 외국어 환경에 있을 경우를 전제로 할 때만 가능한 주장이다. 즉 예를 들어 한국인이 영어를 모어처럼 구사할 수 있으려면, 결정적 시기 이전에 영어 환경에 적정 기간 동안 있어야 한다. 그러나 한국은 영어 환경이 아니다. 따라서 아무리 어린 나이에 영어 학습을 시작한다고 하더라도, 미국이나 영국에서와 같은 영어 환경이 아닌 한, 한국에서와 같은 불충분한 영어 환경에서는 영어를 자연스럽게 터득할 수가 없게 되는 것이다.

그렇다면 모어 습득 과정과 외국어 습득 과정은 같은 것일까, 다른 것일까? 언어 습득 장치, 즉 보편문법이 모어 습득 과정에 관여한다면, 외국어 습득 과정에도 관여하는 것일까? 특히 결정적 시기가 지난 이후에도 보편문법은 작동하는 것일까? 다시 말해 어린이의 모어 습득 과정과 성인의 외국어 습득 과정은 같은 것일까, 다른 것일까?

블라이-브로만(Bley-Vroman 1990)은 모어 습득과 외국어 습득은 근본적으로 다르다고 주장하면서, 특히 성인의 외국어 학습과 보편문법의 관련 가능성을 부인하였다. 이런 그의 주장을 근원적 차이 가설 Fundamental Difference Hypothesis이라고 부른다. 이 가설을 지지하는 학자들은 외국어 습득 과정에는 보편문법이 개입하는 것이 아니라, 먼저 습득한 모어 문법이 개입한다는 주장을 하기도 한다.

이에 비해 일부 학자들은 외국어 학습 과정에서 나타나는 오류들이 보편문법이 허용하는 범위 안에서 일어난다고 주장하며, 보편문법의 관련성을 옹호하기도 한다 (예: Flynn 1987). 또 일부 학자들은 외국어 학습 초기에는 모어가 개입하기도 하지만, 이후 단계에서는 보편문법이 작용한다고 주장하기도 한다.

앞에서 말한 보편문법이란 기본적으로 촘스키의 원리 및 매개변인 이론을 전제로 하는 것이므로, 촘스키의 원리 및 매개변인 이론이 외국어 습득의 경우에까지 적용될 수 있는지에 대해서는 당연히 논란이 있는 셈이다. 특히 보편문법이 외국어 습득에 관여하는지, 관여한다면 구체적으로 보편문법의 어떤 사항이 어떤 식으로 관여하는지, 외국어 습득 과정에서 나타나는 오류들이 자연 언어의 속성, 즉 보편문법의 양태를 보이는지 등에 대해서는 아직도 많은 연구가 필요하다고 할 수 있다.

7. 제2언어로서의 영어와 외국어로서의 영어

앞에서 외국어라고 말했지만, 외국어를 어떤 환경에서 배우느냐에 따라 제2언어와 외국어를 구분할 수 있다. 어떤 외국어를 해당 외국어가 일상적으로 사용되는 환경에서 배우면 제2언어second language라고 부르고, 그렇지 못한 환경에서 배우면 외국어foreign language라고 부른다. 예를 들어 어떤 한국인이 영어를 미국이나 영국 등 영어가 일상적으로 사용되는 환경에서 배우면 제2언어 환경에서 영어를 배우는 셈이고, 한국처럼 영어가 일상적으로 사용되지 않는 환경에서 영어를 배우면 외국어 환경에서 영어를 배우는 셈이 된다.

즉 제2언어로서의 영어(English as a second language, 흔히 ESL로 줄여 부름)와 외국어로서의 영어(English as a foreign language, 흔히 EFL로 줄여 부름)를 구분하는 셈인데, 영어교육에서도 제2언어로서의 영어교육(Teaching English as a Second Language, 흔히 TESL로 줄여 부름)과 외국어로서의 영어교육(Teaching English as a Foreign Language, 흔히

TEFL로 줄여 부름)을 구분한다. 또 'TESOL'이라는 것도 있는데, 이는 "Teaching English to Speakers of Other Languages"의 약어로서 원래는 영어 이외의 다른 언어를 사용하는 사람들에게 영어를 가르치는 교사들의 모임, 즉 "Teachers of English to Speakers of Other Languages"를 뜻했지만, 요즈음에는 영어 외의 다른 언어를 사용하는 사람들에게 영어를 가르치는 방법을 뜻하는 용어로 사용되고 있다.

미국처럼 영어가 일상적으로 사용되는 환경을 전제로 한 제2언어로서의 영어교육 방법이 한국처럼 외국어 환경에서 영어를 학습하고 교육하는 경우에도 반드시 효과적이라고 단정하기는 어렵다. 그렇기 때문에 한국에서의 영어교육은 제2언어로서의 영어교육을 참고는 하되, 한국인과 한국어적 특성을 고려해 한국인에게 적절한 영어교육 방법을 별도로 개발해낼 필요가 있다고 하겠다.

8. 전이, 중간어, 화석화

모어(이를 L1이라고 부르기도 함)를 이미 습득한 사람이 외국어(이를 L2라고 부르기도 함)를 배우게 되는 경우, 이미 습득된 모어가 외국어 학습에 영향을 미치기도 한다. 예를 들어 한국인이 한국어식으로 영어 발음을 한다면, 이는 한국어식 발음 법칙을 영어에로 전이 혹은 이전 transfer시키기 때문에 일어나는 것이다. 이는 다른 언어를 모어로 사용하는 사람들의 경우에도 마찬가지로 일어난다. 즉 중국인이 중국어식으로 영어를 발음하거나, 일본인이 일본어식으로 영어 발음을 하는 경우, 그리고 스페인 사람이 스페인어식으로 영어를 발음하는 경우 등이 모두 이에 해당한다. 모어로부터의 이전이 목표어에서의 오류를 유발시킬 때는 특별히 부정적 이전negative transfer이라고 부른다.

이와 같은 부정적 이전은 특히 발음의 경우에 두드러지는데, 발음뿐 아니라 문법 면에서도 부정적 이전이 일어나기도 한다. 예를 들어 한국어식 어순으로 영어 단어를 연결하면 이는 통사적인 측면에서 한국어식 문법 규칙을 영어에로 이전시키는 셈이 된다.

외국어 학습 초기에는 학습자들이 발음이나 문법 등 면에서 완벽한 규칙을 터득하지 못한 상태에서 다양한 오류를 범하게 되는데, 이와 같은 불완전한 단계의 외국어를 흔히 중간어interlanguage라고 부른다. 그리고 중간어 단계에서 완벽한 수준으로 발전해 가지 못하고 불완전한 상태에 고착되게 되면 이를 화석화fossilize된다고 한다.

한국인 영어 학습자의 상당수가 영어 관사의 용법을 제대로 터득하지 못하고 지속적으로 오류를 범하는데, 이들의 경우가 바로 화석화의 예가 될 수 있다. 물론 일본어식 영어 발음을 극복하지 못하는 일본인 영어 학습자나 중국어식 영어 발음을 극복하지 못하는 중국인 영어 학습자의 경우도 발음상의 화석화를 보이는 예라고 할 수 있다.

9. 하나의 문법인가, 두 개의 문법인가?

어려서 두 언어를 거의 동시에 습득하는 사람을 가리켜 이중언어 사용자bilingual라고 부른다. 예를 들어 미국의 한국인 가정에서 태어난 아이들은 집에서는 한국어를, 집 밖에서는 영어를 접하게 되면서 이 두 언어를 거의 동시에 습득하게 되는데, 이들은 영어와 한국어의 이중언어 사용자가 되는 셈이다.

이와 같이 두 개의 언어를 동시에 습득하는 아이들은 처음부터 두 개의 문법을 구축하는 것일까, 아니면 처음에는 하나의 문법을 구축하다가 궁극적으로 두 개의 문법으로 분화하게 되는 것일까? 후자를 단일체계설unitary system hypothesis, 전자를 개별체계설separate systems hypothesis이라고 부르기로 하자.

단일체계설을 지지하는 사람들은 두 언어를 동시에 습득하는 아이들이 한 문장에 두 언어적 특성을 보이는 표현들을 자연스럽게 섞어 쓰는 예들, 즉 언어 혼합language mixing의 예를 증거로 든다. 이에 비해 개별체계설을 지지하는 사람들은 두 언어의 문법이 다를 경우 아이들이 각 언어의 상이한 규칙을 습득한다는 증거가 있다고 주장한다. 즉 어순이나 형태소를 각 언어별로 정확히 사용하며, 음소 체계나 음운 체계도 각 언어별로 별도로 구축한다는 것이다. 이 문제 역시 흥미로운 주제로서 앞으로 더 많은 연구가 필요한 분야라고 할 수 있다.

10. 자동 언어 습득의 3요소

1998년에 발간된 『영어교육, 어떻게 할 것인가』라는 저서에서 나는 언어를 무의식적으로 터득하기 위한 조건으로 ①적정 언어 환경 조건, ②적정 연령 조건, ③적정 기간 조건의 셋을 들었다. 즉, 어떤 언어를 무의식적으로 터득하기 위해서는 무엇보다도 해당 언어가 일상적으로 사용되는 환경에 들어가 있어야만(= 적정 언어 환경 조건) 된다는 것이다. 영어의 경우를 예로 들어 말하자면, 영어가 일상적으로 사용되는 환경, 즉 미국이나 영국 혹은 영국인이나 미국인의 가정에 들어가 있어야 한다는 것이다. 그것도 상당히 어린 나이에, 대개 사춘기 이전의 나이에(= 적정 연령 조건), 상당 기간 동안, 최소한 3년 정도(= 적정 기간 조건) 적정 언어 환경에 있지 않고서는 무의식적인 언어 습득을 기대할 수가 없다는 것이다.

따라서 한국에서 영어를 배우거나 미국에 가더라도 사춘기 이후에

(즉 중학교 이후에) 가는 경우에는, 또한 적정 연령에 미국에 가더라도 그 기간이 극히 짧을 때는 영어를 미국인처럼 터득하기가 거의 불가능하게 된다.

적정 언어 환경, 적정 연령, 적정 기간의 세 가지 조건은 사실 인간이 자신의 모어를 배울 때나 충족시킬 수 있는 것들이고 외국어를 배울 때는 어린 시절을 외국에서 보낼 수 있는 일부를 제외하고는 충족시키기가 사실상 불가능하다. 다시 말해 우리는 모어인 한국어는 별다른 노력 없이 누구나 쉽게 터득할 수 있지만, 외국어인 영어를 "노력 없이" 터득하기란 불가능하다고 해야 할 것이다.

그 책에서도 지적했지만, 영어가 우리에게 외국어라는 점은 너무나 당연함에도 제대로 인식되어 오지 못한 측면이 있다.

우선 영어는 외국어이기 때문에 한국인 모두가 영어를 유창하게 구사하려고 노력할 필요가 없다. 그럼에도 불구하고 영어로 인한 국민들의 강박 관념이 날로 심화되고 있는 점은 우려할만한 일이다. 영어는 우리에게 외국어이므로 외국어로서 다루어져야 한다. 교양으로서의 영어 학습은 적절한 수준으로 하향조정해야 하며, 그 이상의 영어 학습은 영어가 꼭 필요한 부문에만 요구해야 한다. 사회에서 필요로 하는 영어 전문 인력은 영어 전문가 양성 프로그램을 통해 배출하면 된다.

우리의 경우는 영어 전문 인력을 양성해내는 기능은 대단히 후진적이면서도 한국인 모두가 유창한 영어 능력을 갖추어야 한다는 착각 속에서 국가가 운영되어 왔기 때문에, 필요한 영어 전문 인력은 제대로 양성해내지 못하면서 국가적으로는 영어로 인한 엄청난 낭비를 계속해왔다. 따라서 국가는 전 국민에게 영어로 인한 부담을 가중시키는 정책을 택하기보다는 필요한 영어 혹은 외국어 전문 인력을 효율적으로 양성해낼 수 있는 정책을 우선적으로 강구해야 할 것이다.

둘째로 영어는 외국어이기 때문에 모어와는 다른 방법으로 훈련되어야 한다. 사실 앞에서 언급한 세 가지 조건, 즉 적정 언어 환경 조건, 적정 연령 조건, 적정 기간 조건을 전 국민에게 충족시킬 수 있는 방안이 있다면 굳이 영어가 외국어라는 점을 강조하지 않아도 될 것이다. 그러나 그 세 조건을 전 국민에게 충족시킨다는 것은 우리의 모어를 영어로 바꾸지 않는 한 불가능한 일일 뿐 아니라, 모어를 영어로 바꾼다 하더라도 상당 기간 동안은 불가능한 일이다.

모어는 무의식적으로 터득되지만 외국어는 의식적으로 학습되어야 한다. 따라서 모어는 지능이나 노력의 정도와 상관없이 인간이면 누구나 터득할 수 있지만, 외국어 능력은 배우는 사람의 지능이나 노력의 정도, 그리고 가르치는 사람의 자질이나 방법과 일정한 함수 관계를 보일 수밖에 없다.

따라서 우리는 막연히 원어민을 교사로 채용하고 지금보다 더 이른 나이에 영어교육을 시작하면 그동안의 국내 영어교육의 문제가 단번에 해결될 것 같은 망상에서 벗어나야 한다. 우리 영어교육의 문제는 영어를 말로서가 아닌 글로 교육해 왔고, 말로서의 영어 능력이 크게 부족한 영어 교사들이 영어교육을 담당해 왔으며, 학교 영어 시험에서 말이든 글이든 영어 구사력을 테스트하지 않았기 때문이지, 더 일찍 영어 교육을 실시하지 않았기 때문이 아니다.

영어교육 개시 연령을 낮춤으로써 국내 영어교육의 문제를 해결하려는 시도는 마치 그간의 우리 영어교육의 문제가 영어를 모어처럼 교육시키지 않아서라고 진단하는 것과 같다. 영어는 우리에게 외국어이다. 모어가 될 수 없다. 다시 말하지만, 우리 영어교육의 문제는 영어, 특히 말을, 외국어로서 효율적으로 교육할 수 있는 인력들을 공급해내지 못했기 때문이며, 영어 시험에서 실제 영어 구사력을 테스트하지 않았기 때문이지, 영어를 지금보다 더 이른 나이에 가르치지 않았기 때문이 아니다. 따라서 국가는 영어 시험 방식을 혁신하고, 글로서의 영어뿐 아니라 말로서의 영어도 함께 가르칠 수 있는 전문 능력을 갖춘 영어 교사를 양성해낼 수 있는 효율적 정책을 하루 속히 강구해야만 할 것이다.

11. 한국어 화자를 위한 영어교육[4]

우리나라 영어교육학자들의 상당수는 외국의 이론을 국내에 소개하는 '단순 보도 기능'에 안주하고 있다. 그렇기 때문에 한국의 현실에 맞는, 한국인을 위한 영어교육에 대해서는 별다른 학문적 성과가 축적되고 있지 않다. 우리나라 영어교육이 바뀌기 위해서는 이런 일부터 바뀌어야 한다.

1) 한국어 화자를 위한 영어교육의 필요성

한국에서 영어를 배우는 한국인에게 영어는 모어native language가 될 수 없다. 모어는 앞에서도 이야기한 것처럼 별다른 노력 없이 적정 시기에, 적정 기간 동안, 적정 언어 환경에 들어가 있는 것만으로도 누구나 쉽게 터득할 수 있다. 그러나 앞에서도 이야기했다시피 한국에서 영어를 배우는 한국인이 이 세 가지 조건을 충족시킨다는 것은 사실상 불가능하다. 다시 말해 영어는 한국인에게 모어가 될 수 없으며, 한국인은 모어를 터득할 때와는 다른 방식으로 영어를 배울 수밖에 없음을 인정해야 한다. 이런 현실을 무시한 채 가장 좋은 영어교육 방법은 영어를 모어처럼 습득하는 것이라고 아무리 외쳐 보았자 공허한 주장이 될 수밖에 없는 것이다.

영어는 우리에게 제2언어도 될 수 없다. 영어가 우리에게 제2언어가 되기 위해서는 일상생활에서 영어가 사용되어야 한다. 그러나 대부분의 한국인에게 영어는 단지 교실 내에서 학습되는 대상일 뿐이다. 따라서 영어를 일상 언어로 사용하는 환경과 영어를 모어로 구사하는 교사들을 전제로 하는 ESLEnglish as a Second Language 방식의 영어교육도 우리 실정에 그대로 들어맞는다고 말하기에는 어려운 점이 많다.

즉 영어는 우리에게 모어가 아니기 때문에 모어와는 다른 방식으로 훈련될 수밖에 없으며, 제2언어도 되기 어렵기 때문에 제2언어로서의 영어교육 방식도 그대로 받아들이기에는 어려운 점이 많다. 영어는 우리에게 모어도, 제2언어도 아닌, 외국어일 뿐이다. 이를 간과한 채, 영어를 모어나 제2언어처럼 습득해야 한다는 희망에 의지해 영어교육의 목표를 설정하면, 목표하는 바와 현실 사이에 커다란 간극이 나타날 수밖에 없는 것이다.

한국인에게 영어가 외국어임을 강조하게 되면, 우리는 자연히 '외국어로서의 영어교육'TEFL, Teaching English as a Foreign Language 또는 '외국어 화자를 위한 영어교육'TESOL, Teaching English to Speakers of Other Languages에 관심을 갖게 된다. 그러나 '외국어로서의 영어교육'이나 '외국어 화자를 위한 영어교육' 자체가 '한국어 화자를 위한 영어교육'TESKL, Teaching English to Speakers of the Korean Language이 되는 것은 아니다. '외국어로서의 영어교육'이나 '외국어 화자를 위한 영어교육'이란 것은 대단히 막연하며 너무 넓은 개념이다.

'외국어로서의 영어'는 '모어로서의 영어'나 '제2언어로서의 영어'와는 달리 누구를 대상으로 하느냐에 따라 다른 양상을 띨 수밖에 없다(이는 정도의 차이는 있지만, 제2언어로서의 영어의 경우에도 마찬가지로 적용된다). 예를 들어 한국어 화자들이 영어를 배울 때 접하게 되는 발음상의 어려움은 일본어 화자들이 영어를 배울 때 접하게 되는 발음상의 어려움과 차이가 있게 마련이다 따라서 단지 외국어로서의 영어교육이라는 이름으로 한국인과 일본인에게 동일한 방식으로 영어 발음을 교육시킨다면 비효율적일 수밖에 없을 것이다. 이는 단지 발음 면에서뿐만 아니라 문장 층위에서도 마찬가지로 적용된다. 즉 한국어 화자들은 스페인어 화자들이 영어 문장을 배울 때 접하게 되는 어려움과는 다른 어려움을 겪을 수밖에 없는 것이다.

이렇게 보면, 외국어로서의 영어교육, 외국어 화자를 위한 영어교육이란 세상에 존재하는 언어의 종류만큼이나 많은 하위 형태를 갖는 개념으로 파악해야 할 것이다. 이런 관점에서 '한국인을 위한 영어교육' 또는 '한국어 화자를 위한 영어교육'은 외국어로서의 영어교육이나 외국어 화자를 위한 영어교육의 한 형태로서 한국어와 영어의 특성에 정통한 사람들에 의해 구체화되어야 할 그 무엇이지, 한국어의 특성을 잘 모르는 영미인들이 뭉뚱그려 이야기하는 외국어로서의 영어교육이나 외국어 화자를 위한 영어교육에 그대로 묻혀버릴 수 있는 성질의 것이 아니다.

그런데 우리나라 영어교육계에서는 ESL 방식의 영어교육에 관심도 많고 그와 관련한 이론을 소개하는 일에도 적극적이나, 정작 이런 것들이 한국 내에서 영어를 학습하는 한국어 화자에게 얼마나 효과적인지에 대해서는 별다른 관심을 두지 않는 편이다. 더욱이 한국 내에서, 영어 기능이 불충분한 한국인 영어 교사에게 영어를 배우는 한국어 화자를 대상으로 한 구체적이고도 심층적인 연구 성과는 별로 없는 편이다. 외국에서 개발된 프로그램을 단순히 소개하거나 영어교육의 상당 부분을 원어민에게 위임하는 것은 우리 자신이 우리의 영어교육을 책임지는 태도라고 보기 어렵다. 우리나라에서의 영어교육은 국내외에서의 연구 성과를 참고로 하고, 원어민의 적절한 도움을 받아, 한국어 및 한국 내 상황을 고려해 한국인들이 주도적으로 끌고 나가야 한다. 이런 과정에서 '한국어 화자를 위한 영어교육'의 바람직한 모습이 자연스럽게 나타나게 될 것이라고 생각한다.

2) 한국어 화자를 위한 영어교육에 담겨야 할 내용

1998년에 나온 내 책 『영어교육, 어떻게 할 것인가』와 2000년에 나온 『영어 공용어화, 과연 가능한가』에서도 강조한 것처럼, 우리 영어교육의 문제는 가르치는 사람과 시험 방식의 문제이다. 영어 교사 중 상당수가 말로서의 영어, 의사소통 수단으로서의 영어 구사력이 매우 미흡하기 때문에, 학생들에게 사회적으로 요구되는 영어의 네 가지 기능, 즉 듣기/말하기/읽기/쓰기 기능을 제대로 훈련시킬 수 없다는 것이 문제이다. 이 문제는 영어 학습을 언제부터 시킬 것이냐의 문제, 즉 영어 조기 교육의 문제와 별개의 사안일 뿐 아니라 그보다 더 중요한 문제이기도 하다. 이와 아울러 영어를 의사소통 수단으로서가 아니라 개인의 총체적 능력을 평가하는 가장 중요한 척도의 하나로 사용한다는 점, 대학 입시가 주로 읽기나 단순 듣기와 같은 수동적 이해 기능만을 평가하기 때문에 학교 교육에서 말하기나 쓰기와 같은 능동적 표현 기능에 대한 훈련이 제대로 되기 어렵다는 점, 그리고 영어 전문 인력 양성 기능은 대단히 후진적이면서도 전 국민에게 영어로 인한 엄청난 부담을 지운다는 점 등이 우리의 문제라고 하겠다.

이런 문제들을 해결하기 위해서는 무엇보다도 우리나라 대학들의 영어 전공 프로그램이 혁신되어 영어 능력을 충실히 갖춘 영어 교사와 영어 전공자들이 배출될 수 있어야 한다. 그리하여 학생들이 영어 수업을 통해 필요한 영어 입력을 획득할 수 있어야 하고, 영어 수업에서 영어를 실제로 사용해볼 수 있어야 한다. 그러나 그런 변화가 일어나기까지에는 여러 현실적 어려움이 있을 뿐 아니라 상당히 많은 시간이 소요되기 때문에, 일단 지금 상황에서 우리 영어교육을 개선시키기 위한 노력이 병행되어야 함은 물론이다.

한국인 중에는 영어 공부를 단순히 영어 단어나 문장을 암기하는 것이라고 생각하는 사람들이 있다. 영어를 공부하는 데에는 당연히 영어 단어나 문장의 암기가 필요하며 경우에 따라서는 이런 암기에 많은 시간과 수고를 투입해야 하기도 한다. 그러나 영어 기능을 제대로 갖추기 위해서는 필요한 단어나 문장의 암기, 문화에 대한 이해 등과 더불어 영어에 내재해 있는 영어 특유의 체계를 제대로 익혀야 한다. 영어의 체계라 함은 영어를 말할 때 필요한 영어의 발음 체계 (혹은 소리 체계, 즉 영어에서 사용되는 소리들의 특성과 발음 규칙 등), 영어 문장을 만드는 데 필요한 문장 체계 (혹은 문장 형성 체계, 문장 구조와 관련된 체계) 등을 의미한다.

우선 영어의 발음 체계를 제대로 모르고서는 영미인이 내는 소리를 알아들을 수가 없으며, 영어의 발음 체계에 맞지 않게 영어를 말하면 그 말을 영미인들이 알아듣지 못한다. 우리나라에서 말로서의 영어교육이 제대로 시행되지 못했다는 것은 바로 한국인들이 영어의 발음 체계를 제대로 훈련받지 못했다는 것을 의미하며, 한국인들이 10년 동안 영어를 공부하고도 말 한 마디 못한다는 문제점 역시 무엇보다도 영어의 발음 체계를 몰라 영어 소리를 제대로 알아들을 수 없다는 데 기인한다. 이런 문제점을 해결하기 위해서는 영어 발음은 당연히 원어민의 정확한 발음을 통해 가르쳐야 한다. 최근의 스마트 기기의 발달과 보급으로 이 자체는 그다지 어려운 일이 아니게 되었다.

그러나 원어민의 발음을 무조건 들려준다고 해서 영어의 발음 체계가 자연적으로 습득되는 것은 아니다. 이는 영어가 우리에게 외국어이기 때문이다. 모어의 경우에는 별다른 훈련 없이도 모어 사용 환경에 있는 것만으로 누구나 자동적으로 해당 언어의 발음 체계를 습득하게 된다. 그러나 외국어의 경우에는 이런 발음 체계를 의식적으로 학습해야 하므로, 배우는 사람의 노력 정도나 가르치는 사람의 자질과 방법 등에 따라 개개인마다 다른 결과를 빚어내게 된다.

영어의 발음 체계를 제대로 익히기 위해서는 우선 영어에 어떤 소리들이 사용되는지를 알아야 하는데 그 중에서도 특히 한국어에 사용되지 않는 영어 소리를 제대로 익혀야 한다. 예를 들어 영어의 [f], [v], [θ], [ð], [z] 등은 한국어에서는 사용되지 않는 소리들이므로 각별히 유의해 훈련되어야 한다. 아직도 많은 교육 현장에서 이 소리들을 한국어의 'ㅍ', 'ㅂ', 'ㅆ', 'ㄸ', 'ㅈ' 등과 동일시해 가르치고 있는데, 이는 영어교육 첫 단계부터 단추를 잘못 끼우는 심각한 결과를 초래한다. 영어와 한국어는 서로 다른 언어이며 따라서 서로 다른 발음 체계를 사용한다. 그러므로 영어의 소리는 처음부터 한국어 소리의 간섭 없이 영어 소리를 매개로 가르치고 배워야 하며 (즉 영어 원음을 듣는 훈련과 영어 원음에 최대한 가깝게 발음하는 훈련을 받아야 하며), 영어 학습 초기 단계부터 영어 소리와 한국어 소리의 다른 점을 강조해 교육해야 한다. 이 시기에 영어에 대한 두려움을 덜어준다는 명분으로 영어 소리를 한국어 소리에 대입해 가르치는 일은 오히려 쉽게 영어 원음을 익힐 수 있는 기회를 박탈할 뿐만 아니라, 부정확한 발음이 그대로 고착되면 (즉 화석화되면) 나중에는 고치는 일 자체가 불가능하게 된다.

영어에서 사용되는 개별 소리들을 제대로 알게 되면 영어 소리들이 서로 결합할 때 적용되는 발음 규칙들을 정확히 알아야 한다. 이 경우 한국어에서는 사용되지 않고 영어에서만 사용되는 발음 규칙들에 대한 이해는 물론, 영어에서 사용되지 않는 한국어식 발음 규칙을 영어에 잘못 적용하는 일도 막을 수 있도록 노력해야 한다 (cf. 이 책 3장에서의 논의를 참고할 것). 이런 일들은 외국어로서 영어를 배우게 되는 한국인들이 무의식적으로 체득하기가 어려울 수밖에 없으므로 당연히 교사의 역할이 중요해진다.

또한 영어에는 한국어에는 사용되지 않는 강세stress나 억양intonation 등이 중요하게 사용되므로 이들을 이해하는 것이 영어 발음 체계를 이해하는 관건이 된다. 영어의 발음 체계와 관련한 이런 사항들은 말로서의 영어를 제대로 교육할 때 비로소 터득될 수 있다. 다시 말해 그동안 대부분의 국내 학교 교육에서 행해진 것처럼 글로 적힌 영어를 한국어식으로 읽고 대강의 뜻만을 해석하는 식의 교육으로는 결코 익힐 수 없다. 따라서 국내 영어교육이 제 기능을 발휘하려면 영어교육 현장에 영어 소리가 넘쳐나게 해야 하며 이 과정에서 영어 특유의 발음 체계를 학생들이 익힐 수 있도록 교사들이 제 역할을 해야 한다.

영어에는 발음과 관련한 체계뿐만 아니라 단어와 단어를 결합해 의미 있는 문장을 만들어내는 것과 관련한 체계도 있다. 이를 문장 체계 또는 문장 형성 체계라고 말할 수도 있고 전문 용어를 사용하면 통사 체계syntactic system라고 말할 수도 있는데, 이는 영어를 말하거나 쓸 때 단어와 단어를 아무렇게나 결합시키는 것이 아니라 영어 특유의 법칙에 의거해 단어들을 결합시켜야 제대로 된 문장이 형성됨을 의미한다 (cf. 이 책 5장에서의 논의를 참고할 것). 이런 문장 체계는 우리나라에서는 막연히 어순word-order이라는 용어로 설명되기도 하지만 영어의 문장 체계는 어순보다는 훨씬 복잡한 개념이다.

영어를 제대로 말하기 위해서는 당연히 영어의 기본 어순을 이해해야 한다. 영어의 어순과 한국어의 어순이 다르다는 것은 기본적으로 영어의 문장 체계와 한국어의 문장 체계가 다르다는 것을 보여준다. 그런데 영어와 한국어는 피상적으로 나타나는 어순뿐 아니라 그 외에도 많은 차이점을 보인다. 이런 문장 체계상의 차이점은 한국인이 영어를 학습하는 데 장애가 되기도 한다. 예를 들어 한국어에는 관사에 해당하는 품사가 없지만 영어에서는 관사가 대단히 중요한 역할을 한다. 영어 관사의 용법을 제대로 익히려면 해당 관사의 수식을 받는 명사의 가산성(countability, 셀 수 있는지 여부), 수(number, 단수 또는 복수의 구별), 그리고 해당 명사의 지시 내용reference과 그 확인 가능성identifiability 등과 관련한 복잡한 영어식 메커니즘에 숙달해야 하는데, 이런 내용들을 익힌다 하더라도 한국인이 영어의 관사에 능통하기란 여전히 어려운 것이 사실이다.

그런데 한국인들이 영어식 문장 체계를 쉽사리 터득하지 못하는 중요한 이유는 우선 국내 영어교육이 전통적으로 수동적 이해 기능 즉 영어를 읽고 해석하는 기능에만 치중했을 뿐, 능동적 표현 기능 즉 영어를 실제로 쓰고 말하는 기능은 거의 무시해 왔기 때문이다. 다른 언어들의 경우와 마찬가지로 영어도 실제로 문장을 쓰거나 말해보지 않고는 영어식 문장 체계를 익힐 방도가 없다. 한국에서는 교사들조차 올바른 영어 문장을 만들어내는 능력이 많이 부족하므로 이런 일은 아예 영어교육 현장에서 불가능한 것으로 치부되어 왔다.

게다가 주어진 영어 글을 읽고 의미를 파악하는 수동적 이해 기능마저도 영어 문장을 읽고 즉각적으로 그 뜻을 이해하는 훈련을 받기보다는 영어를 대충 읽고 한국어로 번역한 후에야 비로소 그 뜻을 이해하는 식으로 훈련을 받아왔기 때문에 영어의 문장 체계를 익히기가 그만큼 더 어려워지게 되었다.

주어진 영어 문장을 읽고 그것을 한국어로 번역하는 식의 학습 환경에서는 학생들로 하여금 영어의 문장 체계 자체에 주의를 기울이게 하기보다는 오히려 한국어 문장 표현에 더 신경을 쓰게 해 영어의 문장 체계에 주목할 수 있는 가능성을 축소시켜 버리게 된다. 이런 번역 중심 수업 방식은 당연히 영어의 발음보다도 정확한 한국어 번역에 더 관심을 갖게 하므로 말로서의 영어교육에도 큰 폐해를 끼침은 두말할 필요도 없다.

이런 문제점들은 영어를 모어로 습득하는 영미인들에게는 전혀 일어나지 않는다. 그들은 영어의 발음 체계나 문장 체계를 무의식적으로 터득하기 때문에, 이에 대한 별도의 교육을 받지 않아도 상관없다. 그러나 한국에서 외국어로 영어를 배우는 한국인들은 이런 사항들을 의식적으로 학습해야 한다. 결국 '한국어 화자를 위한 영어교육'은 영미인들이 무의식적으로 습득하는 영어의 발음 체계와 문장 체계 등을 한국어 화자의 입장에서 가장 효과적으로 터득할 수 있는 방안을 모색하기 위한 것이라고 할 수 있다.

3) 한국인 특유의 영어 학습상 문제점의 예

한국에서 영어를 배우는 사람들은 이미 모어인 한국어의 소리 체계를 알고 있다. 그런데 모어인 한국어의 소리 체계와 목표어인 영어의 소리 체계 간의 차이점이 한국인의 영어 발음 습득에 부정적 영향을 미치게 된다. 따라서 한국인에게 영어를 가르칠 때는 두 언어의 소리 체계 간의 차이에서 오는 문제점을 잘 아는 교사가 이에 대해 의식적으로 주의를 기울여야 효과적인 영어 발음 교육이 이루어질 수 있다. 특히 한국어식 소리 법칙의 간섭으로 인한 영어 발음상의 오류는 한국어 화자들의 고유한 문제이므로, 원어민들은 이런 문제를 제대로 파악하거나 이해할 수 없다. 다음은 한국인들이 흔히 범하는 영어 발음상의 오류이다 (이와 관련된 사항으로 3장 15절과 16절을 참고할 것).

비음 앞 'p/t/k'류의 비음화

영어식 발음	한국어식 발음
pop music [pɑp mjúzik]	팜뮤직 [pɑm . . .]
at noon [æt nuːn]	앤눈 [æn . . .]
nickname [níkneim]	닝네임 [níŋ . . .]

유음(l/r) 앞의 'p/t/k'류의 비음화

영어식 발음	한국어식 발음
not really [nɑt . . .]	난 리얼리 [nɑn . . .] cf. 옷로비 vs. 온로비

[j] 앞의 'p/t/k'류의 비음화

영어식 발음	한국어식 발음
not yet [nɑt . . .]	난 옛 [nɑn . . .]

지면 관계상 일일이 열거할 수 없으나 이 외에도 많은 예들이 있다. 한국인들의 영어 발음과 관련해 어두 유성 자음의 오류 빈도가 77%나 된다든지, 영어 강세의 오류 빈도가 66%, 평서문의 인토네이션 오류 빈도가 77%, 의문문의 억양 오류 빈도가 50%, 그리고 외래어의 한국어식 발음으로 인한 오류가 87%나 된다든지 하는 조사 결과는 한국인이 영어 발음과 관련해 겪는 어려움에 일정한 패턴이 있으며, 이를 구체적으로 밝혀 영어교육에 반영하는 일은 한국인을 위한 영어교육의 중요한 부분이 됨을 보여준다 (cf. 한학성 2001 『한국인을 위한 영어발음 교과서』). 한국어에 대한 이해가 없는 외국인들이 ESL 환경에서 만들어낸 영어교육 방법론에는 이런 내용이 구체적으로 들어 있을 리 만무하다. 결국 이에 대한 작업은 국내 영어학계가 주도적으로 담당해야 할 부분이다.

문장 층위에서의 영어교육에서도 한국인 특유의 문제점이 나타난다. 앞에서도 언급한 바 있는 영어 관사의 문제에 대해 대부분의 한국인들은 그다지 민감해 하지 않는데, 영어 관사는 'a/an/the'의 세 단어에 불과하지만 전체 영어 텍스트의 8.5%를 차지할 정도로 빈번히 사용되는 중요한 문법 요소이다 (cf. 한학성 1996/2012『영어 관사의 문법』). 이는 특히 영어 작문에서 대단히 중요한데, 한국인이 영어 작문과 관련해 행하는 오류의 상당 부분이 관사와 관련이 있다고 할 정도로 한국인들은 영어 관사를 제대로 사용하지 못하고 있다.

참고로 나는 경희대학교 영어학부 2학년 학생들을 대상으로 주어진 글 안의 명사 앞 빈 칸에 문맥상 적절한 관사나 무관사를 표시하는 능력을 조사한 바 있는데, 그 결과에 따르면 평균 오답률이 1998년에는 47%, 1999년에는 39%였다. 부정관사, 정관사, 무관사의 세 가지 중 하나를 고르는 것과 마찬가지의 문제에서 영어를 전공하는 대학 2년생들이 50%에 육박하는 오답률을 나타냈다는 것은 영어 관사와 관련해 한국인이 겪는 문제점을 그대로 보여준다고 할 수 있다. 고르기 문제에서 이런 정도의 오답률을 나타낸다면, 틀린 것을 고치도록 요구하는 문제나 영어 문장을 작성하라는 문제에서는 훨씬 더 높은 오답률이 나오리라고 예상할 수 있기 때문이다. 더 구체적으로 말하자면, 우리나라에서는 영어에서 셀 수 있는 명사의 단수형이 특별한 경우를 제외하고는 관사의 도움 없이 사용될 수 없다는 것을 모르는 학생들이 많은데, 이런 학생들의 영어 작문에 이로 인한 오류가 빈번하게 나타남은 물론이다.

또한 영어에서는 한국어에서와 달리 타동사의 목적어가 생략될 수 없다거나 시제절의 주어가 생략될 수 없다는 등의 통사적 제약이 있는데, 이를 잘 이해하지 못하는 한국인이 영어 작문에서 빈번한 실수를 범하는 것이 현실이다. 이와 아울러 문장 구조에 대한 지식이 문장 의미의 정확한 파악이나 발음에 영향을 미친다는 사실 등도 잘 강조되지 않고 있다.

이와 같이 영어 문장의 교육에 있어서도 단순히 올바른 영어 문장을 읽는 것만으로는 한국인들이 유난히 높은 오류 빈도를 보이는 구문상의 문제점을 극복할 수 없다. 이런 문제를 해결하기 위해서는 한국인들이 영어 문장 습득과 관련해 겪게 되는 공통된 유형의 문제점들을 발견하고 이를 영어교육에 반영하고자 하는 노력이 필요한데, 이런 작업이 한국인을 위한 영어교육의 중요한 한 부분이 되어야 할 것이다.

이런 작업에는 당연히 국내 영어학자들의 적극적 참여가 있어야 한다. 그러나 우리나라의 영어학자 중 상당수는 미국식 언어 이론을 국내에 소개하거나 그 이론을 한국어에 단순 적용하는 일에 만족하고 있어 국내 영어학이 영어교육에 별다른 기여를 하지 못하고 있는 것이 사실이다. 국내에서 영어교육을 전공하는 학자들도 대부분 구미에서 만들어진 영어교육 이론을 국내에 소개하거나 그러한 이론을 단순 지지하는 작업에 치중해 온 결과, 한국에서 영어를 배우는 한국인들에게 실질적으로 도움이 될 수 있는 연구 결과물은 별반 내지 못하고 있다. 앞으로 '한국인을 위한 영어교육' 혹은 '한국어 화자를 위한 영어교육'의 필요성에 공감하는 영어학자 및 영어교육학자들이 늘어나고, 또 그들의 참여와 노력으로 우리의 영어교육이 다른 나라 학자들 이론의 실험장 역할을 하는 데서 벗어나 우리 스스로의 연구 성과를 바탕으로 우리 스스로의 문제를 실질적으로 개선하게 되기를 기대한다.

12. 다른 동물이 인간 언어를 배울 수 있는가?

이제 언어습득과 관련해 마지막 질문을 던져보기로 하자. 인간만이 언어를 습득할 수 있는가? 다른 동물은 언어를 습득할 수 없는 것인가?

이는 물론 언어가 무엇인지에 대한 논쟁을 촉발한다. 애완견을 기르고 있는 사람이라면, 애완견과 자신 사이에 의사소통이 가능하다며, 개가 인간의 언어를 알아듣는다고 주장할 수도 있을 것이다. 애완동물과의 제한된 의사소통이 언어의 범주에 포함되는 것일까? 만일 그렇다면 언어와 관련한 인간과 다른 동물들과의 차이는 수준의 차이, 즉 양적인 차이에 불과하게 된다. 다시 말해, 인간의 언어 능력은 대단히 풍부하나, 다른 동물들의 언어 능력은 지극히 빈약하다는 것이다. 그러나 다른 동물들과의 제한된 의사소통을 언어의 범주에 포함시키지 말아야 한다면, 언어와 관련한 인간과 다른 동물들과의 차이는 양적인 차이가 아니라, 질적인 차이가 된다. 오직 인간만이 언어 능력을 보유한다는 것이다.

촘스키 같은 학자는 인간만이 언어 기관language organ을 가지고 태어나며, 언어 기관을 가지고 태어나는 인간만이 언어를 습득할 수 있다고 주장한다. 인간의 언어 능력은 유자전적으로 결정되어 있다genetically determined는 것이다. 이에 비해 다른 동물들은 언어 기관이 없기 때문에 언어를 습득할 수 없다고 주장한다. 애완동물과의 의사소통과 관련해서는 다음과 같은 말로 그것이 언어가 아니라고 반박한다. 사람이 새처럼 날 수 있는가? 사람이 난다고 해야 기껏 9미터 정도이다. 그것도 올림픽 선수들의 경우가 그렇다. 그것이 나는 것인가? 다시 말해 사람이 기껏 몇 미터를 뛰어오르는 것이 나는 것이 아닌 것처럼, 애완동물과 주인 사이의 극히 제한된 의사소통은 언어가 아니라는 것이다. 이와 같은 촘스키의 주장을 따른다면, 언어와 관련한 인간과 다른 동물들 간의 차이는 양적인 차이가 아니라, 질적인 차이가 된다. 인간이 새처럼 날 수 없듯이 다른 동물들은 인간처럼 언어를 구사할 수 없다는 것이다.

다른 동물이 인간의 언어를 배울 수 있는지를 실험하기 위해 학자들은 주로 갓 태어난 침팬지를 이용하였다. 갓 태어난 새끼 침팬지에게 갓 태어난 인간 아기와 같은 환경을 만들어주며 인간 언어를 습득할 수 있는지를 관찰하였다.

비키Viki는 이런 실험 중 최초 실험의 하나에 사용된 침팬지이다. 헤이즈 교수 부부Keith & Catherine Hayes는 비키를 인간 유아처럼 기르면서 입말spoken language을 가르쳤다. 이 실험에서 비키는 'mama', 'papa', 'up', 'cup'의 4단어의 발화에 성공하는 데 그쳤다. 이 연구 결과는 처음에는 침팬지가 인간 언어를 배울 수 없음을 보여주는 증거로 해석되었다. 이후 침팬지의 발성 구조로는 인간의 말소리를 낼 수 없음이 밝혀지면서, 침팬지가 인간의 언어를 배울 수 있는지 여부를 판단하기 위해서는 다른 유형의 증거가 필요하게 되었다.

침팬지에게 입말spoken language을 가르치는 것이 불가능함을 알게 된 학자들은 침팬지에게 입말 대신 손말sign language, 즉 수화를 가르치기 시작하였다. 가드너 교수 부부Allen & Beatrix Gardener는 와쇼Washoe라는 침팬지를 인간 아기와 같이 옷을 입히고 식탁에서 함께 식사를 하면서 5년간 미국 수화American Sign Language를 가르쳤다. 와쇼는 대략 350개 정도의 단어를 습득하고, 2-3개의 단어를 결합하기도 하였으며, 새끼에게 자신이 배운 수화의 일부를 가르치기도 하였다. 이 연구 결과는 침팬지가 인간의 언어를 배울 수 있음을 보여주는 증거로 제시되었으나, 이를 과연 인간 언어를 습득한 것으로 보아야 할지에 대해서는 논란이 일게 되었다.

이후 유사한 연구가 계속되었다. 프리맥 교수 부부Anne & David Premack는 수화 대신 플라스틱 칩을 사용해 사라Sarah라는 침팬지에게 언어를 가르쳤다. 인간 언어의 자의성arbitrariness을 반영하기 위해 칩의 모양이나 색깔로부터 의미를 유추할 수 없게 하고, 칩들을 자석판magnetic board에 붙이는 방법을 사용했다. 이 연구에서 사라는 와쇼보다 적은 수의 단어를 익힌 것으로 보고되었다.

가드너의 제자인 패터슨Francis "Penny" Patterson은 코코Koko라는 고릴라에게 미국 수화를 수정한 고릴라 수화Gorilla Sign Language를 가르쳤다. 가드너 교수 부부는 와쇼 근처에서 사람들이 말을 하는 것을 금지했지만, 패터슨은 코코 근처에서 사람들이 영어로 말을 하는 것을 금지하지는 않았다. 그 결과 코코는 1000개 정도의 수화 단어뿐 아니라 2000개 정도의 입말 영어 단어도 이해하게 된 것으로 보고되었다.

침팬지가 과연 인간 언어를 배울 수 있는지와 관련해 가장 주목할 만한 연구 중 하나는 허버트 테라스Herbert S. Terrace 교수의 님 침스키 Nim Chimpsky 연구이다. 원래는 와쇼 연구 결과를 뒷받침하기 위해 시작된 이 연구에서 님 침스키는 44개월 간 125개의 단어를 습득하였다. 님이 사용한 수화 데이타를 해석하면서, 테라스는 님이 사용한 것은 심볼symbol에 불과하며 님이 인간 언어에 존재하는 문법이나 규칙을 터득한 것으로 볼 수는 없다는 결론을 내렸다. 님의 단어 습득 속도도 하루에 0.1개 정도에 불과한 것으로, 이는 인간이 2세와 22세 사이에 평균적으로 하루에 14단어를 습득하는 것과 비교하면 너무나도 큰 차이가 난다는 것이다. 이 연구 이후 침팬지가 인간 언어를 배울 수 있는지 여부에 대한 실험은 크게 위축되었다. 님 침스키에 대한 다큐멘터리가 2011년 영국 BBC 방송에 의해 *Project Nim*이라는 제목으로 제작되어 나와 있으니 관심이 있는 독자들은 관련 자료를 찾아보기 바란다.

이제까지의 결과가 대체적으로 촘스키의 견해를 뒷받침하는 것이라면, 그에 반대되는 연구 결과도 나와 있다. 수 새비지-럼보Sue Savage-Rumbaugh 교수는 침팬지의 한 종류인 보노보bonobo에게 언어를 가르치는 실험을 하고 있었다. 그 와중에 실험 대상이 아니었던 새끼 보노보인 칸지Kanzi가 혼자 언어를 터득하고 있는 것을 알게 되었다. 칸지는 입말spoken language을 알아들을 수 있을 뿐 아니라, 수화를 사용해 자신의 의사를 전달하기도 한다. 수화뿐 아니라, 각 단어에 해당하는 렉시그램lexigram을 모아놓은 판 lexigram board 중 특정 렉시그램을 누르면 그에 해당하는 영어 소리가 나도록 고안된 장치를 사용해 연구자들과 문장 수준의 의사소통을 하기도 한다. 이것이 혹시 주변 상황 등 다른 요인의 도움으로 가능한 것인지를 검증하기 위해 소리만으로, 즉 칸지에게 헤드폰을 씌워주고 오직 소리만으로 그 단어의 뜻을 이해하는지 여부를 실험한 결과 약 93%의 정확도를 보였다. 이전의 연구 결과에 비해 칸지의 경우는 인간의 말을 상당히 알아듣는 것으로 볼 수 있다 (새비지-럼보 교수는 칸지가 3,000개 정도의 영어 단어를 소리로 알아들으며, 완전한 문장을 이해한다고 주장함). 또 칸지가 다른 보노보에게 그가 터득한 그 나름의 언어를 가르쳐주려고 하는 것도 인상적이라고 할 수 있다.

인간 언어능력의 실체에 대해서는 아직까지 확실히 밝혀진 것이 없다. 그러니만큼 다른 동물이 인간 언어를 배울 수 있는지 여부에 대해 현재로서는 분명한 대답이 불가능하다. 유전자에 대한 이해가 더 깊어지고 뇌과학이 더욱 발달되어, 언어가 어떤 유전자에 의해 발현되는지, 그리고 뇌의 어떤 부분이 어떤 메커니즘에 의해 언어를 작동시키는 것인지를 알게 되면, 비로소 언어를 다른 동물에 이식시킬 수 있는지 여부에 대해서도 확실한 대답을 할 수 있게 될 것이다.

칸지 (Kanzi, 1980-)

말 | 한학성
· · · · · · · · ·

사람의 말이여

너는 어디에서 왔느냐

진화의 결과이냐

그렇다면 어떤 돌연변이의 결과이냐

그 무슨 돌연변이가 원숭이를 말하게 했느냐

왜 새에게는 그 돌연변이가 안 일어났느냐

왜 나무에게는 그 돌연변이가 안 일어났느냐

사람의 말이여

너는 어디에서 왔느냐

누군가가 심어준 것이냐

사람을 설계할 때 너도 함께 설계된 것이냐

누군가가 설계해

사람에게만 심어준 것이냐

그 설계도를 찾고 싶다

그리하여 풀에게도 나무에게도

너를 심어주고 싶다

비에게도 바람에게도 심어주고 싶다

땅에게도 하늘에게도 심어주고 싶다

그리하여 풀, 나무, 비, 바람, 땅, 하늘의

이야기를 듣고 싶다

그들의 시를 듣고

그들과 이야기하고 싶다

그들과 사랑하고 싶다

(2012년 출간 한학성 시집 『좋은 것은 다 숨어 있다』에서)

제4부
영문법과 영어 사전:
영어를 담는 그릇

제4부에서는 영어라는 언어를 담는 그릇이라고 할 수 있는
영문법과 영어 사전에 대해 살펴보고자 한다. 먼저 영문법
연구의 주요 방법론에는 어떤 것들이 있는지를 알아보고, 이
어서 대표적인 영어 사전에는 어떤 것들이 있는지를 살펴볼
것이다.

제10장
영문법 연구

문법학자가 할 일은 단연코 언어의 법칙을 찾아내는
것이다. 만들어내는 것이 아니고.
It is certainly the business of a grammarian to find
out, and not to make, the laws of a language.
— 존 펠(John Fell, 1784년 저서 *An Essay towards an*
English Grammar 중)

여기에서는 그동안 영문법이 어떻게 연구되어 왔는지를 살펴보기로 하겠다. 영문법 연구 방법론에는 크게 보아 전통문법, 구조주의문법, 생성문법의 세 가지가 있다고 할 수 있는데, 이들이 각각 어떤 특징을 갖는지를 알아보기로 한다.

I. 규범문법과 기술문법

내가 중학교에 다니던 1960년대 말에는 학교 영어 수업에서 "It's me" 같은 문장을 틀린 것으로, 즉 비문법적이라고 가르치는 것이 일반적이었다. 'be' 동사가 자동사이므로 그 보어 자리는 목적격을 취할 수 없고 주격을 취해야 한다는 이유에서였다. 즉 "It's me"는 잘못된 표현이고 "It's I"라고 해야 올바르다는 것이었다.

"It's me"나 "It's him" 같은 표현은 오래 전부터 영어 원어민 화자들이 일상생활에서 흔히 사용하던 것이었다. 그럼에도 불구하고 영국이나 미국에서까지 이들을 잘못된 표현으로 낙인찍고, 대신 "It's I"나 "It's he" 같은 표현을 사용해야 한다고 가르치던 시절이 있었다. 이는 당시의 문법학자들이 'be' 동사의 보어 자리에 목적격 대명사가 나오는 표현을 비논리적인 것으로 규정했기 때문이다. 앞에서 언급했듯이 타동사가 아닌 'be' 동사 다음에 어떻게 목적격 대명사가 나올 수 있느냐는 논리였다. 이와 같은 논리는 기본적으로 오랫동안 서양 문명을 선도해 온 라틴어 문법을 따른 결과이다. 상당수 초기 영문법 학자들은 영어를 열등한 언어로, 라틴어를 우월한 언어로 보고, 그에 따라 라틴어 문법을 영어 문법이 따라야 할 본으로 생각했다. 영어와 라틴어가 차이를 보일 때는 영어의 경우를 잘못된 것으로 간주하고, 영어 문법을 라틴어 문법에 맞게 수정해야 한다고 생각했다.

앞에서 인용한 존 펠John Fell의 말을 빌리면, 초기 영문법 학자들은 영어의 법칙을 찾아내려고 하기보다는, 만들어내려고 한 것이다. 이처럼 화자들이 해당 언어를 어떻게 사용하는지를 관찰하는 대신에, 어떻게 말해야 한다고 규정하는 문법을 규범문법prescriptive grammar이라고 부른다. 규범문법에서는 화자들이 어떤 표현을 사용하는지가 관건이 아니고, 문법학자들이 어떤 표현을 올바른 표현이라고 판단하는지가 관건이 된다. 따라서 어떤 경우에는 화자들이 일상적으로 사용하는 표현이나 문장이라고 하더라도, 문법학자들이 잘못된 표현으로 낙인찍기도 한다. 그리고는 어떤 표현이 올바른 표현이라고 처방prescription을 내린다. "It's me" 같은 표현을 비문법적이라고 규정하고, "It's I"라고 말해야 한다고 가르치는 것은 지극히 규범문법적인 성격을 드러내는 것이라고 하겠다.

이에 비해 기술문법descriptive grammar에서는 어떻게 말해야 하는지에 대한 처방을 내리지 않는다. 기술문법에서는 화자들이 어떻게 말하는지를 관찰하고, 그 내용을 기술describe하려고 한다. 기술문법에 따르면, "It's me" 같은 표현은 비문법적인 문장이 아니다. 영어 화자들이 일상적으로 사용하는 표현이며, 바로 그 이유로 문법적인 문장이 되는 것이다.

초기 영문법 시대에는 규범문법적인 성향이 강했다. 당시에는 교육받지 못한 대중들에게 올바른 영어, 특히 문어written language 측면에서의 올바른 영어를 교육해야 한다는 동기가 강했으므로, 초기 영문법은 대체적으로 규범문법적인 성격을 띠었다. 초기 영문법 시대의 규범문법 중 일부는 여전히 학교문법school grammar에 남아 오늘날까지 논쟁의 대상이 되기도 한다.

초기 영문법 시대의 규범문법 중 몇 가지 예를 들면 다음과 같다.

문장은 전치사로 끝나면 안 된다

초기 영문법 시대의 규범문법 중 대표격으로 라틴어 문법에서 유래한 것이다. "What are you up to?"처럼 일상적으로 사용되는 영어 표현을 문장의 마지막 단어가 전치사라는 이유로 비문으로 규정하는 부작용을 초래했다. 18세기의 영문법 학자 로버트 로우스(Robert Lowth, 1710-1787)는 다음과 같은 셰익스피어의 문장도 잘못된 예로 간주했다.

Who servest thou under? (*Henry V*)
Who do you speak to? (*As You Like It*)

'under'와 'to'와 같은 전치사로 문장이 끝났으므로 비문이라는 것이었다. 이와 같은 규칙에 대해 영국 수상을 지내고 노벨 문학상을 수상하기도 한 윈스턴 처칠 경(Sir Winston Churchill, 1874-1965)은 다음과 같이 응수했다고 한다.

This is the sort of nonsense up with which I will not put.

오늘날 기술문법에서는 전치사로 끝나는 영어 문장을 더 이상 비문법적인 것으로 간주하지 않는다.

'to-부정사'는 분리하면 안 된다

수십 년 전 미국에서 유행했던 텔레비전 드라마 『스타 트렉』*Star Trek*은 다음과 같은 말로 시작한다.

Our mission is to boldly go to where no man has ever been before.

과거의 규범문법에서는 밑줄 친 부분에서처럼 'to'와 '동사' 사이에 다른 요소가 삽입되면 비문법적인 것으로 간주했다. 이 역시 라틴어 문법을 억지로 영어에 적용시킨 결과이다. 이를 흔히 분리 부정사split in-finitive라고 칭하는데, 오늘날에도 일부 사람들은 분리 부정사를 바람직하지 않은 것으로 간주하기도 한다. 그러나 한 시대를 풍미한 드라마의 대표적 대사에서 분리 부정사를 사용한다는 것 자체가 이것이 더 이상 비문법적이 되지 않음을 보여준다고 할 수 있다. 유명한 문학 작품이나 신문 기사 등에서도 분리 부정사의 예를 어렵지 않게 확인할 수 있다.

부정의 부정은 긍정이다

규범문법학자들은 "I don't need nobody but you"처럼 영어에서 흔히 사용되는 이중 부정을 바람직하지 않은 것으로 보았다. 이를 금지하기 위해 부정의 부정은 긍정이라는 논리를 폈다. 이 역시 라틴어 문법의 영향이다. 라틴어에서는 이중 부정이 사용되지 않기 때문이다. 그러나 이중 부정은 고대 영어 당시부터 사용되던 영어 특유의 현상이며, 프랑스어나 이탈리아어에서는 다음에서 보는 바와 같이 오늘날에도 사용된다.

프랑스어: Je ne veux parler avec personne.

I not want speak with no-one

이탈리아어: Non voglio parlare con nessuno.

not I-want speak with no-one

위의 두 문장을 영어로 직역하면 모두 "I don't want to speak with nobody"가 된다. 이중 부정문이 되는 셈이다. 부정 요소가 두 번 나오지만 긍정의 의미가 되지는 않는다. 프랑스어와 이탈리아어의 이중 부정

현상을 보면, 영어에서 이중 부정을 금지해야 할 필연적인 이유는 없다고 할 수 있다. 그럼에도 불구하고 이중 부정과 관련한 규범문법의 영향은 아직도 상당히 견고하다고 할 수 있다. 이중 부정이 대부분의 학교 영문법에서 여전히 바람직하지 않은 것으로 간주되기 때문이다. 물론 기술문법에서는 이중 부정을 비문으로 보지 않는다.

'each other'는 둘 사이에, 'one another'는 셋 이상 사이에 사용한다

이는 한국에서는 여전히 강조되는 문법 사항이라고 할 수 있다. 그러나 실제로는 이 둘이 혼용된다. 다시 말해 'each other'가 셋 이상 사이에서 사용되기도 하며, 'one another'가 둘 사이에서 사용되기도 한다. 다음은 현대 영어로 번역된 영어 성경에서 'each other'를 셋 이상 사이에 사용한 예이다.

> And they said to each other, "We should choose a leader and go back to Egypt." (Numbers 14:4, NIV)

> At that time many will turn away from the faith and will betray and hate each other, (Matthew 24:10, NIV)

> The disciples were even more amazed, and said to each other, "Who then can be saved?" (Mark 10:26, NIV)

다음 예는 한 문장에 'each other'와 'one another'가 함께 쓰인 예로서 이 둘이 자유롭게 혼용될 수 있음을 보여준다.

> Bear with each other and forgive one another if any of you has

a grievance against someone. (Colossians 3:13, NIV)

Therefore encourage one another and build each other up, just as in fact you are doing. (1 Thessalonians 5:11, NIV)

On that day people will be stricken by the Lord with great panic. They will seize each other by the hand and attack one another. (Zechariah 14:13, NIV)

다음에서 보는 바와 같이 'one another'가 둘 사이에서 사용되기도 한다.

John and Mary love one another.

There is no such thing as complete harmony between two people, however much they profess to love one another. (A. Brookner, 1984)

따라서 과거 규범문법에서 'each other'는 둘 사이에, 'one another'는 셋 이상 사이에 사용한다고 한 것은 실제 용례와는 부합하지 않음을 알 수 있다.

'than'은 접속사이다

과거 한국에서도 'than'을 접속사로만 가르치던 시절이 있었다. 당시에는 다음과 같은 문장에서 'than' 다음에 나오는 대명사는 반드시 주격을 취해야 한다고 가르쳤다.

He's taller than I.

당시에는 "He's taller than me"라는 문장은 틀린 문장으로 간주했다. 그러나 이 역시 규범문법의 잔재일 뿐이다. 영어 원어민 화자들은 두 문장을 모두 사용한다. 기술문법에서는 "He's taller than me"라는 문장도 영어의 적형한 문장으로 간주하며, 이때는 'than'의 품사를 전치사로 본다. 즉 'than'이 접속사이므로 "He's taller than me"라고 말하면 안 되고 반드시 "He's taller than I"라고 말해야 한다고 주장하는 규범문법에서와 달리, 기술문법에서는 두 문장을 모두 인정하고 'than'이 전자에서는 전치사, 후자에서는 접속사로 사용된 것이라고 설명하는 것이다.

'due to'는 보어 역할, 'owing to'는 부사 역할을 한다

내가 어렸을 때 사용하던 사전 중에는 실제로 'due to'는 'be' 동사의 보어 자리에, 'owing to'는 부사의 경우에만 사용한다고 적혀 있던 사전이 있었다. 'due'가 형용사이므로 'due to'도 형용사적으로만 사용해야 한다는 논리였다. 물론 그 사전은 당시의 규범문법적 입장에 따라 용법을 설명한 것이다. 그러나 오늘날에는 'due to'를 부사적으로 사용해도 아무 문제가 없다고 생각하는 것이 일반적 경향이라고 할 수 있다. 물론 일부 사람들은 이 둘 사이의 과거 규범문법적 구분을 유지해야 한다고 주장하기도 한다.

2. 영문법 연구 방법의 주요 세 갈래

앞에서 규범문법적 관점을 취하는지 기술문법적 관점을 취하는지에 따라 문법의 모습이 달라질 수 있음을 보았다. 영문법 연구는 어떤 관점을 취하느냐에 따라 가는 길이 현저하게 달라질 수 있다. 영문법 연구의 역사를 통해 보면 크게 보아 세 가지 중요한 영문법 연구 방법론이 있다고 하겠다. 그것은 전통문법traditional grammar, 구조주의문법 structural grammar, 그리고 생성문법generative grammar이다. 물론 이 외에도 다양한 이론이 있다가 사라졌으며, 지금도 다양한 이론이 논의되고 있다. 그럼에도 불구하고, 이 세 가지가 영문법 연구 방법론의 핵심을 이룬다고 할 수 있다. 이제부터 이 세 가지 방법론의 특징을 하나씩 살펴보기로 하자.

3. 전통문법

전통문법이라는 개념은 사실 모호하다고 할 수 있다. 구조주의자들이 초기 영문법 학자들의 작업을 폄하하려는 의도에서 전통문법이라는 용어를 사용하기도 하지만, 전통문법의 개념을 어떻게 설정할 것인지에 대해서는 명확한 합의가 있다고 하기 어렵다. 구조주의자들은 학술적 기준에 미흡하다는 뜻으로 전통문법이라는 용어를 사용했지만, 구조주의를 전후해 활동한 사람들 중에 구조주의에 동참하지 않으면서 학술적 의의가 있는 저작물을 생산한 사람들의 수도 적지 않은 것이 사실이다. 그런 의미에서 전통문법을 일반적 의미에서의 전통문법과 학술적 의의를 지닌 전통문법으로 나누어 생각해볼 필요가 있다.

일반적 의미의 전통문법은 대개 다음과 같은 특징을 갖는다.

전통문법의 특징
① 라틴어 문법에 의존한다.
② 규범문법을 강조한다.

③ 문어written language 연구에 치중한다.

④ 역사적 변화를 중시한다.

⑤ 억지로 만든 예를 사용한다.

이런 특징들은 전통문법에 대한 비판이 되기도 한다. 라틴어 문법에 의존한다는 것은 해당 언어를 독립적으로 보지 않고 라틴어라는 거울을 통해 보려 한다는 비판을 야기한다. 앞에서도 이미 언급한 바 있는 덴마크 언어학자 오토 예스퍼슨은 특정 언어의 문법에 맞추어 어떤 언어의 문법을 구성하는 것을 '프로크루스테스식 방법론'Procrustean method이라고 불렀다. 기준이 되는 언어의 문법을 마치 '프로크루스테스의 침대'처럼 본 것이다. 규범문법적 태도도 기술문법을 옹호하는 구조주의 문법학자들이 보기에는 비학술적인 행태였으며, 전통문법이 언어의 1차적 형태인 입말spoken language을 주된 탐구 대상으로 삼지 않고, 문어, 즉 글말written language을 주된 탐구 대상으로 삼은 것도 심각한 문제였다. 또한 전통문법이 해당 언어의 현대 모습을 다룸에 있어서도 지나치게 역사적 변화를 중시한다는 비판을 받았으며, 전통문법에서 사용하는 예들이 실제 실생활에서 사용되는 예이기보다는 문법학자들이 해당 문법사항을 설명하기 위해 억지로 만들어낸 예concocted examples라는 점도 비판의 대상이 되었다.

이런 의미의 일반 전통문법에 속한다고 할 수 있는 대표적 인물로는 영국의 로버트 로우스(Robert Lowth, 1710-1787)와 미국의 린들리 머리(Lindley Murray, 1745-1826)를 들 수 있다.

로버트 로우스(Robert Lowth, 1710-
1787)
영국 출신의 사제이며 학자. 옥스퍼드
대학의 시(poetry) 교수와 런던 주교 등
을 지냄. 1762년에 *A Short Introduc-
tion to English Grammar*를 출간함.

린들리 머리(Lindley Murray, 1745-
1826)
미국 출신의 변호사. 1784년 은퇴 후
에는 건강 문제로 영국으로 이주함.
1795년 *English Grammar Adapted
to the Different Classes of Learners*
를 출간함. 옥스퍼드 영어 사전을 펴내
는 데 핵심적 역할을 한 영국의 제임스
머리(James Murray)와는 다른 사람임.

조셉 프리스틀리:

영국 출신의 조셉 프리스틀리(Joseph Priestly, 1733-1804)는 과학, 신학, 철학, 정치사상, 교육 등 다방면에 걸쳐 천재적 면모를 보였는데, 1761년에는 *Rudiments of English Grammar*라는 저서를 출간한 문법가이기도 하다. 로버트 로우스Robert Lowth나 린들리 머리Lindley Murray가 규범문법적 경향을 보인 것과 달리 그는 기술문법을 옹호하였다.

조셉 프리스틀리
(Joseph Priestley, 1733-1804)

16세기, 17세기의 영문법 책들:

로우스, 머리, 프리스틀리의 영문법 책이 모두 18세기에 출간되었는데, 그렇다고 해서 영문법의 역사가 18세기에 시작된 것은 아니다. 16세기에 이미 영문법 책이 출간되기 시작하는데, 16세기와 17세기에 나온 영문법 책의 예를 일부 들면 다음과 같다. 당시에는 영문법 책을 라틴어로 저술하기도 했다.

1586년 William Bullokar, *Pamphlet for Grammar*

1634년 Charles Butler, *English Grammar*

1640년 Ben Jonson, *The English Grammar*

1662년 James Howell, *A New English Grammar*

4. 학술전통영문법과 헨리 스위트

구조주의는 전통문법의 한계를 극복하기 위해 20세기 초에 태동된 것이다. 그러나 구조주의가 시작되기 이전에 이미 전통문법의 한계를 극복하기 위해 노력한 학자들이 있었다. 또한 구조주의가 맹위를 떨치던 시기에도 과감하게 구조주의적 방법론을 거부하고 독자적 문법 연구를 모색한 사람들이 있었다. 이들을 구조주의자로 볼 수는 없기 때문에 통상적으로는 전통문법가의 범주에 포함시킨다. 그렇지만 이들을 일반적 의미의 전통문법가와 구별하기 위해 학술전통문법가scholarly traditional grammarian로 부르기도 한다. 이들 중 대표적인 사람이 영국의 헨리 스위트(1845-1912)와 덴마크의 오토 예스퍼슨(1860-1943)이다. 여기서는 헨리 스위트에 대해 알아보기로 하겠다.

헨리 스위트는 라틴어 문법을 모델로 해서 영어를 분석하는 것을 비과학적인 것으로 규정한다. 그는 라틴어가 굴절어이기 때문에 영어를 굴절어로 보아야 한다거나, 굴절이 대부분 소실된 현대 영어를 문법이 빈약하다거나 타락한 언어로 보는 견해에 반대하였다. 그는 언어 변화를 긍정적인 것으로 볼 수도 있다고 하면서, 언어 변화를 순수 형태로부터의 변질이나 타락으로 보는 당시의 주류 입장에 반대하였다 (cf. 1876년에 출간된 헨리 스위트의 논문 *"Words, Logic and Grammar"*). 그는 다른 언어의 문법에 의존해 영어를 분석하는 것을 회피하고자 했을 뿐 아니라, 다른 나라 학자들, 특히 당시 영어사 연구와 관련해 학계를 주도했던 독일 학자들의 연구 성과에 의존하는 것도 회피하고자 하였다. 그는 영국 학자들이 독일 학자들의 연구 성과에 기대는 것을 '기생언어학'parasite philology으로 취급하면서, 그 스스로 영국의 독자적 영어 연구 학파를 세우는 데 일익을 담당하기를 희망했다 (cf. 1885년 발행된 헨리 스위트의 *The Oldest English Texts* 서문).

아울러 다음과 같은 그의 언명은 그가 기술문법을 옹호함을 단적으로 보여준다.

> 어떤 표현이 해당 언어에서 일반적으로 사용된다면, 그 표현은 바로 그 이유 때문에 문법적으로 올바르다.
> (Whatever is in general use in a language is for that very reason grammatically correct. cf. 헨리 스위트의 1891년 저서 *A New English Grammar I*, p. 5)

기술문법을 옹호한다는 것은 라틴어 문법을 모델로 한 규범문법을 거부한다는 뜻이며, 문법학자들의 임무가 언중들의 언어 사용을 반영reflect하는 것이지, 평가evaluate하는 것이 아니라는 뜻이기도 한다.

그는 구어, 즉 글written language이 아닌 말spoken language을 중시했

다. 다음과 같은 그의 언명은 언어 연구의 1차적 대상이 글이 아니라 말이어야 함을 보여준다.

> 우리는 언어를 문자 기호와 무관하게 철저히 소리들로만 이루어져 있는 것으로 볼 수 있어야 한다.
>
> (We must learn to regard language solely as consisting of groups of sounds, independently of the written symbols. cf. 1876년에 출간된 헨리 스위트의 논문 "Words, Logic and Grammar")

그는 음성학을 문법의 필수 요소an essential part of grammar로 보았다. 이는 이전의 전통문법가들과는 확연하게 구분되는 입장으로서 그는 음성학뿐 아니라 음운론 분야에도 큰 족적을 남겼다. 그는 음운론을 모든 언어 연구의 필수불가결한 기초(phonology is the indispensable foundation of all linguistic study, cf. 헨리 스위트의 1891년 저서 *A New English Grammar I* 서문 xii)로 보았으며, 그의 의미 있는 소리 구분significant sound-distinction과 그렇지 않은 소리 구분non-significant sound-distinction의 개념은 이후 구조주의에서 이야기하는 음소phoneme 개념의 모태가 되기도 했다.

말과 음성학을 중시한 그는 외국어교육에서도 살아있는 말 중심 외국어교육을 주창해 유럽에서 개혁교수법the reform method이 태동하는 데에 중요한 역할을 하게 된다.

그는 또한 1876년에 이미 통시적 연구diachronic study와 공시적 연구 synchronic study를 구분함으로써 (cf. 1876년에 출간된 헨리 스위트의 논문 "Words, Logic and Grammar") 구조주의의 창시자로 간주되는 소쉬르보다 40년이나 앞서 이 둘을 구분하는 면모를 보이기도 했다. 그는 이 둘을 구분했을 뿐 아니라 이 둘 모두에서 탁월한 업적을 남기기도 하였다.

1946년 영국 언어학회the Philological Society에서 행한 연설에서, 당시 회장이던 렌(C. L, Wrenn, 1895-1969)은 헨리 스위트를 가리켜 그때까지 영국이 배출한 가장 위대한 언어학자the greatest philologist that our country has so far produced라고 극찬했다 (cf. Wrenn 1946). 이런 스위트이지만, 그가 대학교수가 되는 길은 험난했다. 1876년 University College London의 비교언어학과, 1885년 옥스퍼드대학 영어영문학과, 1901년 옥스퍼드대학 비교언어학과 교수직을 얻기를 희망했으나 모두 실패한 그는 1901년 매우 늦은 나이에 옥스퍼드대학의 음성학과에 가까스로 취직이 된다.[1]

영국에서는 우리나라나 미국에서와 달리 'professor'라는 지위는 탁월한 소수의 학자에게만 부여되는데, 스위트는 평생 'professor'가 되지 못하고 'reader'(우리나라의 부교수와 유사)에 머물렀다.

이에 대한 이유로는 대학 시절 그가 학과 공부보다는 스스로의 공부에 더 집중하는 바람에 학생으로서의 그에 대한 평가가 좋지 않았다는 점과 그의 괴팍한 성격이 주로 거론되기도 한다. 그의 괴팍한 성격과 관련해서 렌C. L. Wrenn은 위에서 언급한 1946년의 연설에서 다음과 같은 일화를 소개한다. 그가 제임스 머리(James Murray, 옥스퍼드 영어 사전Oxford English Dictionary의 편집자)를 만났을 때 (이전 어떤 모임에서 두 사람 사이에 의견 대립이 있었다고 함), 머리가 격식을 갖추어 "Good morning, Dr. Sweet"라고 인사하자, 스위트는 "Damn you, Murray"라고 응답했다는 것이다. 스위트의 괴팍함과 비사교성은 스위트가 당연히 누렸어야 할 학자로서의 역할을 빼앗아 간 이유가 되었을 뿐 아니라, 그런 빼앗김에서 오는 울분은 이미 괴팍하고 비사교적인 스위트를 더욱 괴팍하고 비사교적으로 만들게 되었다. 말년에 스위트는 학계의 거의 모든 사람들과 불편한 관계였던 것으로 전해진다.

1984년에 설립된 영국의 언어학사 관련 학회는 헨리 스위트의 이름

을 붙여 그를 기리고 있다 (그 학회의 영문 이름이 The Henry Sweet Soci-
ety for the History of Linguistic Ideas임).

　　버나드 쇼는 스위트를 천재로 평가했는데, 자기 저서 *Pygmalion*의
서문에서 스위트가 당시 학계에서 큰소리치던 사람들에 대해서 극도의
경멸심Satanic contempt for all academic dignitaries을 갖고 있었다고 적고
있다. 쇼는 스위트가 *Pygmalion*의 극중 인물인 히긴스 교수의 모델이
아니라고 했지만, 그 둘 사이에 유사점이 없지는 않다고 할 수 있다.

헨리 스위트(Henry Sweet, 1845-1912)

참고사항
. . . .

헨리 스위트의 저서:

헨리 스위트는 음성학, 영어사 연구(=통시적 연구), 영문법 연구(=공시적 연구), 외국어교육 등 다방면에 걸쳐 탁월한 업적을 남겼다.

그의 음성학 연구 저술로는 *A Handbook of Phonetics* (1877), *Elementarbuch des gesprochenen Englisch* (1885), *A Primer of Spoken English* (1890), *The Sounds of English* (1908) 등이 있다.

그의 영어사 연구 성과를 보면, 그는 학부 시절부터 고대 영어에 관한 논문을 발표했으며 고대 영어 방언학의 주춧돌을 놓기도 하였다. 영어의 역사와 관련한 그의 저서에는 *An Anglo-Saxon Reader* (1876), *The Oldest English Texts* (1885). *An Anglo-Saxon Primer* (1882), *First Middle English Primer* (1884), *Second Middle English Primer* (1885), *A Student's Dictionary of Anglo-Saxon* (1896) 등이 있다.

영문법 연구서로는 *A New English Grammar, Logical and Historical* (전 2권, 1권은 1891년 출간, 2권은 1898년 출간) 등이 있으며, 외국어교육과 관련해서는 *The Practical Study of Languages* (1899)가 있다.

다음은 1891년에 출간된 *A New English Grammar, Logical and Historical* 1권의 속표지이다. 중간 아래쪽을 보면 1권(=part 1)의 내용을 소개하는 부분이 있는데, 그 중에 '음운론'을 뜻하는 'phonology'가 적혀 있다. 오늘날에도 문법 책에 음운론이 포함되는 것이 드문 일임을 감안하면 19세기 말 당시에는 매우 획기적인 일이었다고 할 수 있다. 그만큼 그가 음운론을 모든 언어 연구의 필수불가결한 기초로 생각했음을 보여주는 것이라고 할 수 있다. 참고로 1898년에 출간된 *A New English Grammar, Logical and Historical* 2권은 'syntax'에 대한 것이다.

5. 구조주의문법

구조주의문법은 흔히 스위스의 언어학자 페르디낭 드 소쉬르(Ferdinand de Saussure 1857-1913)가 창시한 것으로 말해진다. 그의 저서인 『일반 언어학 강의』*Cours de linguistique générale*는 그가 1906년부터 1911년 사이에 스위스의 제네바대학에서 행한 강의 내용을 그의 제자들이 정리한 것으로 그의 사후인 1916년에 출간되었다.

전통문법과 비교해 구조주의는 다음과 같은 특징을 갖는다.

구조주의문법의 특징

① 기술문법descriptive grammar을 강조한다.

② 구어spoken language를 중시한다.

③ 의미에 기반을 둔 분석을 거부하고, 오직 형태만을 분석의 기준으로 삼는다.

④ 공시태synchrony와 통시태diachrony를 구분한다.

⑤ 코퍼스를 기반으로 한 분류taxonomy를 중심으로 한다.

⑥ 음운론 및 형태론 연구에 치중하고, 통사론 연구는 빈약하다.

구조주의문법이 기술문법을 강조하고 구어를 중시한 것은 전통문법이 규범문법을 강조하고 문어 중심 연구 행태를 보인 데 대한 반성에서 나온 것이다. 구조주의문법에서 구어, 즉 말올 중시함으로써 소리 언구, 즉 음성학과 음운론의 발달이 이루어지게 된다. 과학적 연어연구를 지향하는 구조주의문법은 관찰가능observable한 것만을 탐구의 대상으로 삼을 수 있다는 명분 아래, 오직 형태form만을 분석의 대상으로 삼았다. 사람의 정신 속에서 이루어진다고 생각한 의미meaning 작용은 관찰할 수 있는 것이 아니므로 과학적 탐구 대상으로 삼아서도 안 되고,

분석의 기준으로 삼아서도 안 된다고 구조주의자들은 생각하였다. 따라서 언어학은 오직 형태만을 분석의 기준으로 삼아야 한다고 주장했다. 또한 전통문법가들이 현대 영어에 대한 문법을 이야기하면서도, 영어의 과거 모습으로부터의 변화, 즉 역사적 변화에 대한 연구에 치중하던 것을 문제시하고, 언어는 과거 모습과 무관하게 현재 모습을 중심으로 분석할 수 있어야 한다고 주장하였다. 다시 말해 현대 언어는 현대 언어 자체를 대상으로, 즉 공시적으로synchronically 연구할 필요가 있다며, 역사적 연구, 즉 통시적diachronic 연구와 공시적synchronic 연구를 구분하였다. 문법현상을 설명하기 위해 문법학자들이 억지로 만든 concocted 예를 사용하기도 한 전통문법가들과 달리, 구조주의자들은 언중들이 실제로 사용하는 예들을 수집해 코퍼스corpus를 만들고, 이 코퍼스를 기반으로 해서 그 안의 자료들을 분류하고, 그 안에서 의미 있는 패턴pattern들을 찾아내는 작업을 주로 하였다. 따라서 이들은 품사들을 분류하고 문장 유형들을 분류하는 등의 작업에 관심이 많았다. 앞에서도 이야기한 바와 같이 구조주의에서는 소리에 대한 적극적 관심으로 음성학과 음운론, 그리고 단어들의 품사 및 어형을 다루는 어형론(accidence: 이를 오늘날에는 형태론, 영어로는 'morphology'라고 함)은 발달했으나, 문장을 다루는 통사론syntax에 대한 연구 성과는 극히 미미하였다.

참고사항
· · · · · · · · ·

소쉬르의 주요 개념:

1. 랑그lange와 파롤parole:

언어를 이야기할 때 체계system로서의 언어와 각 개인이 실제로 사용하는 언어를 구분할 수 있다. 소쉬르는 전자를 랑그langue, 후자를 파롤parole이라고 부르고, 자신의 주된 탐구 대상은 랑그라고 하였다. 랑그가 해당 언어를 사용하는 사람들이 공유하는 규칙이나 규약의 총합을 지칭한다면, 파롤은 각 개인이 구체적인 상황에서 실제로 행한 언어 행위를 지칭한다고 할 수 있다. 이를 바둑에 빗대어 이야기하자면, 바둑과 관련된 모든 규칙의 총합은 랑그에 비유할 수 있고, 실제 시합에서 각 개인이 구사한 바둑은 파롤에 해당한다고 할 수 있다. 촘스키가 이야기하는 언어능력competence과 언어수행performance도 이와 유사한 구분으로 볼 수 있다.

2. 기표(=시니피앙)와 기의(=시니피에):

기호sign는 기표signifiant와 기의signifié의 두 부분으로 이루어져 있는데, 언어와 관련해 이야기하자면 기본적으로 기표는 소리이고 기의는 의미를 나타낸다. 예를 들어 '집'이라는 소리(혹은 그것을 적은 글자)는 기표이고 그것이 나타내는 의미는 기의이다. 기표와 기의의 관계는 자의적arbitrary이다. 이는 '집'이라는 소리와 그것이 나타내는 뜻 사이에 아무런 필연적 관계가 없음을 의

미한다. 랑그는 이러한 언어 기호sign의 체계system이다. '시니
피앙'과 '시니피에'는 프랑스어 어휘로서 이들을 영어로는 각각
'signifier'와 'signified'라고 부른다.

3. 공시태synchrony와 통시태diachrony:
앞에서도 이야기한 것처럼 역사적 변화를 다루는 것은 통시적 연
구이고, 특정 시점의 언어를 다루는 것은 공시적 연구이다. 역사
적 변화를 연구하기 위해서는 각 시점의 공시태에 대한 연구가
선행되어야 한다. 예를 들어 16세기 영어, 18세기 영어, 20세기
영어 등 각각에 대한 연구가 제대로 되어 있어야 비로소 16세기
영어와 20세기 영어를 비교하는 통시적 연구가 가능해진다. 이는
역사적 변화에 대한 고려 없이 공시적 연구가 가능하다는 것을
의미하기도 한다.

페르디낭 드 소쉬르(Ferdinand de
Saussure, 1857-1913)

영문법 연구에 있어 구조주의는 미국에서의 구조주의와 영국에서의 구조주의 둘로 나누어 생각할 수 있는데, 미국 구조주의문법의 대표적 학자로는 블룸필드(Leonard Bloomfield, 1887-1949)를 꼽을 수 있다. 그의 1933년 저서 *Language*는 미국 언어학의 바이블이라고까지 이야기될 정도로 언어학의 고전이라고 할 수 있으며, 미국 언어학계에 강력한 영향을 끼친 책으로 평가된다. 이 책의 영향을 받은 1940년대 및 1950년대 미국 언어학자들을 흔히 블룸필드 학파The Bloomfield School라고 부르기도 하나, 이들이 모두 블룸필드의 견해에 동의하는 것은 아니므로, 이들을 동질적 견해를 지닌 집단으로 보기는 어렵다고 할 수 있다. 사피어(Edward Sapir, 1884-1939)도 미국 구조주의의 대표적 학자 중 한 사람이라고 할 수 있다.

레너드 블룸필드(Leonard Bloomfield, 1887-1949)

Aarts는 블룸필드 이후의 미국 구조주의문법에 대해 다음과 같은 비판을 한다.[2]

우선 미국의 구조주의문법은 음운론과 형태론에 과도하게 치중하느라 통사론을 희생시키는 결과를 초래했다. 두 번째로는 미국의 구조주의문법가들은 습관적으로 전통문법을 비판하기는 했으나, 전통문법을 대체할 만한 업적을 생산해내지는 못했다. 기껏해야 부분적 기술 partial description만을 생산해내었을 뿐이다.

블룸필드의 *Language* 이후 나온 미국 구조주의문법의 대표적 저술의 예로는 Bloch & Trager의 *Outline of Linguistic Analysis* (1942), Trager & Smith의 *An Outline of English Structure* (1951) 등을 들 수 있는데, 이 책들에서 통사론이 차지하는 비중은 극히 미미하며, 그 내용도 블룸필드 수준에서 벗어나지 못하는 것이라고 할 수 있다.

미국 구조주의 학자들로는 이 외에도 프리즈(Charles C. Fries, 1887-1967), 힐(A. A. Hill, 1902-1992), 해리스(Zellig Harris, 1909-1992), 하킷(Charles F. Hockett, 1916-2000), 글리슨(Henry Allan Gleason, 1917-2007) 등이 있다.

참고사항
· · · · · · · · ·

젤리그 해리스(Zellig Harris, 1909-1992):
촘스키의 스승으로 변형transformation 개념의 창시자이다. 촘스키에 앞서 X′-이론의 원형을 제안한 것으로도 알려져 있다.

젤리그 해리스(Zellig Harris, 1909-1992)

영국의 구조주의학자로는 퍼스(J. R. Firth, 1890-1960), 할리데이(M.A.K. Halliday, 1925-) 등을 들 수 있다. 영국 구조주의의 대표적 학자라고 할 수 있는 퍼스Firth는 영국 최초의 일반언어학 교수를 지낸 사람으로 주로 음운론과 의미론 분야에 관심을 두었는데, 의미와 관련해서 상황의 맥락context of situation이라는 개념을 소개하기도 하였다. 퍼스의 견해는 상당 부분 모호하다는 평을 듣기도 한다. 통사론 분야가 빈약하다는 점에서 미국 구조주의의 문제점을 그대로 답습한다고 할 수 있다.

6. 오토 예스퍼슨

덴마크의 언어학자 오토 예스퍼슨(1860-1943)은 이미 소개한 바 있는 헨리 스위트(1845-1912)의 영향을 받았으며, 실제로도 이 둘 사이에 상당한 교류가 있었다. 그런 점에서 예스퍼슨을 스위트의 전통을 잇는 것으로 볼 수 있을 것이다. 다시 말해 전통문법의 한계를 극복해 보인 학술전통문법가의 면모를 보인다고 할 수 있다. 그런데, 예스퍼슨은 5장에서 일부 살펴보았다시피, 촘스키보다 먼저 생성문법의 주요 개념을 주창한 사람이다. 이 점을 주목하면, 그를 생성문법이론의 선구자라고 칭할 수도 있을 것이다. 그러나 예스퍼슨을 전통문법, 구조주의문법, 생성문법 등 어느 하나의 학파에 속하는 사람으로 규정하는 것은 적절하지가 않다. 그가 평생 독자적 학문 태도를 견지했기 때문이다.

그는 라틴어 문법을 본으로 해서 다른 언어의 문법을 짜 맞추는 식의 행태를 프로크루스테스식Procrustean method이라며 배척하였다.[3] 아울러 그는 말spoken language을 언어 탐구의 기본 대상으로 삼음으로써, 글 중심의 전통문법과 분명한 거리를 보인다. 그는 스위트와 마찬가지로 소리 연구, 즉 음성학 발전에 큰 기여를 하였으며, 스위트와 마찬가지로 그의 문법 책에는 소리 부분이 중요하게 다루어진다. 또한 그는 글이나 말에서 실제로 사용된 예를 그의 문법 책에서 광범위하게 사용한다는 점에서 문법 사항을 설명하기 위해 억지로 만든 예를 문법 책에 사용하는 전통문법가들과 확연한 차이를 보이기도 한다.

그렇다고 해서 그가 구조주의자들에게 맹목적으로 동조하는 것도 아니었다. 그는 소쉬르나 블룸필드로부터 거의 영향을 받지 않았으며, 구조주의문법의 핵심 개념이라고 할 수 있는 랑그와 파롤의 구분, 통시태와 공시태의 철저한 구분 등에 반대하였다. 또한 그는 소리와 의미는 나눌 수 있는 것이 아니라고 생각하기도 했다. 이런 점들은 그가 구조주의자가 될 수 없음을 보여준다.

실제로 구조주의자들은 예스퍼슨의 일부 분석을 비과학적이라고 비판하기도 했다. 예를 들어 구조주의문법에서는 의미는 관찰 가능한 것이 아니므로, 의미를 분석의 기준으로 삼으면 안 된다고 주장한다. 따라서 구조주의자들은 형태form가 같으면 구조도 같은 것으로 분석한다. 그러나 예스퍼슨은 다음의 두 표현이 형태적으로는 유사하지만 구조적으로는 다르다고 주장한다.

> the doctor's house
> the doctor's arrival

위의 두 표현은 맨 마지막의 'house'와 'arrival'만 다르고, 나머지는 동일하다. 그런데 이 마지막 단어들이 모두 명사이다. 따라서 이 두 표현은 동일한 구조를 보인다고 하는 것이 구조주의문법의 분석이다.

그런데 예스퍼슨의 체계에서는 이 둘이 다른 구조를 갖는다. "the doctor's arrival"은 "the doctor arrives"와 같이 주어와 술어의 관계, 즉 주술관계가 있음에 비해, "the doctor's house"에는 주술관계가 없다는 것이다. 따라서 이 둘은 서로 다른 구조를 보인다고 예스퍼슨은 주장한다. 뒤에서 다시 이야기하겠지만 예스퍼슨은 "the doctor's house"는 수식관계를 보이는 'junction' 구조, "the doctor's arrival"은 주술관계를 보이는 'nexus' 구조라며 이 둘의 구조를 달리 본다.

이와 같은 예스퍼슨의 분석은 의미를 기준으로 할 때만 가능한 것이다. 이렇게 의미를 문법 분석의 도구로 삼는 것을 구조주의자들은 'notional approach'라고 비판하였다. 그들에게 의미를 문법 분석의 도구로 사용하는 예스퍼슨은 비과학적인 문법 연구를 하는 셈이었다.

오토 예스퍼슨은 방대한 연구 업적을 생산해내었는데, 그의 대표적 저술로는 7권으로 이루어진 *A Modern English Grammar on Historical Principles*를 드는 사람이 많다. 1909년에 1권이 출간된 후 마지막 권인 7권은 그의 사후인 1949년에 출간되었으니, 가히 그의 필생의 역작이라고 할 만하다. 각 권에 붙은 제목과 출판연도는 다음과 같다.

A Modern English Grammar on Historical Principles 전 7권

1권:	SOUNDS AND SPELLINGS	1909년
2권:	SYNTAX (FIRST VOLUME)	1914년
3권:	SYNTAX (SECOND VOLUME)	1927년
4권:	SYNTAX (THIRD VOLUME)	1931년
5권:	SYNTAX (FOURTH VOLUME)	1940년
6권:	MORPHOLOGY	1942년
7권:	SYNTAX	1949년

이 책의 제목인 *A Modern English Grammar on Historical Principles* 중에서 "on historical principles"라는 표현에 주목해볼 만하다. 흔히 옥스퍼드 영어 사전, 혹은 *OED*로 알려져 있는 *Oxford English Dictionary*의 원래 이름은 *A New English Dictionary on Historical Principles*였다. 이 원래 제목에도 "on historical principles"라는 표현이 들어 있었다. 예스퍼슨은 영국을 방문했을 때, 스위트로부터 각 단어의 역사적 용례(이것이 그 사전에 "on historical principles"라는 표현이 들어가게 된 이유임)를 붙인 새로운 영어 사전을 만드는 작업이 진행되고 있음을 듣게 되었다고 한다. 예스퍼슨은 그 영어 사전에 필적할 수 있는 영문법 책을 집필하기로 결심하고 평생 이 일에 매달린 결과 이와 같이 방대한 영문법 저술을 펴낸 것이다. 위의 7권 중 6번째 책은 예스퍼슨이 제자인 Paul Christophersen, Niels Haislund, Knud Schibsbye의 도움

을 받아 완성한 것이며, 마지막 7권은 예스퍼슨이 남긴 자료를 바탕으로 Niels Haislund가 완성한 것이다.

첫 권이 발음과 철자에 관한 것임이 특이하다고 할 수 있다. 이는 스위트가 그의 저서인 *A New English Grammar, Logical and Historical* 1권의 전반부에서 음운론을 중요하게 다루는 것과 유사하다고 볼 수 있을 것이다. 그만큼 그는 언어 연구에 있어서 말, 즉 소리를 중심으로 삼았음을 알 수 있다. 총 7권 중 다섯 권이 통사론에 관한 것이다. 이는 구조주의문법가들이 주로 음운론과 형태론 연구에 치중하느라, 통사론 연구가 극히 저조했던 것과 명백한 대조를 이루는 것이다.

참고사항

통시태-공시태 구분에 대한 예스퍼슨의 생각:

*A Modern English Grammar on Historical Principles*라는 제목은 언뜻 생각하기에 서로 모순되는 표현이 공존한다고 여겨질 수도 있다. 즉 'historical'이라는 말은 이 책들이 기본적으로 통시적diachronic 접근을 꾀하는 것으로 보이게 하는데, 'modern English'는 기본적으로 공시적synchronic 접근 대상이기 때문이다. 그런데 예스퍼슨은 이 책들에서 'modern English'를 그가 살던 시기의 영어로 규정하지 않고 영어사에서 이야기하는 현대 영어 시기, 즉 인쇄술이 시작되는 15세기 후반부터 그가 살던 시기까지의 영어로 규정한다. 따라서 그가 말하는 현대 영어는 400-500년에 걸친 시기를 망라하므로 순수한 의미의 공시적 연구 대상이 될 수 없다.

이 점이 아니더라도 예스퍼슨은 구조주의문법에서 통시적 접근과 공시적 접근을 엄격히 구별하는 데에 반대 의견을 갖고 있었다. 다음은 그의 책 4권 서문에서 그가 한 말이다.

Much has been written lately against the one-sidedly his-torical school of linguistics, and stress has been laid on the importance of the grammatical description of the language of one definite period. But when Ferdinand de Saussure and his followers insist on a sharp line of division between what they call diachronic and synchronic linguistics, their view is to my mind exaggerated: the two subjects cannot and should not be rigidly separated, least of all in a language possess-ing so strong a literary tradition as English. I have therefore tried to combine both points of view, arranging, wherever my material allowed it, the historical evidence so as to lead up to a statement of present usage.

즉 그는 소쉬르와 달리 통시적 접근과 공시적 접근은 엄격히 분리될 수 없으며, 분리되어서도 안 된다는 입장이다. 그는 역사적 증거가 현대 용례를 설명할 수 있으면 그렇게 해도 좋다고 생각하는 것이다. 그가 이 서문의 앞부분에서 최근 시기만을 다룰 때도 역사가 유용하다history is of value even if it deals with recent periods only라고 말하는 것도 마찬가지 입장을 보여주는 것이라고 할 수 있다.

예스퍼슨 문법의 독특한 개념으로는 'junction'과 'nexus'의 개념, 그리고 'three ranks'의 개념을 들 수 있다. 'junction'과 'nexus'의 개념은 앞에서도 이미 언급한 것처럼 수식 관계를 보일 때(예: the doctor's house)는 'junction', 주술 관계를 보일 때(예: the doctor's arrival)는 'nexus'라고 칭하는데, 예스퍼슨의 독창적 개념이다. 'junction'과 'nexus'는 번역하기가 매우 까다로운 용어이다. 사람에 따라서 일본 학자들의 번역을 그대로 가져와 'junction'을 '연접', 'nexus'를 '대접' 혹은 '연계' 등으로 번역하기도 하는데, 그 뜻이 모호해 좋은 번역이라고 하기는 어렵다. 나는 2006년 논문 "예스퍼슨의 『분석 통사론』에 관한 현대 문법 이론적 재고찰"에서 'junction'을 식항, 'nexus'를 술항으로 번역하였으나, 아직까지 일반적인 번역어로 자리잡지는 못한 상태이다. 여기서는 독자들의 혼란을 막기 위해 예스퍼슨의 용어를 그대로 사용하기로 하겠다.

예스퍼슨에게 있어 'junction'은 수식 관계를 보이는 명사구(NP)를 지칭하며, 'nexus'는 주술 관계를 보이는 모든 형태의 구조(NP, S, S′, small clause)를 통칭하는 용어이다. 그런 점에서 예스퍼슨의 'nexus' 개념은 현대 문법 이론에서 사용되는 문장sentence 혹은 절clause 개념보다 훨씬 더 포괄적인 개념이다. 이는 오늘날의 문장 혹은 절 개념이 시제 개념을 전제로 하는 것이지만, 예스퍼슨의 'nexus' 개념은 시제 혹은 동사와 무관한 주술 관계까지 포함하기 때문이다. 그런 의미에서 나는 언어 습득 초기 단계에서 기능 범주functional categories를 터득하지 못한 어린 아이들이 가지고 있는 주술 관계에 대한 직관은 문장이나 절보다는 'nexus' 개념으로 포착하는 것이 더 적절하며, 이는 언어 습득 현상을 설명함에 있어 예스퍼슨 문법 이론이 갖는 장점의 하나가 된다고 주장한 바 있다 (cf. 한학성 2006 "예스퍼슨의 『분석 통사론』에 관한 현대 문법 이론적 재고찰").

'three ranks'라는 개념은 문장 내 요소들 간의 수식 관계를 세분해 나타내주기 위한 것이다. 가장 핵심이 되는 표현을 1위어primary라고 부르고, 1위어를 수식하는 요소는 2위어secondary, 2위어를 수식하는 요소는 3위어tertiary라고 부른다. 예를 들어 "terribly cold weather"라는 표현에서 전체 표현의 핵head이 되는 'weather'가 1위어primary가 되고, 1위어인 'weather'를 수식하는 'cold'는 2위어secondary, 2위어인 'cold'를 수식하는 'terribly'는 3위어tertiary가 되는 것이다. 이는 단어 하나의 경우뿐만이 아니라, 여러 단어로 이루어진 구phrase의 경우에도 적용되는데, 예스퍼슨의 'junction'과 'nexus' 개념, 그리고 'three ranks' 개념은 현대 통사론에서 사용되는 나무그림tree diagram이 나타내주는 문장 구조의 상당 부분을 만들어주는 셈이라고 할 수 있다 (cf. 한학성 2006). 나는 예스퍼슨의 'three ranks' 개념이 오늘날 통사론에서 광범위하게 가정되는 X′-이론과도 일맥상통한다는 주장을 편 바 있는데, 이 문제

오토 예스퍼슨 초상화

에 관심 있는 독자들은 앞에서 언급한 나의 2006년 논문을 참조하기
바란다.

예스퍼슨은 영문법 분야뿐 아니라, 음성학, 영어사, 외국어교육, 일
반언어학, 국제보조어international auxiliary language 등 다방면에 걸친
업적을 생산해내었으며, 덴마크의 영어교육을 개혁한 실로 이론과 실
제를 겸비한 학자라고 할 수 있다.

다음은 1998년 11월 16일자 경희대 대학주보에 실린 글이다. 시
간이 상당히 흘렀지만, 여전히 우리나라 영어학계에 시사하는 바
가 있다고 생각되어 일부를 손보아 여기에 싣는다.

영어학자의 귀감 오토 예스퍼슨

영어학에 관한 한 우리에게는 후학들에게 본이 될 수 있
는 소위 역할 모델role-model이 별로 없다. 과거 외국 유학이
쉽지 않아 서구의 언어 이론이 제대로 소개되지 않았을 때
는 그래도 우리 나름의 영어학을 모색하는 학자들이 있던
편이었다. 그러나 1970년대부터 쏟아져 나온 미국 유학파
중심의 영어학 교수들은 이들이 비록 미국의 언어학 이론으
로 박사 학위를 받고 현재 국내 대학에서 영어학을 강의하
고는 있으나, 그들의 학문적 관심사가 대부분 영어가 아니
라는 점에서 엄밀한 의미의 영어학자가 되기 어렵고 따라서
영어학을 하려는 후학들에게 학문적인 귀감이 되기 어렵다.
국내 수많은 대학에 대부분 영어 전공 학과가 있고 각 영

어 전공 학과마다 적지 않은 수의 영어학 교수들이 있음에도 불구하고 이들 중 진정한 의미의 영어학자를 찾아보기 어렵다는 것은 이해하기 어려운 일이기는 하지만 부인할 수 없는 현실이다. 이러한 이유는 이들—특히 그간 학계를 주도해 온 그룹—이 미국의 언어학을 훈련받고 돌아온 후 이를 바탕으로 한국에서의 영어학을 모색하고 발전시키기보다는 자신들의 미세한 전공 영역에 안주하여 미국의 이론을 한국에 소개하거나 한국어에 적용시켜 보는 것만으로 만족하였기 때문이다.

이들 중 상당수는 서구의 어느 특정 이론에 무비판적으로 줄서기를 하면서 자신과 다른 이론을 선택한 학자들에게는 인신공격마저 서슴지 않는 유치한 면모를 보여 왔다. 이러한 풍토에서는 역량있는 영어학자의 양성 자체가 불가능하였고 영어학에의 개념 정립이 미비한 상태에서 미국 유학에 오른 젊은이들은 대부분 우리나라에서의 영어학이 어떠해야 할지에 대한 심각한 고민을 해볼 겨를도 없이 미국식 이론에 우리말을 단순 적용해 학위 과정을 마치는 악순환을 반복해 왔다.

이러한 악순환의 고리를 끊고 우리의 영어학이 진정한 영어학으로 거듭나기 위해서는 현재까지와 같이 남의 이론을 피상적으로 소개하는 데 급급한 학자들이 중심이 되어 온 학계의 모습부터 일신하여 우리가 지향해야 할 영어학의 개념부터 바로잡을 수 있도록 하여야 할 것이다.

우리가 지향해야 할 영어학의 개념을 정립하는 데 도움

이 되게끔 하기 위하여 나는 우리가 역할 모델로 삼아야 할 영어학자의 본으로 오토 예스퍼슨을 들고자 한다. 이 일이 그동안 남의 이론을 단순히 전달하는 역할에 만족해 온 기성 영어학자들에게는 반성의 계기가 되고, 막연하게나마 영어학에 관심을 갖고 있는 학생들에게는 앞으로의 공부에 참고가 되기를 바란다.

내가 예스퍼슨을 우리가 귀감으로 삼아야 할 영어학자의 본으로 생각하는 첫 번째 이유는 예스퍼슨이 영국인이나 미국인이 아니고 덴마크인이라는 점이다. 예스퍼슨 자신이 영어를 모국어로 습득하지 않았으면서도 영미인보다도 훨씬 뛰어난 영어학 연구 성과를 내놓았다는 점은 한국인이 영어를 모국어로 사용하지 않기 때문에 세계적인 영어학자가 될 수 없다는 일반적인 통념이 크게 잘못된 것임을 보여주는 중요한 증거가 된다.

둘째로 예스퍼슨은 당시 유행하던 어느 특정 학파에 속하기를 거부하고 철저하게 독자적인 학문 노선을 견지하였다. 당시 특정 학파의 틀만을 고집하던 학자들의 저술은 오늘날 거의 잊혀진 상태이지만 예스퍼슨의 저작물은 오늘날에도 여전히 전 세계의 영어학도들에게 변함없는 영향력을 발휘하고 있다.

특정 학파의 틀을 거부하고 자신의 독자적인 학문 노선을 견지한 예스퍼슨의 당당함은 오늘날 우리의 학계가 별다른 연구 업적도 생산해내지 못하면서 미국의 어느 학자의 이론을 따르느냐는 식의 꼬리표 붙이기에만 열중하는 학문적 미숙함과 커다란 대비가 되고 있다. 사실 우리나라 영어학의 가장 큰 문제점은 그동안 우리 영어학계를 주물러 온 학자들이 진정한 학문을 추구했다기보다는 단지 구미의 어느 특정 학자의 이론을 맹목적으로 따르면서 그들의 이론을 단순 소개하는 '보도 기능'만을 수행해 왔다는 것이다. '보도 기능' 자체가 학문의 최종 목표가 될 수 없음은 자명하므로 영어학에 관한 한 우리에게는 진정한 학문이 없었다고 해야 할 것이다. 그리고 이 때문에 우리에게는 귀감으로 삼을만한 영어학자를 찾기가 어려운 것이다.

셋째로 예스퍼슨은 영어의 전 부면에 걸쳐 학문적 관심을 기울였다. 그는 영어의 발음, 문장 구조뿐 아니라 영어의 역사, 영어교육 등 영어의 전 부면에 걸쳐 심도 있는 연구를 하였으며 일반 언어학적 측면에 이르기까지 그의 학문적 관심은 실로 방대하였다. 예스퍼슨의 이러한 특징은 오늘날 우리의 학계가 지나치게 미세한 전공 영역으로 분리되어 타전공 영역에는 완전히 등을 돌리는 학문적 편협함과 좋은 대조를 이룬다고 할 수 있다.

넷째로 예스퍼슨은 전 생애를 통하여 실로 방대한 학문적 업적을 생산해내었다. 예스퍼슨의 제자들이 2차에 걸쳐 정리한 예스퍼슨의 연구실적 목록에 따르면 그는 1883년부터 1943년에 이르기까지 487 항목의 저작물을 출간해내었다. 그의 저술 중 중판 및 교정판이 중복 계산되었다는 점과 그가 남달리 장수하였다는 점 (그는 1860년 7월 16일 출생하여 1943년 4월 30일 사망하였음) 그리고 서평 등의 짧은 글도 저술에 포함되었다는 점 등을 감안하더라도 수백 편에 이르는 그의 학문적 업적은 경이로운 것일 수밖에 없다. (1995년 출간된 예스퍼슨 자서전의 영역본은 1879년부터 1943년 사이의 예스퍼슨 저작물을 823 항목으로 정리하고 있다.)

다섯째로 예스퍼슨은 그의 뛰어난 이론적 능력에만 안주하지 않고 실제로 덴마크의 외국어교육을 혁신하려고 노력하였다는 점에서 이론과 실제를 접목시킨 보기 드문 학자로 평가될 수 있다. 예스퍼슨은 입시 위주의 문법번역식 외국어교육을 의사소통 중심의 실용적 외국어교육으로 전환할 것을 주장하고 상당 부분 이의 실현에 기여하였다. 이는 오늘날 우리의 영어학자 중 상당수가 이론에만 매달린 채―그것도 자신의 것이 아니라 남의 이론을 맹목적으로―대학 및 중고등학교의 영어교육 개혁의 문제에는 철저하게 무관심한 것과는 크게 대조를 이룬다.

여섯째로 예스퍼슨은 학자적 청렴함을 갖춘 보기 드문 학자이다. 그는 대학 교수의 정년 제도가 마련되지 않아 상당수 교수들이 별다른 기여도 못하면서 죽을 때까지 교수직을 유지하는 당시의 문제점을 통감하고, 자신의 부인에게 만일 자신이 65세에 대학 교수직을 사임하지 않으면 자신을 쏘아 죽이겠다는 약속을 받아낸 일화가 있을 만큼 자신에게 엄격한 면모를 보였다.

예스퍼슨이 오래 전 덴마크에서 느낀 대학 교수들의 문제점은 오늘날의 한국에도 상당 부분 그대로 존재한다고 해야 할 것이다. 당시 예스퍼슨이 덴마크 최초로 65세 정년

퇴임의 예를 솔선수범해 보인 것은 유능한 젊은 후학들에게 길을 열어주기 위한 것이었음을 생각할 때, 100년 가까운 세월이 흐른 오늘날의 한국에서 일부나마 정년퇴임 이전 혹은 이후에까지 역량 있는 젊은 교수들의 길을 가로막는 교수들이 있음은 부끄러운 일이다.

일곱째로 예스퍼슨은 자신의 모국어인 덴마크어 이외에 영어, 불어, 독어 등 여러 외국어를 유창하게 구사할 수 있는 언어 능력을 갖춘 참다운 언어학자이다. 이는 실질적 외국어 능력은 별반 없으면서도 이론적 분석만을 일삼는 최근의 미국식 언어학자들과는 분명한 대조를 보이는 예스퍼슨적 특징으로서 영어 자체에 대한 관심이나 영어 구사 능력은 빈약하면서도 추상적 분석만을 일삼는 우리의 영어학자들과도 큰 대조가 된다고 할 수 있다.

이러한 예스퍼슨의 면모는 촘스키의 생성문법이론의 태동에 중요한 영향을 끼쳤으며 촘스키 자신이 그를 소쉬르 등보다도 훨씬 위대한 언어학자로 평가하는 점에서 보듯이 영어학자로서뿐 아니라 일반 언어학자로서도 그의 학문적 무게는 실로 대단하다고 하지 않을 수 없다. 또한 랜돌프 퀴크Randolph Quirk 같은 영국의 영어학자는 덴마크인인 예스퍼슨을 이제까지 지구상에 존재한 가장 뛰어난 영어학자라고 칭할 정도로 예스퍼슨의 영어학을 높이 평가하고 있는데 이러한 이유에서 나는 예스퍼슨을 우리가 역할 모델로 삼아야 할 영어학자의 본보기로 삼기를 주장하는 것이다. (한학성 / 영어학부 교수)

참고사항
∙ ∙ ∙ ∙ ∙ ∙ ∙ ∙ ∙

예스퍼슨에 대한 랜돌프 쿼크의 평:

랜돌프 쿼크Randolph Quirk는 1982년 시카고대학 출판부에서
재출간한 예스퍼슨의 *Growth and Structure of the English
Language*의 서문에서 예스퍼슨에 대해 다음과 같은 평을 했다.

끝없이 이어지는 예스퍼슨의 매력은 순전히 그의 학자적 자
질 때문이다. 즉 그의 저술을 읽으면서 우리는 최고의 지성
과 만나고 있음을 깨닫게 된다. 내 견해로는 예스퍼슨이야
말로 이제까지 지구상에 존재한 가장 탁월한 영어학자이다.
지난 수백 년 동안 이루어진 영어학에의 뛰어난 학술 업적
을 생각할 때, 이는 결코 간단한 주장이 아니다.

7. 생성문법과 촘스키

구조주의문법은 기본적으로 전통문법의 규범문법적 성향, 즉 어떤
표현이 올바르냐에 대한 처방prescription을 내리는 식의 문법 연구 행
태를 거부하고, 사람들이 어떻게 말을 하는지에 대한 기술description이
문법 연구의 기본 목표가 되어야 한다는 사조이다. 어떤 언어에 대한 기
술description을 하기 위해서는 우선 사람들이 그 언어를 어떻게 사용하
는지를 관찰해야 하며, 그러한 관찰을 바탕으로 언어 자료 뭉치, 즉 코

퍼스corpus를 만들어내야 한다. 이렇게 만들어진 코퍼스를 분석해 유사한 패턴을 보이는 것끼리 묶어내는 분류classification 작업이 구조주의 문법의 주를 이루었다. 그런 의미에서 구조주의 언어학을 분류 언어학 taxonomic linguistics이라고 부르기도 한다.

이렇게 코퍼스를 기반으로 한 분류 작업은 당장 코퍼스에 포함되지 않는 표현에 대한 의문을 품게 한다. 즉 인간에게는 주어진 코퍼스에 포함되지 않는 새로운 표현novel sentences을 발화해낼 수 있는 능력이 있는데, 그럼에도 불구하고 코퍼스만을 언어 탐구의 대상으로 삼아야 하느냐는 의문이다. 또한 문법 연구의 궁극적 목표가 분류 작업에 기반을 둔 기술description이어야 하느냐에 대한 의문도 제기된다. 즉 기술 description을 넘어서서 설명explanation을 하는 것이 문법의 궁극적 목표가 되어야 하지 않느냐는 의문이다.

이러한 점들은 5장에서 이미 설명했듯이 촘스키보다 먼저 오토 예스퍼슨에 의해서 지적된 바 있다. 오토 예스퍼슨뿐 아니라 구조주의 문법 말기의 학자들도 같은 문제점을 인식하였다. 따라서 생성문법은 1957년 촘스키의 첫 저서인 *Syntactic Structures*가 출판되면서 갑자기 시작된 것이라기보다는 오토 예스퍼슨, 그리고 후기 구조주의문법가들에 의해 그 씨앗이 심어진 후, 촘스키에 의해 비약적으로 발전하게 되었다고 보는 것이 더 타당할 것이다. 예스퍼슨과 생성문법 간의 관계에 대해서는 나의 "예스퍼슨 연구: 그의 문법관과 생성 문법 이론"이라는 제목의 1999년 논문을 참조하기 바란다 (이 논문은 일부 내용이 수정보완되어 2002년에 출간된 『예스퍼슨의 영문법 교육을 생각함』 9장에 재수록되었음).

구조주의문법 말기의 학자라고 할 수 있는 찰스 하킷(Charles F. Hockett, 1916-2000)은 1948년 논문 "A Note on Structure"에서 놀이로서의 언어학linguistics as a game과 과학으로서의 언어학linguistics as a science을 구분하고, 언어과학자라면 코퍼스에 포함되지 않는 발화 utterance도 설명할 수 있어야 한다고 주장하였다. 또한 문법 모형이 충족시켜야 할 조건으로 무한대의 문법적 문장을 생산해낼 수 있어야 함을 들어 촘스키를 이미 예견했다고 할 수 있다. 또한 앞에서도 언급했다시피 변형transformation이라는 개념은 촘스키의 스승인 젤리그 해리스(Zellig Harris, 1909-1992)에 의해 먼저 제안된 것이다. 또한 언어능력의 창의성이라든지, 언어를 유한한 수의 수단으로 무한한 수의 문장을 만들어내는 것으로 보는 견해 등은 17세기의 포르루아얄Port Royal 학파라든지 독일의 훔볼트(von Humboldt, 1762-1835) 등에 의해 이미 알려져 있던 것이기도 하다.

그럼에도 불구하고, 1957년에 나온 촘스키의 저서 *Syntactic Structures*는 이러한 새로운 접근법을 최초로 집대성한 것이라는 의의를 갖는다. 이후 언어학에서 일어난 일들은 가히 촘스키의 혁명이라고 부를 만한 것이다. 촘스키는 첫 저서가 나온 1957년 이후 두 세대가 지난 2016년 지금까지도 현역으로 활동하면서, 언어학의 혁명을 이끌고 있다. 촘스키의 언어관과 문법관의 주요 내용에 대해서는 5장과 10장에서 이미 설명한 바 있으므로, 관심 있는 독자들은 관련 부분을 다시 읽어보기 바란다.

촘스키의 이론에 많은 장점이 있다고 해서, 촘스키가 주도해 온 생성문법이론이 언어나 문법에 관한 모든 질문에 대해 명쾌한 해답을 제시했다고는 할 수 없다. 촘스키가 주도해 온 지난 60년간의 언어학 혁명을 되돌아보면, 그 혁명이 긍정적 결과를 야기하기는 했지만, 부정적 측면이 없었다고는 할 수 없다. 과거 구조주의문법에서 통사론이 극히 빈약했다고 한다면, 생성문법에서는 통사론이 지나치게 비대해져 언어의 다양한 면들이 균형 있게 연구되지 못하는 부작용이 야기되었다고 할 수 있다. 특히 최근 촘스키가 최소주의적 접근을 취하면서 문법 연구에서 개념적 측면을 경험적 측면보다 우선시하는 태도를 보임으로써, 이론적 작업이 구체적 언어 현상에 의해 뒷받침되어야 한다는 기본 원칙이 무너지고 있는 것은 문제라고 할 수 있다. 또한 촘스키라는 걸출한 학자 한 사람이 지나치게 오랫동안 절대적 영향력을 행사해 오는 바람에, 당연히 이미 이루어졌어야 할 언어학의 세대교체가 계속해서 미루어지고 있는 점도 부정적 측면의 하나라고 할 수 있을 것이다.

다음 글은 2006년 내가 재직하는 경희대학교 대학원보로부터 촘스키에 대한 글을 써 달라는 요청을 받고 쓴 것이다 (2006년 12월 4일자 대학원보에 실림). 생성문법과 촘스키를 이해하는 데 나름대로 도움이 될까 해서 여기에 수록한다.

행동하는 지성 노암 촘스키의 생성문법학

노암 촘스키는 현대 지성사의 대표적 거인이다. 그는 언어학의 혁명을 이룩했을 뿐 아니라, 철학, 심리학, 인지과학 등 여러 분야에 걸쳐 큰 학문적 성취를 이루었으며, 특히 기득권층의 이익을 대변해주는 사회 엘리트들의 거짓말에 맞서 진실을 말하기를 주저하지 않아온 행동하는 지성의 대표이다. 로버트 바스키는 『노암 촘스키, 어느 반골의 일생』*Noam Chomsky, A Life of Dissent*에서 촘스키를 갈릴레오나 데카르트, 뉴턴 등에 견주고 있으며, 그를 생존하는 인물 중 가장 많이 인용되는 인물로 지칭하고 있다. 또한 역사적 인물들까지를 망라하면 마르크스, 셰익스피어, 성경, 플라톤 등에 이어

여덟 번째로 가장 많이 인용되는 인물이라고 평하고 있다.

1928년 12월 7일 미국 펜실바니아주의 필라델피아에서 태어난 촘스키는 구조주의 언어학자이며 사회 참여형 학자인 젤리그 해리스 교수의 지도로 1955년 펜실바니아 대학에서 박사 학위를 받았으며, 이후 MIT의 교수가 되어 오늘날까지도 왕성하게 활동하고 있다.

촘스키 언어학의 가장 큰 특징은 인간의 언어 습득과 관련해 경험만으로는 설명할 수 없는 부분이 있으며, 이를 탐구해낼 수 있다는 것이다. 그는 인간이면 누구나 특별한 노력이나 훈련 없이 단시일 안에 모국어를 습득할 수 있으며, 언어 습득이 완료된 후 인간이 발화하게 되는 언어적 표현들은 언어 습득 과정에서 경험한 언어 자료들의 수준을 훨씬 뛰어 넘는 것이므로, 모방이나 반복에 의해서는 인간의 언어 습득 현상을 절대로 설명할 수 없다고 주장한다. 그는 인간의 언어 습득 과정에서 발견되는 이러한 특징을 '자극의 빈곤' 혹은 '언어 습득의 논리적 문제'라고 칭하며, 이를 설명하기 위해서는 언어 능력의 상당 부분을 인간이 태어날 때부터 지니고 있는 것으로, 즉 선천적인 것으로 보아야 한다고 주장한다.

촘스키는 이렇게 인간이 선천적으로 지니고 태어나는 언어 능력을 '언어 습득 장치'Language Acquisition Device 혹은 '보편문법'Universal Grammar이라고 칭하며, 세상의 여러 언어들을 비교 연구함으로써 이 보편문법의 실체에 다가갈 수 있다고 믿는다.

이와 같이 인간이 선천적으로 지니고 태어나는 언어 능력의 실체를 규명하고자 하는 학문 분야가 '생성문법'generative grammar인데, 생성문법은 촘스키가 창시해낸 새로운 학문 분야인 셈이다. 어떤 점에서 촘스키의 가장 큰 업적은 인간의 선천적 언어 능력을 하나의 탐구 영역으로 확립한 점에 있다고도 할 수 있다.

촘스키의 언어 이론은 크게 둘 혹은 셋으로 나눌 수 있는데, 우선 그의 이론을 둘로 나눈다면 1981년 발간된 『지배결속강의』Lectures on Government and Binding 이전과 이후로 구분할 수 있다. 『지배결속강의』 이전까지는 인간의 언어 능력, 즉 보편문법에 담길 내용을 주로 변형규칙의 목록으로 파악하였다. 이런 가정에서는 언어마다 다른 변형규칙의 목록을 가정할 수밖에 없으므로 (즉 한국어의 변형규칙 체계와 영어의 변형규칙 체계가 다를 수밖에 없음), 인간이면 누구나 공통으로 가지고 태어나는 언어 능력의 내용으로는 미흡할 수밖에 없었다.

이러한 자각에 따라 『지배결속강의』에서는 인간의 언어 능력을 '규칙'의 체계가 아니라 '원리'의 체계로 파악하게 되었으며, 언어 간의 차이를 설명하기 위해 '매개변인'이라는 개념을 상정하게 되었다. 이러한 가정 하에서는 인간의 모든 언어는 바로 이 '원리 및 매개변인' 체계의 구체적 발현이 된다. 즉 촘스키에 따르면, 인간은 누구나 이 '원리 및 매개변인' 체계를 선천적으로 지니고 태어나며, 이 '원리 및 매개변인' 체계의 도움으로 극히 빈약한 언어 자료에의 노출만으로도 풍부한 언어 능력을 갖출 수 있게 된다는 것이다. 이러한 생각은 많은 학자들의 호응을 받게 되어, 1980년대에는 촘스키의 이론이 제2의 전성기를 구가하게 된다.

1990년대에 들어오면서 촘스키 이론이 다시 큰 변화를 겪게 되는데, 이 변화는 "언어가 최적적으로 설계optimally design되었는가"라는 질문에 의해 촉발되었다. 엉망으로 설계된 대상에 대한 이론적 작업도 가능하므로, 이는 이론 자체의 옳고 그름과는 다른 차원의 질문이다. 촘스키는 인간 언어가 최적적으로 설계된 것으로 가정하고, 보편문법에는 이렇게 최적적으로 설계된 내용, 즉 "없어서는 안 되는, 꼭 필요한 내용"만 들어가야 한다고 주장한다. 따라서 아무리 경험적으로 입증된 문법 도구라 하더라도 이 최적적 설계 조건에 위배된다면 버려야 한다고 주장한다. 그 결과 수십 년 간 광범위하게 인정되던 문법 원리나 도구라 하더라도 "반드시 필요한 것인가"라는 새로운 요건을 충족하지 못하면 폐기되게 되었다. 이러한 새로운 흐름은 1995년에 출간된 『최소주의 프로그램』The Minimalist Program에서 기본적 틀을 갖추게 된 바, 흔히 최소주의 이론이라고 불린다. 그런데 최소주의 이론에서도 '원리 및 매개변인'이라는 기본 틀은 그대로 유지되므로 이러한 이론적 변화를 굳이 세 번째의 이론적 시기로 분류하지 않을 수도 있다.

최소주의에서는 언어 자료에 입각한 증거 (즉 경험적 증거) 보다는 개념적 증거가 더 중요하게 사용된다. 이 때문에 촘스키의 최근 이론이 과거에 비해 훨씬 어려워지고, 또 대단히 모호해졌다고 여기는 사람들이 있을 수 있다. 이는 어느 정도 사실이기도 한데, 한 가지 특기할 사항은 촘스키 스스로는 아직도 자신의 최근 작업을 '이론'이라고 부르지 않고 하나의 '프로그램'으로 부르고 있다는 것이다.

2002년 출간된 『자연과 언어』*On Nature and Language*라는 책은 최소주의 프로그램 안에서 촘스키가 무엇을 꾀하고 있는지를 대담 형식으로 잘 보여주고 있다. 촘스키 언어학 및 최근의 최소주의 이론의 핵심 뼈대를 알고자 하는 사람들에게 일독을 권한다. 사회비평가이기도 한 촘스키는 이 책에서 구약성서에서 '예언자'prophet라고 번역되는 인물들은 오늘날의 '지식인'intellectual에 상응하는 인물들이었다고 하면서, 당시의 지식인들 중 권력에 아부하던 지식인들이 후에 '거짓 예언자'false prophet로 비난받았음을 상기시킨다. 오늘날 한국의 지식인들 중 후에 누가 진정한 '예언자'로 추앙받게 되고, 또 누가 '거짓 예언자'로 비난받게 될까? 인문학을 팔며 여기저기 그럴듯한 소리를 해대던 교수들 중 하나라도 진정한 '예언자'가 있기나 할까? (한학성, 영어학부 교수)

노암 촘스키 (Noam Chomsky, 1928-   )
그의 84회 생일인 2012년 12월 6일 *The New Yorker*에 "Happy
Birthday, Noam Chomsky"라는 제목의 기사에 실린 그의 사진

제11장
영어 사전

만일 사전에 어떤 단어의 철자가 잘못 기재되어 있
다면, 그것을 어떻게 알 수 있나?
If a word in the dictionary were misspelled, how
would we know?

— 스티븐 라이트Steven Wright

여기에서는 대표적인 영어 사전에 대해 알아보기로 한다. 최초의 알파벳순 영어 사전이라고 할 수 있는 로버트 코드리 사전을 비롯해, 최초의 본격적 영어 사전이라고 할 수 있는 새뮤얼 존슨의 사전, 미국을 대표하는 노아 웹스터 사전, 그리고 영국을 대표하는 옥스퍼드 영어 사전에 대해 알아보기로 한다.

1. 인류 최초의 사전과 초기 영어 사전들

현재까지 알려진 인류 역사상 가장 오래된 사전은 기원전 2300년쯤에 아카드제국에서 만든 수메르어-아카드어 어휘집이다. 이 어휘집은 점토판에 쐐기문자(=설형문자)로 새겨져 있는데, 오늘날의 시리아 지역에서 발견되었다. 수메르어 어휘에 해당하는 아카드어 어휘를 나열하는 정도의 어휘집이지만, 사전의 역사가 최소한 4300년 이상 되었음을 보여주는 것이라고 할 수 있다.

알파벳 순서로 나열된 최초의 순수 영어 사전(즉 영영 사전)은 1604년에 나온 로버트 코드리Robert Cawdrey의 *A Table Alphabeticall*이다. 그보다 먼저 프랑스어, 이탈리아어, 라틴어 등 외국어 어휘의 뜻을 영어로 풀이한 어휘집, 즉 이중 언어 사전이 나온 바 있고, 알파벳 배열 순서를 따르지 않은 영어 사전으로 리차드 멀캐스터Richard Mulcaster의 사전이 1582년에 나온 바 있었다. 로버트 코드리 이후에 1616년에 존 불로카John Bullokar가 *English Expositor*라는 사전을, 1702년에 존 커시John Kersey가 *A New English Dictionary*라는 사전을 내는 등, 다양한 영어 사전이 나오기는 했으나, 현대적 의미에서 최초의 본격적 영어 사전은 1755년에 나온 새뮤얼 존슨Samuel Johnson의 *A Dictionary of the English Language*라고 할 수 있다. 이후 미국에서 나온 노아 웹스터

Noah Webster의 *An American Dictionary of the English Language*와 영국에서 나온 옥스퍼드 영어 사전(*Oxford English Dictionary*)이 현재까지 영어 사전의 쌍벽을 이룬다고 할 수 있는데, 여기에서 영어 사전의 역사를 본격적으로 살펴보기는 어렵고, 단지 대표적 영어 사전 몇 가지만을 본보기로 살펴보기로 하겠다.

2. 로버트 코드리 사전

1604년에 런던에서 출간된 로버트 코드리 사전의 제목은 다음 면에 수록된 이 사전의 표지에서 보듯이 대단히 길다. 앞에서 소개한 제목 *A Table Alphabeticall*은 그 중 맨 앞에 나오는 세 단어만을 언급한 것으로, 표지에 적힌 내용은 사실 제목이라기보다는 이 사전의 성격을 설명해주는 것으로 보아야 할 것이다. 그 표기가 일부 생소하게 보이는 것은 7장에서 킹 제임스판 영어 성경, 즉 흠정영역성서를 다룰 때 이미 본 것처럼 철자가 초기 현대 영어식으로 되어 있기 때문이다. 다시 말해 'u'자와 'v'자가 혼용되고, 'long s'가 사용되는 등으로 해서 낯설게 보이는 것인데, 표지 내용을 오늘날의 철자법에 맞게 고쳐 소개하면 다음과 같다.

A table alphabetical, containing and teaching the true writing, and understanding of hard usual English words, borrowed from the Hebrew, Greek, Latin, or French, etc. With the interpretation thereof by plain English words, gathered for the benefit and help of ladies, gentlewomen, or any other unskilful persons. Whereby they may the more easily and better understand many hard English words, which they shall hear or read in Scriptures, sermons, or elsewhere, and also be made able to use the same aptly themselves.

A

Table Alphabeticall, con-
teyning and teaching the true
vvriting, and vnderſtanding of hard
vſuall Engliſh wordes, borrowed from
the Hebrew, Greeke, Latine,
or French. &c.

With the interpretation thereof by
plaine Engliſh words, gathered for the benefit &
helpe of Ladies, Gentlewomen, or any other
vnſkilfull perſons.

Whereby they may the more eaſſie
and better vnderſtand many hard Engliſh
wordes, vvhich they ſhall heare or read in
Scriptures, Sermons, or elſwhere, and alſo
be made able to vſe the ſame aptly
themſelues.

Legere, et non intelligere, neglegere eſt.
As good not read, as not to vnderſtand.

AT LONDON,
Printed by I. R. for Edmund Wea-
uer, & are to be ſold at his ſhop at the great
North doore of Paules Church.
1 6 0 4.

즉 이 사전은 히브리어, 그리스어, 라틴어, 프랑스어 등 외국어로부터 영어로 들어온 어휘 중 일상생활에 사용되기는 하지만 어렵다고 할 수 있는 어휘를 평이한 영어로 설명해 놓은 것으로서, 여성 등 일반인들이 성경을 읽거나 설교를 들을 때 더 잘 이해할 수 있게끔 해주고, 또 그들 스스로 해당 어휘들을 적절히 사용할 수 있게끔 도와주기 위한 목적으로 만들어진 것이다 (중간쯤에 "ladies, gentlewomen, or any other unskilful persons"로 되어 있는 부분이 이후의 수정판에서는 "all unskilful persons"로 바뀌게 됨). 제목 첫머리의 *A Table Alphabeticall*이라는 표현에서 이 사전이 알파벳 순서로 배열되었음을 강조하고 있음을 알 수 있다.

로버트 코드리 사전은 1604년에 초판이 나온 뒤 계속 수정 작업을 거쳐 2판이 1609년, 3판이 1613년, 그리고 마지막 판인 4판이 1617년에 나왔는데, 초판에서는 수록 어휘가 2,500개 정도였으나, 4판에서는 3,000개 이상으로 늘어났다.

이 사전의 뜻풀이를 일부 보이면 다음과 같다 (철자는 당시의 철자를 그대로 사용했으므로 오늘날의 철자와는 일부 차이가 있다).

consolation, comfort

consonant, agreeable, likelie

consort, a companion, or company

conspicuous, easie to be seene, excellent

conspire, agree together, for to doe euill.

constellation, a company of starrs

constitutions, lawes, or decrees

3. 새뮤얼 존슨 사전

새뮤얼 존슨(1709-1784)의 *A Dictionary of the English Language*는 1755년에 두 권으로 나누어 출간되었다. 두 권을 합쳐 수록된 어휘가 43,000개에 달했으며, 총 쪽수가 2,300쪽에 이르는 방대한 분량이었다. 각 어휘의 용례를 예시하기 위해 문학 작품을 비롯해 과학, 의학, 신학 등 다양한 분야의 실제 문헌에서 총 10만개 이상의 예가 인용되었다. 새뮤얼 존슨이 한쪽 눈의 시력을 잃은 상태에서, 그것도 거의 혼자 힘으로 이런 방대한 분량의 사전을 만들어냈다는 것은 놀라운 일이라고 할 수 있을 것이다.

이 사전의 편찬 작업은 일반적 통념과 달리 새뮤얼 존슨이 독자적으로 먼저 기획해 시작된 것이 아니라, 보다 사전다운 사전의 면모를 갖춘 영어 사전이 나오기를 고대하던 일군의 출판업자들이 새뮤얼 존슨에게 제안하면서 시작된 것이다. 존슨이 1746년에 출판업자들과 계약을 체결할 당시에는 3년의 작업 기간을 예상했으나, 실제로는 9년 가량의 작업 기간이 소요되었다. 존슨이 여러 명의 조수를 쓰기는 했으나, 그들은 존슨이 사전에 표제어의 예시용으로 사용하기 위해 책 등에 표시해 놓은 부분을 단순히 옮겨 적는 일 정도만을 한 것을 감안하면 (그나마 후반부에는 재원 문제로 극소수만이 남게 됨), 사전 편찬 작업 자체는 전적으로 새뮤얼 존슨 혼자서 한 것으로 보아도 무방할 것이다. 새뮤얼 존슨의 사전과 비교가 될 만한 프랑스어 사전의 경우에는 40명의 정예 학자들이 참여했는데도 55년이라는 긴 작업 기간이 소요된 것과 비교하면, 실로 경이로운 일이 아닐 수 없다.

존슨은 이 사전의 계획을 짜면서 영어의 발음과 용법 등을 확립하고 영어의 순수성을 유지시킬 수 있는 사전을 만들고자 하는 목적을 세웠었다.[1] 그런 의미에서 새뮤얼 존슨의 사전은 앞에서 이야기한 전통문법가들의 규범문법적 성격을 지니고 태어났다고 할 수 있을 것이다. 영어의 순수성을 사전이 유지할 수 있으려면 무엇보다도 사전 자체가 순수한 영어의 모습을 완벽하게 담고 있어야 할 것이다. 그렇지만 존슨의 사전에는 이런저런 오류가 포함되게 된다. 존슨은 자기 사전의 오류를 지속적으로 수정해가면서, 완벽한 사전이란 불가능하며, 계속 완벽에 가까이 다가갈 수 있을 뿐이라는 토로를 하게 된다.[2]

새뮤얼 존슨 사전과 관련해 가장 자주 언급되는 사항 중 하나가 본인의 개인적 생각이나 편견이 담긴 낱말 풀이인데, 그 중에서도 'oats'와 'lexicography'에 대한 뜻풀이가 가장 자주 인용된다. 다음은 그 두 단어에 대한 존슨의 뜻풀이이다 (오늘날의 철자법에 맞추어 표기함).

> **Oats:** A grain, which in England is generally given to horses, but in Scotland supports the people.

> **Lexicographer:** A writer of dictionaries; a harmless drudge that busies himself in tracing the original, and detailing the signification of words.

'oats'의 뜻을 풀이하면서 영국에서는 말들이나 먹는 곡물이지만, 스코틀랜드에서는 사람들이 먹는 곡물이라고 하는 풀이는 스코틀랜드 사람들에 대한 그의 생각이 어떤지를 알 수 있게 해준다. 그런데 새뮤얼 존슨의 사전에 뒤이어 영국의 대표적 사전으로 자리매김하는 옥스퍼드 영어 사전이 나오게 하는 데 일등공신의 역할을 한 제임스 머리 James Murray가 스코틀랜드 출신이라는 것은 아이러니 중의 아이러니가 아닐 수 없다. 존슨 자신을 일컫는 말이기도 한 'lexicographer'에 대해 'a harmless drudge'라고 풀이한 것도 사전 작업에 대한 그의 생각의 일단을 보게 해준다.

　그 외에 자주 인용되는 그의 특징적 뜻풀이의 예로는 다음과 같은 것들이 있다.

> **Pension**: An allowance made to any one without an equivalent. In England it is generally understood to mean pay given to a state hireling for treason to his country.

> **Excise**: A hateful tax levied upon commodities, and adjudged not by the common judges of property, but wretches hired by those to whom excise is paid.

> **Patron**: One who countenances, supports or protects. Commonly a wretch who supports with insolence, and is paid with flattery.

> **Tory**: One who adheres to the ancient constitution of the state, and the apostolical hierarchy of the church of England, opposed to a Whig.

> **Whig**: The name of a faction.

　'pension'(연금)을 공무원이 자기 나라에 반역질treason을 한 대가로 받는 돈이라고 풀이한 것은 그가 당시의 공무원들에 대해 어떤 생각을 품고 있었는지를 여실히 보여준다. 그러면서도 그 자신이 1762년에 연금 수혜자가 된 것은 또 하나의 아이러니라고 하겠다. 'excise'(물품세)를 풀이함에 있어 'hateful tax', 'wretch'라는 말을 사용한 것이나, 'patron'을 풀이하면서 'wretch', 'insolence', 'flattery' 등을 사용한 것 역시 그의 속마음을 읽게 해준다. 'Tory'와 'Whig'의 대한 풀이도 그가 어느 당파에 속하는지를 극명하게 보여준다고 하겠다.

새뮤얼 존슨(Samuel Johnson, 1709-1784)

참고사항

· · · · · · · · · ·

다음은 새뮤얼 존슨 사전에 포함된 'oats' 항목 부분이다.

> OᴀᴛS. *n. ſ.* [aꞇen, Saxon.] A grain, which in England is
> generally given to horſes, but in Scotland ſupports the people.
> It is of the graſs leaved tribe ; the flowers have no petals,
> and are diſpoſed in a looſe panicle : the grain is eatable.
> The meal makes tolerable good bread.   *Miller.*
>   The *oats* have eaten the horſes.   *Shakeſpeare.*
>   It is bare mechaniſm, no otherwiſe produced than the
> turning of a wild *oatbeard*, by the inſinuation of the particles
> of moiſture.   *Locke.*
>   For your lean cattle, fodder them with barley ſtraw firſt,
> and the *oat* ſtraw laſt.   *Mortimer's Huſbandry.*
>   His horſe's allowance of *oats* and beans, was greater than
> the journey required.   *Swift.*

앞에서 소개한 뜻풀이 밑에 이 곡물에 대한 밀러의 설명을 덧붙이고, 이어서 셰익스피어, 로크, 스위프트의 작품에서 'oat'가 사용된 예문을 찾아 인용하고 있다. 새뮤얼 존슨 사전을 편찬하는 과정에서 각 표제어의 뜻을 풀이하고 용례를 찾는 일 등은 존슨 자신이 한 것이고, 그의 조수들은 존슨이 찾은 예들을 단순히 옮겨 적는 정도의 일을 한 것에 불과하다고 알려져 있다.

이 새뮤얼 존슨 사전의 보급용 축약판이 1756년에 발행되었다. 분량을 대폭 줄여 역시 두 권으로 발행한 이 축약판에는 예문을 빼고, 불쾌한 감정을 유발할 수 있는 표현도 삭제하였다. 축약 작업 역시 새뮤얼 존슨 자신이 한 것으로 알려져 있다. 다음은 이 축약판의 'oats' 항목이다. 예문들이 삭제되어 있음은 물론이고, 스코틀랜드 사람들과 관련해 불편한 감정을 촉발시킬 수 있는 표현도 삭제되어 있다.

> **OATS.** *f.* [a*t*en, Saxon.] A grain, which
> in England is generally given to horses.

'pension'의 경우에도 "An allowance made to any one without an equivalent"라고만 되어 있어, "반역질의 대가"라는 식의 통렬한 비난은 생략되어 있다. 'excise', 'patron' 등에 대한 축약판의 뜻풀이는 다음과 같다.

> **Excise**: A hateful tax levied upon commodities, and adjudged not by the common judges of property.

> **Patron**: One who countenances, supports or protects.

> **Lexicographer**: A writer of dictionaries; a harmless drudge.

새뮤얼 존슨 자신에게 해당되는 'lexicographer'에 'a harmless drudge'라는 설명을 그대로 둔 것을 제외하면, 불쾌한 감정을 촉발시킬 수 있는 표현은 대부분 삭제되어 있음을 알 수 있을 것이다. ('Tory'와 'Whig'의 경우에는 차이가 없음.) 'lexicographer'에 'a harmless drudge'라는 설명을 그대로 둔 것은 아마도 이러한 설명이 당시 일반인들의 생각과 별 차이가 없었기 때문으로도 볼 수 있을 것이다.

4. 노아 웹스터 사전

노아 웹스터는 1758년 미국의 커넥티컷 주에서 태어났다. 그는 1774년에 예일대학에 입학해 1778년에 졸업했는데, 그가 대학을 다니던 무렵은 미국 독립전쟁 시기였으며, 그 자신 커넥티컷 의용군에 참여하기도 했다. 공부를 마치고 교육계에 투신했던 노아 웹스터는 영국으로부터 독립전쟁을 벌이고 있는 미국 교실에서 영국 왕에 충성을 다짐하는 내용이 포함된 영국 교과서를 가지고 수업을 하는 것을 마땅치 않게 생각했다. 미국 교실에서는 미국에서 만든 교과서를 가지고 교육해야 한다고 생각한 그는 자신이 직접 교과서를 저술하기 시작했다. 그가 저술한 *A Grammatical Institute of the English Language*는 세 권으로 되어 있는데, 1783년에 출간된 1권은 철자법 책, 1784년에 출간된 2권은 문법 책, 1785년에 출간된 3권은 독본, 즉 읽기 교재였다. 1권인 철자법 책은 파란 색 표지로 인해 "Blue-Backed Speller"라는 별칭을 얻기도 했는데, 그 후 100년 이상 미국 어린이들이 이 책으로 철자법과 발음을 공부했다. 미국식 철자로 불리는 웹스터식 철자 개혁도 이 책을 통해 이루어진 것이다. 이 책은 당시 최고의 베스트셀러였는데, 한 해에 100만 권 이상이 판매되기도 했다. 100년 동안 100만 권씩 판매되었다면 1억 권이라는 경이로운 판매부수가 되는 것이다. 이 책으로부터의 수입으로 그는 많은 비용과 오랜 기간이 소요되는 사전 작업에 매달릴 수 있었던 것이다.

노아 웹스터가 사전 작업에 매진한 것은 교과서 저술 때와 마찬가지로 미국인은 영국 영어와 다른 미국 영어를 쓰며, 미국인에게는 미국 영어 사전이 필요하다는 마음에서였다. 그런 의미에서 노아 웹스터는 영국으로부터 언어적 독립, 정신적 독립을 이루게 한 선각자라고 할 수 있을 것이다.

노아 웹스터는 1806년에 그의 첫 번째 사전인 *A Compendious Dictionary of the English Language*를 펴낸 후 (약 37,000개의 어휘 수록), 이듬해부터 이 사전의 개정증보 작업에 들어간다. 각 어휘의 어원을 확인하기 위해 그는 고대 영어, 페르시아어, 아랍어, 산스크리트어 등 28개의 언어를 공부하기까지 했으며, 미국에서 구할 수 없는 자료를 구하기 위해 유럽을 여행하기도 했다. 그의 노력의 결실은 1828년에 *An American Dictionary of the English Language*라는 이름으로 세상에 나오게 된다 (두 권으로 나누어 발행됨). 그의 필생의 역작이라고 할 수 있는 이 사전의 이름에 'American'이라는 단어가 들어 있는 것은 그가 얼마나 영국으로부터 언어적 독립을 원했는지를 상징적으로 보여준다고 할 수 있다. 아울러 미국인으로서의 정체성을 확립하고, 미국 영어의 통일과 표준화를 염원하는 마음도 담겨 있었을 것이다.

*An American Dictionary of the English Language*는 70,000개의 어휘를 수록해 43,000개의 새뮤얼 존슨 사전의 규모를 능가한다. 그 중 12,000 단어는 기존의 다른 사전에는 수록된 바가 없는 것들이라는 점도 특기할 만하다. 웹스터 사전의 가장 큰 특징은 미국식 철자를 사용한 점과 미국에서 사용되는 어휘를 첨가한 것이라고 해야 할 것이다. 그가 사전의 명칭에 'American'을 강조해 넣은 이유이기도 하다.

웹스터가 사전에 포함시킨 미국 어휘로는 'skunk', 'squash', 'hickory', 'chowder', 'moccasin', 'opossum' 등이 있으며 (주로 미국 지역의 동식물 이름이나 인디언 원주민들로부터 전해진 어휘임. 'moccasin'은 초판본에는 'moccason'으로 표기됨), 영국식 철자를 미국식 철자로 고친 예로는 3장에서 살펴보았다시피 다음과 같은 것들이 있다.

our → or

> 예: colour → color
>
> honour → honor
>
> favour → favor

re → er

> 예: centre → center
>
> theatre → theater

ll → l

> 예: traveller → traveler

ae → e

> 예: encyclopaedia → encyclopedia

ck → c

> 예: musick → music
>
> publick → public
>
> logick → logic
>
> analytick → analytic

기타

> 예: plough → plow
>
> defence → defense
>
> gaol → jail

이전에는 'tongue'을 'tung', 'women'을 'wimmen', 'neighbour'를 'nabor', 'leopard'를 'lepard', 'lettuce'를 'lettice', 'soup'를 'soop' 등으로 바꾸고자 했으나, 이런 것들까지 반영하지는 않았다. (1828년에 노아 웹스터의 나이가 70세이다. 이 시기의 그는 젊은 시절의 그에 비해 상대적으로 보수화되었다고 해야 할 것이다. 젊은 시절의 그였다면, 사전의 이름도 *An*

*American Dictionary of the English Language*가 아니라, *A Dictionary of the American Language*라고 했을지 모른다.)

노아 웹스터(Noah Webster, 1758-1843). 그는 영국으로부터 언어적 독립, 정신적 독립을 이루게 한 선각자라고 할 수 있다.

참고사항
. . . .

흔히 영국식 철자와 미국식 철자 간의 차이는 모두 노아 웹스터에 의한 것이라고 생각하는 경향이 있는데, 반드시 그런 것은 아니다. 예를 들어 오늘날 영미 간에 다음과 같은 철자상의 차이가 있다고 언급되기도 한다.

영국식	미국식
-ise	-ize　(예: realise vs realize)
-yse	-yze　(예: analyse vs analyze)

그러나 새뮤얼 존슨 사전에도 'realize', 'analyze' 등처럼 '-ze' 형이 사용되어 있음을 감한할 때, 이 차이는 노아 웹스터에 의한 것이 아니고, 새뮤얼 존슨 시대 이후에 영국식 철자에 변화가 일어났기 때문으로 보는 것이 더 타당할 것이다. 참고로 옥스퍼드 영어 사전 초판본에서도 '-ise' 형은 사용되지 않고, '-ize' 형만 사용되었다. 'analyze'의 경우에는 'analyse'와 'analyze'를 모두 소개하기는 하지만, 'analyze'를 역사적으로 더 타당한 것으로 설명하고 있다.

아울러 노아 웹스터가 'waggon'을 'wagon'으로 바꾸었다고 소개하는 문헌도 있는데, 다음에서 보는 바와 같이 새뮤얼 존슨 사전에도 'wagon'이 사용되어 있다. 표제어에는 'wagon'으로 되어 있지만, 예문들은 모두 'waggon'으로 되어 있는 것으로 보아, 새뮤얼 존슨 스스로 'waggon'보다 'wagon'이 더 적절한 철자라고 판단한 것으로 보아야 할 것이다. 물론 노아 웹스터 시대에도 'waggon'이라는 철자가 계속 사용되었고, 웹스터가 이를 'wagon'으로 바꾸기를 희망했을 가능성은 있다. 그렇다고 하더라도 노아 웹스터가 이 철자 변화를 주도했다기보다는 새뮤얼 존슨의 철자를 받아들였다고 보는 것이 더 타당할 것이다.

WAGON. *n. f.* [pœᵹen, Saxon ; *waeghens*, Dutch ; *vagn*, Iſlandick.]
1. A heavy carriage for burthens.
   The Hungarian tents were encloſed round with *waggons*, nne chained to another.
                           Knolles's Hiſtory of the Turks.
   Waggons fraught with utenfils of war.   *Milton.*
2. A chariot.   Not in uſe.
   Now fair Phœbus 'gan decline in haſte
   His weary *waggon* to the weſtern vale.   *Spenſer.*
      Then to her *waggon* ſhe betakes,
   And with her bears the witch.   *Spenſer.*
         O Proſerpina,
   For the flowers now that frighted thou let'ſt fall
   From Dis's *waggon.*   *Shakeſpeare.*
   Her *waggon* ſpokes made of long ſpinners legs ;

새뮤얼 존슨 사전의 'wagon' 항목

다음은 구글의 엔그램 뷰어를 이용해 'wagon'과 'waggon'의 시

대별 사용 빈도를 조사한 것이다.

도표에 따르면, 초기에는 이 두 철자가 엇비슷하게 사용되었지만, 1740년대 말부터 'wagon'은 거의 사용되지 않고 'waggon'이 압도적으로 사용되었다. 그러다 1800년을 전후해 'wagon'의 사용이 점차 늘어나기 시작한다. 1840년 무렵에 이르면 'wagon'이 'waggon'을 역전하게 되고, 이후 'wagon'의 사용이 가파른 증가세를 보이며 오늘에 이르렀다. 노아 웹스터가 사전을 만들던 시기는 'wagon'의 사용이 늘어나고는 있었지만 여전히 'waggon'보다는 열세를 보이던 시기라고 할 수 있다.

노아 웹스터는 1841년에 이 사전의 2판을 *An American Dictionary of the English Language, Corrected and Enlarged*라는 이름으로 내놓은 후 1843년에 사망한다 (2판에서는 1판 내용의 일부 오류를 수정하고 약 5,000개의 새로운 단어를 추가함). 웹스터 사전의 판권은 1847년에 메리엄G. & C. Merriam Co.이라는 회사로 넘어가게 되는데, 이 회사는 1982년에 메리엄-웹스터Merriam-Webster Inc.라는 이름으로 개칭하게 되며, 오늘날까지 웹스터 사전을 발행해 오고 있다.

그런데 현재 미국에서는 '웹스터'라는 말 자체에는 법적 상표권이 없다. 18세기 말부터 웹스터 사전을 사칭하는 출판사가 여럿 등장하자, 노아 웹스터 사전의 판권 소유자인 메리엄G. & C. Merriam Co.사는 소송에 들어가게 된다. 그러나 1917년에 최종적으로 미국 법정은 '웹스터'라는 명칭이 이미 사회적으로 공유화되어 있는 상태이므로 독점적 상표권을 인정하지 않는다는 판결을 내렸다. 따라서 100년 전부터 이미 자유롭게 '웹스터'라는 이름을 사전에 사용할 수 있었으므로, 사전에

'웹스터'라는 말이 들어 있다고 해서 당연히 노아 웹스터와 관련이 있는 사전이라고 생각해서는 안 될 것이다.

노아 웹스터의 *An American Dictionary of the English Language*의 맥을 잇고 있는 사전은 메리엄-웹스터(Merriam-Webster Inc.)에서 발행하고 있는 *Webster's Third New International Dictionary of the English Language*라고 할 수 있다. 웹스터가 그렇게 강조했던 'American'이라는 단어는 이제 더 이상 강조되지 않고, 대신 'International'이라는 단어가 들어 있는 점이 주목할 만하다. 그것은 이미 영어가 국제어가 되어 있으며, 또한 영어라고 하면 기본적으로 미국 영어를 뜻하는 세상이 되었기 때문일 것이다.

참고사항
· · · · · · · · ·

1961년에 초판이 발행된 *Webster's Third New International Dictionary of the English Language*에는 45만개 이상의 어휘가 수록되어 있다 (고브Philip Babcock Gove가 편집 책임을 맡았으며, 처음 나올 당시에는 3권으로 나뉘어 발행되었으나, 지금은 한 권으로 묶여 발행됨). 그런데 이 사전이 처음 나올 때는 그 안에 수록된 'ain't'라는 단어 때문에 상당한 논란이 일었었다. 당시만 해도 사전에는 표준적이고 품위 있는 단어만 수록되어야 한다는 생각이 지배적이었기 때문에, 비표준적이며 품격이 떨어진다고 생각되던 이 단어의 수록은 보수적인 사람들에게는 당연히 불만스러운 일이었을 것이다. 이 논쟁은 기본적으로 규범문법과 기술문법 간의 논쟁을 연상시키는 것으로, 고브Gove는 사전의 임무가 기술description에 있으며 처방prescription에 있지 않다고 주장한 셈이었다. 그의 기술문법적 태도는 'ain't'에 대한 설명이 "though disapproved by many and more common in less educated speech, used orally in most parts of the U.S. by many cultivated speakers esp. in the phrase *ain't I*"라고 되어 있는 것을 보아도 잘 알 수 있을 것이다. (이 사전의 최근 판은 CD-ROM으로도 발행되며, 인터넷을 통해서도 이용할 수 있다.)

독실한 그리스도교 신자인 노아 웹스터는 성경이 빠진 교육은 소용이 없다Education is useless without the Bible는 생각을 갖고 있었는데, 그의 사전에도 성경 내용에 대한 언급이 빈번히 나온다. 뿐만 아니라 그 자신 직접 성경을 영어로 번역하기도 했는데, 당시의 미국인들이 킹 제임스 영어 성경에 대한 애착이 너무 강했기 때문에 1833년에 나온 그의 영어 성경은 큰 반응을 얻지는 못했다. 그가 생각하는 영국 영어로부터의 독립은 영국 왕 제임스 1세의 이름이 붙은 영어 성경으로부터의 독립도 포함되었으나, 뜻을 이루지 못한 것으로 볼 수 있을 것이다.

변호사이기도 한 그는 잡지 창간을 주도하기도 하고, 대학 설립에 관여하기도 했으며, 다양한 정치 평론을 쓰기도 했다. 노예 제도에 반대하기도 한 그는 미국 학문과 교육의 아버지Father of American Scholarship and Education로 불리기도 한다.

5. 옥스퍼드 영어 사전

옥스퍼드 영어 사전은 1857년에 런던언어학회the Philological Society of London가 당시의 영어 사전이 불완전하며 부족한 점이 있음incom-plete and deficient을 인식하고 전적으로 새로운 사전을 만들 것을 결정하면서 시작되었다. 구체적으로는 트렌치(Richard Chenevix Trench, 1807-1886), 콜러리지(Herbert Coleridge, 1830-1861), 퍼니발(Frederick Furnival, 1825-1910) 세 사람이 기존 사전에 등재되지 않았거나 제대로 설명되지 않은 어휘를 수집하기 위한 목적으로 미등록어휘위원회Un-registered Words Committee를 출범시키면서 시작되었다. 콜러리지가 첫 번째 편집자의 임무를 맡았으나 1861년에 결핵으로 만 31세가 채 안 된 젊은 나이로 세상을 떠나고, 뒤이어 퍼니발이 편집 책임을 맡았으나 상당 기간 동안 작업이 제대로 진척되지 않았다.

작업이 제대로 진척되지 않은 이유는 여러 가지가 있었겠으나, 새로운 사전이 미등록 어휘를 추가하고자 하는 것뿐 아니라, 각 어휘의 역사적 발달 과정을 실제 예를 통해 보여주고자 하는 편찬 의도를 가지고 있었다는 것이 가장 큰 이유일 것이다. 이 일을 하기 위해서는 당시뿐 아니라 수백 년 전에 출간된 문헌을 뒤져 필요한 예를 추출하고, 이들을 시대순으로 배열하는 작업을 해야 하는데, 그 작업이 너무나 방대했기 때문이다. 이 일에 참여할 인원을 확보하는 것도 어려웠겠지만, 당시에는 고대 영어나 중세 영어 시대의 출판물을 쉽게 구할 수 있는 상황이 아니었기 때문에, 작업 자체에 난관이 있었던 것이다. 이를 타개하기 위해 퍼니발은 1864년에 초기영어텍스트학회Early English Text Society, 1868년에 초서학회Chaucer Society를 세워 고대 영어와 중세 영어로 된 문헌들을 출판하게 된다. 아울러 이 작업에 동참할 상당한 인원의 자원봉사자를 확보하게 된다.

1870년대에 퍼니발은 헨리 스위트Henry Sweet 등에게 편집 책임을 넘기고자 했으나 뜻을 이루지 못하고, 결국 이 방대한 작업의 편집 책임은 스코틀랜드 출신인 제임스 머리(James Murray, 1837-1915)에게 돌아가게 된다. 그리고 1879년에 옥스퍼드대학교 출판부와 이 사전의 출판 계약이 체결된다. 1857년에 첫걸음을 내디딘 후 22년만에야 본격적으로 작업이 시작된 것이다. 계약을 체결할 당시에는 총 6,400쪽, 4권의 분량과 10년 정도의 작업 기간을 예상했다. 사전에 담을 내용으로는 1150년, 즉 초기 중세 영어 이후에 등장한 모든 영어 어휘와 그 이전, 즉 고대 영어 시대에 등장했더라도 중세 영어 시대까지 사용된 어휘들을 수록할 것을 목적으로 했다. 각 어휘에 대한 풀이를 할 때는 역사적으로 사용된 순서에 따라 의미를 소개하고, 각 의미의 용례를 보여줄 때도 역사적 순서로 배열할 것을 원칙으로 했다. 용례를 보여줄 때는 당시로서 확인 가능한 최초의 용례를 맨 앞에 넣고, 더 이상 사용되지 않는 사어의 경우에는 당시로서 확인 가능한 마지막 예를 맨 끝에 넣는 것도 원칙 중 하나였다. 이런 이유로 이 사전의 원래 명칭이 *A New English Dictionary on Historical Principles*, 즉 『역사적 원칙에 입각한 새 영어 사전』이었던 것이다.

1879년에 본격적으로 작업이 시작되고 원래 계획한 10년의 반이 지난 1884년에 비로소 이 작업의 첫 번째 결실이 출판되게 된다. 그러나 이 첫 번째 분책(영어로는 'fascicle'이라고 불렸음)에 수록된 어휘들은 영어 알파벳의 'A' 항목에 해당하는 단어 전체도 아니고 고작 'Ant'까지였다. 이렇게 1884년부터 분책 형태로 발행되던 사전 작업은 44년 후인 1928년에 이르러 총 10권으로 완간되게 된다 (수록 단어 40만 이상). 1857년에 첫걸음을 내디딘 지 70년이 넘어, 그리고 1879년 정식 출판 계약을 맺은 지 50년이 다 되어 완성을 본 것이다. 이 작업에 참여한 편집자도 제임스 머리(James Murray, 1837-1915)를 비롯해 헨리 브래들리

(Henry Bradley, 1845-1923), 크레이기(W. A. Craigie, 1867-1957), 어니언스(C. T. Onions, 1873-1965)로 늘어났다. 본격적 작업이 시작된 후 초대 편집자라고 할 수 있는 제임스 머리와 2대 편집자인 헨리 브래들리는 그들이 그렇게 심혈을 기울인 이 사전의 완간을 보지 못하고 세상을 떠났다. 각각 1915년과 1923년에 사망했기 때문이다.

다음은 이 사전의 'adapt'에 해당하는 항목이다.

> **Adapt** (ădæ·pt), v. [a. Fr. *adapte-r*, ad. L. *adaptā-re*, f. *ad* to + *aptā-re* to fit; f. *apt-us* fit; see APT.]
>
> **1.** To fit (a person or thing *to* another, *to* or *for* a purpose), to suit, or make suitable.
>
> 1611 FLORIO, *Addattare*, to fit, to adapt, to appropriate [not in ed. 1598]. *a*1616 B. JONSON *Discov.* Wks. 1616 II. 128 He is adapted to it by nature. 1636 HEALEY *Epictetus' Man.* xlii. 65 Adapt the discourses of thy friends unto thine owne as neere as thou canst. 1763 MILLER *Gard. Dict.*, A seminary is a seed-plot, which is adapted or set apart for the sowing of seeds. 1756 BURKE *Subl. & B.* Wks. I. 182 The senses strongly affected in some one manner, cannot quickly change their tenour, or adapt themselves to other things. 1847 YEOWELL *Anc. Brit. Ch.* i. 5 To have adapted poetry to the preservation of their historical memorials. 1855 BAIN *Senses & Intell.* II. ii. § 3 (1864) 209 The structure of the outer ear is adapted to collect and concentrate the vibrations.
>
> **2.** To alter or modify so as to fit for a new use.
>
> 1774 BRYANT. *Mythol.* I. 117 It is called *Anchia* .. it signified either *fons spelunca*, or *spelunca fontis*, according as it was adapted. 1849 *Athenæum* 3 Nov. 1113/3 A three-act drama adapted from the French comedy. 1858 HAWTHORNE *Fr. & It. Jrnls.* II. 199 A kind of farm-house, adapted, I suppose, out of the old ruin.

이 단어의 발음과 품사, 그리고 어원etymology을 먼저 설명한 후, 이 단어가 가지고 있는 두 가지 의미를 1번과 2번의 번호를 붙여 풀이하고 있다. 역사적으로 보아 1번의 의미가 2번의 의미보다 먼저 나타났기 때문에 이 순서로 뜻풀이를 하는 것이다. 이는 각 의미로 사용된 예문의 연도를 보아도 확인할 수 있다. 1번의 의미로 사용된 예 중 첫 번째로 소개된 1611년의 예문은 당시로서 확인 가능한 최초의 문헌상 예임을 의미한다 (물론 이 단어가 이때부터 사용되었다는 뜻은 아니다. 문헌에 기록되기 이전부터 이 단어가 사용되던 것으로 보아야 하기 때문이다). 2번의 의미로 사용된 예 중 확인 가능한 최초의 예가 1774년 것이니, 당연히 1번의 의미가 역사적으로 먼저 나타났다고 보는 것이다. 따라서 이 사전에서는 가장 대표적인 의미, 혹은 가장 일반적으로 사용되는 의미라고 해도, 그 의미가 역사적으로 후대에 나타난 것이라면, 뒤에 소개될 수밖에 없는 체제로 되어 있는 것이다.

다음은 더 이상 사용되지 않는 어휘, 즉 사어가 된 어휘의 예이다.

†**Achaˑpe,** *v.* *Obs.* [A by-form of ESCAPE, adopted from later OFr. *échaper,* occas. *achaper* (mod. *échapper*):—early OFr. and Norm. *escaper,* whence the ordinary form. Scotch writers in 6 have *echap* as in Fr. Also aphetized in 5 to CHAPE. Cf. SCHAPE, SHAPE, and SOAPE.] = ESCAPE.
  1250 LAYAMON II. 342 Þe Alemains ː þat a-chapéd were [1205 weoren awei idraȝene]. *c* 1325 *E. E. Allit. Poems* B. 970 Þe wrake þat no wyȝe achaped. *c* 1350 *Will. Palerne* 2805 Whanˑþe hert & þe hind ˑ were of so harde a-chaped. *Ibid.* 1248 Gretly y þonk god ˑ þat gart me a-chape. 1588 A. KING *Canisius' Catech.* 143 Præsumption of gods mercie to echap for sinne vnpunished.

'achape' 바로 옆의 'v'는 이 단어의 품사가 동사임을 표시하며, 그 다음의 'Obs' 표시는 이 단어가 이 사전을 편찬하던 당시에 이미 'obsolete', 즉 '더 이상 사용되지 않는' 단어, 다시 말해 사어가 되었음을 의미한다. 제시된 예 중 맨 끝에 나오는 예가 당시로서 확인 가능한 제일 마지막 용례가 된다. 따라서 'achape'는 영어 역사상 최소한 13세기부터 16세기까지 사용된 어휘이며, 이 사전이 편찬되던 19세기 말에는 이미 사어가 되었음을 이 사전은 알려주는 셈이다. 이 단어 다음에 발음 표시가 없는 것은 아마도 이미 사어가 된 지 300년 가까이 흐른 당시로서 정확한 발음을 확인할 수가 없어서 그랬을 것으로 생각된다.

이와 같이 이 사전이 사어까지 모두 포함시키려 했다는 점, 그리고 의미를 소개할 때도 역사적으로 나타난 순서대로 소개한다는 점, 또 예문 중 상당수가 수백 년 전의 문헌에 나오는 것이며 철자도 그 당시의 철자로 되어 있다는 점 등은 이 사전이 일반인이나, 특히 외국인으로서 영어를 배우고자 하는 사람들보다는 이 분야의 학자들에게 더 유용한 사전임을 말해주는 것이다.

다시 이 사전의 편찬 이야기로 되돌아가서, 정식 출판 계약을 맺은 지 50년이 다 되어 완간을 본 이 사전은 완간되자마자 새로운 문제에 봉착하게 된다. 그 기간 동안 새로운 어휘들이 탄생했기 때문이다 (예를 들어 'appendicitis'라는 단어는 A 항목이 간행된 이후에 새로 등장했다). 7장에서 영어의 역사를 설명할 때 언급한 것처럼 세상 만물은 변화하는 것이다. 어휘도 생겼다가 사라지기를 반복한다. 의미가 변화하기도 한다. 따라서 어느 사전이든지 사전은 완성된 직후부터 수정되어야 할 운명을 안게 된다고 할 수 있다. 이에 따라 1928년 완간 직후부터 3대 및 4대 편집자인 크레이기W. A. Craigie와 어니언스C. T. Onions가 개정 작업에 들어가게 된다. 그 결과 1933년에 변화 내용을 별책('Supplement'라는 이름을 사용함)으로 발행하게 된다. 또한 이때 5년 전인 1928년에 10권으로 간행된 사전을 12권으로 재간행하면서, 이름도 『옥스퍼드 영어 사전』, 즉 *Oxford English Dictionary*로 바꾸게 된다. 이 체제가 그 후 20년 이상 지속되게 된다.

그러다 1957년에 이르러 로버트 버치필드(Robert Burchfield, 1923-2004)를 편집인으로 해서 새로이 추가할 어휘들을 포함시키기 위한 별책(= Supplement) 개정 작업을 시작하게 된다. 이때 과학 기술 분야나 대중문화 등에서 새로 유입된 어휘들을 비롯해 북미, 호주, 뉴질랜드, 남아프리카 등 영국 외 다른 지역의 영어권에서 사용되는 어휘들을 대거 수록하게 된다. 그 결과물이 1972년과 1986년 사이에 4권의 별책으로 출간되게 된다.

1980년대 초에 시작된 옥스퍼드 영어 사전의 전산화 작업에 힘입어 본판 12권과 별책 4권을 통합시킨 제2판이 1989년에 총 20권, 22,000쪽 분량으로 나오게 된다. 1928년 1판이 완간된 후 61년만의 일이다. 이 2판을 옥스퍼드 영어 사전의 영어 이름인 *Oxford English Dictionary*의 머리글자를 따서 '*OED*2'라고 부른다. 1판은 자연스럽게 '*OED*1'으로 불리게 되었다. *OED*2는 현재 CD-ROM으로도 제작되어 있으며, 인터넷을 통해서도 이용할 수 있게 되어 있다.

*OED*2가 발음을 표시하기 위해 국제음성기호를 채택하고, 고유명사가 아닌 표제어는 소문자로 시작하는 등 *OED*1과 일부 차이를 보이기는 하지만, *OED*2는 기본적으로 *OED*1 내용을 그대로 사용한다. 따라서 설명 중에 수십 년 이상 시대에 뒤떨어진 내용들이 포함되어 있기도 하고, 이미 사어가 되어 버린 표현들이 버젓이 살아있는 표현으로 등재되어 있는 경우도 있다. 이를 보완하기 위한 작업의 일환으로 1990년대에 3권의 별책이 발행되기도 했다.

인터넷의 보편화와 컴퓨터 기술의 눈부신 발전에 힘입어 2000년에는 *OED*2의 전면 개정판, 즉 *OED*3를 준비하기 위한 작업이 시작되었다. 2037년 완성을 목표로 하고 있는 *OED*3는 그 간의 언어 변화 내용을 반영하고, 주로 문학 작품 등에 편중되었던 예문의 출처를 다양화하고, 어원 설명에 보다 엄밀성을 기하며, 가독성을 높이는 편집을 하는 등 내용과 형식면에서 획기적인 변화를 기획하고 있다. *OED*2 분량의 두 배 정도가 될 것으로 예상되는 *OED*3는 아마도 종이 책으로는 출간되지 않을 것으로 보인다.

제임스 머리(James Murray, 1837-1915). 옥스퍼드 영어 사전이 나오게 하는 데 일등공신 역할을 한 그가 자신의 작업실 안에 서 있는 모습. 그는 자신의 집 뒷마당에 설치한 작업실을 스크립토리움(Scriptorium)이라고 불렀다. 벽면을 가득 채운 것은 자원봉사자 등이 보내온 예문을 적은 쪽종이(quotation slip)들이다. 이것들을 항목별로 분류해 정해진 함(pigeon-hole)에 넣어두고 일일이 수작업으로 사전 편찬 작업을 한 것이다. 제임스 머리의 손녀인 엘리자베스 머리(K. M. Elisabeth Murray)가 쓴 *Caught in the Web of Words: James Murray and the Oxford English Dictionary*라는 제목의 책에는 이때의 이야기가 포함되어 있다.

참고사항
· · · · · · · · ·

자원봉사자들의 참여와 윌리엄 체스터 마이너:

옥스퍼드 영어 사전 1판, 즉 *OED*1을 만들 때는 각지에서 다양한 자원봉사자들이 용례를 적은 쪽종이|quotation slip를 보내 왔다. 그 중 한 예를 보이면 다음과 같다.

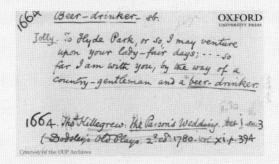

'beer-drinker'가 사용된 문장을 그 출처 및 연도와 함께 적어 자원봉사자가 보낸 것으로 현재 옥스퍼드대학교 출판부 문서보관소에 보관되어 있다 (1860년대에서 1880년대 사이의 것으로 추정됨). 컴퓨터는커녕 타자기도 없었던 당시에는 모든 작업을 이렇게 손으로 직접 써서 진행했다.

당시 자원봉사자로 가장 큰 기여를 한 사람 중에 윌리엄 체스터 마이너(William Chester Minor, 1834-1920)라는 미국인이 있었다. 군 외과의사로 미국의 남북전쟁에 참전하기도 했던 그는 정신이상으로 고통을 겪다 1871년 영국으로 이주하게 된다. 영국으로 와서도 증상이 호전되지 않던 그는 오해에 의한 살인을 저지

르게 되나, 정신이상에 의한 행동임이 밝혀져 범죄자 전용 정신

병원에 감금되게 된다. 정신병원에 있던 중 옥스퍼드 영어 사전

작업에 관해 알게 된 그는 여생의 대부분을 이 일에 바치게 된다.

이 사람과 옥스퍼드 영어 사전 사이에 얽힌 이야기는 사이먼 윈

체스터Simon Winchester가 *The Professor and the Madman:*

A Tale of Murder, Insanity, and the Making of The Oxford

*English Dictionary*라는 제목의 책으로 펴낸 바 있다. 이 책은

원래 *The Surgeon of Crowthorne: A Tale of Murder, Mad-*

*ness and the Love of Words*라는 제목으로 영국에서 먼저 출판

되었으나, 앞에서와 같은 제목으로 바꾸어 미국에서 다시 펴낸

것이다. 한국어로도 번역되어 있다.

윌리엄 체스터 마이너(William Chester Minor, 1834~1920)

참고사항
· · · · · · · · · ·

어니언스C. T. Onions와 문장 5형식:

옥스퍼드 영어 사전 첫 판, 즉 *OED*1의 네 번째 편집자인 어니언
스는 1895년에 제임스 머리의 팀에 조수로 합류했다가 1914년
부터 독자적 팀을 꾸리고 편집 일을 하기 시작했다. *OED*1의 별
책(즉 Supplement) 편집과 축약판인 *Shorter Oxford English
Dictionary* 편집 및 *The Dictionary of English Etymology*
편집 작업에도 참여했으며, *A Shakespeare Glossary*와 *An
Advanced English Syntax*라는 책을 내기도 했다. 1904년에 초
판이 나온 *An Advanced English Syntax*에서는 우리가 문장 5
형식으로 알고 있는 개념을 최초로 제안한다. 문장 5형식 개념은
영어권 국가에서 출판되는 영문법 책에는 거의 소개되지 않는 개
념이지만, 유독 한국과 일본에서는 대부분의 영문법 책에서 이
개념을 소개한다. 그 이유 등에 대해서는 2008년에 나온 내 논문
"영문법에서 문장 5형식 개념의 기원 및 그 적절성에 관한 연구"
(『영미연구』 제19집에 수록)를 참조하기 바란다.

어니언스(C. T. Onions, 1873-1965)

제5부

에필로그

이제까지 영어의 안과 밖을 살펴본 후, 영어를 담는 그릇이라고 할 수 있는 영문법과 영어 사전에 대해 알아보았다. 제5부에서는 우리나라 안에서의 영문법 연구와 영어 사전 편찬에 대해 간략히 알아보고, 영어학이 인문학인지에 대해서도 생각해보기로 하겠다.

제12장
우리나라 영어학에 관한 몇 가지 질문들

교육의 기능은 치열하게 생각하는 법, 비판적으로
생각하는 법을 가르치는 것입니다.
지적인 것과 함께 인격도 가르쳐야 합니다.
그것이 바로 진정한 교육의 목표인 것입니다.
The function of education is to teach one to think
intensively and to think critically.
Intelligence plus character —
that is the goal of true education.
—마틴 루터 킹 2세Martin Luther King, Jr.

영문법과 영어 사전을 영어를 담는 그릇이라고 한다면, 우리나라에서는 우리 스스로 그 그릇을 만들어 사용해 왔을까? 그리고 영어학은 과연 인문학일까? 여기서는 이 문제들에 대해 생각해보기로 하자.

l. 한국에서의 영문법 연구와 영어 사전 편찬

앞에서 언급한 영문법 연구의 세 가지 주요 방법론, 즉 전통문법, 구조주의문법, 생성문법에 따른 영문법 연구가 한국에서도 모두 이루어졌을까? 그러지 못했다. 우리나라에서 영어교육이 시작된 것은 1883년 동문학이 설립되면서부터이고, 이를 기점으로 이후 육영공원, 관립영어학교, 한성외국어학교 등의 체제 안에서 영어교육이 모색되고는 있었다. 그러나 이 땅의 영어교육과 영어 연구가 제대로 자리를 잡기도 전에 일제가 우리나라를 1910년 강제로 병합하면서, 우리의 관립 외국어 교육기관은 문을 닫게 된다. 이후 우리의 영어교육, 영문법 연구, 영어 사전 편찬은 일제강점기는 물론, 해방 이후까지도 상당 기간 일본의 영향력 아래에 있었다고 해야 할 것이다.

우리의 독자적 영어 연구를 위한 토대가 마련된 것은 1960년대와 1970년대에 일부 학자들이 미국에서 언어학을 공부하고 돌아오면서부터라고 할 수 있다. 그러나 당시에 미국식 언어학을 공부한 사람들은 대부분 촘스키의 변형생성문법 이론을 공부한데다가, 그 이론을 영어보다는 주로 한국어에 적용시키는 작업을 한 관계로 영어 연구 자체에는 별다른 기여를 하지 못했다. 이런 흐름이 1980년대와 1990년대까지도 계속되는 바람에 우리나라에서는 우리 나름의 영어 연구나 영어 사전 편찬에 대한 학술적 관심이 그리 높지 않아 온 것이 사실이라고 할 수 있다.

그렇지만 2000년대 이후에는 이런 분위기에 일부 변화의 조짐도 감지된다. 일단 영어학 교수들이 영어가 아닌 한국어에 관한 논문을 쓰는데 대한 학계의 거부감이 생겨나기도 하고, 영어학이 당연히 영어를 제1의 학문적 탐구 대상으로 삼아야 한다는 자각을 하는 영어학 교수들이 늘어나기도 하기 때문이다. 그럼에도 불구하고 우리의 영어학 연구역량이나 영어 사전 편찬 역량은 아직은 대단히 미흡한 수준이라고 할수 있다.

영문법 연구의 측면에서 보자면, 우리나라에서는 전통문법, 특히학술전통문법이나 구조주의문법 단계가 아예 생략되었다고 보는 편이더 정확할 것이다. 일제강점기나 광복 직후에 영어를 전공한 사람 중에헨리 스위트나 오토 예스퍼슨에 관한 공부를 하고, 이들의 저서를 가지고 대학이나 대학원에서 수업을 한 경우가 더러 있기는 하지만, 스위트나 예스퍼슨의 주장을 단순히 이해하는 정도에 머물렀지, 거기서 더 나아가 그들의 주장에 대한 반론을 펴거나 스스로의 이론이나 문법을 펼치는 수준에는 도달하지 못한 것이 사실이기 때문이다.

미국유학파들이 생기면서 생성문법파라는 무리가 생기기는 했지만, 이들의 주된 학문적 관심사가 영어보다는 한국어였다는 점에서 생성문법에 입각한 영문법 연구도 우리 손으로는 별로 이루어진 것이 없다고 해야 할 것이다. 그렇게 보면, 우리나라에는 변변한 영문법 연구전통마저 없는 셈이 된다.

이런 문제점을 타파하기 위해서는 그동안 우리나라 영어학자들이주로 해왔던 단순 보도 기능, 즉 남의 이론이 어떻다는 식의 해설을 주로 하는 기능과 단순 적용 작업, 즉 남의 이론을 한국어에 적용하는 식의 작업에서 벗어나야 한다. 오히려 한국인이나 한국어의 관점에서 영어를 바라보고, 연구할 수 있어야 한다. 추상적인 이론을 한국어에 적용시켜 그럴듯한 주장처럼 보이게 하려 하기보다는 차라리 한국인의 입장에서 습득하기 어려운 영어 현상을 한국인이 보다 쉽고 정확하게 습득하는 데 도움이 되는 작업을 하거나, 한국인의 관점에서 영문법 체계를 만들고 기술해내는 것이 더 의의 있는 일이 될 것이다. 이런 자각 하에 나는 그동안 국내 영어교육에서 소홀히 취급되어 온 영어 관사와 영어 구두점 등에 대해 조명하기도 했다 (나의 저서 『영어 관사의 문법』 과 『영어 구두점의 문법』을 참조할 것).

또한 우리 나름의 영문법 연구 전통이 미약하기는 하지만, 그래도 이 땅에서 영어교육이 시작된 지 130년 이상 지난 지금 우리 나름의 영문법 연구사에 대한 관심이 거의 전무하다는 것도 문제라고 해야 할 것이다. 지금부터라도 그동안 우리가 어떻게 영문법 연구를 해왔는지에 대해 관심을 가지고 최대한 정리해 두어야 할 것이다. 그러지 않으면, 현재도 쉽지 않은 이 작업은 앞으로는 더욱 어려워질 수밖에 없기 때문이다. 이러한 인식 아래 나는 그동안 일제강점기 초에 한국인이 저술한 영문법 책들에 대해 조명하는 작업을 해 왔다 (이 문제에 관심이 있는 사람들은 나의 2010년 논문인 "이기룡의 『중등영문전』: 한국인 최초의 영문법 저술 고찰"을 비롯해 윤치호, 윤태헌 등의 영문법 저술에 대한 논문들을 참조하기 바란다).

영어 사전과 관련해서는 사실 우리 스스로의 관점으로 기획을 하고 우리 스스로의 힘으로 만든 영어 사전이 제대로 있기나 하나 하는 자조가 일기도 한다. 우리의 영어 사전은 개화기에는 외국인 선교사들이 만든 것이고, 일제 강점기 이후에는 대체로 일본에서 만든 영어 사전을 우리말로 옮긴 정도에 불과하다고 해도 과언은 아닐 것이다.

영어 사전을 편찬하는 데는 기본적으로 누구를 대상으로 할 것이며, 어떤 목적을 가지고, 또 어떤 체제로 만들 것인지에 대한 결정이 있어야 한다. 대상과 목적, 그리고 체제에 따라 실로 다양한 영어 사전이 있을 수 있기 때문이다. 노아 웹스터는 영국인이 아닌 미국인을 위한 미국 영어 사전을 만들겠다는 목적을 세웠고, 『옥스퍼드 영어 사전』은 초기 중세 영어 이후 존재했던 모든 영어 어휘들을 역사적으로 조망하는 사전을 만들겠다는 목표 아래 탄생되었다.

우리 입장에서도 단순히 입학이나 입사 시험을 위한 영어 사전이 아니라, 한국인이 구어체 영어를 공부하는 데 도움을 주기 위한 사전, 한국인이 영어 성경을 공부하는 데 도움을 주기 위한 사전, 외국인이 한국어나 한국 문화, 한국사를 공부하는 데 도움을 주기 위한 영어 사전, 외국인이 한국어 문법을 전문적으로 연구하는 데 도움을 주기 위한 영어 사전 등 다양한 목적을 세우고 영어 사전 편찬을 시도할 수 있을 것이다. 또 영어 머리글자어 사전, 영어 완곡어 사전, 영어 동의어 사전, 영어 용례 사전 등 다양한 사전을 우리의 관점에서 우리에게 편리한 체제로 만드는 것도 가능하다. 이 문제에 대해서는 당장은 어렵다 하더라도, 우리 사회가 앞으로 진지하게 고민해보아야 할 것이라고 생각한다.

참고사항
· · · · · · · · ·

개화기의 영어 사전과 조선 시대 일본어 사전:
개화기에 나온 영어 사전은 한국인이 영어를 배우는 데 도움을 주기 위한 목적보다는 외국인, 그 중에서도 특히 외국인 선교사가 한국어를 배우는 데 도움을 주기 위한 목적으로 간행되었다. 언더우드(Horace Grant Underwood, 1859-1916), 게일(James S. Gale, 1863-1953), 존스(George Heber Jones, 1867-1919) 등이 한영 혹은 영한 사전을 펴냈다. 이들이 만든 사전을 오늘날의 관점에서 보면 미흡한 점도 있지만, 당시의 한국어 형태를 보존하고 있다는 점에서 우리말 연구와 관련해서도 귀중한 자료가 되기도 한다. 다음은 1902년에 나온 존 하지John W. Hodge의 *Corean Words and Phrases* 2판에서 발췌한 뜻풀이이다 (영문 제목에서 '한국어'를 'Korean'이 아닌 'Corean'으로 쓴 것에 주목할 만하다). 제목이 주는 인상과 달리 실제로는 영한 사전에 해당하며, 실제 사전에는 모든 표제어가 대문자로 시작되고, 우리말 발음을 보여주는 로마자 표기 등이 병기되어 있지만, 여기서는 우리말 뜻풀이만을 현대 철자법으로 바꾸어 소개하기로 한다.

cheese: 소젖메주

milk: 젖 (cf. 'cow's milk'는 '우유'로 풀이함. 1890년에 간행된
　　언더우드 사전에서는 'cow's milk'에 대한 풀이로 '소젖'을
　　먼저 소개한 후 '우유'를 뒤이어 소개함)

butter: 소기름 (cf. 1890년에 간행된 언더우드 사전에서는 '소
　　젖기름'으로 풀이함)

jelly: 묵

juice: 즙

pen: 붓

ink: 먹

cap (or hat): 갓

지금은 '치즈', '버터', '젤리' 등처럼 영어 표현을 그대로 쓰는 것이 당연시되는 것들을 우리 고유의 표현으로 풀이하고 있다. 이

사전에는 다음에서 보는 바와 같이 "Sing me a song"을 한국어로 "시조 한 마디 하오"라고 번역해 놓은 것이라든지, 'God'를 당시에도 가톨릭과 개신교에서 달리 번역했음을 보여주는 등 흥미로운 내용이 다수 포함되어 있다.

Sing, To Naw-ray-hah-tah 노래한다. *Sing me a song.* See-jaw han mah-tai hah-o 시됴 한 마디 하오. There are fifteen forms of song in different metres used by Coreans ; each has its tunes ; they are generally used by singing girls and on festive occasions).

God T'chun-ju 텬쥬 (*as used by Catholics*) ; Hah-nal-nim 하ᄂᆞᆯ님 (*as used by Protestants*).

영어 사전만 놓고 보면 우리나라가 다른 나라에 비해 뒤떨어졌다고 할 수 있지만, 그렇다고 해서 우리나라가 외국어 사전 자체의 면에서 다른 나라에 뒤떨어졌던 것은 아니다. 우리나라에서는 고려 시대 말부터 조선 시대까지 사역원이라는 훌륭한 외국어 교육기관이 운영되어 왔는데, 다음은 2장 2절에서 이미 소개한 바 있는 18세기 말 사역원에서 간행한 『왜어유해』(일본어 어휘집에 해당) 상권의 첫째 면이다. 각 한자어 밑에 우리말 발음과 함께 일본어 발음을 보여주고 있다. 참고로 나는 2009년에 나온 논문 "우리나라 외국어교육의 전통과 19세기말 유럽의 개혁교수법"(『민족문화연구』 제51호에 수록)에서 조선 시대에 우리가 이미 유럽보다 수백 년 앞선 훌륭한 외국어교육을 실시했다고 주장한 바 있다. 자세한 내용을 알고자 하는 사람들은 해당 논문을 참조하기 바란다.

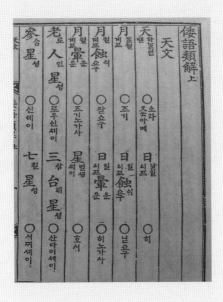

참고사항
· · · · · · · · ·

'Korea'인가 'Corea'인가?:

오늘날 '한국'을 영어로 표기할 때는 누구나 'Korea'를 쓴다. 그
러나 앞에서도 언급했듯이, 개화기에는 'Corea'라는 철자를 쓰
기도 했다. 다음은 구글의 엔그램 뷰어를 사용해 이 두 철자의 시
대별 빈도를 조사한 표이다.

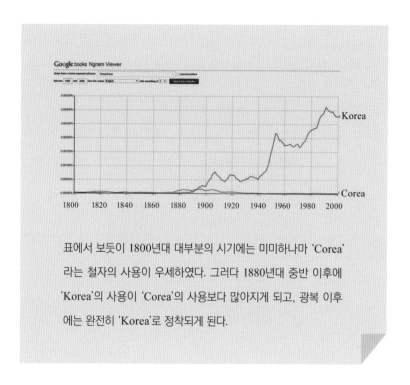

표에서 보듯이 1800년대 대부분의 시기에는 미미하나마 'Corea'
라는 철자의 사용이 우세하였다. 그러다 1880년대 중반 이후에
'Korea'의 사용이 'Corea'의 사용보다 많아지게 되고, 광복 이후
에는 완전히 'Korea'로 정착되게 된다.

2. 영어학은 인문학인가?

영어학이 인문학이냐고 물으면, 대부분의 사람들이 그렇다고 대답
할 것이다. 그러나 오늘날 한국 대학에서 영어학을 가르치는 대다수 교
수들의 연구 행태를 놓고 본다면, 그렇다고 대답하기가 매우 어렵다. 미
국에서도 상당수 언어학자들이 언어 자료 자체만을 탐구 대상으로 삼
고 그 안에서 원리나 규칙 혹은 구조를 찾아내는 연구에 주력하기 때문
에, 그것이 과연 인문학인지에 대해서는 선뜻 대답을 하기가 어려울 수
있다.

이 질문은 물론 인문학을 무엇으로 보느냐와 밀접한 관련을 맺기는

한다. 인문학이 인간이 무엇인지를 묻고 대답하고자 하는 학문이라면, 최소한 인간의 정신적 가치를 다루는 학문이라면, 과연 최근의 언어학이나 영어학을 인문학이라고 할 수 있을까? 여전히 그렇다고 대답하기가 어렵다. 특히 우리나라 영어학 교수들의 경우에는 더욱 그렇다고 할 수 있다. 대부분의 우리나라 영어학 교수들이 연구 대상으로 삼는 것은 인간이 아닌 언어 자료이기 때문이다. 그들은 마치 언어 자료가 인간과 완전히 분리되어 존재하는 것처럼 생각한다. 그리고는 수학적 혹은 기하학적 모형 안에 그 자료를 담아내는 것이 언어학의 궁극적 목표인 양 생각한다. 이런 사고 아래서는 언어 연구에 인간이나 인간 정신이 개입될 여지가 거의 없다.

혹자는 언어 자체가 인간에게만 존재하는, 즉 인간 고유의 속성이므로, 언어 연구 자체가 인간에 대한 연구가 아니겠냐고 항변할지도 모르겠다. 그러나 인체해부학이 인간을 대상으로 한다고 해서, 그것을 인문학이라고 할 수 있는가? 인간 육체의 해부는 당연히 자연과학의 범주에 속하는 일일 것이다. 언어를 인체처럼 그저 해부의 대상으로만 보고, 언어 자료를 분석해 그 안에 존재하는 원리나 규칙을 알아내는 미시적 작업에만 전념한다면, 그것은 인체해부학이나 마찬가지로 인문학이라고 부르기 어려울 것이다. 실제로 구미의 언어학계에는 언어학을 자연과학의 일부로 생각하는 사람들이 있기도 하다. 한국의 영어학계도 사실상 언어를 단지 분석의 대상으로만 바라보는 자연과학적 태도를 가진 사람들이 주류를 이루고 있다고 해도 과언이 아닐 것이다. 이런 풍토 아래서는 언어와 인간이 만나는 지점이 거의 없다. 그렇기 때문에 우리나라 영어학 교수들의 상당수는 진정한 인문학을 한다고 하기가 매우 어렵다고 해야 할 것이다.

이런 학계의 분위기는 후학 양성 방식에도 그대로 전승된다. 한국의 영어학 전공 프로그램에는 소위 고전의 개념이 없다. 과거의 학문은 이미 낡은 학문이라는 전제를 암암리에 하고 있기 때문이다. 자연과학에서처럼 영어학에서도 과거의 것은 이미 소용이 없다는 듯한 태도를 보인다. 학자 개인에 대한 관심도 없다. 촘스키가 주도하는 언어학이 두 세대 이상 계속되고, 우리나라 영어학 교수 중 상당수가 촘스키 이론을 가르치고 있기는 하지만, 촘스키가 어떤 사람이며 어떤 생각을 하는지에 대해 상식 수준 이상으로 알고 있는 영어학 교수는 별로 없다. 오직 그의 최근 이론만이 관심 대상이지, 그 사람 자체는 관심 대상이 아니라고 생각하기 때문이다. 이런 태도를 인문학적 태도라고 할 수 있을까?

영어학이 인문학이 되기 위해서는 영어 자료에만 매몰되어서는 안 된다. 영어를 사용하는 사람에 대한 관심도 가져야 한다. 구체적으로 말하자면, 그들의 삶, 그들의 생각, 그리고 그들이 모여 사는 사회와 그 사회의 문화 및 역사에도 관심을 가져야 한다. 당연히 그들의 문학에도 관심을 가져야 한다. 영어학이 영문학과 유리되어 존재하는 것처럼 생각하는 상당수 영어학 교수들의 태도는 분명히 잘못된 것이다. 탁월한 영어학자들에 대해서는 그들 개개인에 대한 관심도 가져야 한다. 그들이 어떤 삶을 살았는지, 그들의 언어관은 어떠했는지, 그들이 인간과 사회, 그리고 역사를 어떻게 보았는지 등에 대해서도 연구를 하고, 또 후학들에게 가르쳐야 한다. 그래야 우리나라에서도 그들에 필적할 만한 영어학자들이 나올 수 있게 되지 않겠는가? 그저 촘스키가 하는 대로 따라 하는 시늉이나 한다면, 그것은 헨리 스위트가 지적한 것처럼 기생 언어학parasite philology에 불과할 것이다. 일종의 학문적 식민 상태라고 해야 할 것이다. 촘스키가 주장하는 구조에 한국어 자료를 끼워 맞추는 일에나 만족하는 것도 오토 예스퍼슨이 지적한 것처럼 짜맞추기식, 즉 프로크루스테스식 문법 연구 행태Procrustean method에 불과할 것이다. 영어학 연구에서도 진정한 독립이 필요하다. 이를 위해서는 위대한 학자들의 학문과 정신을 익히고 참고하되, 그것을 바탕으로 우리 스스로의, 즉 우리 고유의 영어학을 정립해나갈 수 있도록 노력해야 할 것이다. 그러나 오늘날 우리나라에서 영어학계나 언어학계를 주도하고 있는 그룹의 행태를 보면, 학문적 독립이 쉽지 않을 것 같다는 어두운 전망을 하게 된다.

최근 인문학 바람이 불고, 학문 간의 경계를 허물고 융합하자는 목소리는 높지만, 실제에 있어서는 그저 지나가는 바람에 불과할 가능성이 높다. 우선 인문학 타령을 하는 사람들 중에 진정한 인문학자를 보기 어렵다. 융합을 내세우는 사람들 중에서도 그저 말뿐인 사람들이 대부분이다. 그들 중 상당수는 인문학이니 융합이니 하는 것을 하나의 권력으로 보고, 거기서 파생되는 떡고물에나 더 관심이 많은 것으로 보인다. 그런 사람들 중에는 있지도 않은 미국 대학 석사와 박사 학위를 사칭해 대학교수가 되었으면서도, 수십 년 간 마치 한국을 대표하는 지성인 양, 교양이니 사회 정의니 하고 부르짖어온 사람도 있다. 그 사람과 함께 융합을 외치며 언론을 타던 어떤 사람은 그 사람의 가짜 학위 사실을 알면서도 모른 척하는 태도를 보였다. 그러면서도 겉으로는 지성이니, 사회적 책임이니 하는 소리를 해댄다. 이런 현실만 놓고 보더라도 우리 사회에서 인문학 타령을 하는 사람들의 수준이 어떠할지 짐작할 수 있을 것이다. 상당수 사람들은 바로 옆에서 일어나는 부조리에는 눈감으면서, 먼 곳에서 일어나는 일에는 진리니 정의니 하며 목청을 높이고 있다. 그런 사람들이 끼리끼리 뭉쳐 우리나라의 인문학 담론을 형성하고, 융합이니 통섭이니 하는 것이다. 실제로는 자신들에게 고분고분한 사람들을 중심으로 자신들만의 아성을 쌓고, 진정으로 깨어 있고 능력 있는 학자들은 철저히 소외시키고 배제시키면서 말이다. 유감스럽지만 이것이 우리나라 인문학의 실태라고 하는 것이 진실에 더 가까운 진단일 것이다. 이런 학자들은 사이비 인문학자임에 틀림없다. 이런 사이비 인문학자들을 촘스키는 거짓 예언자false prophet라고 불렀다. 우리나라 인문학 담론은 거짓 예언자들에게 점령당해 있는 형국인 셈이다.

최근 외국의 학계를 보면, 자연과학자들이 인문학 영역으로 학문적 관심사를 확장하는 경향이 두드러지게 나타나고 있다. 진화생물학자인 에드워드 윌슨Edward Wilson이나 생리학에서 출발한 제레드 다이어몬드Jared Diamond, 뇌신경과학자인 마이클 가자니가Michael Gazzaniga 등이 인류의 기원, 문명의 발생 등에 대한 저술을 내는 것이 그 예라고 할 것이다. 이들은 자신의 미시적 전공 영역에 머무르지 않고 그것을 거시적 관점으로 키워나갔다. 미생물을 들여다보던 사람이 인류와 우주로 관심 영역을 확장하는 식이다. 진정한 융합, 진정한 통섭이란 이렇게 자신의 전공 영역 안에서 미시적 연구를 하면서도, 거시적 관점으로 자신의 전공 밖을 내다볼 수 있어야 가능해지는 것이다. 그런 점에서 특별히 미시적 연구 행태에만 함몰되어 있는 우리나라 영어학자들의 분발이 요구된다고 할 것이다. 영어 연구에서도 영어의 안만 들여다볼 것이 아니라, 영어의 밖도 바라볼 수 있어야 한다는 것이다. 이 책에서는 영어의 가장 가까운 바깥쪽 면만을 보였지만, 거기에서 시작해 영어뿐 아니라 언어 일반, 그리고 그 언어를 사용하는 인간, 인류, 문명, 우주로 관심 영역을 확장할 수 있어야 진정한 의미의 융합과 통섭이 가능해질 것이다. 그런 과정에서 진정한 인문학도 가능해질 것이다.

무엇보다도 인문학을 지식의 단순 축적이나 섭렵으로 보는 경향이 있는데, 인문학을 통해 사람 자신이 변화하지 않는 한, 그것은 죽은 학문에 불과할 뿐이다. 지식의 축적, 즉 'information'의 축적이 아니라, 스스로 어떤 사람이 되어야 할지를 깨닫고 그렇게 변모, 즉 'transform'하지 않으면 그것은 진정한 인문학이라고 할 수 없다. 다시 말해 인문학에서는 'information'이 아니라, 'transformation'이 궁극의 목표가 되어야 한다. 이 점이 제대로 인식되지 않는 한, 양의 옷을 입은 거짓 예언자들이 활개를 치는 부조리한 현 세태가 바뀌지 않을 것이다.

마지막으로 영어학에 뜻을 둘지도 모르는 일부 젊은이들에게 몇 가지 당부의 말을 하고 싶다.

먼저 대학원에서 학위 공부를 하는 과정에서는 잘 정립된 방법론을 하나 이상 반드시 익히기 바란다. 방법론은 하나의 도구이며 연장이다. 제대로 된 연장을 갖고 있어야, 그리고 그 연장을 제대로 사용할 줄 알아야, 앞으로 무언가를 해낼 수 있다. 그런 훈련을 잘 받을 수 있는 사람들의 과목을 골라 듣고, 그런 사람을 지도교수로 택하기 바란다. 얼마나 쉽게 좋은 학점을 받고, 얼마나 쉽게 학위를 받을 수 있는지를 기준으로 삼아서는 절대로 안 된다. 특히 거짓 예언자들의 감언이설에 장래를 거는 어리석음을 범하기 말기 바란다.

둘째, 스스로의 질문을 하도록 힘쓰기 바란다. 외국의 방법론을 공부하고, 다른 사람들의 질문에 유념은 하더라도, 질문 자체는 자기 스스로 할 줄 알아야 한다. 그러지 못하면, 평생 기생언어학이나 프로크루스테스식 작업에 머물게 될 것이다. 영어가 비록 우리의 언어는 아니지만, 영어에 관한 질문 자체를 우리 식으로 할 수 있어야 한다. 영어의 안을 미시적으로 분석함에서도 그렇고, 영어의 밖을 내다볼 때도 그렇다. 영어와 한국어, 영어와 한국인, 영어와 한국 사회, 영어와 한국 역사 등 다양한 관점에서 우리 스스로 영어에 대한 질문을 하고 연구를 할 수 있다. 영어학에서도 학문적 주체성과 독립이 필요하다.

셋째, 학위 과정에서 택한 협의의 전공에 갇히지 말기 바란다. 예를 들어 통사론이니, 음운론이니 하는 전공에 평생 갇혀 있지 말라는 뜻이다. 영어에는 다양한 측면이 있으며, 영어는 여러 형태로 세상과 만난다. 그 다양한 모습들을 바라볼 수 있어야 한다. 학위 과정에서 선택한 전공을 미시적 전공이라고 본다면, 이를 거시적 안목으로 확장하려는 노력을 해야 한다는 것이다.

넷째, 학위 과정에서 익힌 방법론에 갇히지 말아야 한다. 학위 과정에서 택한 협의의 전공에 갇히는 것도 불행한 일이지만, 학위 과정에서 익힌 방법론에 갇히는 것은 더욱 불행한 일이다. 사실 이런 사람은 학문적 성장이 멈춘 사람이라고 할 수 있다. 의외로 한국 영어학 교수들 중에는 이런 사람들이 많다. 그러면서, 학문적 영역을 확장하려고 애쓰는 사람들을 마치 외도나 하는 사람쯤으로 비아냥거리기도 한다. 생각해보라. 수십 년 전에 쓴 학위 논문의 주제와 방법론을 지금까지 반복하고 있는 사람이 어떻게 훌륭한 학자일 수 있는가? 이런 사람일수록 학생들에게 자신의 것만을 강요하고, 학생들을 노예처럼 부리는 경향이 있다. 자신이 무엇인가에 갇혀 있기 때문에, 남에게도 갇히기를 강요하는 것이다. 절대로 이런 사람의 전철을 밟지 말기 바란다.

다섯째, 전공이 영어학이라고 해서 영어에만 갇혀 있지 말기를 바란다. 영어는 세상의 수많은 언어 중 하나일 뿐이다. 영어 외의 다른 언어에도 관심을 갖기 바란다. 영어학도로서 당연히 적절한 영어 능력을 갖추어야 하겠지만, 그 외에도 독일어, 프랑스어, 스페인어, 중국어, 일본어 등 최소 2-3개 정도의 다른 언어를 공부해 두기 바란다. 영어를 보는 안목이 그만큼 높아질 것이다. 언어는 인간만이 지니는 인간 고유의 특성이므로, 당연히 인간, 그리고 언어를 바탕으로 인류가 이룩해 온 문화와 문명에도 관심을 갖기 바란다. 그러한 과정을 통해 진정한 인문학자로 성장하기 바란다.

무엇보다도 부조리를 강요하는 무리 속에서는 과감히 뛰쳐나올 수 있는 용기를 갖기 바란다. 아직까지 우리 사회에는 연구 부정, 회계 부정을 자행하는 교수들이 상당수 있고, 이런 교수들 밑에서 배우는 학생들은 자신도 모르는 사이에 이들과 동화되는 수가 많다. 제대로 배워야 제대로 가르칠 수 있는 것이다. 연구 부정이나 회계 부정을 저지르는 사람들은 대부분 그들의 스승에게서 그렇게 배운 사람들이다. 그런 사람 중 하나가 되지 않으려면, 그런 부조리를 강요하는 분위기에 순응하지 말고, 적극적으로 거부하는 자세를 가져야 한다. 그러지 않으면 자기도 모르는 사이에 그들과 한 통속이 되어 있을 것이기 때문이다.

학문의 세계에서는 자기자신 외에
아무도 따르지 않습니다

어떤 사람들은 평생 누군가를 추종하고 따라 하면서 소위 학자로서의 삶을 보내기도 한다. 이런 유혹에 빠질지도 모르는 사람들에게 다음과 같은 촘스키의 말이 도움이 되기를 바란다.

"학문의 세계에서는 자기자신 외에 아무도 따르지 않습니다. 종교에서는 그럴지 모릅니다. 그러나 학문에서는 아닙니다.

In science, one doesn't follow anyone but oneself. Maybe in religion, but not science."

—노암 촘스키로부터 받은 1994년 3월 25일자 편지에서

부록

이 글은 오토 예스퍼슨이 1925년 5월 25일 코펜하겐대학교를 정년퇴임하면서 행한 고별 강연의 영역본을 우리말로 옮긴 것이다. 이 강연 원고는 1932년에 출간된 『사색과 탐구』*Tanker og studier*에 덴마크어로 실렸으며, 영문판은 1933년에 출간된 *Linguistica*에 "Farewell Lecture at the University"라는 제목으로 수록되었다. 이 글은 원래 2002년 태학사에서 출간된 한학성 편역 『예스퍼슨의 영문법 교육을 생각함』에 수록되었던 것인데 일부를 손보아 여기에 다시 싣는 것이다. 영어학이나 언어학에 뜻을 둔 사람들이 두고두고 곱씹어볼 만한 글이라고 생각한다.

예스퍼슨 고별 강연

　오늘은 관례에 따라 다른 때보다 제 자신에 대한 이야기를 더 많이 해도 양해해 주시리라 생각합니다. 저의 이 말이 충격적으로 들리신다면, 두 번 다시 이런 일이 없으리라는 것을 위안의 말씀으로 드리겠습니다.

　햇수로 꼭 100년 전에 찰스 램Charles Lamb이 제가 우리 대학에서 재직한 기간만큼 재직했던 동인도회사를 떠났습니다. 귀향길에 그는 친구 크랩 로빈슨Crabb Robinson의 집에 들러 편지함에 다음과 같은 글을 남겨 놓았습니다. "그 지긋지긋한 동인도회사를 영원히 떠났네. 축하해 주게"

　우리 대학을 떠나는 제 심정은 이와는 다릅니다. 저는 저의 학부 시절을 생각할 때나 교수 시절을 생각할 때 우리 대학에 대해 깊은 감사의 마음을 느낍니다. 저는 또한 동료 교수들과의 공동 작업이나 특히 저를 끊임없이 젊게 만들어 준 젊은 학생들과의 유대를 결코 잊을 수 없을 것입니다. 이제 제 삶을 되돌아보며 제 자신의 학문적 삶이 얼마나 행복하게 형성되어 왔는지를 말씀드릴까 합니다. 법학에서 장기chess, 속기, 프랑스 문학, 덴마크어 방언학 등으로 이어지는 길은 외견상 굴곡이 많아 보이지만, 그럼에도 불구하고 저의 최초의 독학으로부터 오늘날의 관심사에 이르는 행로는 나름대로 일직선을 그어 왔습니다.

　어린 시절 저는 라스무스 라스크Rasmus Rask[1]의 열렬한 애독자였습니다. 그가 지은 문법책의 도움으로 저는 아이슬란드어, 이탈리아어, 스페인어 등에 입문할 수 있었으며, 학생 시절 제 스스로 이 언어들로 된 글을 상당량 읽었습니다. 제가 칼 베어Carl Berg[2] 교장 선생님을 만난 것 역시 행운이라고 생각합니다. 이 분은 자신이 저술하신 몇몇 작은 책자에서 비교 언어학에 관심을 보이셨으며 저에게 책들을 빌려주시기도 했는데, 그 중에는 막스 뮐러Max Müller[3]나 휘트니Whitney[4]의 책들도 있었습니다. 부모님들께서 돌아가신 후에 저는 숙부님 댁에 기거하게 되었는데, 숙부님께서는 주로 로망스 문학에 관심이 있으셨습니다. 숙부님의 서가는 제가 대학에 입학하기 전 몇 해 동안 저의 소중한 보물찾기 장소가 되었습니다.

다소 유치한 이런 공부에도 불구하고 저는 곧바로 언어학에 뛰어든 것은 아니었습니다. 집안의 전통에 따라 (선친, 조부님, 증조부님께서 모두 법조계에 계셨습니다) 법학을 택했습니다. 중도에 포기하기는 했지만 이 법학 공부 덕택에 저의 논리적 감각이 예리해졌을 것이라는 말을 자주 들어 왔습니다. 그러나 저는 3-4년 간의 법학 공부의 혜택을 부정적 관점에서 찾아보고 싶습니다. 제가 만일 곧바로 언어학에 뛰어들었다면, 저는 계속 학업에 매진했을 것입니다. 특히 제가 당시로는 유일하게 체계가 잡힌 언어학 분야였던 고전 언어학을 택했다면 말입니다. 그랬다면 저는 아마도, 다른 사람들처럼, 마드비Madvig[5]의 정통파 제자로 남아 있었을 것입니다. 그런데 반대로 언어학 공부는 다른 사람의 글귀나 교수의 견해를 앵무새처럼 달달 외는 공부로부터 자아를 해방시켜주는 구세주로서 찾아 왔습니다. 당시 법학 공부라는 것이 모두 그런 식이었지요. 제가 반항한 것은 이런 식의 이른바 학문이라는 것이었습니다. 저는 제 자신의 길을 가기를 원했으며, 외부로부터 누군가가 저에게 의견을 강요하는 것을 원하지 않았습니다.

7년 동안 저는 의회에서 속기사로 일했습니다. 이는 다른 생활 수단이 없었던 몇 년 간 저에게 일용할 양식을 마련해 주었습니다. 이렇게 믿는 구석이 없었다면 저는 아마도 감히 법학 공부를 포기하는 만용을 부리지는 못했을 것입니다. 그것은 아마 제가 필요로 하는 다른 것도 준 모양입니다.

10살이 되던 해 저는 라너스Randers를 떠나 프레데릭스보Frederiksborg로 이사하게 되었는데, 그때 처음 받아본 학업 증명서에는 다음과 같이 적혀 있었습니다. "율란Jutland 특유의 굼뜸만 극복할 수 있다면, 영리한 학생이 될지도 모르겠음." 속기 덕분에 저는 빨리 요점을 파악해 필기하는 일에 익숙해졌습니다. 이것이 저의 문헌 작업에 큰 도움이 되었음은 의심할 바 없습니다. 실제로 지금까지 제가 상당량의 원고를 써냈으니까요. 따라서 저는 제가 학생 시절 속기를 배운 것이 행운이었다고 말씀드릴 수 있겠습니다.

두 번째 행운은 학창 시절에 찾아 왔습니다. 눈이 나빠 군대에 안 가게 된 것이죠. 군대에 갔다면 그 기간만큼 학업에 손실이 되었을 뿐 아니라, 겁에 질려 그 체제에 굴복을 해버렸거나, 그러지 않았다면 "우향우"를 하라고 하면 "좌향좌"를 하고 싶어 하는 타고난 반골 기질 때문에 무지막지한 상급자와 엄청난 마찰이 있었을 것입니다. 어쩌면 그 편이 제가 후에 사회 생활을 하는 데는 좀 더 나았을지도 모르겠습니다. 이 점에 관해 저는 다음과 같은 생각을 강하게 갖고 있습니다. 징병 제도는 19세기의 가장 악마적인 창조물입니다. 그것은 진저리나는 전쟁에의 가장 큰 공헌자였습니다. 살인을 위한 체계적 훈련과 무조건적인 복종에의 요구로 해서 수많은 젊은이들의 정신을 황폐화시켰습니다. 그걸 저는 면한 것이죠.

다시 화제를 제 학업 문제로 되돌리면, 저는 좋아서 공부를 한 것이지 생계 때문에 공부를 한 것은 아닙니다. 저는 로망스어 전공으로 졸업 시험을 볼 생각이었습니다. 그러나 시험과는 상관없이 저는 닥치는 대로 책을 읽었습니다. 그러던 중 운좋게 슈토름Storm[6]이 지은 『영어학』 *English Philology*의 노르웨이어 판을 입수하게 되었습니다. 이 책은 당시 출간된 지 얼마 안 된 것이었습니다. 이 책은 저에게 음성학의 필요성을 확신시켜 주었습니다. 또 음성학을 공부하기에 가장 훌륭한 책도 알려 주었습니다. 그 중에 특히 스위트Sweet[7]의 저술들에 저를 입문시켜 주었죠. 이 책들이 영어를 기반으로 했기 때문에 저는 영어의 소리 체계를 잘 알아야만 하겠다고 깨닫게 되었습니다. 그래서 4-5명의 영국인으로부터 연속해서 개인 지도를 받았습니다. 그리고는 그들의 발음을 슈토름과 스위트의 책에서 읽은 내용과 비교해 보았습니다. 비록 영어가 제 전공 과목은 아니었지만 말이죠.

프랑스어는 몇몇이 모여 열심히 공부했습니다. 일요일 아침이면 모여 서로의 글들을 읽어주곤 했지요. 얼마 후 저는 역사언어학회Philo-logical-Historical Society에 가입하게 되었습니다. 당시 이 학회는 활력에 차 있었으며, 젊은 회원들도 매우 활동적이었습니다. 학생 시절 저는 이 학회에서 음성 철자법 (저의 'antalphabetic' 체계의 첫 번째 시안), 통속 불어, 덴마크어의 강세 등에 관해 발표를 했습니다.

제가 법학 공부를 그만둔 지 2년 후에 새로운 졸업 시험 제도가 시행되었습니다. 이 제도는 특히 교사가 되고자 하는 사람들에게 적합한 것이었죠. 순수히 이론적인 석사 학위magisterkonferens를 준비하던 사람들 중 상당수가 이 새 시험을 선택하고자 했습니다. 그러나 우리는 라틴어가 필수 과목에 포함되는 것에는 동의하지 않았습니다. 그 결과 라틴어를 필수 과목에서 제외시키기 위해 전체 문과대학 교수 회의를 학생들이 소집하는 전례 없는 일이 벌어졌습니다. 이때 저는 악셀 올리크 Axel Olrik[8]와 함께 대변인 역할을 했습니다. 교수님들이 잇달아 반대 의견을 피력하셨습니다. 저희 입장을 가장 잘 이해해 주신 분은 역사학자인 크리스티안 에어슬레브Kristian Erslev[9] 교수였습니다. 수 년 후 저는 이 분과 함께 제가 학생 시절 이루지 못했던 개혁을 해낼 수 있었습니다. 이 점은 꼭 말씀드려야 할 것 같은데, 라틴어 과목이 제가 졸업 시험을 준비하는 데 있어 어려움을 준 것은 아니었습니다 (저는 프랑스어를 전공으로, 영어와 라틴어를 부전공으로 택했습니다). 프랑스어는 토어 순뷔Thor Sundby[10] 선생님께서 가르치셨는데, 몇 년 정도 수업을 듣고는

586

저는 이 분에게서 배울 수 있는 것은 다 배웠다는 결론에 도달했습니다. 영어를 담당했던 스티븐스Stephens[11] 선생님 수업은 대여섯 번쯤 들어갔는데, 이 분으로부터는 하나도 배운 것이 없습니다. 제가 배운 것들은 대부분 혼자 노력해 배운 것입니다. 그러나 졸업 시험과 무관한 강좌에서는 훌륭한 선생님들을 만났습니다. 무엇보다도 비교 언어학의 빌헬름 톰슨Vilhelm Thomsen[12] 교수님을 들지 않을 수 없습니다. 톰슨 교수님에게는 정말 큰 은혜를 입었는데요, 교수님의 가르침 때문만이 아니라 제게 끼치신 개인적인 영향, 그리고 끊임없이 제 연구에 보여주신 따뜻한 관심 때문에도 그렇습니다. 헤어만 묄러Herman Møller[13] 교수님의 독일어사 강의나 칼 베어너Karl Verner[14] 교수님의 러시아어 강의로부터도 많은 배움을 얻었습니다. 또한 이 분들로 해서 저는 제 전공 분야에 대한 많은 이해와 깊은 흥미를 얻게 되었습니다.

그렇다고 제 관심이 언어학에만 국한된 것은 아니었습니다. 저에게는 18세기 프랑스를 좀 더 잘 알고자 하는 열망도 있었습니다. 저는 볼테르, 유물론자들, 그리고 특히 디드로를 열심히 공부했습니다. 여기서 저는 크누드 입센Knud Ipsen[15]을 만나 한동안 그와 함께 철학사를 읽었습니다. 졸업 시험 때 제가 택한 주 작가는 디드로였는데, 디드로는 입센의 박사 학위 논문의 주제이기도 했습니다. 그의 학위 논문이 애석하게도 그의 사후 나오기는 했지만요. 그는 저를 회프딩Høffding[16] 교수님에게 소개해 주기도 했습니다. 당시 회프딩 교수님은 우리 대학에 임용된 지 얼마 안 되었는데, 한 달에 한 번씩 젊은 학생들을 자신의 집으로 불러 모아 이런저런 문제들에 대해 격론을 벌이곤 했습니다. 이 모임에 큰 의미를 부여하던 사람들 중에 이후 과학 분야와 문학 분야에서 큰 이름을 떨치게 된 사람들이 많이 있습니다.

바로 이 무렵 유럽 언어학에 새로운 운동이 시작되었는데, 이 운동은 곧 저를 사로잡았습니다. 이 운동에서는 음성학이 화두가 되었으며,

현대 언어에의 직접적 관찰이 크게 강조되었습니다. 다시 말해 눈의 언어학이 가고 귀의 언어학이 도래했다고나 할까요. 특정 세부 사항에 대한 관찰 외에 저는 일반론에도 마음이 끌리었습니다. 이것이 철학에 대한 저의 아마추어적 관심과 결합이 되었습니다. 그 흔적이 톰슨 교수님이 편찬하신 『언어학 저널』*Tidsskrift for filologi*에 수록된 음성학에 관한 저의 첫 번째 발견 그리고 음운 규칙에 관한 저의 1886년 논문에서 이미 발견됩니다. 1886년 논문에는 이후 제 저서들 내용의 상당 부분에 대한 싹이 이미 들어 있었습니다.

직접적 관찰의 대상으로 저에게는 제 자신의 언어 그리고 제 주변 사람들의 언어가 있었습니다. 즉 덴마크어는 항상 제가 좋아하는 주제 중의 하나였습니다. 학생 시절 저는 회이스고오Høysgaard[17]의 18세기 발음과 오늘날 발음을 비교하기 위해 자료 수집을 시작했습니다. 스웨덴어 방언 분야의 권위 있는 학술지 편집자인 스웨덴 음성학자 룬델J. A. Lundell[18]은 저에게 이 분야를 연구하도록 강력히 권유했습니다. 그가 우리 도서관을 방문했을 때 덴마크어 발음에 익숙해지고 싶어했는데, 운 좋게 톰슨 교수님께서 저를 그에게 천거해 주신 것입니다. 그는 친절하게도 저에게 덴마크어 방언을 연구하도록 격려해 주었습니다. 그 일을 저는 이 곳 코펜하겐에서 학생들을 대상으로 하기 시작했고, 이후에는 여러 지방의 농부들을 대상으로 했습니다. 이 과정에서 저는 파일베어H. F. Feilberg[19]와 교유하게 되었습니다. 그는 제가 만나본 사람 중 최고의 사람 중 하나였습니다. 사랑스럽고, 소박하고, 매력적이며, 겸손하고, 또 열린 마음의 소유자였습니다. 농부를 잘 이해했으며, 진정한 학자 정신으로 가득찬 사람이었습니다. 저는 여러 차례 다룸Darum, 후에는 아스코브Askov에 있던 그의 목사관에 초대받아, 그가 작업하고 있던 율란 방언 사전의 교정쇄를 오랫동안 읽곤 했습니다. 제가 다른 연구에 몰두해 덴마크어 방언에 대한 관심에서 멀어졌을 때도 그는 저에게 항상 좋은 옛친구가 되어 주었습니다. 노년의 나이에 들어선 그로부터 방문을 받는 것이 저와 제 아내에게는 항상 큰 기쁨이었습니다.

제 자신이 학문에 눈을 떴을 즈음 해서 여러 나라에서 무언가 새롭고, 또 좋은 결실이 있을 것처럼 여겨지던 운동이 시작되고 있던 것은 행운이었습니다. 당시 음성학자의 수는 많지 않았습니다. 그래서 지역을 막론하고 음성학자와 교유하는 일이 그다지 어렵지 않았습니다. 그들은 마치 한 무리의 형제처럼 뭉쳐 있었으며 이내 저를 그들과 같은 지위로 받아주었습니다.

제가 처음 접촉하게 된 사람은 저와 동갑나기인 독일인 펠릭스 프랑케Felix Franke[20]였는데, 이후 몇 년 간 그와의 교유는 저에게 많은 것을 의미하게 되었습니다. 우리의 서신 교환은 1884년에 시작되어 이내 크게 늘어나게 되었습니다. 그것은 우리가 수많은 관심사를 공유하고 있었기 때문입니다. 그와의 서신 교환은 1886년 그가 세상을 떠날 때까지 한 주도 거르지 않고 계속되었습니다. 학문에 대한 열정으로 말한다면, 그가 보인 것과 같은 그러한 이상주의적인 열정은 아주 드문 것이었습니다. 젊은 나이에도 불구하고, 또 결핵으로 시달리면서도, 그는 이미 대단한 지식을 축적하고 있었습니다. 그와 직접 만나보지는 못했지만 저는 같은 덴마크인 친구 누구보다도 그와 더 가깝게 느꼈으며, 어느 누구보다도 정신적으로 그와 더 동류 의식을 느꼈습니다. 그가 죽은 지 2년 후 저는 니더-라우지츠Nieder-Lausitz의 소라우Sorau라는 한 작은 마을에 사는 그의 가족을 방문했는데, 그들은 저를 그 집 아들로 맞아 주었습니다. 저는 그에 대한 회고록을 써서 『음성학 연구』*Phonetishe Studien* 라는 학술지에 게재했으며, 구어체 독일어에 대한 그의 유고를 출판되도록 했습니다.

제가 그에게 처음 편지를 보내게 된 것은 그의 저서 『언어 생리학 및 심리학에 의거한 실용적 언어 교육』*Die praktische spracherlernung auf grund* *der psychologie und der physiologie der sprache*에 대한 번역권을 얻기 위해서 였습니다. 이 책은 외국어 교육 개혁을 촉구한 최초의 저술 중 하나였 습니다. 외국어 교육 개혁 운동은 당시 움트던 실용 음성학 및 이론 음 성학에 대한 관심과 밀접하게 연관되어 있었으며, 바로 그 그룹에서 주 도했습니다. 이 운동이 표방한 중점 사항 중 하나는 발음 기호를 사용 하여 텍스트를 제시하는 것이었는데, 제가 개인 교습에서 이 방법을 사 용하려고 하니 쓸 만한 텍스트가 전혀 없었습니다. 단지 엘리스Ellis[21]와 스위트Sweet 책에 일부 단편적인 것들만이 있었을 뿐인데, 그나마 발음 표기 방법이 대단히 비실용적이었습니다. 그래서 저는 저의 첫 번째 학 생들에게 사용할 발음 기호 텍스트를 제가 직접 작성해야 했습니다. 프 랑케가 죽기 바로 전 마무리한 『프랑스어의 일상 표현』*Phrases de tous les jours*과 제 자신의 1885년 저서 『영어 회화 및 작문을 위한 기초 영문법』 *Kortfattet engelsk grammatik for tale- og skriftsproger*은 우리의 공동 작업의 열 매로서 책 전체에 발음 기호법을 일관되게 사용했습니다.

이 운동을 통해 제가 스승으로 생각하는 헨리 스위트Henry Sweet와 요한 슈토름Johan Storm과 일찍부터 교유하게 된 것, 또 프랑스의 폴 파 시Paul Passy[22]와 장 파시Jean Passy 형제, 독일의 비에토르Viëtor,[23] 바이 어Fr. Beyer,[24] 람베아우Rambeau, 클링하르트Klinghardt,[25] 벤트Wendt,[26] 영국의 소움스 양Miss Soames,[27] 노르웨이의 웨스턴Western, 스웨덴의 룬델Lundell 등 일련의 젊은 "개혁파 동지들"을 만나게 된 것을 감사하 게 생각하고 있습니다. 그들은 저의 평생 친구가 되어 주었습니다. 상당 수가 이미 세상을 떠났지요. 마지막으로 언급한 웨스턴과 룬델, 그리고 저 셋은 1886년 스톡홀름에서 개최된 언어학자 대회에서 과거의 낡은 교수법에 항거해 분연히 일어났습니다. 우리는 외국어 교육 개혁을 위 한 스칸디나비아 협회를 결성했는데, 스칸디나비아어로 된 공통 명칭 을 찾을 수 없어 저의 제안대로 키케로의 슬로건이었던 쿠오우스퀘 탄뎀Quousque Tandem[28]이라는 이름을 붙이기로 했습니다. 이 명칭은 비에토르가 자신의 논문 "외국어 교육 개혁을 촉구함"Der Sprachunterricht muß umkehrenm을 출간할 때 필명으로 사용했던 것입니다.

　우리의 노력이 음성학과 발음 기호 사용에 국한된 것은 아니었습니다. 우리는 장황한 문법 설명을 머리를 싸매고 공부하도록 하는 폐단을 없애려고 노력했습니다. 또 당시에 만연했던 문장과 문장이 서로 연결되지 않는 문제점, 그리고 의미가 통하지 않는 예문들의 문제점을 시정하기 위해 노력했습니다. 당시 카퍼Kaper[29]가 지은 문법책에는 "Wir sind nicht hier"(우리는 여기에 없다)라든지 "Das Pferd war alt gewesen"(그 말은 예전에는 늙었었다) 등과 같은 말도 안 되는 예문이 많이 포함되어 있었습니다. 마지막으로 우리는 번역을 덜 사용해야 한다고 주장했습니다. 번역은 효과적인 다른 연습으로 대체되어야만 합니다. 할 수만 있다면 언제나 말이죠. 그래서 모국어의 사용을 최대한 억제해야 합니다. 이 문제에 관해 여러 해 동안 격렬한 논쟁이 있었습니다. 교사들 모임에 가면 우리에게 많은 공격이 쏟아지곤 했습니다. 우리도 강하게 반격을 했지요. 이를 실현시키기 위해, 저는 프랑스어와 영어 교과서를 쓰는 일도 했습니다. 처음에는 그것으로 경제적 혜택을 보리라는 생각은 전혀 하지도 못했습니다. 그 교과서들이 너무 급진적이었거든요.

　대학 교수가 될 것이라는 생각도 전혀 못했습니다. 별로 그럴 기회도 없었지만, 장래에 대한 생각이 있었다면, 오전에는 교사 생활을 하고 오후에는 속기 일을 하는, 그러면서 틈틈이 제가 좋아하는 공부를 하는 모습밖에는 상상할 수 없었습니다. 그러다 제가 졸업 시험을 마치고 외국어나 더 잘 해볼까 하는 생각으로 외국에 여행 중이던 어느 화창한 날 아침, 빌헬름 톰슨 교수님으로부터 한 통의 편지를 받게 되었습니다. 교수님께서는 제가 영국에 있는 것을 기뻐하시면서 스티븐스의 후임이 되기 위해 노력해볼 생각이 없는지 물어 오셨습니다. 이 가능성에 솔깃해진 저는 해외 체류 기간을 연장하기로 마음먹었습니다. 그리고는 스위트 교수가 충고해준 대로 베를린에서 추핏차Zupitza[30]와 호포리Hoffory[31] 밑에서 고대 영어와 중세 영어를 공부하기로 했습니다. 그러나 그보다 앞서 먼저 파리에서 파시와 함께 몇 달을 지냈습니다. 그동안 저는 가스통 파리Gaston Paris[32] 등의 강의를 들었습니다. 귀국해서는 여행 때문에 생긴 빚에도 불구하고 꽤 수입이 괜찮던 의회 속기사 자리를 그만두었습니다. 그리고는 교직과 연구에만 몰두했습니다.

영어를 주제로 한 박사 학위 논문을 끝내기 전, 저는 다른 분야의 일에 차출이 되었습니다. 앞에서도 말씀드린 바와 같이 이 분야는 오래 전부터 제가 관심을 갖고 있던 분야인데요, 『다니아』Dania라는 방언 및 민속 관련 학술지가 창간되면서 저는 "다니아의 음성 철자"라는 머리글을 쓰게 되었고 또 뉘롭Nyrop[33]과 함께, 후에 달러룹Dahlerup[34]이 가세하였습니다만, 편집 일을 맡게 되었습니다. 이 편집 일에 대해서는 소중한 기억들이 꽤 많이 있습니다. 이 와중에도 저는 다행히 스티븐스가 퇴임하기 전에 박사 학위를 받을 수 있었습니다. 그리고는 1893년 우리 대학 최초의 정식 영문과 교수가 되었습니다. 스티븐스는 전임강사lector로 시작해서 부교수docent가 되는 데 그쳤습니다. 이제 여러분들은 제가 얼마나 운이 좋았는지 아셨을 것입니다. 제가 자리를 맡을 만큼 어느 정도 숙성이 되자마자 저를 위해 자리가 마련되었던 것입니다.

제가 교수 생활을 시작하던 시절을 되돌아보면, 격세지감이 듭니다. 가장 큰 변화는 학생 수의 급증입니다. 당시에는 지금보다 훨씬 더 학생 하나 하나와 개인적인 접촉이 가능했습니다. 최소한 대부분 학생의 경우에는 말이죠. 그러나 최근에는 그러지를 못해 왔습니다. 반면에 1903년 학교법이 시행된 이후에는 대학에 입학하는 학생들의 수준이 훨씬 높아졌습니다. 어쨌든 제 과목에서는 말이죠. 그 이전에는 대학에 들어오기 전 마지막 2년 동안 주당 2시간씩 영어 읽기를 배운 게 전부였습니다. 그래서 그때는 아주 초보적인 내용을 다루어야 했습니다. 지금은 그런 것쯤은 이미 다 알고 있다고 가정할 수 있죠.

초임 교수 시절에는 중등학교와 관련된 일이 아주 많았습니다. 자주 시찰을 다녀야 했고 툭슨Tuxen[35] 교수를 대신해서 수업 참관을 하기 위해 여기저기 돌아다녀야 했습니다. 교수법과 관련한 토론에서는 상당한 역할을 했는데, 그때 주장한 내용은 후에 저의 1901년 저서 『외국어 교육』(Sprogundervisning, 1904년에 *How to Teach a Foreign Language*라는 제목으로 영역됨)에 수록되었습니다.

교수 시절 내내 저는 강의에서건, 학생이나 동료 교수들과의 협업에서건, 우리 대학에서 제가 하는 일에 큰 행복을 느꼈습니다. 이와 관련해 특히 에어슬레브Erslev, 회프딩Høffding, 뉘롭Nyrop을 언급하고 싶습니다. 또한 저는 학교를 위한 여러 개혁 조치에 제가 참여한 것을 기쁘게 생각합니다. 이 점을 언급하는 것은 자화자찬을 위해서가 아닙니다. 저는 단지 다른 사람들과 협력을 했을 뿐입니다. 그 분들이 주도력이나 영향력 면에서 저보다 더 나았을지도 모릅니다.

졸업 시험 제도를 개혁했습니다. 라틴어를 필수 과목에서 제외시켰으며, 전공 과목 중 어느 한 분야를 반드시 학문적 기준에 맞게 다루도록 요건을 마련했습니다.

이와 관련된 것이 세미나 제도의 실시입니다. 이를 통해 학생들은 공부하는 내용을 직접 보다 잘, 그리고 보다 더 완전히 알 수 있는 기회를 얻게 되었습니다. 저의 학창 시절 때는 대체로 각자가 구할 수 있는 책으로 적당히 때우는 수밖에 없었지요. 이와 아울러 다양한, 그리고 진정한 의미의 학문적 훈련이 가능해졌습니다.

연공서열에 의해 차지하던 감독위원회Consistorium의 자리를 폐지하고, 학생회를 도입함으로써 학내 민주화가 이루어졌습니다. 요새는 학업 및 졸업 시험 제도를 결정하는 데 학생들이 청문회를 개최하고 있습니다.

장학금 관리도 한 군데로 통합해, 심각한 불평등은 사라졌습니다. 그러나 장학금 증가가 학생 수 증가에 못 미친다든지, 화폐 가치 하락을 상쇄할 만큼 장학금 액수가 증액되지 못했다든지 하는 것은 아쉬움으로 남습니다.

박사 학위 논문을 외국어로 작성하는 것도 허용되었습니다. 이것이 출판물과 관련한 학술원의 개혁과 라스크-외어스테Rask-Ørsted[36] 기금 조성 등과 맞물려 덴마크와 다른 나라 간에 더욱 원활한 학문 교류가 가능하게 되었습니다.

강의에 있어 저는 문학 과목보다는 어학 과목을 더 많이 담당했습니다. 그렇지만 문학 강의도 했습니다. 특히 최고의 가치를 지니는 베오울프 (특히 고대 스칸디나비아 전통과의 관계를 중심으로), 초서, 말로우, 셰익스피어, 번즈, 셸리, 브라우닝의 작품들을 주로 강의했습니다. 저는 텍스트의 상세한 이해에 중점을 두었습니다. 그렇다고 해서 문학적 관점을 간과한 것은 아니었으며, 위대한 시인들에 대한 저의 열정을 제 수업을 듣는 학생들에게 나누어 주고 싶어 했습니다. 제가 가장 즐거워했던 강좌는, 학생들도 마찬가지였을 것이 분명한데, 초서였습니다. 그 이유는 한 편으로는 초서라는 작가가 인간을 기술하는 탁월한 능력을 보유했기 때문이기도 하며, 다른 한 편으로는 이 분야에서는 독창적인 연구를 위한 다양한 과제를 학생들에게 부과하면서도 매 강좌 때마다 그 내용을 바꾸기가 아주 용이하기 때문이기도 했습니다. 저는 언제나 동일한 것도 다른 방법으로 다룸으로써 반복을 피하려 노력해 왔습니다. 또 외견상 동일해 보이는 것을 다루게 될 때마다 새로운 관점을 끄집어내기 위해 노력해 왔습니다.

그러나 대학 강의에서도 저는 주로 언어학자, 그것도 살아있는 언어와 역사적 진화 모두를 강조하는 언어학자였습니다. 문법 연구를 하찮은 것이나 따지는 쓸모없는 일로 치부하는 사람이 있다면, 저는 삶이라는 것이 작은 것들로 이루어져 있으며, 중요한 것은 그 작은 것들을 큰 눈으로 보는 것이라고 대답하고 싶습니다. 모든 과학적 탐구를 위해서는 산더미처럼 쌓인 세세한 내용과 씨름해야 합니다. 그것의 중요성은 문외한에게는 분명하게 드러나지 않는 법입니다. 모기 유충의 생활 조건이 되었건, 혜성의 원거리 궤도가 되었건, 발데마 아터다Valdemar Atterdag 시대의 사회 정세가 되었건 모두 마찬가지입니다. 탐구자는 그의 탐구가 어떤 기여를 할지, 혹은 할 수 있는지를 항상 묻고 있어서는 안 됩니다. 그것은 아마도 가장 예기치 않았던 곳에서 스스로를 드러낼지도 모릅니다. 과학적 탐구는 탐구 그 자체에 첫 번째 보상이 있습니다. 무엇보다도 이제까지 이해되지 못했던 그 무엇을 밝혀내는 어떤 발견, 그것이 아무리 사소한 것일지라도, 그 발견에서 파생되는 당연한 즐거움에서 보상을 얻습니다.

언어학적 탐구와 관련해서는 다음의 3가지를 특별히 강조하고자 합니다.

텍스트를 순수히 언어학적으로, 언어학philology이라는 말의 가장 전통적인 어의에 맞게, 이해하는 일이 중요합니다. 즉 최고의 지성인들의 깊은 내면의 생각을 속속들이 이해하는 일 말입니다.

두 번째로는 언어란 무엇인지, 또한 인간의 정신이란 무엇인지를 이해하는 것이 중요합니다. 언어란 인간과 인간을 묶어주는, 또한 생각과 생각을 묶어주는 가장 고귀한 도구입니다. 따라서 그 자체로 충분히 연구할 가치가 있습니다. 언어를 이해하지 않고서는 생각의 속성을 이해할 길이 없습니다. 만일 문자가 생명을 앗아간다는 말이 사실이라면, 소리가 생명을 불어넣는다는 말 또한 사실입니다. 이것은 또한 올바로 해석된 형태나 단어들에도 마찬가지로 적용됩니다. 그리하여 그것들은 영혼으로서, 영혼의 발화 양식으로서 받아들여지게 됩니다. 언어가 없다면, 논리학이나 '언어의 논리', 혹은 '문법 철학'을 면밀히 연구하는 일은 불가능하게 되고 맙니다.

마지막으로 문학에 의해서뿐 아니라 언어에 의해서도, 이 둘이 합해지면 금상첨화이지만, 우리는 그 나라 사람들을 이해할 수 있게 됩니다. 언어학자나 문학자 모두, 특히 그가 속한 시대의 문명족에 관심이 있는 사람이라면, 우리 시대의 가공할 병폐인 민족주의와 맞서 싸워야 할 책무가 있습니다. 민족주의는 애국심과 극과 극의 차이가 있습니다. 애국심의 요체는 사랑입니다. 조국과 동포, 그리고 제 나라 말에 대한 사랑. 그리고 그것은 다른 나라 사람들과의 우정이나 융화와 잘 결합할 수 있습니다. 그러나 민족주의의 본질은 모든 낯선 것들에 대한 반감, 멸시, 그리고 증오입니다. 단지 낯설다는 이유만으로요. 그러한 본능적인 반감의 상당 부분은 외국을 잘 모르기 때문에 생기는 것입니다. 이는 외국을 잘 알면 알게 될수록 그만큼 사라지게 되는 것입니다. 여기에 언어적 및 문학적 이해가 도움이 됩니다. 따라서 다른 나라의 진수에 대한 지식과 사랑을 널리 퍼트리는 것은 현대 언어학도들의 가장 고귀한 책무 중의 하나입니다. 특히 1차 세계대전 이후 작금의 세계에서 이 책무는 실로 대단히 중요합니다. 이 끔찍한 시대의 상처를 치유하고 전쟁 이전처럼 정상적인, 아니 전쟁 이전보다 더 나은 관계, 바라건대는 우호 관계까지도 확립되어야 하기 때문입니다.

지금까지 저는 제가 추구해 온 정신을 말씀드리고자 하였습니다. 제가 감당해 온 것은 얼마 안 됩니다. 그러나 저는 최선을 다했습니다. 그동안 학생들은 언제나 저에게 큰 기쁨의 원천이 되어 주었습니다. 따라서 저는 영문과 학생들이 저에게 퇴임하지 말아달라고 간곡히 요청해 왔을 때 가슴이 뭉클하는 감동을 받았습니다. 또 몹시 기뻤습니다. 그러나 이것이 오래 전의 제 결심을 흔들 수는 없었습니다. 저는 십수 년 전인 1911년에도, 이때는 공무원들이 정년퇴임 후 연금을 받을 수 있는

법적 권리가 보장되기 훨씬 이전이었습니다만, 저의 이 결심을 다음과 같이 공개적으로, 강력하게 피력한 바가 있습니다. "붙박이처럼 꼼짝 않는 케케묵은 늙다리가 되지 않기 위해 저는 제 아내에게 만일 제가 65세에 스스로 퇴임하지 않으면 저를 사살하도록 엄숙한 맹세를 받아두었습니다. 학문을 위해서라면 이 정도의 작은 희생은 감수할 수 있어야 합니다."

이에 따라 저는 젊은 사람들에게 자리를 내어주고 이만 물러갑니다. 그들이 학문을 위해, 그리고 우리 대학과 학생들을 위해, 우리의 조국 덴마크, 나아가 인류 전체를 위해 큰 업적을 쌓는 행운이 같이 하기를 기원하면서 제 이야기를 마치고자 합니다.

참고문헌

김석산 (1989) 『영어발달사』 을유문화사.

한학성 (1992) 『영어란 무엇인가』 을유문화사.

한학성 (1995) 『생성문법론』 태학사.

한학성 (1996/2012) 『영어 관사의 문법』 태학사 (다시 깁고 더한 판, 2017년 채륜).

한학성 (1998) 『영어 교육, 어떻게 할 것인가』 태학사.

한학성 (1999) "예스퍼슨 연구: 그의 문법관과 생성 문법 이론", 한국생성문법학회 발행 『생성 문법 연구』 9권 2호, 305-336.

한학성 (2000) 『영어 공용어화, 과연 가능한가』 책세상.

한학성 역 (2001) 『촘스키』 (*Introducing Chomsky*, 존 마허 지음) 김영사.

한학성 (2001) 『한국인을 위한 영어발음 교과서』 테스트뱅크.

한학성 (2002) "덴마크 영어 교육 개혁과 예스퍼슨", 서울대학교 어학연구소 발행 『어학연구』 제38권 1호, 365-384.

한학성 편역 (2002) 『예스퍼슨의 영문법 교육을 생각함』 태학사.

한학성 역 (2004) 『오토 예스퍼슨의 외국어 교육 개혁론』 (*How to Teach a Foreign Language*, 오토 예스퍼슨 지음) 한국문화사.

한학성 (2005) 『우리시대 영어담론: 그 위선의 고리들』 태학사.

한학성 (2006) "예스퍼슨의 『분석 통사론』에 관한 현대 문법 이론적 재고찰", 한국외대 언어 연구소 발행 『언어와 언어학』 제37집, 233-262.

한학성 (2008) "영문법에서 문장 5형식 개념의 기원 및 적절성에 관한 연구", 한국외대 영미연구소 발행 『영미연구』 제19집, 153-181.

한학성 (2008) "이명박 정부 영어 정책의 문제점 및 그 극복 방안", 한국외대 외국어교육연구소 발행 『외국어교육연구』 제22권 2호, 209-232.

한학성 (2009) "우리나라 외국어교육의 전통과 19세기말 유럽의 개혁교수법", 고려대학교 민족문화연구원 발행 『민족문화연구』 제51집, 495-524.

한학성 (2010) "이기룡의 『중등영문전』: 한국인 최초의 영문법 저술 고찰", 한국외대 언어연구소 발행 『언어와 언어학』 제49집, 303-324.

한학성 (2011) "윤치호의 『영어문법첩경』 고찰", 한국외대 언어연구소 발행 『언어와 언어학』 제53집, 161-194.

한학성 (2012) 『영어 구두점의 문법』 태학사 (깁고 더한 판, 2017년 채륜).

한학성 (2012) 『좋은 것은 다 숨어 있다』 (시집) 태학사.

한학성 (2013) "윤치호의 『영어문법첩경』과 『실용영어문법』 비교 고찰", 한국외대 언어연구소 발행 『언어와 언어학』 제61집, 141-174.

한학성 (2014) "윤태헌의 『영문전자통』 고찰", 한국외대 언어연구소 발행 『언어와 언어학』 제65집, 277-298.

Aarts, F. G. A. M. 1969. Approaches to English grammar: From Henry Sweet to Noam Chomsky. Nijmegen.

Akmajian, Adrian, and Frank Heny. 1975. *An introduction to the principles of transformational syntax*. Cambridge, Mass.: MIT Press.

Baker, C. L. 1978. *Introduction to generative-transformational syntax*. Eaglewood Cliffs, N.J.: Prentice-Hall.

Barsky, Robert F. 1997. *Noam Chomsky: A life of dissent*. Cambridge, Mass.: MIT Press.

Baugh, A. C., and Thomas Cable. 1951/2002. *A history of the English language 5th edition*. London: *Routledge*.

Bley-Vroman, R. 1990. The logical problem of foreign language learning. *Linguistic Analysis* 20: 3-49.

Bloch, Bernard, and George L. Trager. 1942. *Outline of linguistic analysis*. Special publications of the Linguistic Society of America. Baltimore: Linguistic Society of America.

Bloomfield, L. 1927. Review of Jespersen's *Philosophy of grammar. Journal of English and Germanic Philology* 26: 444-446.

Bloomfield, L. 1933. *Language*. New York: Holt, Rinehart and Winston.

Chomsky, Noam. 1957. *Syntactic structures*. The Hague: Mouton & Co.

Chomsky, Noam. 1964. *Current issues in linguistic theory*. The Hague: Mouton & Co.

Chomsky, Noam. 1965. *Aspects of the theory of syntax*. Cambridge, Mass.: MIT Press.

Chomsky, Noam. 1966. *Topics in the theory of generative grammar*. The Hague: Mouton & Co.

Chomsky, Noam. 1972. *Language and mind*. New York: Harcourt Brace Jovanovich.

Chomsky, Noam. 1981. *Lectures on government and binding*. Dordrecht: Foris.

Chomsky, Noam. 1986. *Knowledge of language*: *Its nature, origin, and use*. New York: Praeger.

Chomsky, Noam. 1995. *The minimalist program*. Cambridge, Mass: MIT Press.

Chomsky, Noam. 2002. *On nature and language*. Cambridge: Cambridge University Press.

Chomsky, Noam, and Morris Halle. 1968. *The sound pattern of English*. New York: Harper & Row.

Cole, Peter, and J. L. Morgan (eds.). 1975. *Syntax and semantics 3: Speech acts*. New York: Academic Press.

Crystal, David (1987) *The Cambridge encyclopedia of language*. Cambridge: Cambridge University Press.

Dewey, G. (1971) *English spelling: Roadblock to reading*. New York: Columbia University Press.

Flynn, S. 1987. *A parameter-setting model of L2 acquisition*. Dordrecht: Reidel.

Frege, G. 1892. On sense and reference. [Reprinted in Zabeeh et al., eds. 1974, 118-140.]

Fromkin, V., R. Rodman, and N. Hyams. 2011. *An introduction to language 9th edition.* Boston: Wadsworth.

Gazdar, Gerald. 1979. *Pragmatics: implicature, presupposition, and logical form.* New York: Academic Press.

Grice, H. Paul. 1975. Logic and conversation. In P. Cole & J. L. Morgan, eds., *Syntax and semantics 3: Speech acts.* New York: Academic Press.

Hockett, Charles F. 1948. A note on 'structure'. *International Journal of American Linguistics* 14: 269–271.

Jespersen, Otto. 1904. *How to teach a foreign language.* London: Sonnenschein.

Jespersen, Otto. 1905/1956. *Growth and structure of the English language 9th edition.* Oxford: Basil Blackwell.

Jespersen, Otto. 1909-[49] *A modern English grammar on historical principles,* 7 vols.

Jespersen, Otto. 1922. *Language: Its nature, development, and origin.* London: Allen & Unwin.

Jespersen, Otto. 1924a. *The philosophy of grammar.* London: Allen & Unwin.

Jespersen, Otto. 1924b. The teaching of grammar. *The English Journal.* [Reprinted in Jespersen 1960, 488-503.]

Jespersen, Otto. 1925a. Farewell lecture at the university, given on 25th May 1925. In Jespersen 1933b, 1-11. [Reprinted in Jespersen 1960, 782-792.]

Jespersen, Otto. 1933a. *Essentials of English grammar.* London: Allen & Unwin.

Jespersen, Otto. 1933b. *Linguistica: Selected papers in English, French and German.* Copenhagen: Levin & Munksgaard.

Jespersen, Otto. 1937. *Analytic syntax.* London: Allen & Unwin.

Jespersen, Otto. 1941. *Efficiency in linguistic change.* Copenhagen: Ejnar Munksgaard.

Jespersen, Otto. 1960 *Selected writings of Otto Jespersen.* London: George Allen & Unwin; Tokyo: Senjo Publishing.

Johnson, Samuel. 1747. *The plan of an English dictionary.* (https://andromeda.rutgers.edu/-jlynch/Texts/plan.html)

Juul, Arne, and Hans F. Nielsen. 1992. Otto Jespersen and the introduction of new language-teaching methods in Denmark. In *Aspects de l'histoire de l'enseignement des langues: 1880-1914.* Numéro spécial du Bulletin CILA v. 56: 91-105.

Lenneberg, Eric H. 1967. *Biological foundations of language.* New York: John Wiley and Sons.

Lowth, Robert. 1762. *A short introduction to English grammar.*

MacMahon, M. K. C. 1994. Henry Sweet's linguistic scholarship: The German connection. *Anglistik* 5: 91–101.

McNeil, D. A. 1966. Developmental psycholinguistics. In F. Smith and G. A. Miller, eds., *The genesis of language*. Cambridge, Mass.: MIT Press.

Murray, K. M. Elisabeth. 1977. *Caught in the web of words*: *James Murray and the Oxford English Dictionary*. New Haven, Conn.: Yale University Press.

Murray, Lindley. 1795/1805. *English grammar adapted to the different classes of learners 9th edition*. New York: Isaac Collins and Son.

Penfield, W., and L. Roberts. 1959. *Speech and brain mechanisms*. Princeton: Princeton University Press.

Priestly, Joseph. 1761. *The rudiments of English grammar*.

Pyles, T., and J. Algeo. 1964/1993. *The origins and development of the English language 4th edition*. Fort Worth: Harcourt Brace Jovanovich.

Radford, Andrew. 1988. *Transformational grammar*: *A first course*. Cambridge: Cambridge University Press.

Ross, J. R. 1967. *Constraints on variables in syntax*. Doctoral dissertation. MIT, Cambridge, Mass.

Russel, B. 1905. On denoting. [Reprinted in Zabeeh et al., eds. 1974, 143-158.]

Smith, N., and I.-M. Tsimpli. 1995. *The mind of a savant*. Oxford: Blackwell.

Strawson, P. F. 1950. On referring. [Reprinted in Zabeeh et al., eds. 1974, 161-192.]

Sweet, Henry. 1876. Words, logic and grammar. *Transactions of the Philological Society*. 470-503.

Sweet, Henry. 1885. *The oldest English texts*. London: N. Trübner & Co.

Sweet, Henry. 1891/1955. *A new English grammar, logical and historical. Part I*. Oxford: Clarendon Press.

Sweet, Henry. 1898/1958. *A new English grammar, logical and historical. Part II*. Oxford: Clarendon Press.

Trager, George L., and Henry Lee Smith. 1951. *An outline of English structure*. Norman, Okla.: Battenburg Press.

Trudgill, Peter. 1974/1975. *Sociolinguistics*: *An introduction*. Penguin Books.

Wrenn, C. L. 1946. Henry Sweet. *Transactions of the Philological Society*, 177-201.

Zabeeh, Farhang, E. D. Klemke, and Arthur Jacobson (eds.). 1974. *Readings in semantics*. Urbana: University of Illinois Press.

주

제1부 프롤로그

제1장 영어에 관한 몇 가지 질문들

1 'TOEFL'은 'Test of English as a Foreign Language'의 약어로 영어를 모국어로 사용하지 않는 사람들이 미국의 대학이나 대학원에 입학하기를 원할 때 치러야 하는 시험이다. 'TOEIC'은 'Test of English for International Communication'의 약어로서, 이는 주로 관공서나 기업체 등에서 임직원의 영어 구사 능력을 측정하기 위한 목적으로 개발된 것이다. 최근 한국에서는 이들 시험이 상급학교에 진학하기 위한 목적으로 활용되기도 하기 때문에, 지나치게 어린 나이 때부터 이들 시험에 대비하기 위한 공부를 하는 경우까지 생겨나고 있다. 경우에 따라서는 국내 고등학교인 외국어고에 입학하기 위해 미국의 명문 대학 대학원에서 요구하는 것보다 더 높은 토플 성적을 얻어야 할 때도 있다. 이 점과 관련해서는 2008년 3월 20일자 서울경제신문에 게재된 한학성 인터뷰 기사 "왜 외고 토플 점수가 아이비리그 대학원보다 높아야 하는지"를 참조하기 바란다.

2 이를 보다 엄밀히 말한다면 동사의 법(mood)이 직설법(indicative)일 경우라는 조건을 명시해야 하나, 현대 영어에서는 가정법(subjunctive mood)이 그다지 사용되지 않으므로 이를 무시하기로 한다.

3 이런 굴절은 결국 주어의 인칭과 수를 표시해주는 기능을 하는 것으로서, 이를 주어-동사 일치(Subject-Verb Agreement) 현상이라고도 한다. 그런데 굴절 현상이 대단히 발달되어 있는 언어들(예: 스페인어. 이탈리아어, 포르투갈어 등)에서는 주어가 명시적으로 표시되지 않아도 동사의 어미로부터 해당 주어의 인칭과 수를 판별해낼 수 있게 되는데, 이 때문에 이들 언어에서는 주어의 생략이 가능하다. 이렇게 주어 생략이 가능한 언어를 현대 언어학에서는 무주어 언어(null subject language), 혹은 대명사 탈락 언어(pro-drop language)라고 부른다.

4 고대 영어의 3인칭 단수 현재 표시 어미 '-ð'는 영국 북부 지방의 방언인 노섬브리아(Northumbria) 방언에서 '-s'로 대체되었는데, 이것이 영국 전체에서 세력을 얻게 되어 현재에 이른 것이다. 노섬브리아 방언이란 영국의 험버(Humber)강 북부 지역에서 사용되던 방언을 일컫는 것으로서, 이 방언에서 3인칭 단수 현재 표시 어미가 '-ð'에서 '-s'로 변한 것은 북유럽인 스칸디나비아(Scandinavia)어의 영향 때문이라고 한다.

5 뒤에서 이야기하는 것처럼 고대 영어에서는 현대 독일어에서와 유사하게 강변화 동사와 약변화 동사의 구분이 있었는데, 'be' 동사는 이 둘 중 어느 것에도 속하지 않는 소위 변칙 동사(anomalous verb)였다. 'be' 동사의 굴절이 위에서 언급된 'drīfan'의 굴절과 크게 다른 이유는 바로 'be' 동사의 이런 변칙성에 기인하는 것이다.

6 고대 영어 당시에도 'sindon'과 더불어 'sint'가 함께 사용되었다.

7 'they'에 해당하는 순수 고대 영어 형태는 'hīe'(혹은 'hī', 'hēo')였다.

8   이는 고대 영어의 동사들을 크게 대별하여 말한 것이고, 보다 엄밀하게 말한다면 고대 영어에서는 이들 외에도 소수의 'preterite-present' 동사(이에는 'can', 'shall', 'must', 'may' 등의 일부 조동사들이 포함됨)와 앞에서 언급한 'be' 동사 등의 변칙 동사(anomalous verb)들이 있었다 (이에는 'will', 'go', 'do' 등이 속하였음).

9   원래 강변화 동사였으나 약변화 동사로 대체된 동사에는 'help' 등이 있다.

10 'children', 'brethren' 등도 이런 예에 속한다고 할 수도 있겠으나 이들의 경우는 'oxen'의 경우와는 조금 다르다. 1절 참고사항에서 언급한 바 있는 제임스 머리(James Murray)의 견해에 따르면, 이 두 단어의 복수형은 각각 'childer'와 'brether'였으나 이들의 집합을 다시 복수화할 때 약변화형의 복수 어미가 결합되어 각각 'children' 및 'brethren'이 되었다는 것이다 (cf. Jespersen 1905/1956 *Growth and Structure of the English Language*, p. 179). 즉 'children'과 'brethren'은 복수형 어미가 이중으로 부착되어 있는 셈이다.

11 고대 영어의 3인칭 복수 여격형인 'him'(이는 현대 영어의 3인칭 단수 목적격형과 동일하니 혼동하지 않기 바람)은 'hem'이라고도 표기되었는데, 오토 예스퍼슨(Otto Jespersen)은 이의 흔적이 현대 영어에서 일상 회화 때 나타나는 "take 'em" 등의 "em"에 남아 있다고 한다. 다시 말해 그의 견해는 "take 'em" 등에서 "em"은 'them'에서 'th' 소리가 생략된 것이 아니라 'hem'에서 'h' 소리가 생략되었다는 것이다. 강세(stress)를 받지 않는 음절의 'h' 소리가 일상 회화에서 빈번히 생략되는 현상이 영어에 있음을 상기할 때, 예스퍼슨의 이런 견해는 일리가 있는 것으로 간주될 수 있다. 고대 영어의 여격형이 현대 영어의 대격형(즉 목적격형)과 동일한 형태를 갖게 된 것은 영어의 발달 과정에서 고대 영어의 대격형이 여격형으로 통합되었기 때문이다. 이런 이유로 현대 영어에서는 간접 목적어(indirect object)와 직접 목적어(direct object) 구별 없이 동일한 형태를 사용하게 된 것이다.
    (cf. Jespersen 1905/1956 *Growth and Structure of the English Language*, p. 66 : . . . the dative *hem* still survives in the form *'em* (*take 'em*), which is now by people ignorant of the history of the language taken to be a shortened *them* . . .)

12 음소적 차이와 이음적 차이에 대하여는 2장에서 자세히 다룰 예정이다.

13 [dri:van]'에서 동사 어미가 사라진 것은 앞에서 이미 언급한 것처럼 고대 영어 동사의 굴절(inflection)이 현대 영어로 발달되어 나오는 과정에서 사라지게 된 때문이며, '[i:]'가 '[ai]'로 변하게 된 것은 모음대추이(the Great Vowel Shift)라고 불리는 현상 때문인데, 이에 대해서는 제6장에서 설명하도록 하겠다. 고대 영어에서 'drīfan'이 동사 원형이었던 것처럼, 'be' 동사의 원형은 'bēon'이었으며, 'do', 'will'의 동사 원형은 각각 'don', 'willan' 이었다.

제2부 영어: 그 안

제2장 영어의 소리 I: 낱내소리

1   영어의 'alphabet'은 영국 사람들이 발명한 것이 아니라 로마 사람들이 그리스 문자 등 그 이전에 이미 존재하고 있던 문자 체계를 변형 발전시켜 만든 것으로 흔히 'Roman alphabet'이라고 불린다. ('alphabet'라는 말 자체가 그리스 문자의 첫 두 글자인 'α', 즉 'alpha'와

'β', 즉 'beta'를 합쳐서 만든 말이다.) 따라서 본문에서 '영문'이라고 언급한 것은 '로마자'라고 해야 더 적절할 것이다. 그러나 이 책에서는 '로마자'와 '영문'이라는 표현을 별다른 구별 없이 혼용해 사용하기로 하겠다.

2   '나비'의 'ㅂ'과 같이 유성음 사이에 있는 'ㅂ'은 우리말에서도 유성음으로 발음된다. 이것이 이른바 우리말의 유성음화 현상이다. 1959년에 제정된 문교부 안은 'ㅂ'이 나타나는 환경과 무관하게 'ㅂ'은 무조건 'b'로 표기했지만, 1984년에 제정된 표기법은 음성학적 측면을 보다 더 중시해 앞에서 이야기한 유성음화 환경에 있는 'ㅂ'만 'b'로 표기하고 그렇지 않은 것은 'p'로 표기해 결과적으로 우리말 'ㅂ'이 로마자의 'b'와 'p' 두 가지로 표기되게 만들었다. 이는 우리 글자와 로마자 사이의 1대1 대응(one-to-one correspondence) 관계를 불가능하게 만드는 것으로서 과거 문교부 안에는 없던 새로운 문제점을 야기하게 되었다. 예를 들어 '대구'는 'Taegu'로 표기했지만, '동대구'는 'Dongdaegu'로 표기해, '대구'의 첫소리가 경우에 따라 't'와 'd' 두 가지로 표기되는 문제점을 낳았다. 2000년에 재차 변경된 표기법에서는 이 문제를 해결하기 위해 기본적으로 어두의 'ㅂ/ㄷ/ㄱ'을 'b/d/g'에 대응시키는 방안을 채택했다. 이 점에서는 1959년 안과 2000년 안이 유사해 보일지 모르나, 이 두 안 사이에는 상당한 차이점이 있기도 하다.

3   1988년에 '강릉'에 갔을 때, 당시 극심한 표기상의 혼란을 목격한 적이 있다. 매표창구 위에는 'Gang Reung'으로 표기되어 있었지만, 개찰구에는 'Kang Reung', 내가 탈 버스에는 'Kangnung'으로 표기되어 있었다. 'Gang Reung'은 1984년 안이 나오기 이전의 표기법이고, 'Kangnung'은 1984년 안에 따른 표기였다. 2000년 안에 따르면 'Gangneung'이 되니 우리말의 로마자 표기법이 너무 자주 바뀐다고 할 수 있다.

4   1984년식 표기법의 문제점 중 하나는 외국어로 된 표기를 한글로 옮길 때 나타나는 문제점이었다. 예를 들어, 'beef'라는 영어 단어를 한글로 적을 때 누구나 '비프'로 적으며 'pen'은 '펜'으로 적는다. 아무도 'pen'을 '벤'으로 적지 않는다. 즉 우리말의 어두에 나타나는 'ㅂ'은 'p'로 적으면서 같은 위치의 영어 소리 'p'는 절대로 'ㅂ'으로 적지 않고 'ㅍ'으로만 적는 것은 이 두 문자 체계의 일관된 호환성을 불가능하게 만드는 것으로 이를 바람직하다고는 할 수 없다.

5   영어의 마찰음은 뒤에서 이야기하는 것처럼 '[f]/[v]/[θ]/[ð]/[s]/[z]/[ʃ]/[ʒ]/[h]' 등이 있으나 한국어에는 '[s]/[h]'밖에 없다.

6   이 역시 정확한 영어 발음은 아니다. 한국어의 '젯'은 영어의 'jet'에 더 가깝게 들린다.

7   이는 가톨릭 성경의 번역이고, 개신교 성경에서는 '사사기'라고 번역한다.

8   번역은 가톨릭 새번역을 따랐다. 다음과 같은 번역도 있다 (본문에서는 5절과 6절을 인용했으나, 아래에서는 6절만 인용함).

그에게 이르기를 쉽볼렛이라 발음하라 하여 에브라임 사람이 그렇게 바로 말하지 못하고 십볼렛이라 발음하면 길르앗 사람이 곧 그를 잡아서 요단 강 나루턱에서 죽였더라 그 때에 에브라임 사람의 죽은 자가 사만 이천 명이었더라 (개신교 개역개정)

그에게 이르기를 십볼렛이라 하라 하여 에브라임 사람이 능히 구음을 바로 하지 못하고 쉽볼렛이라면 길르앗 사람이 곧 그를 잡아서 요단 나루턱에서 죽였더라 그 때에 에브라임 사람의 죽은 자가 사만 이천 명이었더라 (개역한글)

"쉽볼렛"이라고 말해 보라고 하고 그대로 발음하지 못하고 "십볼렛"이라고 하면 잡아서 그 요르단 강 나루턱에서 죽였다. 이렇게 하여 그 때 죽은 에브라임 사람의 수는 사만 이천이나 되었다. (공동번역)

9 'pulmonic'의 'pulmon-'은 '폐'를 의미하는 라틴어임.

10 'egressive'의 'e-'는 'emigrate'의 e-와 마찬가지로 라틴어의 'ex-'(영어의 'out'에 해당)와 같은 의미이다. 배기음(egressive sound), 즉 날소리에 반대되는 소리로 숨을 들이마시면서 내는 소리가 있는데, 이를 영어로는 'ingressive sound'라고 한다. 우리말로는 '날소리'에 대응하여 '들소리'라고 할 수 있다. 언어에 따라서는 이 들소리가 중요하게 사용되는 언어도 있다.

11 이렇게 자음, 모음 분류의 대상이 되는 소리들을 자모음 구분 없이 부를 때는 '소리마디' 혹은 '분절'(segment)이라는 말을 사용한다. '모음'을 의미하는 영어 단어 'vowel'은 고대 불어 'vouel'에서 온 것인데, 이는 'vocal sound'를 의미하는 라틴어인 'vocalem (sonum)', 혹은 'vocal sign'을 의미하는 'vocale (signum)'를 어원으로 한 것이다. '자음'을 의미하는 'consonant'는 'sound together'를 의미하는 라틴어 'consonare'의 현재분사형에서 온 것이다. 라틴어 어원을 그대로 따른다면, 모음은 홀로 소리난다는 뜻에서 '홀소리', 자음은 다른 소리와 함께 즉 모음에 닿아서 나는 소리라는 뜻에서 '닿소리'라고 하는 것이 라틴어 원뜻을 더 잘 살린 번역이라고 할 수 있다.

12 동위음을 뜻하는 영어 단어인 'homorganic sound'에서 'homorganic'의 'hom-'은 'same'을 의미하는 그리스어 'homos'에서 온 것으로 모음 앞에 나타나기 때문에 'homo'가 아니고 'hom'으로 된 것이다. 'organic'의 'organ'은 'instrument', 'engine' 등을 의미하는 라틴어인 'organum' 혹은 같은 의미의 그리스어인 'organon'에서 온 것이다.

13 '폐찰음'이라는 말부터가 '폐쇄음'의 '폐'자와 마찰음의 '찰'자를 합친 것으로 이것이 폐쇄음과 마찰음의 결합임을 단적으로 보여준다. 국내에서는 폐찰음을 '파찰음'이라고도 하는데, 이때 '파찰음'의 '파'자는 폐쇄음의 또 다른 이름인 '파열음'(plosives)의 첫 자를 따온 것이다. 그러므로 '파찰음'이라는 명칭은 'p/t/k' 소리들을 '파열음'이라고 부를 때나 사용할 수 있는 이름이라고 하겠다.

14 영어의 경우에는 폐찰음이 모두 경구개음이지만 독일어의 경우에는 치경 폐찰음(alve-olar affricate, 예: 'zehn' 등의 'z' 발음으로 음성기호로는 '[ts]'로 표시) 및 순치 폐찰음(labio-dental affricate, 예: 'Pfenning' 등의 'pf' 발음으로 음성기호로는 '[pf]'로 표시)도 사용된다. 영어에서도 'cats'에서와 같이 'ts'가 붙어 있을 경우 일상 회화에서 독일어에서와 같은 치경 폐찰음(즉 '[ts]' 소리)으로 나타나는 경우가 있기는 하다.

15 방언에 따라 'which', 'what' 등과 같은 단어들의 어두의 '[w]' 소리를 무성음으로 발음하는 방언도 있는데, 이를 음성기호로는 '[ʍ]'로 표시하기도 한다.

16 긴장모음의 예를 보고 의아하게 생각하는 사람들도 있을 것이다. 즉 'beat'와 'boot'의 '[i]'와 '[u]'는 각각 '[i:]'와 '[u:]'처럼 장모음 표시가 되어야 하지 않는가 하는 의문이다. 사실 긴장성(tenseness) 여부를 모음의 장단(즉, 길고짧음)으로 구분하는 입장도 있으며, 우리나라 영어교육계에서는 대체로 이 입장을 취하고 있는 것으로 생각된다. 나는 여기서 독자들에게 영어학에서는 흔히 이렇게 분류한다는 것을 소개할 뿐이며, 반드시 이 견해에 따라야 한다고 주장하는 것은 아니다. 따라서 나는 앞으로 이 모음들을 표시할 때 독자들의 편의를 위해 장모음 기호를 사용하는 경우도 있을 것이다. 또한 나머지 긴장모음인 '[e]'와 '[o]'의 경우도 사람에 따라서는 '[e]'를 '[ej]'(혹은 '[ei]'로, '[o]'를 '[ow]'(혹은

'[ou]')로 표시하는 사람도 있으며, 이 책에서도 독자들의 편의를 위해 이 기호들을 사용하기도 할 것임을 덧붙인다.

17 단모음을 의미하는 영어 단어인 'monophthong'에서 'mono-'는 숫자 '1'을 의미하는 그리스어이며, 이중모음을 의미하는 'diphthong'의 'di-'는 '2'를 의미하는 그리스어이다. 앞의 주석에서 긴장모음(tense vowel) 중 'bait'의 '[e]'와 'boat'의 '[o]'를 각각 '[ej]'와 '[ow]'로 표시하는 견해도 있다고 했는데, 이런 견해는 이들 모음을 이중모음으로 보는 견해가 된다. 독자들 대부분이 이 견해에 익숙해 있을 것으로 생각되므로 앞으로의 이야기에서 독자들의 편의를 도모하기 위해 이 견해에 따른 표시를 하는 경우도 있을 것이다.

제3장 영어의 소리 II: 소리의 어우러짐

1 이들이 다른 점은 오직 조음위치(place of articulation)뿐이다. 즉 'p'는 양순음(bilabial sound)이며, 't'는 치경음(alveolar sound), 'k'는 연구개음(velar sound)이다.

2 이는 'p'뿐만이 아니라 't', 'k'의 경우도 마찬가지이다. 즉 'team', 'kin'의 경우에는 't', 'k'가 모두 유기음으로 발음되지만, 'steam', 'skin'의 경우에는 't', 'k'가 모두 무기음으로 발음된다.

3 이는 'team'이나 'kin'을 발음할 때도 마찬가지이다.

4 한국어에서 '불'과 '풀', '풀'과 '뿔'은 각각 'ㅂ'과 'ㅍ', 'ㅍ'과 'ㅃ'이 의미의 차이를 가져오는 음소임을 보여주는 최소 대립쌍들이다. '풀/뿔'이 보여주듯이 한국어에서는 유기음/무기음의 차이가 영어에서와는 달리 의미의 차이를 가져온다. '탈/딸', '키/끼'도 마찬가지 사실을 보여준다. 이렇게 어떤 소리가 음소로 사용되는지 여부는 언어마다 다를 수 있다.

5 이제부터 '[ ]' 여부에 따라 그 뒤에 나오는 우리말 조사의 사용이 달라질 수 있음에 유의하기 바란다. '[n]'이나 '[p]'처럼 '[ ]' 표시가 되어 있을 때는 그 기호가 나타내는 소리를 지칭하는 것으로, 그리고 '[ ]' 없이 'n'이나 'p'라고 할 때는 그 기호의 이름을 지칭하는 것으로 이해해주기 바란다.

6 비음의 폐쇄음과 'p/t/k'와 같은 폐쇄음을 구별하기 위해 후자를 특별히 구두 폐쇄음(oral stops)이라고도 한다.

7 과거에 미국의 CNN 방송의 경제 부문 뉴스가 "Dollars & Sense"라는 제목으로 방영되기도 했는데, 이는 그 의미뿐만이 아니라 'cents'와 'sense' 간의 발음상 유사성에 기인하는 효과(이를 영어로는 'pun'이라고 함)도 있었던 것이다.

8 다음에서 보는 바와 같이 강세를 받는 모음이 단어의 첫머리에 나올 경우 그 앞에 'glottal stop'이 삽입되는 경향도 있다.

   "It's awful.": /its ɔfl/ → [its ʔɔfl]
   "Uh-oh." : /ʌ o/ → [ʌ ʔɔ]

9 물론 명사의 복수형 어미가 '-es'로 될 때와 동사의 과거형 어미가 '[id]'로 발음될 때의 경우들이 있는데, 이는 본문의 논의에는 포함되지 않는다. 참고로 영어에서 복수형 어미가 '-es'로 되는 경우는 해당 명사의 마지막 음이 '[s]/[z]/[ʃ]/[ʒ]/[tʃ]/[dʒ]'로 끝날 때인데, 이 소리들은 음성학적으로 치찰음(sibilant)이라고 불리는 서로 유사한 소리들이다. 또한 동사의 과거형 어미가 '[id]'로 발음되는 경우는 해당 동사의 마지막 음이 '[t]'나 '[d]'로 끝날 때이다.

10 이런 의미의 '억양'을 영어로는 'accent'라고 한다. 즉 영어를 한국어식으로 발음해 말하는 경우 그의 영어에는 'Korean accent'가 있다고 말하며, 만일 일본 사람이 일본어식 발음으로 영어를 말하는 경우 그의 영어에는 'Japanese accent'가 있다고 말한다. 이는 반드시 외국인의 영어에만 사용되는 것은 아니고, 원어민 영어에도 사용될 수 있다. 즉 영국식 영어 발음을 가리켜 'British accent', 미국식 영어 발음을 가리켜 'American accent'라고 말하기도 한다. 또한 미국 영어 중에서도 특이하다고 할 수 있는 남부 방언의 억양을 가리켜 'Southern accent'라고도 한다.

11 'L₁'은 'first language'의 약어로서 모어(native language)로 습득된 언어를 의미한다.

12 '빳데리'(battery), '쓰레빠'(slippers), '빠께쓰'(bucket) 등은 일부에서나마 아직도 사용되고 있다. 일본어식 영어 발음을 우리말식 발음으로 바꾸는 일보다 더 중요한 것은 영어 등으로부터 온 외래어 자체를 진정한 우리말로 바꾸는 일일 것이다. 우리는 사실 이를 위해 더 많은 노력을 해야 한다. 최근에는 '멘붕', '등골브레이커', '썸탄다' 등의 표현이 마구잡이로 사용되고 있는데, 이와 같은 현상이 바람직한지에 대해 보다 깊은 성찰이 필요할 것으로 생각된다.

13 이런 제약은 모든 언어에 공통적으로 적용되는 것은 아니다. 즉 어떤 언어에서는 '[ŋ]' 소리가 음절 첫머리에 나올 수 있는 언어도 있다 (예: 스와힐리어, 태국어 등).

14 이는 뒤에서 언급하듯이 영어에서 음절머리의 자음군이 무조건 불가능하기 때문은 아니다. 즉 'strike' 같은 단어는 영어에서 음절머리에 3개의 자음이 연속되어 나타날 수 있음을 보여준다. 이는 또한 'k+n'의 자음군이 인간 언어에 절대로 나타날 수 없기 때문도 아니다. 예를 들어 독일어 등에서는 이런 자음군이 가능하다 (예: Knabe 등). 영어에도 과거에는 'k+n'의 자음군이 가능했는데, 'know', 'knight' 등의 철자는 영어에서도 과거에는 그런 소리 결합이 가능했음을 보여주는 증거이다.

15 'strengths'의 경우 4절에서 이야기한 바대로 '[ŋ]'과 '[θ]' 사이에 삽입되는 '[k]'까지 감안하면 'CCCVCCCC'라고도 할 수 있다.

16 일본어의 음절말미에 비음 외의 자음이 전혀 나오지 않는 것은 아니다. 단어 내에서는 일부 폐쇄음이 음절말미에 나올 수 있지만 (예: '잡지'의 일본어 발음인 '쟛시' 등), 단어 끝에서는 비음만이 가능하다.

17 '[p]'와 '[b]'는 모두 조음위치상 양순음(bilabial), 조음방법상 폐쇄음(stop)에 속한다.

18 모든 변별적 자질이 '+/-' 두 개의 값만을 갖는지는 논란의 여지가 있으나 이 책에서는 Chomsky & Halle의 의견을 따라 모든 변별적 자질이 '+/-'의 이분적 자질을 갖는 것으로 가정하겠다 (cf. Noam Chomsky and Morris Halle, *The Sound Pattern of English*, New York: Harper & Row, 1968).

19 우리가 'glottal fricative'로 취급했던 '[h]'와 'glottal stop'으로 취급했던 '[ʔ]'도 [-consonantal]로 취급하기도 한다. 이럴 경우 자음 중 반모음인 '[j]', '[w]'와 'glottal sound'(성문음)인 '[ʔ]'와 '[h]'가 모두 [-consonantal]에 속하게 되는데 활음과 성문음 간의 이런 공통점을 포착하기 위해 성문음을 'laryngeal glide'로 분류해 '[w/y/h/ʔ]' 4개의 소리를 모두 활음으로 분류하기도 한다.

20 이 때 'obstruent'와 'sonorant' 중 어느 것을 변별적 자질의 이름으로 삼느냐 하는 것은 자의적(arbitrary)이다. 즉 우리는 여기서 일반적인 관행을 따라 [sonorant]를 해당 자질의 이름으로 삼았지만, [obstruent]를 이름으로 삼고 그것에 '+/-'의 자질을 부여해도 문제는 없다. 변별적 자질의 명칭과 관련한 자의성은 비단 이 경우뿐 아니라 다른 경우에도 존재한다. 즉

우리는 대체적인 자모음의 구분을 [±consonantal]로 했지만 사람에 따라 [±vocalic]으로
해도 특별한 문제가 발생하는 것은 아니다.

21 유음뿐만이 아니라 비음 이외의 다른 자음들이 모두 [-nasal]의 자질을 갖는 것은 물론이다.

22 이는 'glottal sound'인 '[h]'와 '[ʔ]'의 구분도 해준다. 즉 'glottal fricative'인 '[h]'는
[+continuant], 'glottal stop'인 '[ʔ]'는 [-continuant]가 된다.

23 영어의 자음 중 비음과 유음은 [+syllabic]으로 사용될 수도 있다.

24 phthisic [tízik] 폐결핵(의)

25 'perfect'나 'debt' 등의 단어는 프랑스어를 통해 영어에 들어왔는데, 이들의 현대 프랑스
어형은 각각 'parfait'와 'dette'로서 원래부터 'c'나 'b' 철자는 포함되지 않았으며 발음도
되지 않았다. 현대 영어로 내려오면서 'perfect'의 'c'는 음가를 얻었으나, 'debt'의 'b'는 여
전히 음가를 얻지 못하고 있다. 한편 라틴어 어원을 철자에 반영하려는 시도가 오류를 일
으키는 경우도 있는데, 예를 들어 'island'의 's'는 라틴어의 'insula'의 's'를 반영하기 위해
삽입되었으나 이는 라틴어로부터 들어온 어휘가 아니고, 원래부터 앵글로색슨 어휘였다.

제4장 영어의 단어: 그 구조와 형성

1 형태소를 의미하는 영어 단어 'morpheme'은 '형태'(form)를 의미하는 그리스어인 'mor-
phe'에서 파생된 것이다.

2 '+' 표시는 형태소(morpheme) 간의 경계, 즉 'morphological boundary'를 표시함.

3 예외적으로 다음과 같이 접두사이면서 품사를 변화시키는 예가 있다.
　　　　enlarge (형용사 'large'를 동사로 변화시킴)
　　　　enslave (명사 'slave'를 동사로 변화시킴)
　　　　embody (명사 'body'를 동사로 변화시킴)
　　　　afloat (동사 'float'를 형용사로 변화시킴)

4 단어 앞의 별표(*)는 해당 단어가 올바르지 못한 형태임을 표시하며, '올바르지 못한 형
태'를 문법적으로는 '비적형적'(ill-formed)이라고 한다. 이와는 대조적으로 올바른 형태,
즉 문법적인 형태는 '적형적'(well-formed)이라고 한다.

5 'tree-diagram'을 수형도(樹型圖)라고 번역하기도 하나 본서에서는 '나무그림'이라는 용
어를 사용하기로 한다.

6 'A'는 'Adjective', 'V'는 'Verb'의 약어로서 각각 형용사와 동사를 지칭한다.

7 간혹 'ambiguous'가 우리말로 '(뜻이) 모호한'이라고 번역되는 경우도 있고, 일상생활에
서 그런 의미로 사용되기도 하지만, 언어학에서 사용되는 '중의성' 개념은 분명한 뜻이 두
가지 있음을 지칭하는 것이지 의미가 불분명하다는 뜻이 아니다. 의미가 불분명함을 뜻
할 때는 영어 단어 'vague' 혹은 'obscure'를 사용한다.

8 이를 'portmanteau'라고 하기도 한다.

9 'acronym'은 'topmost'를 의미하는 'acro'와 'name'을 의미하는 'nym'의 복합어로서
'Acropolis'의 'acro'도 'acronym'의 'acro'와 마찬가지의 의미이다.

10 '단어읽기'에 해당하는 영어 표현으로는 'acronym'이라는 말이 사용되기도 하는데, 이는
머리글자어 일반을 의미하기도 하므로 주의를 요한다.

11 본문에 제시된 풀이는 일반적 쓰임새를 기준으로 한 것이며, 일부 예들은 다른 의미로 사

용되기도 한다.

12 이런 의미로는 발음을 "triple A"라고 한다.

13 이런 의미로는 발음을 "three As"라고 한다.

14 'DJ'를 'Deejay'라고 쓰는 경우도 있음.

15 'MC'를 'Emcee'라고 쓰기도 함.

16 발음은 "N double A C P"라고 한다.

17 발음은 흔히 "N C double A"라고 한다.

18 한국에서는 "UCC", 즉 "User-Created Content"라는 한국식 표현이 사용된다.

19 이를 혼성(blending)의 예로 보는 사람들도 있다.

20 당시에는 '함박스텍'이라는 말이 더 일반적이었던 것으로 기억되는데, '함박'은 'ham-burger'의 일본어식 발음을 한글로 적은 것이다.

21 독자들 중에는 '토플리스'라는 말을 들어 본 사람이 있을 것이다. 이는 본문에서 이야기한 'topless'를 의미하는 것으로, 'top' 즉 '위의 가슴을 가리는 것'이 없는 상태를 의미한다. 영어에서는 일반적으로 두 개의 것이 위아래로 놓여 있을 때 위의 것은 'top (one)'이라고 칭하며 아래의 것은 'bottom (one)'이라고 칭한다. 야구의 몇 회 초나 몇 회 말을 영어에서 'top'과 'bottom'을 사용해 표현하는 것도 마찬가지 이유에서이다.

22 'female'도 원래는 어원상으로 'male'과 아무런 상관이 없는 'femel'에서 온 것이나 이 단어가 'male'의 반대어로 쓰인다는 점에서 'femel'의 'mel'이 'male'로 변하게 되었는데, 이역시 민간 어원의 하나로 볼 수 있다.

23 1장 4절에서 약변화형이란 복수형에 '-(e)n'이 붙는 명사로서 현대 영어에는 'oxen'이 이런 약변화형의 흔적으로 남아 있다고 한 바 있다.

24 'peasecod', 'pease-soup', 'peaseblossom', 'peaseporridge'처럼 여전히 '-s'가 남아 있는 예도 있다.

25 "Riches are a power"(Ruskin)에서처럼 'riches'를 복수형으로 취급하는 것도 마찬가지 현상이다. 영어의 'riches'라는 명사형은 원래 'richesse'라는 프랑스어에서 온 것으로서 프랑스어에 있던 어말의 '-e'가 영어에서 탈락되어 'riches'가 된 것인데, 후대에 사람들이 프랑스어 명사형 어미의 흔적인 'riches'의 '-es'를 영어의 복수형 어미로 잘못 인식하게 되어 'riches'를 복수형으로 취급하게 된 것이다.

26 O. Jespersen, *Growth and Structure of the English Language*, 9th edition (Basil Black-well Oxford, 1905/1956), p. 177에서 재인용.

27 현대 영어에서는 'Yankee'라는 말이 미국의 뉴욕 지역이나 뉴잉글랜드 지방 사람들뿐 아니라 전체 미국인을 가리키는 말로 사용되기도 한다.

28 'coinage'의 경우는 아니지만 고유명사로부터 새로운 의미의 단어가 파생되는 수도 있다. 'sandwich'가 이런 예에 속한다. 'Sandwich'는 원래 영국 백작(earl)의 이름이었는데, 그는 도박을 무척 좋아했다고 한다. 그는 식사 때문에 도박을 중지하는 것이 싫어 도박을 하면서도 먹을 수 있는 이 음식을 즐겨 주문했는데, 다른 사람들이 이 음식을 주문할 때 "the same as Sandwich", 즉 "샌드위치 백작과 같은 걸로"라고 주문하기 시작하면서 이 이름이 굳어졌다는 설이 있다. 이와 같이 고유명사로부터 유래한 단어나 이름을 영어로는 'eponym'이라고 한다.

29 cf. Jespersen 1905/1956 *Growth and Structure of the English Language*, p. 35: " . . . the whole history of the English language may be described from one point of view as one

chain of borrowings . . ."

영어에서 외래 차용어가 차지하는 비중이 크다고는 하지만 가장 빈번하게 사용되는 어휘는 대부분 영어 토착 어휘인 점을 주목해야 한다. 이와 관련해서는 김석산의 다음 구절을 참조할 만하다 ('희랍어'를 '그리스어'로, '나전어'를 '라틴어'로 바꾸고, 일부 구두점 등을 고쳐 인용함).

> 영어 사전에 실린 낱말 중에서 일반 용어로 쓰이는 2만개의 낱말을 추려서 이들의 어원을 조사해 본 결과 (게르만어인 고대 영어에서 파생된) 토착어는 1/5에 지나지 않고, 그리스어와 불어를 포함한 라틴어 차용어가 3/5 이상이나 된다. 그러나 이들 낱말의 빈도수는 이와 정반대이다. 그 이유는 가장 흔히 쓰이는 기능어 내지 명사, 형용사, 동사는 토착어이기 때문이다. 그래서 흔히 쓰이는 5,000개의 영어 낱말 중에서 토착어는 무려 72%에 이르며 외래어는 28%에 지나지 않는다. 또한 현대 영어에서 가장 자주 쓰이는 낱말 1,000개의 어원을 조사한 결과 다음과 같다. Old English 61.7%, French 30.9%, Latin 2.9%, Scandinavian 1.7%, Low German and Dutch 0.3%, mixed 1.7%, uncertain 1.3%. (cf. 김석산 『영어발달사』 1989년 을유문화사 발행 p. 278).

30 영어에 남아 있는 켈트어가 이렇게 소수의 지명 등에 불과한 것은 켈트어가 정복된 문화의 언어였기 때문이다. 대개 차용어라는 것은 선진 문화 혹은 정복 민족의 언어로부터 후진 문화 혹은 피정복 민족의 언어에로 차용되는 것이 보통으로서 켈트어는 피정복 민족의 언어였기 때문에 정복 민족인 앵글로색슨족의 언어인 영어에는 큰 영향을 미치지 못한 것이다.

31 이때 차용된 라틴어는 앵글로색슨족이 영국섬이 아니라 유럽 대륙에 살고 있을 때 차용되었다는 의미에서 대륙 차용(continental borrowing)이라고 부른다.

32 당시의 라틴어 형태 및 고대 영어 형태는 인용된 형태와 차이가 있으나, 독자들의 편의를 위해 모두 현대 영어 형태를 사용하기로 한다.

33 고대 영어형은 'ceap'으로 'bargain'의 의미였다 (cf. chapman).

34 현대 영어의 'cherry'에 해당하는 고대 영어는 'cires'(cf. 라틴어: cerasus)로서 당시에는 이 단어의 어간 자체에 's'가 포함되었으나, 후에 이 어말의 's'를 사람들이 복수형 어미의 '-s'로 잘못 분석 현대 영어에서는 's' 없는 형이 어간으로 사용되게 되었다. 이는 앞에서 이야기한 것처럼 'back-formation'의 예가 된다.

35 'pea'가 'back-formation'의 예임도 이미 앞에서 설명한 바 있다 (cf. OE pise, L. pisum).

36 이와 같은 차용을 간접 차용(indirect borrowing)이라고 한다. 이와 반대되는 개념은 직접 차용(direct borrowing)으로서 앵글로색슨족이 직접 라틴어로부터 차용한 어휘들은 이에 속한다.

37 이제까지 소개한 라틴어 어휘 외에도 14, 15세기의 중세 영어 시대 및 16세기 이후의 근대 영어 시대에도 계속적으로 라틴어 어휘가 영어에 유입되었는데, 이런 예들을 개략적으로 소개하면 다음과 같다 (김석산, 앞의 책, pp. 286-287에서 인용).

14, 15세기: 1. 종교: requiem, gloria, pater (noster), collect, diocese, mediator, redemptor 등

2. 법률: client, arbitrator, equivalent, executor, gratis, implement, legitimate, memorandum, persecutor, proviso, alias, habeas corpus,

subpoena, prima facie 등

    3. 교육, 학문: abacus, allegory, et cetra, cause, contradictory, desk, formal, index, item, library, major, minor, neuter, scribe, simile 등

    4. 기타: (명사) adaption, elision, colony, conductor, conflict, expedition; (형용사) compact, complete, immortal, incorporate; (동사) admit, combine, commit, conclude, discuss, import, interest 등

16세기: arbiter, genius, junior, folio, area, exit, peninsula, abdomen, animal, pus, miser, circus, aborigines, interim, axis, hiatus, codex, militia, stratum, virus 등

17세기: premium, rebus, equilibrium, specimen, series, census, plus, alumnus, arena, apparatus, formula, focus, alumnus, data, album, complex, lens, status, antenna, momentum 등

18세기: alibi, auditorium, maximum, bonus, extra, via(전치사), deficit, addendum 등

19세기: opus, duplex, ego, omnibus, consensus, referendum 등

38 'G'는 그리스어를 뜻하는 'Greek'의 약어.

39 당시의 영어와 스칸디나비아어 사이의 유사성과 관련해 예스퍼슨은 다음과 같이 기술하고 있다.

> "An enormous number of words were then identical in the two languages, so that we should now have been utterly unable to tell which language they had come from if we had had no English literature before the invasion; . . . The consequence was that an Englishman would have no great difficulty in understanding a Viking—nay, we have positive evidence that Norse people looked upon the English language as one with their own." (cf. Jespersen 1905/1956 *Growth and Structure of the English Language*, p. 60)

40 'shriek/screak'도 'shirt/skirt'와 동일한 대조를 보인다.

41 즉 현대 영어의 'starve'라는 동사는 현대 독일어의 어원상 상응어인 'sterben'과 마찬가지로 원래는 '죽다'라는 뜻으로 사용되던 어휘였으나, 스칸디나비아어에서 차용된 'die'가 이런 의미로 사용되자 그 의미가 축소되어 특별한 의미의 죽음(즉 아사)만을 의미하도록 어의가 변화된 것이다. 이런 의미 변화는 의미 축소(semantic narrowing)라고 하는데, 이에 대해서는 6장에서 다시 설명하도록 하겠다.

42 cf. Jespersen 1905/1956 *Growth and Structure of the English Language*, p. 70.

43 고대 영어의 'be' 동사의 복수형은 'sindon'(혹은 'syndon')이었으나 스칸디나비아어형인 'aron'이 'sindon'을 대체한 후 이것이 현대 영어에 'are'로 남게 된 것이다.

44 '[tʃ]'는 폐쇄음(stop sound)과 마찰음(fricative sound)이 결합된 폐찰음(affricate sound)임에 비해 '[ʃ]'는 마찰음(fricative sound)이다.

45 당시의 프랑스어 방언으로는 영국을 점령한 노르만인들의 노르만 방언(북중 지역에서 사용된 것으로 이것이 영국화한 것이 'Anglo-Norman'임), 북동 지역의 'Picardy' 방언, 동남부의 'Burgandy' 방언, 중부 지방의 'Central French'(즉 'Paris' 방언), 그리고 남부의 'Provençal' 방언이 있었다.

46 이는 'Central French'에서 일어난 소리 변화 때문이다. 즉 프랑스어 등의 소위 로망스어는 'Vulgar Latin'이라고 불리는 구어체 라틴어에서 파생된 것으로서, 노르만 프랑스어에

서와는 달리 'Central French'에서는 라틴어의 '[k]'가 후설모음(back vowel) '[a]' 앞에서 구개음화하였다. 따라서 라틴어의 'capitare' 등의 'c'가 'Central French'에서는 'ch'로 변화하게 되었다.

47 따라서 영어의 'carry', 'carriage', 'case'('box'의 의미), 'cauldron'(큰 솥), 'carrion'(썩은 고기)등의 단어는 중부 프랑스어 방언이 아니라 앵글로 노르만(Anglo-Norman) 방언의 프랑스어에서 영어로 차용된 것이다.

48 'war'의 중세 영어형은 'werre'로 이를 본문에서 이야기한 내용을 감안하고 현대 프랑스어의 'guerre'와 비교하면 그들 사이의 유사성이 두드러지게 나타난다.

49 오토 예스퍼슨에 의하면 이런 사실을 최초로 주목한 사람은 존 월리스(John Wallis)이며 (cf. *Grammatica linguae Anglicanae*, 1653), 월터 스코트(Walter Scott)경이 *Ivanhoe*에서 언급한 이래 유명하게 되었다고 한다 (cf. Jespersen 1905/1956 *Growth and Structure of the English Language*, p. 82).

50 'al'은 아랍어의 정관사임.

51 타밀어(Tamil)는 인도 남부 지방의 언어임.

제5장 영어의 문장: 그 구조와 형성

1 통사론을 뜻하는 영어 단어 'syntax'는 배열(arrangement)을 뜻하는 그리스어 단어인 'syntaxis'에서 온 것임.

2 the actual use of language in concrete situations (Chomsky, *Aspects of the Theory of Syntax*, MIT Press, 1965, p. 4)

3 이를 문법적으로는 '[+animate]' 자질(feature)을 가진 것이라고 표현한다.

4 이와 같이 어떤 동사가 주어나 목적어의 자격과 관련해 가하는 제약을 '선택적 제약'(selectional restriction)이라고 하는데, 본문의 내용을 이런 용어를 사용해 표현하면 'idea'가 'sleep'라는 동사가 주어에 가하는 선택적 제약을 준수하지 못하므로 전체 문장이 기이하게 된다고 말할 수 있다.

5 이와 같이 어떤 내용을 일단 참(true)으로 가정하고 그로부터 모순(contradiction)을 유도(derive)해 그 가정된 내용이 참이 아님을 증명하는 방법을 논리학에서는 귀류법(reductio ad absurdum) 혹은 간접 증명법(indirect proof)이라고 한다.

6 cf. Chomsky, *Topics in the Theory of Generative Grammar* (Mouton, 1966), p. 11: The most striking aspect of linguistic competence is what we may call the 'creativity' of language, that is, the speaker's ability to produce new sentences, sentences that are immediately understood by other speakers although they bear no physical resemblance to sentences which are familiar.

1991년 봄 학기 나에게 영어학개론 강좌를 수강한 연세대학교 원주캠퍼스 영문과 2학년 학생들 중에는 다음과 같은 문장을 지어 보인 학생들이 있었다.

"내가 군대에 가려고 머리를 깎았더니 머리카락에서 밤나무가 자라나 나는 매년 밤을 따 먹을 수 있게 되었다."

> "나는 눈 덮인 히말라야 산맥을 종이비행기를 타고 구경하다가 한 새끼 거북이가 히말라야 산맥을 스케이트를 타고 열심히 오르고 있는 모습을 보았다."
> "나는 어제 전봇대에서 다리가 여섯 개에 머리가 세 개, 꼬리가 두 개인 참새를 보았는데, 그 참새는 우리 옆집에 전세를 사는 참새였다."
> "손에 화상을 입은 벼룩이 롤러스케이트를 타고 병원에 가는 도중에 차에 치여서 타박상을 입었다."

위의 문장들은 독자들이 처음 대하는 것임에도 불구하고 위의 문장들을 이해하지 못하는 독자는 아무도 없을 것이다. 이와 같이 한 번도 들어본 적이 없는 문장을 만들어내거나 이해할 수 있는 능력, 이것이 바로 촘스키가 말하는 인간 언어능력의 창의성(creativity)이다.

7   "Language therefore cannot be defined except genetically."

8   이런 유의 문헌은 1960년대와 1970년대에는 대개 '변형문법', '생성문법' 혹은 '변형생성문법'이라는 이름을 제목에 포함하고 있었으며, 1980년대와 1990년대에는 '지배 결속 이론'(Government & Binding Theory)이라는 이름이 사용되기도 했다 (GB 이론이라는 이름이 사용되기도 했음). 최근에는 '원리 및 매개변인 이론', '최소주의 문법이론' 등의 이름이 사용되고 있다. 물론 최근에도 여전히 '생성문법'이라는 이름이 사용되기도 한다.

9   또한 3장에서는 여러 음운이 결합되어 하나의 음절을 이룰 때도 계층적 구조를 보임을 설명한 바 있다.

10   이는 라이프니츠(Leibniz)의 말처럼 언어는 인간의 마음을 비춰주는 가장 훌륭한 거울 (the best mirror of the human mind)이기 때문이다.

11   다음 문장들은 구조적 중의성과 어휘적 중의성을 보이는 예들이다. 독자들은 각자 이들이 보이는 중의성의 정체를 스스로 파악해보기 바란다.
>   ① 구조적 중의성을 보이는 문장의 예
>   The magician touched the child with the wand.
>   I know a man with a dog who has fleas.
>   They are moving sidewalks.
>   Visiting professors can be interesting.
>   The English history teacher is having her tea.
>   The invisible man's hair tonic is in the plastic bottle.
>   ② 어휘적 중의성을 보이는 문장들의 예
>   She cannot bear children.
>   The Rabbi married my sister.

12   이는 X'- 이론이라는 이름으로 논의되어 왔는데, 이에 대한 논의는 16절에서 하도록 하겠다..

13   따라서 이들 사이의 연관성에 대한 영어 화자들의 지식은 의미적(semantic)인 것이 아니라 통사적(syntactic)인 것이 된다.

14   'Aux'란 'will/shall/can/may/must' 등의 서법(Modal) 조동사를 포함해 일반 조동사 전체를 통칭하는 용어이다.

15   X는 소위 변항(variable)이라고 불리는 것으로 이는 이 위치의 요소가 어떤 것이든지 간에 (단어가 아예 없는 경우까지를 포함해) 상관이 없다는 뜻이다.

16 '→' 앞의 부분은 'Structural Description'이라고 불리며, 그 뒷부분은 'Structural Change'라고 불리는데, 이는 '→' 앞부분과 같은 환경(environment)에서는 해당 변형규칙(여기서는 주어-조동사 도치)이 적용되어 '→' 뒷부분과 같은 구조의 문장을 도출(derive)해낸다는 뜻이다.

17 이에 따라서 본 장 9절과 10절에서 소개한 나무그림도 모두 시제 요소가 별도의 'Aux' 절점(node) 밑에 표시되도록 수정되어야 한다. 최근에는 문장의 구조를 이와 상당히 다르게 가정하기도 하는데, 이에 대한 논의도 본서의 목적상 부적합한 것이므로 여기서 다루지는 않겠다.

18 여기에서는 암암리에 평서문과 의문문의 심층구조를 동일한 것으로 가정하고 있지만, 실제에 있어서는 이 둘의 심층구조를 달리 설정하는 것이 일반적이다. 예를 들어 의문문의 심층구조에는 평서문의 경우와 달리 'Q'와 같은 의문형태소(question morpheme)를 설정하기도 하는데, 이는 의문문에서 주어-조동사 도치 변형이 반드시 일어나도록 하게끔 하기 위해서이다.

19 이 관찰은 등위 구조 제약의 경우에는 반드시 들어맞지는 않는다. 즉 이는 등위 구조가 NP나 S로 이루어진 경우에만 적용되고, 그 외의 구(phrase)로 이루어진 경우에는 적용되지 않는다.

20 래드포드(Radford)에 따르면, 핵과 최대 투사 사이에 중간 투사를 설정하는 X′-이론의 기본 개념은 촘스키의 스승인 젤리그 해리스(Zellig Harris)가 그의 1951년 저서 *Structural Linguistics*에서 먼저 제시했다고 한다 (cf. Radford 1988 *Transformational Grammar*, p. 172).

21 당시에 논의된 영어의 변형규칙들에 대해서 더 많은 내용을 알기를 원하는 사람들은 Akmajian & Heny의 *An Introduction to the Principles of Transformational Syntax* (MIT Press, 1975)와 C. L. Baker의 *Introduction to Generative-Transformational Syntax* (Prentice-Hall, 1978)를 참고하기 바란다.

22 한국어에서는 문장 말미에 '까', '니' 등의 의문형태소(question morpheme)를 부착해 의문문을 형성한다.

23 물론 해당 외국어를 공부해 무역이나 외교 등의 해외 업무에 종사하고자 하는 사람들도 외국어문 계열의 학과에 진학할 수 있는 것이다.

24 There are a number of questions which might lead one to undertake a study of language. Personally, I am primarily intrigued by the possibility of learning something, from the study of language, that will bring to light inherent properties of the human mind (Chomsky 1972, *Language and Mind*, p. 103).

25 언어 습득을 자극과 반응 이론으로 설명하려는 시도는 언어 습득에 있어 교정(correction)의 역할이 미미하다는 증거 때문에도 난관에 봉착한다. 즉 자극과 반응 이론에서는 부적절한 반응에 대한 교정이 긍정적 역할을 할 것으로 예측되나, 실제 언어 습득에 있어서는 비문법적 표현에 대한 교정이 다음에서 보는 바와 같이 별다른 영향을 미치지 못한다 (cf. Radford 1988 *Transformational Grammar*, p. 44).

아이: Nobody don't like me.
어른: No, say: "Nobody likes me."
아이: Nobody don't like me.

(동일한 대화를 8번 되풀이함)

　　어른: No, now listen carefully. Say "Nobody likes me."

　　아이: Oh, nobody don't likes me.

26 물론 언어에 따라서는 일부 혼합된 어순(mixed word-order)을 보이는 경우도 있을 수 있다.

제6장 영어의 의미: 의미 현상의 종류와 작용

1   '의미론'을 뜻하는 'semantics'라는 말은 'significant'를 뜻하는 그리스어 'semantikos'에 서 유래한 것이다.

2   이와 같이 여러 의미를 갖는 단어, 즉 '다의어'를 영어로는 'polysemous word'라고 한다.

3   (9a)에서처럼 'wife'의 지시대상이 동일할 때는 'strict identity'라고 부르고, (9b)처럼 'wife'의 지시대상 자체가 동일하지는 않을 때는 'sloppy identity'라고 부른다.

4   보다 엄밀하게 말한다면 문장이라기보다는 그 문장이 나타내는 명제(proposition)임.

5   2015년 여름에 롯데 집안의 분란이 일어났는데, 그 과정에서 롯데 계열의 한 회사는 일본 인 시게미쓰 다케오와 한국인 신격호가 각각 50%씩 출자해 회사를 설립했다는 사실이 알려졌다. 이 두 사람은 사실은 동일인이다. 이 점에 착안해 다음 예문을 만들 수도 있다.

　　　(a) 시게미쓰 다케오는 신격호이다.

　　　(b) 시게미쓰 다케오는 시게미쓰 다케오이다.

이 두 예문으로도 같은 설명을 할 수 있다.

6   Frege, G. (1892) "On Sense and Reference" (F. Zabeeh et al., eds., *Readings in Semantics*, University of Illinois Press, 1974, pp. 118-140에 재수록).

7   Frege의 'reference/sense'의 구분은 'denotation/connotation' 혹은 'extension/intension' 등으로 구분되기도 한다.

8   Russel, B. (1905) "On Denoting" (F. Zabeeh et al., eds., *Readings in Semantics*, University of Illinois Press, 1974, pp. 143-158에 재수록).

9   (26a,b)는 러셀이 'definite description'(즉 정관사 'the'를 포함하는 표현)의 의미라고 주 장하는 것으로, 이를 가리켜 흔히 'definite description'은 'existence'와 'uniqueness'의 의미를 갖는다고 말하기도 한다.

10 Strawson, P. F. (1950) "On Referring" (F. Zabeeh et al., eds., *Readings in Semantics* , University of Illinois Press, 1974, pp. 161-192에 재수록).

11 'deictic'이라는 말은 'pointing', 'showing directly'의 뜻을 가진 그리스어 'deiktikos'에서 온 것임.

12 본문의 예들은 모두 1인칭 단수 주어인 'I'를 포함하고 있지만, 1인칭 복수인 'we'의 사용 도 가능하다. 예를 들어 "We apologize for the mistake and the inconvenience"도 역시 수행문이다. 1인칭 주어가 명시적으로 사용되지 않더라도 의미상 1인칭 주어의 역할이 인 정될 때는 수행문으로 사용될 수 있다. 다음은 그 예이다.

　　　The committee thanks you for your services.

　　　Smoking is forbidden.

위의 두 문장에서 1인칭 주어가 명시적으로 사용되지는 않았지만, 첫 번째 문장의 경우 화자가 'the committee'를 대표해서 말하는 경우에는 의미상 1인칭 복수 주어가 있는 경우와 동일하므로 발화와 동시에 'thanking'이라는 발화수반행위가 유발되는 것으로 볼 수 있다. 두 번째 문장의 경우에는 수동형으로 되어 있어 일반적으로는 수행문이 되기 어려우나, 말하는 사람이 'forbid'를 할 수 있는 권한을 가지고 있는 경우에는 수행문이 될 수도 있다.

13 An implicature is a proposition that is implied by the utterance of a sentence in a context even though that proposition is not a part nor an entailment of what was actually said (Gazdar, *Pragmatics,* Academic Press, 1979, p. 38).

14 (41)과 같은 영어 대화에 직관이 없는 독자들은 다음과 같은 우리말 대화를 생각해보기 바란다.

> A: 요즘 불경기라서 걱정입니다.
> B: 제 생각으로는 중국 사람들이 일본 사람들보다 더 인간적인 것 같습니다.
> A: 정말입니까? 저로서는 한국의 영어교육이 엉망인 것 같습니다만.
> B: 글쎄, 올해 중에는 아마 남북통일이 어려울 것입니다.

15 이와 같은 격률(maxim)들은 그라이스가 1967년 하버드대에서 행한 강연에서 최초로 논의되었으며, 논문으로는 1975년에 출간되었다 (논문 제목: "Logic and Conversation", in P. Cole & J. L. Morgan, eds., *Syntax and Semantics 3: Speech Acts.* Academic Press, 1975, pp. 41-58).

제3부 영어: 그 밖

제7장 영어의 역사: 그 기원과 변천

1 사실 우리는 제1부, 즉 1장과 4장 등에서 영어의 역사와 관련된 이야기를 일부 한 바가 있기는 하다.

2 예를 들어 유럽인들이 이주해 가기 이전에 아메리카 대륙에 살던 원주민들의 언어는 대부분 소멸되었으며, 아직까지 남아 있는 극소수 원주민어도 소멸될 가능성이 매우 높다. 또한 고전 라틴어(Classical Latin)도 문어(written language, 글말)로서만 존재하는 것이지, 구어(spoken language, 입말)로서 존재하는 것은 아니다.

3 그리스도교에서는 유일신(monotheism)을 숭배하는 것으로 알려져 있으나, 여기서는 신이 복수(plural)로 서술되어 있음이 특이하다. 신을 복수로 표시하는 것은 구약성서의 다른 부분에서도 나타나는데, 이를 가리켜 일각에서는 구약 초기 시대의 신의 개념이 오직 하느님 한 분만이 존재한다는 'monotheism' 사상이라기보다는 여러 신 중에서 하느님 한 분만을 선택하여 믿는다는 의미의 'henotheism' 사상이라고 풀이하기도 한다. 다음에서도 신을 복수로 지칭하고 있다.

> 주 하느님께서 말씀하셨다. "자, 사람이 선과 악을 알아 우리 가운데 하나처럼 되었으니, 이제 그가 손을 내밀어 생명나무 열매까지 따 먹고 영원히 살게 되어서는 안 되지." (창세기 3장 22절, 가톨릭 새번역)

4 이에 해당하는 킹 제임스 영어 성경구절은 다음과 같다.

A ND THE whole earth was of one language, and of one speech.

2 And it came to pass, as they journeyed from the east, that they found a plain in the land of Shinar; and they dwelt there.

3 And they said one to another, Go to, let us make brick, and burn them thoroughly. And they had brick for stone, and slime had they for mortar.

4 And they said, Go to, let us build us a city and a tower, whose top may reach unto heaven; and let us make us a name, lest we be scattered abroad upon the face of the whole earth.

5 And the LORD came down to see the city and the tower, which the children of men builded.

6 And the LORD said, Behold, the people is one, and they have all one language; and this they begin to do: and now nothing will be restrained from them, which they have imagined to do.

7 Go to, let us go down, and there confound their language, that they may not understand one another's speech.

8 So the LORD scattered them abroad from thence upon the face of all the earth: and they left off to build the city.

9 Therefore is the name of it called Babel; because the LORD did there confound the language of all the earth: and from thence did the LORD scatter them abroad upon the face of all the earth.

5 The Sanskrit language, whatever be its antiquity, is of a wonderful structure, more perfect than the Greek, more copious than the Latin, and more exquisitely refined than either, yet bearing to both of them a stronger affinity, both in the roots of verbs and in the forms of grammar, than could possibly be produced by accident; so strong, indeed, that no philologer could examine all three, without believing that they have sprung from some common source, which, perhaps, no longer exists . . .

6 언어들을 비교(compare)한다는 의미에서 이 당시의 언어 연구 방법론을 비교방법론 (comparative methodology)이라고 하며, 이 당시의 언어학을 비교언어학(comparative linguistics)이라고 한다.

7 이런 유형의 계통도는 독일의 언어학자 아우구스트 슐라이허(August Schleicher, 1821-1868)에 의해 고안된 것으로서 이는 당시에 유행하던 다윈주의(Darwinism), 즉 진화론 의 영향을 받은 것이다.

아우구스트 슐라이허
(August Schleicher, 1821-1868)

8 우리나라가 헝가리와 수교하던 1990년대 당시에 헝가리어와 한국어가 유사한 언어라고 하는 기사가 신문지상에 실린 적이 있었다. 헝가리어는 인도유럽어와는 다른 어족인 우랄 어(Uralic)에 속하며, 우랄어는 한국어가 속해 있는 알타이어(Altaic)와 유사한 점이 있는 언어이다. 당시의 기사는 바로 이 점을 강조한 것이다. 독자들 대부분은 우리 민족이 우랄 알타이어의 퉁구스족에 속한다는 내용을 접한 적이 있을텐데, 이는 바로 인도유럽어에 속하지 않는 언어들을 인도유럽어와 마찬가지의 계통도(family-tree)를 이용해 분류하려 는 노력의 결과 생겨난 것이다. 인도유럽어에 속하는 언어들이 공통 조어에서 파생되었다 는 주장을 상기할 때, 이는 결국 우랄어 혹은 알타이어에 속하는 언어들이 과거 동일한 언어 형태를 지녔다는 주장을 함의하는 셈인데, 인도유럽어의 경우와 비교해 우랄어, 알 타이어 등의 연관성이 문헌상으로 충분히 입증된 것은 아니라고 할 수 있다. 이런 일들은 앞에서 언급한 것처럼 진화론의 영향을 받은 슐라이허(Schleicher)의 언어계통도 모형을 모든 인간 언어에 적용시키려는 노력에서 비롯된 것인데, 이는 궁극적으로 인류가 최초에 는 동일한 언어를 사용했다는 성서상의 내용과 일맥상통하는 결과에 이르게 한다. 성서 상의 창조설을 반대하는 진화론의 입장이 결국에는 성서상의 내용과 통하게 되는 묘한 결과가 되는 것이다.

9 비드(Bede, 672?-735)의 『영국교회사』(*Historia ecclesiastica gentis Anglorum*)에 수록 됨. 영문학개론 과정에서 흔히 다루는 『베오울프』(*Beowulf*)도 고대 영어로 쓰여진 것이 다.

10 『캔터베리 이야기』는 판본에 따라 다른 철자를 사용하기도 한다. 여기서는 V. A. Kolve & G. Olson의 *A Norton Critical Edition* (1989년 W. W. Norton & Company, Inc. 출판) 의 철자를 따르기로 한다.

11 1장 4절을 참조할 것.

12 다음은 고대 영어 정관사 요소의 굴절 내역이다 ('ð'를 'þ'로 쓰기도 함).

618

	단 수			복 수
	남 성	여 성	중 성	
N.(주격)	sē	sēo	ðæt	ðā
G.(속격)	ðæs	ðǣre	ðæs	ðāra
D.(여격)	ðǣm	ðǣre	ðǣm	ðǣm
A.(대격)	ðone	ðā	ðæt	ðā

이를 다음과 같은 현대 독일어의 정관사 굴절과 비교하면 이 두 언어 간의 유사성이 잘 드러난다.

	단 수			복 수
	남 성	여 성	중 성	
N.(주격)	der	die	das	die
G.(속격)	des	der	des	der
D.(여격)	dem	der	dem	den
A.(대격)	den	die	das	die

고대 영어에서 오늘날과 같은 의미의 관사가 존재했는지에 대해서는 이론의 여지가 있다. 여기서는 Baugh & Cable (1951/2002)의 견해를 따르기로 한다.

13 1장 3절을 참조할 것.

14 고대 영어의 'ne ~ nōht'는 현대 프랑스어에서 부정문 'ne ~ pas'의 형태를 사용하는 것과 유사하다고 할 수 있다.

15 이것이 현대 영어에서는 '[kliːn]'으로 다시 변화했다.

16 'xerox'는 '복사하다'는 의미의 동사로까지 사용된다.

17 현대 독일어에서 'Hund'가 '개'를 의미함에 주목.

18 'animal'은 프랑스어로부터 차용된 것임.

19 다음과 같은 서로 다른 시기의 두 성경 구절은 'meat'와 관련한 의미 변화를 잘 보여준다.
King James Bible (1611): Labor not for the meat that perisheth but for that meat
        which endureth unto everlasting life. (John 6:27)
NIV Bible (2004): Do not work for food that spoils, but for food that endures to eternal
        life. (John 6:27)

20 우리말의 '어여쁘다'도 원래는 '불쌍하다'는 의미였으므로 이 역시 의미 상승의 예로 볼 수 있다.

21 교회 목사를 'minister'라고 부르는 것은 목사가 주의 종(servant)이라는 뜻에서 유래한 것이다.

22 'Vulgar Latin'의 'vulgar'는 'common people의'라는 뜻으로, 'Vulgar Latin'은 'literary or standard Latin'인 'Classical Latin'과 비교해 일반인들의 구어체(spoken) 라틴어를 일컫는 말이었다. 이 'Vulgar Latin'으로부터 오늘날의 로망스어들이 생겨나온 것이다.

23 이집트의 상형문자를 뜻하는 영어 단어 'hieroglyphics'는 'sacred'를 뜻하는 그리스어인 'hiero'와 'carvings'를 뜻하는 그리스어인 'glyphikos'가 결합되어 만들어진 것이다.

24 이를 서부 셈 음절문자(West Semitic Syllabary)라고 부른다.

25 김석산, 『영어 발달사』(을유문화사, 1989), pp. 46-47에서 일부 수정 인용.

26 음절문자인 서부 셈 문자가 그리스어에 이르러 이와 같이 자모음이 분리된 알파벳 체계로 변화되게 된 것은 서부 셈어의 자음 중 그리스어에 사용되지 않는 자음들(예: 'aleph의 ')이 있었고, 또한 그리스어의 모음 체계가 서부 셈어의 모음 체계보다 훨씬 복잡했기 때문이다. 따라서 그리스인들은 자신들이 사용하지 않는 자음을 표시하는 문자들을 모음을 표시하는 문자로 개편 사용하고, 이에 몇 가지 모음 문자를 추가하여 그들의 알파벳 체계를 만들어낸 것이다.

27 물론 현재 사용되는 한자는 순수한 상형문자(pictogram)라기보다는 표의문자(ideo-gram)라고 하는 것이 더욱 정확하다. 상형문자나 표의문자는 한 문자가 한 단어를 표시하므로 이를 음절문자나 음소문자와 구분해 단어문자(logogram)라고 하기도 한다. 인류 최초의 문자는 메소포타미아 지방에 살던 수메르족(Sumerians)의 설형문자(cuneiform: '쐐기'를 의미하는 라틴어 'cuneus'에서 유래)로 알려져 있다. 이들의 문자를 설형문자(즉 쐐기형 문자)라고 하는 것은 이들이 점토판(clay tablet)에 눌러 표시한 글자의 모양이 쐐기(wedge) 같다고 하는 데서 유래한 것이다. 이 설형문자도 아시리아인들이나 페르시아인들에 의해 음절문자로 발전되었으나 이집트 상형문자와는 달리 음소문자로까지 발전되지는 못했다.

제8장 영어의 종류

1 Peter Trudgill 지음 *Sociolinguistics* (1975년 Penguin Books 출간, 초판은 1974년 출간) p. 66에서 재인용함.

2 '피진'(pidgin)이라는 말이 중국인들이 영어 단어 'business'를 잘못 발음한 데서 유래했다는 설이 있다.

제9장 영어의 습득

1 McNeil, D. A. (1966) "Developmental Psycholinguistics", p. 69 (Smith and Miller 편집, 1966년 MIT Press 발행 *The Genesis of Language*에 수록된 것을 Radford, A. *Transfor-mational Grammar*, 1988년 Cambridge University Press 발행, p. 44에서 인용한 것을 재인용함).

2 Fromkin, Rodman & Hyams, *An Introduction to Language*, 9th edition, 2011년 Wad-sworth 발행, p. 327.

3 동물들은 잘해야 이 단계에서 멈추고 만다.

4 이 부분은 2000년에 출간된 나의 저서 『영어 공용어화, 과연 가능한가』 pp. 86-101의 내용을 일부 수정 보완한 것이다.

제4부 영문법과 영어 사전: 영어를 담는 그릇

제10장 영문법 연구

1   1885년의 경우는 당시 이미 상당한 업적을 쌓은 스위트가 신설된 그 자리가 당연히 자신에게 올 것으로 기대하고 그 자리에 관심이 있다는 의사조차 공식적으로 표하지 않은 것으로 보인다고 한다. 스위트의 그런 희망을 모른 채 학교에서는 다른 사람에게 그 자리를 주었다는 것이다 (cf. Wrenn p. 518).

2   cf. Aarts 1969 "Approaches to English Grammar: From Henry Sweet to Noam Chomsky"

3   프로크루스테스는 그리스 신화에 나오는 노상강도의 이름으로 '잡아당겨 늘이는 자'(he who stretches)를 뜻한다. 지나가는 나그네를 하룻밤 묵게 해준다며 데려와 침대에 눕히고는 키가 작으면 침대 길이에 맞게 다리를 잡아 늘이고, 키가 커 침대 밖으로 다리가 나오면 침대를 초과하는 길이만큼 잘라버렸다. 아테네의 영웅 테세우스에게 똑같은 방법으로 죽임을 당하였다. 이 신화에서 '프로크루스테스의 침대'(Procrustean bed)와 '프로크루스테스 방법'(Procrustean method)이라는 말이 생겨났다. 예스퍼슨은 어떤 언어의 문법을 라틴어 문법에 끼워 맞추어 기술하는 것을 프로크루스테스가 나그네의 키를 자기 침대에 맞추기 위해 다리를 잡아 늘이거나 자르는 것에 비유한 것이다.

제11장 영어 사전

1   "a dictionary by which the pronunciation of our language may be fixed, and its attainment facilitated; by which its purity may be preserved, its use ascertained, and its duration lengthened." (cf. 1747년에 나온 새뮤얼 존슨의 *The Plan of an English Dictionary*)

2   "Perfection is unattainable, but nearer and nearer approaches may be made . . ." (cf. 1785년에 출간된 *A Dictionary of the English Language* 제4판에 붙인 새뮤얼 존슨의 말에서)

[부록] 예스퍼슨 고별 강연

1   (역주) Rasmus Rask (1787-1832): 덴마크의 언어학자.

2   (역주) Carl Berg (1812-95): 고전학자. 1864년부터 1889년까지 프레데릭스보 학교의 교장을 지냄.

3   (역주) Fricdrich Max Müller (1823-1900): 독일 태생의 동양학자 겸 비교 언어학자. 1850년부터 옥스퍼드대학교의 교수를 지냄.

4   (역주) William Dwight Whitney (1827-94): 1854년부터 예일대학교의 산스크리트어 교수를 지냄. 1869년부터는 비교 언어학 교수도 겸함.

5 (역주) Johan Nicolai Madvig (1804-86): 1829년부터 1879년까지 코펜하겐대학교 고전학 교수를 지냄.

6 (역주) Johan Storm (1836-1920): 1873년부터 1912년까지 노르웨이 크리스티아니아대학 (오슬로대학의 전신)의 영어학 및 로망스 언어학 교수를 지냈으며, 저서로 *Engelsk Filologi* (1876) 등이 있다.

7 (역주) Henry Sweet (1845-1912): 이 책 10장 4절을 참고할 것.

8 (역주) Axel Olrik (1864-1917): 코펜하겐대학교 스칸디나비아 민속학 교수를 지냄.

9 (역주) Kristian Erslev (1852-1930): 1883년부터 1915년까지 코펜하겐대학교 역사학 교수 를 지냈으며, 1913년부터 1926년까지는 칼스버그재단의 이사장을 지냈음.

10 (역주) Thor Sundby (1830-94): 코펜하겐대학교 로망스어 교수를 지냄.

11 (역주) George Stephens (1813-95): 스코틀랜드 출신으로 1851년부터 1893년까지 코펜하 겐대학교에서 영어를 가르침.

12 (역주) Vilhelm Thomsen (1842-1927): 코펜하겐대학교의 비교 언어학 교수를 지냄.

13 (역주) Herman Møller (1850-1923): 코펜하겐대학교의 독어학 교수를 지냄.

14 (역주) Karl Verner (1846-96): 코펜하겐대학교 슬라브어 교수를 지냄.

15 (역주) Knud Ipsen (1862-91): 철학자로 1891년 코펜하겐에서 출간된 『디드로』를 저술함.

16 (역주) Harald Høffding (1843-1931): 코펜하겐대학교 철학 교수를 지냄.

17 (역주) Jens Pedersen Høysgaard (1698-1773): 덴마크어에 대한 저술을 남김.

18 (역주) Johan August Lundell (1851-1940): 스웨덴 웁살라대학의 음성학 교수를 지냈으 며, 스웨덴어 방언 표시를 위한 음성 기호 체계를 세웠다.

19 (역주) Henning Frederik Feilberg (1831-1921): 목사. 율란(Jutland) 방언 사전 (4권으로 됨, 1886년-1914년 사이 출간)의 편찬자.

20 (역주) Felix Franke (1860-1886): 예스퍼슨과 동년배의 천재적 독일 언어학자로 26세의 젊은 나이로 아깝게 요절하였다. 예스퍼슨과 외국어 교육에 관해 많은 생각을 공유하였 으며, 이 둘 간에 교환된 서신들이 현재 덴마크 코펜하겐의 왕립 도서관에 보관되어 있다. Juul & Nielsen (1992 p. 93 주석 8)에 따르면 헨리 스위트는 뒤에서 언급될 쿠오우스퀘 탄뎀 활동과 연관된 학자들 중 프랑케를 가장 우수하다고 평가했다고 한다.

21 Alexander John Ellis (1814-90): 영국의 음성학자. 1869년부터 1889년 사이 5권으로 된 *On Early English Pronunciation*을 출간함.

22 (역주) Paul Passy (1859-1940): 첫 번째 노벨 평화상 수상자인 프레데릭 파시(Frédéric Passy)의 아들이며, 국제 음성 협회(International Phonetic Association)의 창설에 주도 적으로 참여한 프랑스의 음성학자 및 외국어 교육 전문가로 직접 교수법(Direct Method) 이라는 용어를 최초로 사용한 인물로 알려져 있다. 파시는 원래 비에토르, 예스퍼슨 등 이 주도한 개혁 교수법(Reform Method)을 직접 교수법이라고 지칭하였으나, 최근에 이 용어는 베를리츠 교수법을 지칭하기도 한다. 베를리츠 교수법에서는 원어민 교사가 수업 을 담당하지만, 개혁 교수법에서는 음성학적 훈련을 받은 내국인 교사가 목표어 사용의 극대화, 모국어 사용의 최소화(즉 번역의 최소화)라는 원칙에 입각해 수업을 담당한다는 점에서 차이를 보인다.

23 (역주) Wilhelm Viëtor (1850-1918): 독일의 음성학자 및 외국어 교육학자로 본문에서 도 언급되는 1882년 논문 "외국어 교육 개혁을 촉구함"(Der Sprachunterricht muß um- kehren)을 통해 19세기말 유럽의 외국어 교육 개혁 운동(Reform Movement)을 선도하였

다. 1894년부터 사망할 때까지 마르부르크 대학의 영어학 교수를 지냈음.

24 (역주) Franz Beyer (1849년생): 독일의 언어학자. 자신의 저서 『현대 프랑스어의 음운 체계』(*Das Lautsystem des Neufranzösischen*)를 헨리 스위트에게 헌정함.

25 (역주) Hermann Klinghardt (1847-1926): 실레지아의 라이헨바흐의 교사를 지냄. 독일의 외국어 교육 개혁 운동을 주도한 인물 중 하나.

26 (역주) Gustav Wendt (1848-1933): 독일의 언어학자. 함부르크에 있는 중등학교(grammar school)의 교사를 지냄.

27 (역주) Laura Soames (1840-95): 영국의 교육가 겸 음성학자.

28 (역주) 키케로의 "Quousque tandem abutere, Catilina, patientia nostra?"(=How long will you abuse our patience, Catiline?)라는 문장의 첫 두 단어를 딴 것으로 구태의연한 외국어 교육을 언제까지 참고 견디어야 하는가라는 뜻에서 붙여진 이름으로 생각됨.

29 (역주) Johannes Kaper (1838-1905): 중등학교 교사로 독일어 교과서들을 저술함. 이 교과서들은 20세기 중반까지 덴마크 학교들에서 사용됨.

30 (역주) Julius Zupitza (1844-95): 1876년부터 1895년까지 베를린대학교의 영어학 교수를 지냄.

31 (역주) Julius Hoffory (1855-97): 덴마크 출신의 언어학자. 1887년부터 베를린대학교에서 스칸디나비아어학 교수를 지냄.

32 (역주) Gaston Paris (1839-1903): 언어학자이며 문학사학자. 1872년부터 프랑스대학 (Collège de France)에서 프랑스 중세 문학 교수를 지냄.

33 (역주) Kristoffer Nyrop (1858-1931): 코펜하겐대학교의 로망스어 교수를 지냄.

34 (역주) Verner Dahlerup (1859-1938): 1881년부터 1910년까지 Østre Borgerdyd 학교의 교사를 지냈으며, 1911년부터 1926년까지 코펜하겐대학교 스칸디나비아어학 교수를 지냄.

35 (역주) Søren Ludvig Tuxen (1850-1919): 고전학자. 1906년부터 1918년까지 중등학교 담당 장학관을 지냄.

36 (역주) Rask-Ørsted Foundation: 학술 활동을 지원하기 위한 덴마크의 재단으로 Frederik Stang (1867-1941)의 제안에 따라 1919년 설립된 이 재단의 기능은 1970년대 초 "Forskningsrådene"(학술협의회)로 이관됨.

찾아보기

ㅂ

ㅅ

ㅇ

632

A~Z

영어 그 안과 밖

1판 1쇄 펴낸날 2016년 04월 30일
1판 2쇄 펴낸날 2017년 03월 20일

지은이 한학성

펴낸이 서채윤 **펴낸곳** 채륜
책만듦이 오세진 **책꾸밈이** 이한희

등록 2007년 6월 25일(제2009-11호)
주소 서울시 광진구 자양로 214, 2층(구의동)
대표전화 02-465-4650 | **팩스** 02-6080-0707
E-mail book@chaeryun.com
Homepage www.chaeryun.com

© 한학성. 2016
© 채륜. 2016. published in Korea

책값은 뒤표지에 있습니다.
ISBN 979-11-86096-25-3 93740

이 도서의 국립중앙도서관 출판예정도서목록(CIP)은 서지정보유통지원시스템 홈페이지 (http://seoji.nl.go.
kr)와 국가자료공동목록시스템(http://www.nl.go.kr/kolisnet)에서 이용하실 수 있습니다. (CIP제어번호 :
CIP2016009669)

채륜서(인문), 앤길(사회), 띠움(예술)은 채륜(학술)에 뿌리를 두고 자란 가지입니다.
물과 햇빛이 되어주시면 편하게 쉴 수 있는 그늘을 만들어 드리겠습니다.